EDUCAÇÃO PROFISSIONAL E TECNOLÓGICA NO BRASIL CONTEMPORÂNEO

DESAFIOS, TENSÕES E POSSIBILIDADES

E24 Educação profissional e tecnológica no Brasil contemporâneo : desafios, tensões e possibilidades / Jaqueline Moll e colaboradores ; Porto Alegre : Artmed, 2010.
312 p. ; 25 cm.

ISBN 978-85-363-2122-6

1. Educação profissionalizante – Brasil. I. Moll, Jaqueline.

CDU 377(81)

Catalogação na publicação: Renata de Souza Borges CRB-10/1922

JAQUELINE MOLL
E COLABORADORES

EDUCAÇÃO PROFISSIONAL E TECNOLÓGICA NO BRASIL CONTEMPORÂNEO

DESAFIOS, TENSÕES E POSSIBILIDADES

2010

© Artmed Editora S.A., 2010

Capa: *Tatiana Sperhacke - TAT studio*

Imagens da capa: © *iStockphoto.com/danleap*

Preparação de originais: *Paulo Ricardo Furaste Campos*

Leitura final: *Rafael Padilha Ferreira*

Editora sênior – Saúde Mental: *Mônica Ballejo Canto*

Editora responsável por esta obra: *Carla Rosa Araujo*

Editoração eletrônica: *Formato Artes Gráficas*

Reservados todos os direitos de publicação, em língua portuguesa, à
ARTMED® EDITORA S.A.
Av. Jerônimo de Ornelas, 670 – Santana
90040-340 Porto Alegre RS
Fone (51) 3027-7000 Fax (51) 3027-7070

É proibida a duplicação ou reprodução deste volume, no todo ou em parte,
sob quaisquer formas ou por quaisquer meios (eletrônico, mecânico, gravação,
fotocópia, distribuição na Web e outros), sem permissão expressa da Editora.

SÃO PAULO
Av. Angélica, 1091 – Higienópolis
01227-100 São Paulo SP
Fone (11) 3665-1100 Fax (11) 3667-1333

SAC 0800 703-3444

IMPRESSO NO BRASIL
PRINTED IN BRAZIL
Impresso sob demanda na Meta Brasil a pedido de Grupo A Educação.

A Nilton Bueno Fischer (in memoriam), *por sua sensibilidade, sabedoria, prazer de viver e pela marca indelével que deixou em todos que cruzaram o seu caminho.*

Autores

Jaqueline Moll (org.) – Doutora em Educação pela Universidade Federal do Rio Grande do Sul (UFRGS). Professora na Faculdade e no Programa de Pós-Graduação em Educação da Universidade Federal do Rio Grande do Sul (UFRGS). Colaboradora do Programa de Pós-Graduação em Educação da Universidade de Brasília (UnB). Diretora de Educação Integral, Direitos Humanos e Cidadania da Secretaria de Educação Continuada, Alfabetização e Diversidade do Ministério da Educação.

Acacia Zeneida Kuenzer – Doutora em Educação pela Pontifícia Universidade Católica de São Paulo (PUC SP). Mestre em Educação pela Pontifícia Universidade Católica do Rio Grande do Sul (PUCRS). Pedagoga pela Pontifícia Universidade do Paraná (PUCPR). Professora Titular aposentada da Universidade Federal do Paraná (UFPR). Pesquisadora do CNPq.

Andréa de Farias Barros Andrade – Mestre em Educação pela Universidade de Brasília (UnB). Diretora de Regulação e Supervisão da Educação Profissional e Tecnológica do Ministério da Educação.

Bernardo Kipnis – Pós-Doutorado em Educação pela University of California. Doutor em Comparative Education pela University of London. Professor Adjunto da Universidade de Brasília (UnB).

Carlos Artexes Simões – Mestre em Educação pela Universidade Federal Fluminense (UFF).

Claudio Adalberto Koller – Mestre em Agroecossistemas pela Universidade Federal de Santa Catarina (UFSC). Reitor do Instituto Federal de Educação, Ciências e Tecnologias Catarinense. Presidente da Câmara de Educação no Campo do Conselho Nacional dos Institutos Federais.

Dante Henrique Moura – Doutor em Educação pela Universidade Complutense de Madrid. Professor do Instituto Federal de Educação, Ciência e Tecnologia do Rio Grande do Norte (IFET-RN). Coordenador do Núcleo de Pesquisa em Educação (NUPED/IFET-RN).

Domingos Leite Lima Filho – Doutor em Educação pela Universidade Federal de Santa Catarina (UFSC). Professor do Programa de Pós-Graduação em Tecnologia (PPGTE) da Universidade Tecnológica Federal do Paraná (UTFPR).

Édna Corrêa Batistotti – Mestre em Avaliação e Inovação Tecnológica pela Universidade Federal de Santa Catarina (UFSC). Professora da Secretaria de Estado de Educação de Santa Catarina.

Elisa Maria Quartiero – Pós-doutorado em Educação pela Universidade de Aveiro, Portugal. Doutora em Mídia e Conhecimento pela Universidade Federal de Santa Catarina (UFSC). Professora Associada no Centro de Ciências Humanas e da Educação da Universidade do Estado de Santa Catarina (FAED/UDESC).

Francisco José Montório Sobral – Doutor em Educação pela Universidade Estadual de Campinas (UNICAMP). Professor do Instituto Federal Catarinense.

Gabriel Grabowski – Mestre em Educação pela Universidade Federal do Rio Grande do Sul (UFRGS). Especialista em Sociologia pela Universidade Federal do Rio Grande do Sul (UFRGS). Graduado em Filosofia pela Faculdade de Filosofia, Ciências e Letras Dom Bosco.

Gaudêncio Frigotto – Doutor em Educação pela Pontifícia Universidade Católica de São Paulo (PUCSP). Professor do Programa de Pós-Graduação em Políticas Públicas e Formação Humana da Universidade do Estado do Rio de Janeiro (UERJ).

Genival Alves de Azeredo – Mestre em Agronomia pela Universidade Federal Rural de Pernambuco. Engenheiro Agrônomo pela Universidade Federal da Paraíba (UFPB).

Geovana Mendonça Lunardi Medeiros – Doutora em Educação, Política e Sociedade da Pontifícia Universidade Católica do Rio Grande do Sul (PUCSP). Professora do Programa de Pós-Graduação em Educação da Universidade do Estado de Santa Catarina (UDESC).

Geraldo Grossi Júnior – Presidente do Conselho Estadual de Educação do Estado de Mato Grosso.

Gilberto Lacerda dos Santos – Ph.D. em Educação, com ênfase em Informática na Educação, pela Universidade Laval. Doutor Sociologia do Conhecimento Científico e Tecnológico pela Universidade de Brasília (UnB). Professor associado II da Faculdade de Educação da Universidade de Brasília (UnB).

Icléia Honorato da Silva Carvalho – Especialista em Enfermagem Pediátrica pela Universidade Federal da Paraíba. Professora das disciplinas de Fundamentos II, Enfermagem em Clínica Médica e Enfermagem na Saúde da Criança e do Adolescente do Curso Técnico em Enfermagem da Escola Técnica de Saúde da UFPB e responde pela Direção-Geral da Escola Técnica de Saúde da UFPB. Graduada e Licenciada em Enfermagem pela Universidade Federal da Paraíba (UFPB).

Jorge Alberto Rosa Ribeiro – Doutor em Sociología de La Educación pela Universidad de Salamanca (USAL). Mestre em Sociologia pela Universidade Federal do Rio Grande do Sul (UFRGS). Coordenador do Programa de Pós-Graduação em Educação da Universidade Federal do Rio Grande do Sul (UFRGS).

Lucídio Bianchetti – Pós-doutor pela Univeridade do Porto, Portugal. Doutor em História e Filosofia da Educação pela Pontifícia Universidade Católica de São Paulo. Mestre em Educação pela Pontifícia Universidade Católica do Rio de Janeiro. Pesquisador do CNPq. Pesquisador Associado no Centro de Investigação e Intervenção Educativas (CIIE/FPCE/UP/PT).

Lucília Regina de Souza Machado – Pós-doutora em Sociologia do Trabalho pelo Institut de Recherches sur les Sociétés Contemporaines. Doutora em Educação pela Pontifícia Universidade Católica de São Paulo. Coordenadora e professora do Mestrado Profissional em Gestão Social, Educação e Desenvolvimento Local do Centro Universitário UNA.

Maria Aparecida Ciavatta Pantoja Franco – Pós-doutora em Sociologia do Trabalho pelo El Colegio de México e pela Università degli Studi di Bologna. Doutora em Educação pela Pontifícia Universidade Católica do Rio de Janeiro. Professora Titular de Trabalho e Educação do programa de Pós-Graduação em Educação da Universidade Federal Fluminense (UFF). Professora Visitante da Universidade do Estado do Rio de Janeiro (UFRJ).

Maria Cristina Madeira da Silva – Doutora em Ciências Biológicas pela Universidade Federal da Paraíba (UFPB). Professora do Instituto Federal de Educação, Ciência e Tecnologia da Paraíba, Campus João Pessoa.

Marise Nogueira Ramos – Doutora em Educação pela Universidade Federal Fluminense (UFF). Professora Adjunta do Programa de Pós-graduação em Políticas Públicas e Formação Humana (PPFH) e da Faculdade de Educação da Universidade Estadual do Rio de Janeiro. Professora do Programa de Pós-graduação em Educação Profissional em Saúde da Escola Politécnica de Saúde Joaquim Venâncio/Fundação Oswaldo Cruz (EPSJV/Fiocruz).

Maurício dos Santos Guimarães – Licenciado em Física. Físico tecnólogo e psicopedagogo. Ex-secretário de Políticas Educacionais e Culturais do Sindicato Nacional dos Servidores Federais da Educação Básica e Profissional (Sinasefe). Professor do Centro Federal de Educação e Tecnologia de Minas Gerais (CEFET-MG).

Nilton Bueno Fischer (*in memoriam*) – Pós-doutor em Educação pela University of Illinois at Urbana, Champaign. Doutor em Educação pela Stanford Universty, EUA. Pesquisador CNPq 1 A. Professor Colaborador Programa de Pós-Graduação em Educação na Universidade Federal do Rio Grande do Sul (UFRGS).

Olgamir Francisco de Carvalho – Doutora em Educação/Psicologia Educacional pela Universidade Estadual de Campinas (UNICAMP). Professora Adjunta da Faculdade de Educação, Departamento de Teoria de Fundamentos, da Universidade de Brasília. Coordenadora do Núcleo de Estudos e Pesquisas em Educação e Trabalho.

Paulo César Pereira – Mestre em Engenharia Civil pela Universidade Federal de Goiás. Presidente do Conselho Nacional das Instituições da Rede Federal de Educação Profissional, Científica e Tecnológica (CONCEF). Reitor do Instituto Federal de Goiás. Professor licenciado em Contrução Civil pela CETEF – Minas Gerais.

Sandra Regina de Oliveira Garcia – Doutora em Educação pela Universidade Federal do Paraná (UFPR). Mestre em Educação pela Universidade Federal Fluminense (UFF). Professora do Departamento de Educação da Universidade Estadual de Londrina. Chefe do Departamento de Educação e Trabalho da Secretaria de Estado da Educação do Paraná.

Simone Valdete dos Santos – Doutora em Educação pela Universidade Federal do Rio Grande do Sul (UFRGS). Professora do Programa de Pós-Graduação em Educação da Universidade Federal do Rio Grande do Sul (UFRGS). Faculdade de Educação da Universidade Federal Rio Grande do Sul (UFRGS). Coordenadora da Especialização *lato sensu* – PROEJA do Rio Grande do Sul. Pesquisadora na área de Educação de Jovens e Adultos e Educação Profissional.

Sumário

Prefácio 15
Nilton Bueno Fischer

Apresentação 19
Jaqueline Moll

Parte I
Educação Básica e Educação Profissional e Tecnológica

1 A relação da educação profissional e tecnológica
com a universalização da educação básica 25
Gaudêncio Frigotto

2 Ensino médio integrado: ciência, trabalho e cultura na
relação entre educação profissional e educação básica 42
Marise Ramos

3 Ensino médio e educação profissional: dualidade
histórica e possibilidades de integração 58
Dante Henrique Moura

4 Ensino médio e técnico com currículos integrados:
propostas de ação didática para uma relação não fantasiosa 80
Lucília Machado

5 Educação técnica e escolarização de jovens trabalhadores 96
Carlos Artexes Simões

6   Sete lições sobre o PROEJA.. 120
Simone Valdete dos Santos

7   PROEJA e democratização da educação básica 131
Jaqueline Moll

Parte II
Novas institucionalidades e novos perfis de formação

8   Universidade tecnológica e redefinição da institucionalidade
da educação profissional: concepções e práticas em disputa 141
Domingos Leite Lima Filho

9   Universidades tecnológicas: horizonte dos Institutos
Federais de Educação, Ciência e Tecnologia (IFETS)?............................ 159
Maria Ciavatta

10   Cursos superiores de tecnologia: um estudo sobre
as razões de sua escolha por parte dos estudantes.................................. 175
Andréa de Faria Barros Andrade e Bernardo Kipnis

Parte III
Atores sociais da Educação Profissional e Tecnológica (EPT) Contemporânea

11   As redes estaduais de ensino e a construção de uma
política nacional de educação profissional 195
*Édna Corrêa Batisttoti, Geraldo Grossi Junior e
Sandra Regina de Oliveira Garcia*

12   Escolas técnicas vinculadas às universidades
federais: uma breve história.. 207
Genival Alves de Azeredo e Icléia Honorato Silva Carvalho

13   A construção da identidade das escolas agrotécnicas
federais: a trajetória da COAGRI ao CONEAF 220
Cláudio Koller e Francisco Sobral

14   O CONCEFET frente ao atual momento da educação
profissional e tecnológica 230
Paulo César Pereira

15   As políticas de educação tecnológica para o Brasil do
século XXI: reflexões e considerações do Sinasefe 244
Maurício Guimarães e Maria Cristina Madeira da Silva

Parte IV
Políticas, financiamento, técnica e tecnologia: aspectos históricos e conceituais

16 As políticas de educação profissional: uma reflexão necessária 253
Acacia Zeneida Kuenzer

17 Reforma, legislação e financiamento da
educação profissional no Brasil 271
Gabriel Grabowski e *Jorge Alberto Rosa Ribeiro*

18 Técnica e tecnologia: aspectos conceituais e implicações educacionais .. 285
Elisa Maria Quartiero, Geovana Mendonça Lunardi e *Lucídio Bianchetti*

19 Dualismo *versus* congruência: diálogo entre o novo
modelo brasileiro para a formação profissional e o modelo
didático ESC (Experiencial, Científico e Construtivista) 301
Olgamir Francisco de Carvalho e *Gilberto Lacerda*

Prefácio

Tempos de formação permeados pelas relações entre tecnologia e educação!

Este livro revela um genuíno, crítico e reflexivo esforço de profissionais da educação de sólida inserção na temática "formação" a partir de projetos de pesquisa, docência e extensão em diferentes espaços institucionais de nosso país. Acompanhando atentamente as partes e os seus diversos capítulos, encontrei e proponho, entre outras, uma chave de leitura para uma compreensão de cada uma das partes em si e estas em relação ao todo: trata-se da categoria "tempo".

Ao longo do período compreendido entre a metade dos anos de 1980 para cá, especialmente pós-ditadura, inúmeros desafios se apresentam aos formuladores de políticas públicas quando tratam de criar ações sólidas, inovadoras e profundamente comprometidas com a consolidação de um sistema público de ensino de qualidade em seus diferentes níveis. Essas tarefas se tornam mais exigentes quando estão relacionadas com uma injusta estrutura social e econômica. Nesta publicação, encontramos a "presença" do tempo reflexivo de pesquisadores que também são "educadores" quando, em suas produções científicas sobre o foco no "ensino profissional e tecnológico", sinalizam um claro encaminhamento para que essa modalidade de ensino se torne uma poderosa ferramenta, na parceria com outras políticas públicas, para a implementação de projetos educativos com forte determinação superadora de desigualdades nos planos social, econômico, cultural e político.

Nas interdependentes forças que atuam na cena social, nas quais se refletem diferentes interesses e antagônicos projetos de sociedade, cabe ao Estado uma gestão pautada por ações originadas em formulações que superem o uso de argumentos simplificadores e reducionistas de parte dos atores sociais envolvidos em diferentes campos das disputas. Isso é salutar para a consolidação de nossa democracia em todas suas instâncias e dimensões. Experiências mais recentes de gestão do Estado, não só federal, mas também nos planos municipais e até estaduais, ao longo do território brasileiro, têm conectado os interesses dos cidadãos de forma mais "direta e participativa", quer por estruturas do poder público na forma de conselhos criados para representarem diversos segmentos sociais, quer pelas forças da sociedade civil organizadas em associações, movimentos sociais e ações coletivas. O tempo de maturação dessas formas institucionalizadas tem produzido importantes resultados no aperfeiçoamento político do país. Entendemos que esse cenário ainda está em processamento, demandando uma permanente vigilância por meio de inúmeros mecanismos de organização da sociedade civil, pois não se altera substancialmente uma "cultura política" de um país com fortes heranças autoritárias, centralizadoras e mantenedoras de privilégios de pequena parte da população brasileira.

Ao tomarmos as produções dos colegas distribuídas ao longo das partes complementares deste livro também nos apropriaremos dos diferentes tempos que estão expressos ao longo dos seus qualificados argumentos. Já destaquei a contemporaneidade desta obra frente ao que pode representar como uma iniciativa que busca conectar, mediante uma política pública, as ênfases de cada autor e autora em torno das práticas refletidas de docência, pesquisa e inserção social. Nas leituras dos diferentes capítulos, para além da didática classificação em quatro partes, é possível encontrar a contundência do pensamento cuidadoso, competente e necessário de parte dos seus autores os quais não se perfilam numa atitude unilateral de apoio ao poder público (federal); pelo contrário, são registradas duras críticas aos projetos oficiais e reconhecimentos das conquistas realizadas dentro do aparelho de Estado.

Esse movimento no campo argumentativo é importantíssimo e talvez não estejamos dando a sua devida importância no que revela de contraditório e, por isso, indispensável para o pensamento democrático, dentro do campo acadêmico e da produção científica que é sempre processual. A agudização do pensamento crítico, para além dos reducionismos, mostra-se sem censura para o leitor compreender as fontes inspiradoras de cada texto. Os campos do conhecimento histórico, filosófico, sociológico, político, cultural e pedagógico estão disponibilizados em diferentes proporções dentro dos textos, e é isso que um bom livro requer a respeito de um tema tão relevante como é o da formação profissional e tecnológica.

Estas palavras iniciais estão diretamente conectadas com o mundo do trabalho, foco desta produção coletiva. Antes de trazer à tona as discussões, organização e críticas dos diferentes textos, é preciso destacar o trabalho do "lado de cá", dos próprios autores que compõem esta coletânea – tanto em seus diferentes textos, como sinal do trabalho intelectual, reflexivo e necessário ao conhecimento crítico que pode se tornar propositivo na formulação de políticas públicas – como também para se compreender de "que lugar" este livro foi concebido. Refiro-me ao trabalho daqueles que estiveram atuando no aparelho de Estado, no Ministério da Educação e Cultura (MEC) e, entre 2005 e 2007, na Secretaria de Educação Profissional e Tecnológica (SETEC) do Ministério da Educação. Este comentário tem também a intencionalidade de problematizar e formular um convite para todos nós, profissionais da educação, a respeito de como o produto de nosso trabalho intelectual se torna parte dessa imensa tarefa de compreensão sobre o que pode tornar-se estratégico na efetiva implementação de inovações nos sistemas de ensino com marcas de um projeto social e democrático mais amplo.

Insisto nesse aspecto, porque a clássica temática da "relação entre saberes", ou da produção orgânica com os setores populares, dos trabalhadores e as diversas propostas dentro do campo da pesquisa participante se encontra muito bem contemplada ao longo dos complementares textos, sejam eles mais "teóricos" ou mais "empíricos". No caso específico deste livro, está imbricada uma direta relação entre os níveis de ensino e destacando-se o "ensino médio" como parte estratégica nas suas interações com o fundamental e com a sequência nos estudos na universidade. Instigante é a retomada do "sentido" que se espera para a produção de conhecimento nesse nível, com os textos trazendo a "omnilateralidade" com clássicas e novas discussões, tanto a partir de dados estruturais de exclusão social como de práticas pedagógicas de inclusão por meio de programas como o Programa Nacional de Integração da Educação Profissional com a Educação Brasileira na Modalidade Educação de Jovens (PROEJA).

Mediante a observação mais atenta da produção científica em nossos programas de pós-graduação em educação, constata-se um processo de consolidação da pesquisa denominada qualitativa e de matriz etnográfica pelas falas dos sujeitos concretos que são os alunos de nossas escolas. Quando esses sujeitos são trabalhadores e trazem suas diferentes bagagens culturais e histórias de vida e inserção (muitas vezes precária) no mundo do trabalho, então a leitura deste livro se torna mais relevante, pois há um aberto posicionamento "a favor dos atores sociais" como fonte para a organização da educação profissional. Novamente a chave de leitura do tempo se explicita, pois a proposta de temas geradores na organização curricular se conecta com histórias, com vidas entrelaçadas com o tempo da vida, das demandas, dos direitos que se expressam nos alunos dessa modalidade de ensino.

Parte imbricada de forma indissociável de quem são os alunos está a formação docente, a perspectiva inovadora que os "institutos federais" poderão oferecer como parte instituinte e concreta dessa nova forma institucional no campo educativo: o docente pesquisador agora com carreira e infraestrutura para sua adequada e devida consecução! Assim, retomando os tempos da criação do ensino técnico como simples ocupação das classes populares, tempos de "ocupação" e, no máximo, de adequação aos interesses do capital, estamos diante de um projeto que lança seus propósitos, querendo adequar conhecimento docente como integrante do saber produzido em "tempos" disponíveis para a investigação e para a leitura da produção de colegas, e, com isso, poder conectar mais diretamente um saber crítico com marcas e raízes na sociedade, na formação social brasileira e com explícitos vínculos com um projeto democrático de sociedade que transcende os atos formais de delegação de poder ou somente na via eleitoral.

Os tempos da gestão nem sempre correm com os tempos da produção acadêmica, e, algumas vezes, são feitas críticas um tanto gratuitas por esse descompasso, entre as urgentes tarefas no campo "aplicado" e as nossas produções científicas. Nesse caso, remeto ao leitor esta informação: a organização do livro, por parte da professora Jaqueline Moll, prestou-se para demonstrar o quanto é possível realizar efetivas aproximações entre esses campos e marcando, num evento, o encontro do diverso e do complementar na forma de abordagens que podem cooperar na formulação de políticas públicas mais orgânicas com a sociedade. O que fica e que ainda não conseguimos resolver de forma mais adequada é outro componente da variável "tempo": a continuidade que precisa ser assegurada das ações implementadas, independente dos mandatos "intra ou extraperíodos de diferentes gestões do aparelho de estado.

Partindo desse eixo, da relevância do mundo do trabalho dos diversos autores deste livro, encontramos uma orgânica combinação entre os seus quatro blocos e cujas ênfases quase cobrem o universo temático proposto para esta discussão. Certamente novas temáticas emergem continuamente com os ritmos da sociedade em suas intrincadas combinações entre o mundo da natureza, quer no seu uso predatório e pensado como infinito em suas fontes, quer na produção das ações humanas. Esses mundos interativos sempre nos exigirão novos aportes teóricos reflexivos.

É instigante compreender, tal como os textos esclarecem, como se cruzam tempos que refletem origens de classe, condições de pobreza, pressa do capital, estruturação na formação e tempos e intensidades nas lutas por direitos, e os tempos de implantação de ações mais efetivas nos sistemas de ensino. Exemplifico os "achados" nas pesquisas em que as marcas de uma infância escolarizada de forma frágil, para além dos exames nacionais, que as exigências do mercado demonstram descompassos entre necessidades do capital e qualidade da formação.

Entre os novos aportes de pesquisa no campo da educação, o tema "juventude" tem se consolidado como estratégico, quer no conhecimento cultural de seus valores, ati-tudes e comportamentos, quer nas deman-das pelo primeiro emprego. Esse aspecto tem uma potencialidade instigante tanto para o campo da pesquisa como para o das políticas públicas, pois as condições exigidas pelo mercado, desde a experiência prévia, passando por estágios e até a certificação do ensino médio, consistem em um leque de requisitos que tendem a privilegiar o desempenho pelo "produtivismo" em oposição ao conhecimento crítico e qualificado.

Os aspectos contraditórios presentes entre as escolas técnicas federais e aquelas do Sistema "S" podem servir como pista para a compreensão de interesses antagônicos sobre o mesmo tema "formação". No momento em que os "atores sociais", incluindo alunos e professores, são escutados para que sejam formuladas as propostas que emergem do poder público, em seu órgão central (MEC) e que se desdobram pelos institutos ou mesmo universidades tecnológicas, é que se constata a importância estratégica de reflexões como as que estão nesta obra, pois, ao se qualificar o conflito, avança-se no patamar das explicitações dos diversos interesses em jogo.

Os tempos da história ajudam nesse tipo de iniciativa à medida que experiências exitosas no campo da educação profissional – como as Escolas Técnicas Federais, anteriormente chamado de Centro Federal de Educação Tecnológica (CEFET), as Escolas Técnicas Agrícolas e Agrotécnicas Federais, o Colégio Pedro II, os Colégios de Aplicação, nas quais as excelentes condições materiais, aliadas com qualificado corpo docente e com justa remuneração – servem como verdadeiras balizas para servirem de referência ao que se está propondo e ampliando para todo o território brasileiro.

Além disso, essas escolas souberam encaminhar (formar) jovens dentro de uma estrutura que esteve em "articulação" com as demandas técnicas (do mundo do trabalho) e concomitante com a perspectiva do conhecimento crítico e relacional (permitindo não só inserção no mercado, mas sinalizando mobilidade no sistema universitário). Vale destacar que esse vínculo entre os níveis de ensino faz dessa proposta um outro movimento, extremamente importante, que é de criar e apostar nos vínculos entre o ensino fundamental e o ensino médio, sem ser um processo de certificações estanques entre si. Retomo o tempo como fonte para a inspiração dessa perspectiva relacional que se instaura como articuladora com os processos da vida para além do "etapismo geracional" e sim como uma totalidade formativa que é profundamente interativa na produção de conhecimento.

Percebe-se, assim, a necessidade de retomar e radicalizar o aprofundamento e a discussão dos aspectos e autores apontados no texto, principalmente no que diz respeito à compreensão do que é a tecnologia e de que forma ela pode e deve ser construída, disseminada, por quem deve ser apropriada e para que fim deve ser aplicada. Isso, para além das questões epistemológicas, metodológicas e legais, remete àquelas de ordem ético-políticas. Afinal, a produção coletiva não pode e não deve continuar sendo apropriada particularmente, para o benefício de uma classe ou por parte de poucos.

Este livro enfeixa um convite para a complementaridade de abordagens teóricas, sugestões e críticas entre aqueles todos que refletem sobre a educação profissional e tecnológica em nosso país. Pelas mãos de Jaqueline Moll, realizou-se esta possibilidade, em seu tempo de gestão como Diretora de Políticas e Articulação Institucional na Secretaria de Educação Profissional e Tecnológica (SETEC) do Ministério da Educação, 2005-2007.

Nilton Bueno Fischer

Apresentação

A ideia da construção deste livro nasceu da aproximação com diferentes atores da educação profissional e tecnológica brasileira (EPT), no período de 2005 a 2007, em que trabalhei como Diretora de Políticas e Articulação Institucional na Secretaria de Educação Profissional e Tecnológica (Setec) do Ministério da Educação.

Compreendendo o enorme desafio epistemológico e de gestão que essa tarefa representava, dediquei-me à tentativa de construir políticas públicas que pudessem romper com descontinuidades e assegurar aos jovens e adultos deste país acesso público, gratuito e de qualidade a *oportunidades educativas sérias* que (re)compusessem trajetórias escolares, interrompidas pelo quadro crônico de fracasso da escola pública e, ao mesmo tempo, que oportunizassem *formação profissional e tecnológica plena* na perspectiva de uma *inclusão social emancipatória*.

Propus uma metodologia de trabalho primada por princípios de uma racionalidade comunicativa, permitindo diálogos fecundos com sujeitos representativos de atores sociais da educação profissional e tecnológica brasileira.

Assim foi na construção do PROEJA, nos nascentes debates acerca dos Institutos Federais de Educação, Ciência e Tecnologia (IFETS), do ensino médio integrado, da educação agrícola, da formação de professores para a EPT, da democratização do acesso às escolas da Rede Federal de Educação Profissional e Tecnológica, das políticas focais, como a da formação para a pesca, para os assentamentos, para a educação técnica a distância, entre outros temas.

Participei da construção da I Conferência Nacional de Educação Profissional e Tecnológica, realizada em 2006, marco para o debate democrático da EPT, e de outros inúmeros eventos com o propósito de aproximar governo e atores sociais, e construir coletivamente *inéditos viáveis* para esse campo da educação brasileira.

Caminhávamos, ao final de minha passagem pela SETEC em setembro de 2007, na direção do debate nacional das diretrizes da Educação Profissional e Tecnológica e, em pleno movimento, entre outros debates estava a educação agrícola, a formação de professores para a EPT, a democratização do acesso e a sintonização curricular – tecnológica e científica – como alma da expansão da rede federal, o PROEJA como política pública, os IFETS, o desafio da expansão da oferta do ensino médio integrado e, ao mesmo tempo, o próprio debate nacional da EPT, a partir das mudanças paradigmáticas da ciência, dos novos arranjos sociais, culturais e produtivos, das novas possibilidades de gestão, da articulação e colaboração entre os distintos entes federativos e, sobretudo, das demandas dos homens e mulheres que começam a ser tirados da invisibilidade na história do nosso país.

Este livro traduz um pouco desse movimento com seus desafios, tensões e possibilidades, e aponta para uma relação fecunda entre Estado e sociedade. Desde diferentes lugares – universidades, escolas técnicas, governos, organizações sociais, conselhos de representações –, estes autores pensam e fazem a educação profissional e tecnológica brasileira.

O livro está organizado em partes temáticas, apresentando campos do debate da EPT contemporânea: (I) educação básica e a EPT, (II) novas institucionalidades e novos perfis de formação, (III) atores sociais da EPT contemporânea, e na parte final (IV), um debate amplo com ponderações históricas e conceituais sobre políticas, financiamento, técnica e tecnologia.

Na Parte I, Gaudêncio Frigotto e Marise Ramos abordam a universalização da educação básica e sua relação com a EPT, retomando o debate construído nos últimos 30 anos, passando pela Lei de Diretrizes e Bases (LDB) 9.394/96 com suas tensões e contradições e pelos Decretos n°s 2.208/97 e 5.154/04, balizadores de distintos modos de compreensão da educação brasileira. Partindo de uma ampla análise histórica, política e econômica, Frigotto relaciona projeto de educação e projeto de sociedade, analisando, sob vários aspectos, as ações e os programas do governo Lula no campo da EPT. Ramos avança no debate das relações entre trabalho, ciência e cultura e dos desafios de sua indissociabilidade no ensino médio integrado. É sobre essa relação, educação técnica-educação média, que se debruçam tanto Dante Henrique Moura, quanto Lucília Machado. Moura reflete sobre a histórica dualidade entre a formação acadêmica e a formação profissional, traz para a análise as deficiências do ensino fundamental e sua relação com os problemas do ensino médio apontando as tensões e contradições presentes na implantação do ensino médio integrado. Machado contribui para o debate da relação entre o ensino médio e o ensino técnico, pontuando estratégias para implementação dessa integração em projetos pedagógicos que articulem o fazer, o pensar e o sentir. Considerando os estudos contemporâneos sobre juventude, Carlos Artexes Simoes debate a escolarização e a profissionalização dos jovens trabalhadores em um contexto de produção de novos significados para o trabalho e de grandes desafios para o ensino médio. Compõe, ainda, esta parte, dois artigos que trazem para o debate a educação básica de jovens e adultos e a educação profissional através do Programa Nacional de Integração da Educação Profissional com a Educação Básica na modalidade de Educação de Jovens e Adultos (PROEJA). Simone Valdete dos Santos sistematiza sete lições, parafraseando Álvaro Viera Pinto, sobre o PROEJA, a partir de sua implementação no Rio Grande do Sul, e o artigo de minha autoria recompõe aspectos da construção do Decreto n$^{\underline{o}}$ 5.840/06, e sua relação com a expansão do acesso à EPT no Brasil.

A Parte II traz para o debate as novas institucionalidades constituídas na rede federal de EPT desde 2007 e a expansão da oferta dos cursos superiores de tecnologia. O artigo de Domingos Leite Lima Filho aponta, em um contexto que define como de *inflexões e continuidades*, as tensões presentes nas concepções e práticas em disputa na constituição, em 2007, da UTFPR a partir do CEFET/PR. Maria Ciavatta reflete acerca das ideias de universidade, universidade tecnológica, sua relação com políticas públicas de educação e com o ensino médio no horizonte dos recém-criados, pela Lei n$^{\underline{o}}$ 11.892/2008, Institutos Federais de Educação, Ciência e Tecnologia (IFETS). O capítulo de Andréa Andrade e Bernardo Kipnis apresenta o resultado de investigação a respeito das razões que levam estudantes à escolha dos Cursos Superiores de Tecnologia que, apesar de criados nos anos de 1960, expandirem-se fortemente nos anos de 1990. Essa "modalidade" de educação superior guarda forte relação com as novas institucionalidades da rede federal.

A Parte III reúne autores que representam diferentes atores sociais da EPT contemporânea. Édna Batisttoti, Geraldo Grossi Junior e Sandra Regina de Oliveira Garcia, representam o fórum de Gestores Estaduais de Educação Profissional e Tecnológica e apontam relações entre construção de uma política nacional de educação profissional e os sistemas estaduais de ensino, discorrendo acerca da constituição do Fórum, de sua articulação nacional e de seus desafios. Genival Alves de Azeredo e Icléia Honorato Silva Carvalho, desde o Conselho das Escolas Técnicas vinculadas às Universidades Federais (CONDETUF), apontam aspectos da história das escolas técnicas vinculadas às universidades federais, das suas áreas de atuação e das tensões postas no contexto da constituição de novas institucio-nalidades na rede federal de EPT. Cláudio Koller e Francisco Sobral recuperam a trajetória das escolas agrotécnicas federais e de seus conselhos de representantes considerando tanto o desenvolvimento capitalista e suas exigências para o campo, quanto os desafios dessas instituições no contexto dos IFETS. Paulo Cezar Pereira retrata a história do Conselho de Dirigentes dos Centros Federais de Educação Tecnológica e seus desafios diante da consolidação dos IFETS. Maurício Guimarães e Maria Cristina Madeira retomam aspectos históricos das políticas da EPT no Brasil, sobretudo deliberadas nos governos FHC e Lula, e apontam diretrizes tecidas nos seminários do Sindicato Nacional dos Servidores Federais da Educação Básica e Profissional (Sinasefe).

O Bloco IV traz um conjunto de reflexões de caráter mais geral para o debate da EPT. Acacia Zeneida Kuenzer discute a EPT no Brasil de 1995 a 2005, mostrando diferentes programas constituídos e ausência de políticas públicas, o que, do seu ponto de vista, reforça uma *formação precária para trabalhadores precarizados*. Gabriel Gabrowsky e Jorge Alberto Rosa Ribeiro discutem financiamento e legislação da EPT desde a reforma neoliberal dos anos de 1990, chegando às modificações feitas no governo Lula, em relação às quais apontam possibilidades e tensões, considerando a expansão da rede federal, a criação dos IFETS e as mudanças no Sistema S. Elisa Maria Quartiero, Geovana Mendonça Lunardi e Lucídio Bianchetti trazem para o debate os conceitos de "técnica" e "tecnologia" a partir de questões históricas postas pela produção material da vida humana e suas implicações educacionais a partir das Diretrizes Curriculares Nacionais: para o ensino médio (1998) e para a educação profissional técnica de nível médio (2000). Encerrando este bloco, Olgamir Francisco de Carvalho e Gilberto Lacerda traçam um paralelo entre a reforma da educação profissional no Brasil e o modelo didático ESC (Experiencial, Científico e Construtivista), buscando o diálogo entre os dois modelos e a superação da visão dicotômica educação geral *versus* educação profissional ainda dominante no Brasil.

As diferentes contribuições que compõem este livro dialogam com a contemporaneidade da EPT em nosso país e expressam a vitalidade de um campo que seguramente se expandirá nos próximos anos, revelando novas possibilidades para a inserção educacional e social de milhares de homens e mulheres.

Jaqueline Moll

Parte I

Educação Básica e Educação Profissional e Tecnológica

A relação da educação profissional e tecnológica com a universalização da educação básica

Gaudêncio Frigotto

Um dos equívocos mais recorrentes nas análises da educação no Brasil, em todos os seus níveis e modalidades, tem sido o de tratá-la em si mesma e não como constituída e constituinte de um projeto, situado em uma sociedade cindida em classes, frações de classes e grupos sociais desiguais e com marcas históricas específicas.

Esse equívoco se explicita tanto nas visões iluministas quanto nas economicistas e reprodutivistas. No primeiro caso, a educação é concebida como o elemento libertador da ignorância e constitutivo da cidadania. No segundo, sob os auspícios do economicismo, a educação é propalada como capital humano e produtora de competências, como se representasse uma espécie de galinha dos ovos de ouro, capaz de nos tirar do atraso, colocar-nos entre os países desenvolvidos e de facultar mobilidade social. Por fim, nas visões reprodutivistas, a educação se reduz a uma força unidimensional do capital.

Por certo, a educação medeia todas as dimensões citadas, porém a natureza dessas mediações se define pelas relações de poder existentes no plano estrutural e conjuntural da sociedade. Vale dizer, a educação básica, superior e profissional se definem no embate hegemônico e contra-hegemônico que se dá em todas as esferas da sociedade e, por isso, não pode ser tomada como um "fator" isolado, mas como parte de uma totalidade histórica complexa e contraditória.

A conferência na qual apresentei este texto é um exemplo singular que explicita, desde sua organização nos Estados, com a definição dos delegados, até a realização dos debates sobre a concepção e o financiamento do ensino médio e de ensino médio integrado, e a sua relação com a formação profissional, o embate de interesses conflitantes. Não por acaso o Sistema S esteve tão organicamente presente em todas as conferências nos Estados e elegeu o número de delegados que se fez presente na Conferência Nacional.

Trata-se, pois, de uma conferência de embate político e, assim pensamos, deve ser encarada. Cabe, sim, perguntar por que não se quer mexer na caixa, nem mais tanto preta, do Sistema S, que movimenta mais de 10 bilhões de reais anualmente, sendo que, desses, mais da metade procede de fundo público compulsório e a outra parte é disputada em projetos de fundo público, venda de serviços às empresas e cobrança de mensalidades? Onde está a função social desse sistema, se especialmente o Serviço Nacional de Aprendizagem Industrial (SENAI), mas não só, em lugar de centros de aprendizagem se denomina como *unidades de negócio*? Por que um *lobby* no Congresso Nacional, certamente pouco democrático e patriótico, para apresentar como intocável o dinheiro público que alimenta o Sistema S na constituição do Fundo para a Educação Profissional e Tecnológica? Também cabe perguntar, o que significa a defesa arraigada para que a formação profissional seja apenas *articulada* e não integrada à educação básica, reiterando-se, em outros termos, o debate na Constituinte e na Lei de Diretrizes e Bases (LDB), de que a essa formação podia ser *polivalente*, mas *não politécnica*?

Neste breve artigo sobre a relação entre a educação profissional e tecnológica e a universalização da educação básica discutirei, ainda que de forma breve, três pontos articulados.[1]

No primeiro ponto, apontarei a reiteração de determinações estruturais que ajudam a entender o elevado grau de analfabetismo de adultos, a não universalização da educação básica na perspectiva da escola unitária (politécnica e/ou tecnológica) e a concepção da formação profissional, na perspectiva estrita de adaptação aos objetivos do mercado e não aos direitos dos trabalhadores e de objetivos sociais mais amplos. Sob essa definição de projeto societário imposto pela burguesia brasileira, no segundo ponto, discutirei a natureza da educação básica (fundamental e média) e as relações dessa com a educação tecnológica e profissional. Por fim, discutirei os desafios políticos para construir um consenso mínimo entre as forças que se opõem ao projeto e à doutrina neoliberais da fração hegemônica da burguesia brasileira, associada ao grande capital que mantém a nação brasileira subordinada e dependente aos seus interesses.

A DESIGUALDADE COMO PRODUTO E CONDIÇÃO DO PROJETO DOMINANTE DE SOCIEDADE BRASILEIRA

Ao longo do processo eleitoral de 2008, a fração mais conservadora da burguesia brasileira, vinculada a partidos de direita ou centro-direita e à grande imprensa, que é dominantemente de sua propriedade, insistiu na tese de que o Brasil estava sendo dividido perigosamente e confrontado num conflito de classes. Uma insistência que revela, ao mesmo tempo, miopia e ignorância. Mesmo que se tratasse de uma burguesia desprovida de conhecimento da literatura clássica sobre nossa formação histórica, a desigualdade de classe é vista a olho nu na magnitude das favelas; no contraste entre latifúndios e 20 milhões de sem terra; na população carcerária (pobre, jovem e negra) e numa das maiores desigualdades de distribuição de renda do mundo, etc.

Para entender a natureza da nossa dívida com a educação básica e com a educação profissional e tecnológica, nas suas dimensões quantitativa e qualitativa e na relação entre elas, é preciso perceber o tipo de estrutura social que se foi conformando a partir de um país colonizado e escravocrata, durante séculos e a hegemonia, na década de 1990, sob os auspícios da doutrina neoliberal, de um projeto de um capitalismo associado e dependente.[2]

Os autores clássicos do pensamento social, político e econômico brasileiro permitem apreender as forças que disputaram os projetos societários e entender o que nos trouxe até aqui. Permitem entender, por outro lado, por que o projeto da classe burguesa brasileira não necessita da universalização da escola básica e reproduz, por diferentes mecanismos, a escola dual e uma educação profissional e tecnológica restrita (que adestra as mãos e aguça os olhos) para formar o "cidadão produtivo", submisso e adaptado às necessidades do capital e do mercado. Por outro lado, permitem também entender por que esse projeto combate aqueles que postulam uma escola unitária, universal, gratuita, laica e politécnica.

Com efeito, sob ênfases diferentes, vários autores contemporâneos traçam os (des)caminhos que nos conduziram até o presente. Caio Prado (1966) destaca três problemas que convivem e se reforçam na nossa formação social desigual e que impedem mudanças estruturais. O primeiro é o mimetismo na análise de nossa realidade histórica, que se caracteriza por uma colonização intelectual, hoje exercida pelas teses dos organismos internacionais e de seus intelectuais e técnicos. Os protagonistas dos projetos econômicos e das propostas de reformas educacionais, a partir da década de 1990, formaram-se em universidades estrangeiras, ícones do pensamento desses organismos e/ou trabalharam nos mesmos. O segundo problema é o crescente endividamento externo e a forma de efetivá-lo. E, por fim, temos a abismal assimetria entre o poder do capital e do trabalho.

Celso Furtado, o autor que mais publicou sobre a formação econômico-social brasileira e a especificidade do nosso desenvolvimento, sintetiza sua visão crítica aos rumos das opções que o Brasil reiteradamente tem pautado dentro do seguinte dilema: a construção de uma sociedade ou de uma nação onde os seres humanos possam produzir dignamente sua existência, ou a permanência em um projeto de sociedade que aprofunda sua dependência subordinada aos grandes interesses dos centros hegemônicos do capitalismo mundial.[3]

Dois autores contemporâneos, de modo mais incisivo, permitem-nos aprender a especificidade da sociedade capitalista que constituímos e quais são as nossas (im)possibilidades e desafios. Contrariando não só o pensamento conservador, mas também de grande parte do pensamento da esquerda brasileira, Florestan Fernandes (1975, 1981) e Francisco de Oliveira (2003) rechaçam a tese dual que atribui os impasses para nos desenvolvermos à existência de um país cindido entre o tradicional, o atrasado, o subdesenvolvido e o moderno e desenvolvido, sendo as primeiras características impeditivas do avanço das segundas. Pelo contrário, mostram-nos esses autores a relação dialética entre o arcaico, o atrasado, o tradicional, o subdesenvolvido, e o moderno e o desenvolvido na especificidade ou particularidade de nossa formação social capitalista.

O que se reitera, para Fernandes, no plano estrutural, é que as crises entre as frações da classe dominante acabam sendo superadas mediante processos de rearticulação do poder da classe burguesa, numa estratégia de conciliação de interesses entre o denominado arcaico e o moderno. Trata-se, para Fernandes, de um processo que reitera, ao longo de nossa história, a "modernização do arcaico" e não a ruptura de estruturas de profunda desigualdade econômica, social, cultual e educacional.

Na mesma direção de Fernandes e embasado numa análise que sistematiza há mais de 40 anos, Francisco de Oliveira (2003) evidencia que é justamente a imbricação do atraso, do tradicional e do arcaico com o moderno e desenvolvido que potencializa a nossa forma específica de sociedade capitalista dependente, e de nossa inserção subalterna na divisão internacional do trabalho. Mais incisivamente, os setores denominados de atrasados, improdutivos e informais se constituem em condição essencial para a modernização do núcleo integrado ao capitalismo orgânico mundial.

Dito de outra forma, os setores modernos e integrados da economia capitalista (interna e externa) alimentam-se e crescem apoiados e em simbiose com os setores atrasados. Assim, a persistência da economia de sobrevivência nas cidades, uma ampliação ou inchaço do setor terciário ou da "altíssima informalidade" com alta exploração de mão de obra de baixo custo foram funcionais à elevada acumulação capitalista, ao patrimonialismo e à concentração de propriedade e de renda.

Quase 40 anos depois de publicar *Crítica à razão dualista*, Oliveira (2003) atualiza a sua análise com o adendo de um novo capítulo cujo título é: *O ornitorrinco* (2003). Para Oliveira, a imagem do ornitorrinco representa a síntese emblemática das mediações do tecido estrutural de nosso subdesenvolvimento, a associação subordinada aos centros hegemônicos do capitalismo e os impasses a que fomos conduzidos no presente.

A metáfora do ornitorrinco traz, então, uma particularidade estrutural de nossa formação econômica, social, política e cultural, que nos transforma num monstrengo em que a exceção se constitui em regra, como forma de manter o privilégio de minorias. As relações de poder e de classe que foram sendo construídas no Brasil, observa Oliveira, permitiram apenas parcial e precariamente a vigência do modo de regulação fordista tanto no plano tecnológico quanto no plano social. Da mesma forma, a atual mudança científico-técnica, de natureza digital-molecular, que imprime uma grande velocidade à competição e à obsolescência dos conhecimentos, torna nossa tradição de dependência e cópia ainda mais inútil.

O mostrengo configura o presente de forma emblemática por uma sociedade que se mantém entre as 15 de maior Produto Interno Bruto (PIB) do mundo, na qual um dos setores que mais contribuiu para meta de superávit primário de mais de 5% em novembro de 2005, garantia para os bancos credores, as dívidas do agronegócio. Ao mesmo tempo, estamos um século atrasados na efetivação da reforma agrária e convivendo com 4 milhões de famílias, aproximadamente 20 milhões de pessoas, nos acampamentos dos sem-terra. Mais elucidativo e contraditório é que o programa social de maior impacto no do início do governo Luiz Inácio Lula da Silva foi o Fome Zero, cujo objetivo tem sido possibilitar que dezenas de milhões de pessoas tenham as refeições básicas todos os dias.

A transição inconclusa da década de 1980 e a adesão subordinada ao *Consenso de Washington* a partir do governo Collor, mas realizado, sobretudo, nos oito anos de Governo Fernando H. Cardoso, aprofundaram o fosso de uma sociedade *que se ergueu pela desigualdade e se alimenta dela*. Define-se na "era Cardoso" o embate de forças que atravessou o século XX e que se explicitou na metáfora do pêndulo, utilizada por Otavio Iani (1966): as forças que se alinhavam numa perspectiva de uma sociedade capitalista associada e dependente aos centros hegemônicos do capital-mundo e as que postulavam um desenvolvimento nacional autônomo e sem declinar da soberania. No plano ideológico, nessa segunda alternativa, encontravam-se e encontram forças que têm como projeto societário a construção do socialismo.[4]

A questão que se coloca hoje é em que medida os quatro anos de governo Luiz Inácio Lula da Silva prosseguiram ou alteraram

essa tradição histórica, e qual significado pode assumir o novo mandato. Um balanço das análises do pensamento crítico de esquerda nos mostra que não há uma avaliação consensual. Três aspectos podem ser destacados com relativa concordância:
a) Negativamente, evidencia-se a continuidade da política econômica dentro da ótica monetarista e do ajuste fiscal, cuja lógica é incompatível com as reformas estruturais, sem as quais a desigualdade social prosseguirá e não haverá recursos substantivos para investir em educação, ciência e tecnologia, cultura, saúde, etc. Mesmo sabendo de condições objetivas herdadas de um longo passado, a falta de ousadia e de sinais de uma nova direção acabaram acomodando os interesses que sempre impediram as mudanças estruturais.
b) Prisioneiro da opção anterior, o grande esforço do governo se concentrou nas políticas distributivas e de assistência, focalizadas, cujo eixo básico é o Bolsa Família e políticas de microcrédito e de emprego dentro da prioridade de elevação da renda mínima. Paralelamente, mediante medidas de efeito contraditório, com as parcerias público-privadas, desenvolveu outras políticas de inclusão: Escola de Fábrica, Programa Universitário para Todos (PROUNI), as mais controversas, etc.
c) A suspensão das privatizações e a política externa brasileira para diminuir a dependência econômica com os Estados Unidos e a ampliação substantiva dessa política para outras regiões do mundo são aspectos positivos do atual governo.

O voto do segundo mandato está claramente vinculado às políticas de assistência focal de inclusão social e seu sinal é contraditório. Positivo no sentido que são incluídos, em um nível de dignidade humana mínima, milhões de brasileiros antes mantidos na miséria absoluta. Isso foi o suficiente para destroçar a dominação histórica de velhas oligarquias, como é o caso exemplar da Bahia. A negatividade se consistirá caso não seja dado um salto qualitativo. Nisso reside o *ovo de serpente*. Trata-se de produzir efetivamente uma inclusão de distribuição de renda e emancipatória que demandará o desenvolvimento capaz de gerar empregos de valor agregado e uma efetiva universalização da educação básica, com acesso efetivo ao conhecimento – com base em e articulado à educação profissional. E isso, sem dúvida, implicará abandonar a política econômica monetarista e rentista e encarar as reformas estruturais protelladas por séculos. É nessa encruzilhada que o novo mandato se aninha numa espécie de esfinge: decifra-me ou te devoro.[5]

No próximo item, analisaremos as indicações históricas que nos levam a concluir que, para o projeto societário historicamente até aqui dominante de uma sociedade capitalista, mesmo em termos restritos, não há necessidade de universalização da educação básica de efetiva qualidade, mormente o ensino médio e, como consequência, a ênfase da formação técnico-profissional e "tecnológica"[6] é de caráter restrito e de alcance limitado.

A UNIVERSALIZAÇÃO AUSENTE E A RELAÇÃO FRACA ENTRE A EDUCAÇÃO BÁSICA E A FORMAÇÃO TÉCNICO-PROFISSIONAL

Que tipo de projeto de educação escolar básica e de formação profissional e tecnológica se coloca como necessário para uma sociedade que moderniza o arcaico e para a qual o atraso de determinados setores, a hipertrofia do trabalho informal e a precarização do trabalho formal, o analfabetismo, etc., não são obstáculos ao tipo de desenvolvimento *que se ergueu pela desigualdade e se alimenta dela?*

Diferentes elementos históricos podem nos auxiliar a sustentar que, definitivamente – a educação escolar básica (fundamental/médio), pública, laica, universal, unitária e tecnológica que desenvolva as bases científicas para o domínio e transformação racional da natureza, a consciência dos direitos políticos, sociais, culturais, e capacidade de organização para atingi-los – nunca se colocou como necessidade e sim como algo a ser contido para a classe dominante brasileira. Mais que isso, nunca se colocou de fato, até mesmo, uma escolaridade e formação técnico-profissional para a maioria dos trabalhadores para prepará-los para o trabalho complexo que a colocasse, enquanto classe detentora do capital, em condições de concorrer com o capitalismo central.[7]

Um breve retrospecto histórico nos indica uma trajetória de interrupções dos projetos societários que postulavam as reformas estruturais e os investimentos em educação, ciência e tecnologia, condições necessárias à constituição efetiva de uma nação soberana, mediante ditaduras e golpes. Os movimentos que configuraram a Semana da Arte Moderna foram abortados ou cooptados dentro de um processo de transformismo, com a aliança conservadora da Revolução de 1930 e em seguida a ditadura Vargas, que, como mostra Antônio Cândido (1984), não se tratou de uma revolução efetiva, as reformas educacionais subsequentes não resolveram o problema da educação.

Após a ditadura, do fim da década de 1940 até o golpe civil-militar de 1964, novamente a sociedade brasileira retomou seu projeto de nação e na pauta estavam as reformas estruturais e a universalização do que denominamos hoje como educação básica. A resposta truculenta foi a imposição pela violência física e política de um projeto econômico concentrador e espoliador da classe trabalhadora. Ampliou-se, durante 20 anos, o fosso entre ricos e pobres; evidencia-se, a olho nu, o desenvolvimento do Brasil "gigante com pés de barro", como o caracterizou Florestan Fernandes.

O campo da educação teve um ciclo de reformas completo para adaptar-se ao projeto do golpe civil-militar. Sob a égide do economicismo e do pragmatismo adotou-se a ideologia do capital humano, reiterando nossa vocação para a cópia e o mimetismo. A *Pedagogia do Oprimido,* ícone de uma concepção de educação emancipadora de jovens e adultos foi substituída pelo Movimento Brasileiro de Alfabetização (MOBRAL), sob a pedagogia do mercado. A profissionalização compulsória do ensino médio e a formação técnico-profissional foram consideradas dentro de uma perspectiva para adestrar e ensinar o que serve ao mercado. A pedagogia do Sistema S, em especial do SENAI, como pedagogia do capital, foi incorporada como política dos governos militares para o campo da educação

A ditadura é indicador de falta de hegemonia. Vale dizer, é a imposição pela força de um determinado projeto e, por isso, as disputas não são anuladas, mas cerceadas. Após 20 anos de ditadura, novamente o Brasil, muito embora num contexto histórico marcado já pela ideologia neoliberal e da globalização, inicia uma longa transição para a democratização da sociedade. O processo constituinte afirma a democracia política com a promulgação da Constituição de 1988. Nele, de forma contraditória e ambígua, estão proclamados os horizontes para avançar na democracia social. Todavia, as forças conservadoras, uma vez mais, abandonam a Constituição e a submetem, por decretos, medidas provisórias e artifícios jurídicos, em uma letra morta.

Com o governo Collor, inicia-se a cega adesão à doutrina neoliberal. O debate político e econômico são substituídos pelo discurso técnico-gerencial e pelo ideário do ajuste, descentralização, flexibilização e privatização. Esse ideário teve consequência prática nos oito anos do Governo Fernando Henrique Cardoso, de forma competente, segundo os ditames do que foi conhecido como o *Consenso de Washington* ou a cartilha do ajuste dos países dependentes para adequação aos objetivos dos centros hegemônicos do sistema capital mundial.

O campo educacional, como assinalamos na abertura deste texto, pode ser compreendido no embate de forças mais amplas estabelecido no âmbito político e econômico. Uma longa experiência e detalhadas análises levaram Florestan Fernandes a estabelecer cenários para a educação, conforme desfecho da Constituição de 1988. A educação nunca foi algo de fundamental no Brasil, e muitos esperavam que isso mudasse com a convocação da Assembleia Nacional Constituinte. Mas a Constituição promulgada em 1988, confirmando que a educação é tida como assunto menor, não alterou a situação (Fernandes, 1992).

A aprovação da Lei de Diretrizes e Bases (1997) e do Plano Nacional de Educação, em ambos os casos, derrotando as forças vinculadas a um projeto nacional popular que postulavam mudanças estruturais na sociedade e na educação, vieram confirmar, ao longo da década de 1990 e permanece inalterado, no substancial até hoje, o que assinalamos acima, com base em Antônio Candido e Florestan Fernandes, em relação aos últimos 70 anos.

Do ciclo de reformas educativas do golpe civil-militar, centrado na ideologia do capital humano, transitamos para um ciclo de reformas sob a ditadura do capital. A travessia efetivou-se, perversamente, pela profunda regressão das relações sociais e com um aprofundamento da mercantilização da educação no seu plano institucional e no seu plano pedagógico (Frigotto, 2002). No âmbito do pensamento pedagógico, o discurso em defesa da educação é dominantemente retórico ou colocado de forma inversa, tanto na ideologia do capital humano (conjuntura das décadas de 1960 a 1980), quanto nas teses, igualmente ideológicas, da sociedade do conhecimento, da pedagogia das competências (Ramos, 2001) e da empregabilidade (décadas de 1980 e 1990).

No primeiro caso, a noção de capital humano mantinha, no horizonte da classe dominante, a ideia da educação como forma de integração, ascensão e mobilidade social. No segundo caso, com a crescente incorporação de capital morto, por meio do uso da ciência e da tecnologia como forças produtivas diretas e por meio da ampliação do desemprego estrutural e de um contingente de trabalhadores supérfluos, as noções de sociedade do conhecimento, qualidade total, cidadão produtivo, competências e empregabilidade tentaram convencer de que não há lugar para todos, tentando reduzir o direito social e coletivo ao direito individual.

Essas noções, todavia, têm um poder ideológico letal e apresentam a realidade de forma duplamente invertida: o nosso desenvolvimento está barrado porque temos baixos níveis de escolaridade e os trabalhadores não têm emprego porque não investiram em sua empregabilidade, isto é o *quantum* de educação básica e de formação técnico-profissional que podem torná-los reconhecidos pelo mercado como "cidadãos produtivos" (Frigotto e Ciavatta, 2006) e desejáveis pelo mercado.

O que se oculta é a opção da classe dominante brasileira por sua inserção consentida e subordinada ao grande capital e nosso papel subalterno na divisão internacional do trabalho com a hipertrofia da formação para o trabalho simples e as relações de classe no plano mundial e interno. Ou seja, a sociedade que se produz na desigualdade e se alimenta dela, não só não precisa da efetiva universalização da educação básica, como a mantém diferenciada e dual. Aqui situamos o sentido do debate sobre a questão da articulação e não a integração da formação profissional à educação básica defendida pelo Sistema S.

Assim é que as políticas educacionais, sob o ideário neoliberal da década de 1990, com um avanço quantitativo no ensino fundamental e com uma mudança discursiva aparentemente progressista no ensino médio e na "educação profissional e tecnológica", aprofundam a segmentação, o dualismo e perpetuam uma relação débil entre ambas.

A quase universalização do ensino fundamental se efetiva dentro de uma profunda desigualdade intra e entre regiões e na relação cidade/campo. A diferenciação e a dualidade aqui se estabelecem pelo não acesso efetivo e democrático ao conhecimento. A escola pública dos pobres e/ou dos filhos dos trabalhadores, como demonstra histórica e empiricamente a tese de Eveline Algebaile (2004), é uma escola que "cresce para menos".

É no ensino médio, definido na Constituição de 1988 e na nova Lei de Diretrizes e Bases de 1996, que podemos melhor perceber o quanto sua universalização e democratização é desnecessária ao projeto de sociedade até o presente dominante. O Decreto nº 2.208/97, restabeleceu o dualismo entre educação geral e específica, humanista e técnica, destroçando, de forma autoritária, o pouco ensino médio integrado existente, mormente da rede Centro Federal de Educação Tecnológica (CEFET). Inviabilizou-se, justamente e não por acaso, os espaços, como sinaliza Saviani (2003), onde existiam as bases materiais de desenvolvimento da educação politécnica ou tecnológica. Ou seja, aquela que oferece os fundamentos científicos gerais de todos os processos de produção e das diferentes dimensões da vida humana.

Mesmo sob essas condições de dualidade, o ensino médio se constitui numa ausência socialmente construída, na sua quantidade e qualidade, como o indicador da opção pela formação para o trabalho simples e da não preocupação com as bases da ampliação da produção científica, técnica e tecnológica e do direito de cidadania efetiva em nosso país.

Apenas aproximadamente 46% dos jovens têm acesso ao ensino médio, sendo que mais da metade desses o fazem no turno noturno e, grande parte, na modalidade de supletivo. Quando analisamos por região a desigualdade aumenta. No campo, por exemplo, apenas 12% frequentam o ensino médio na idade/série correspondente, também com enormes desigualdades regionais.

Recente relatório sobre ensino médio no campo mostra que poucas escolas públicas das áreas de Reforma Agrária ofertam o ensino médio, sendo mais da metade delas por meio de extensões de escolas da cidade. Com efeito, a Pesquisa Nacional da Educação na Reforma Agrária (PNERA, 2004), feita pelo Instituto Nacional de Ensino e Pesquisa (INEP) em parceria com o Instituto Nacional de Colonização e Reforma Agrária (INCRA), apontou que entre as 9.679 escolas existentes em assentamentos, apenas 373 oferecem o ensino médio.[8]

O alarmante é que não só o INEP avalia que há um déficit de 250 mil professores para o ensino médio, como dados recentes revelam que em 48% dos municípios brasileiros, o número de matriculados no ensino médio diminuiu. O Censo Escolar de 2006 indica, por outro lado, que houve uma diminuição de 94 mil matrículas no ensino médio regular em relação a 2005 e um aumento de 114 mil no mesmo nível na educação de jovens e adultos (antigo ensino supletivo). A hipótese é que a grande parte desses 94 mil tenha migrado para o nível médio supletivo.[9] Esse é também um resultado da visão de aumentar as estatísticas pelo atalho. O Conselho Nacional de Educação diminuiu a idade mínima de 18 para 16 e de 21 para 18, respectivamente, para o ensino fundamental e médio supletivo. Um movimento inverso dos países do capitalismo central onde, nas últimas décadas, a tendência tem sido a de ampliar os anos de escolaridade regular.

No âmbito da Educação Profissional e Tecnológica, o governo, na década de 1990, valeu-se, como mostra Lobo Neto (2006), do discurso da tecnologia e da "tecnologia" dos discursos para organizar um sistema paralelo e dissimular sua efetiva natureza tecnicista. Na verdade, como nos mostra esse autor, a nomenclatura de "educação profissional" esconde seu contrário – uma política de formação profissional estreita e desvinculada de uma concepção de educação *omnilateral* do ser humano historicamente situado (Lobo Neto, 2006, p. 170). O Decreto nº 2.208/97 também induziu a maioria dos Centros Federais de Educação Tecnológica (CEFETS) a um direcionamento que reduziu o tecnológico a um *upgrade* da formação técnico-profissional. Um caminho inverso, portanto, ao sentido mesmo de educação tecnológica como base ou fundamento científico das diferentes técnicas e de formação humana no campo social, político e cultural.

Em um outro patamar, criou-se o Plano Nacional de Qualificação do Trabalhador (PLANFOR),[10] cujo fundo é disputado pelo Sistema S, organizações não governamentais (ONGs), sindicatos e escritórios de organização de cursos, cujo escopo é a condenação de milhares de jovens e adultos trabalhadores, com escolaridade média de quatro anos, a cursos profissionalizantes, na sua maioria, desprovidos de uma base científica, técnica e de cultura humana mais geral. Isso faz com que não estejam preparados nem para as exigências profissionais e nem para o exercício autônomo da cidadania.

Cabe registrar que o Sistema S, que, na década de 1980, tinha como item de sua agenda, forçado pela sociedade, repensar sua função social, na década de 1990 começou a denominar, especialmente o SENAI como já assinalamos, vários de seus departamentos regionais de *unidades de negócio*. Nesse caso uma não disfarçada privatização de fundo público.

Todos os indicadores nos conduzem a perceber que o pêndulo não se movimentou na direção das forças que lutam por um projeto nacional popular e democrático de massa e as consequentes reformas estruturais. Isso implicaria o vínculo a um projeto de educação escolar e de formação técnico-profissional dos trabalhadores para o trabalho complexo, condição para uma inserção ampla na forma que assume o processo de produção industrial-moderno com base científica digital-molecular. O projeto de um capitalismo associado e dependente não necessita da universalização do ensino médio de qualidade. Os quadros necessários para os empregos formais que têm valor agregado ou procedem dos grupos internacionais que compraram as estatais brasileiras ou são formados nos CEFETS, Sistema S e nos cursos superiores. Dados recentes mostram que dos poucos egressos do ensino médio, muitos se negam a assumir empregos de baixíssimo nível e de salários irrisórios. Preferem migrar para países onde remuneram, os mesmos serviços, quatro ou cinco vezes mais.

A questão a destacar dentro do tema que dá o título a este texto-base para debate é: o que mudou no plano estrutural, no projeto societário e educacional no primeiro mandato do governo Lula?

A análise de Pochmann (2004) nos fornece a resposta à indagação. Para Pochmann, acentuou-se o empobrecimento e esvaziamento da classe média e ampliou-se a polarização de lados opostos da pirâmide social com a elevação da concentração de renda e de capital e o aumento significativo dos inseridos precariamente na base da pirâmide. Isso resulta, para Pochmann, da política monetarista e fiscal que, de um lado, dá garantias aos ganhos do capital, mormente o capital financeiro, e, de outro, sustenta programas de renda mínima para os grandes contingentes como estratégia de diminuição da indigência e pobreza absoluta.

No âmbito educacional, não só pelas razões da ortodoxia da política econômica, mas condicionado por ela, os avanços estruturais não podiam ocorrer.

Uma das cobranças imediatas da área de educação, mediada por suas organizações científicas, culturais e sindicais, presente na proposta de governo era a revogação do Decreto nº 2.208/97, uma espécie de símbolo da desastrada política educacional da era Cardoso. A demora por mais de dois anos para que isso ocorresse é sintomática. Isso somente foi feito em 2004 com a promulgação do Decreto nº 5.154/04. Na sua gênese, dentro das contradições da travessia, tratava-se de resgatar a perspectiva do ensino médio, na perspectiva da educação politécnica ou tecnológica. Concepção refutada e abertamente combatida pelas forças conservadoras do governo FHC. Daí, contrariamente à perspectiva de aligeiramento e profissionalização compulsória da Reforma nº 5.692/71 e do dualismo imposto pelo Decreto nº 2.208/97, o ensino médio integrado amplia de três para quatro anos este nível de ensino para permitir ao jovem uma formação que articule ciência, cultura e trabalho em sua formação. Uma perspectiva, portanto, que supera tanto o academicismo quanto a visão de profissionalização adestradora. Tratava-se de avançar, tendo como parâmetro as condições materiais dos CEFETS, na concepção da educação politécnica ou tecnológica no sentido trabalhado por Saviani (2003, 2006).

Essa proposta não avançou, tanto por falta de decisiva vontade política e recursos do governo federal e resistência ativa de grande parte dos governos estaduais, responsáveis pela política de ensino médio, quanto por uma acomodação das instituições educacionais e da sociedade em geral.[11] Na verdade, a não ser a partir de 2006, com a atual gestão da Secretaria da Educação Média e Tecnológica (SEMTEC), o governo sequer atuava com uma definição política até mesmo na rede Cefet, diretamente ligada a ele. Mais que isso, o Conselho Nacional de Educação estabeleceu diretrizes que acabam enquadrando, dominantemente, o novo Decreto dentro do espírito da tradição estreita da formação técnico-profissional, anulando, em grande parte, a revogação do Decreto nº 2.208/97.

Em relação às políticas de qualificação, o PLANFOR, o mesmo foi transformado em Plano Nacional de Qualificação (PNQ), com direcionamento mais incisivo na política de emprego e renda mínima para desempregados, subempregados e força de trabalho supérflua. Paralelamente, situam-se também programas de primeiro emprego para jovens trabalhadores que buscam emprego e não conseguem. No Brasil, os dados das pesquisas de Pochmann (1998, 1999) indicam um *desemprego de inserção* de 42,3% dos jovens. Nessa perspectiva, ultimamente, ganharam grande ênfase política no Governo Lula o Programa Nacional de Inclusão de Jovens (PROJOVEM), a controvertida Escola de Fábrica e o Programa de Educação de Jovens e Adultos (PROEJA). Em relação ao Sistema S, não houve mudança significativa, a não ser a de induzi-lo a disputar fundos para atuar nesses programas e na perspectiva dos programas de renda mínima para os grandes contingentes de jovens e adultos, como estratégia de diminuição da indigência e pobreza absoluta.

Do que sintetizamos nesta breve análise, podemos inferir os seguintes pontos:

- O projeto societário que se definiu, mormente na década de 1990, por um capitalismo monetarista e rentista, associado de forma subordinada e dependente aos centros hegemônicos do sistema capital, demanda dominantemente, na divisão internacional do trabalho, o trabalho simples e de baixo valor agregado. Consequentemente, para esse projeto de sociedade, não há necessidade da universalização e nem da democratização da qualidade da educação básica, especialmente de nível médio.
- Dessa opção, decorre a reiteração do dualismo entre educação geral e específica, humanista e técnica e, portanto, a frágil relação entre educação básica e formação técnico-profissional e dentro de uma perspectiva unidimensional da pedagogia do capital e do mercado. Trata-se de formar o trabalhador *cidadão produtivo* adaptado à corrida sem fim de adquirir as "competências" de mãos adestradas ou olhos aguçados e coração e mente submissos. Essa lógica perversa penetrou no imaginário popular que o conduz a demandar esse tipo de formação.
- Os quatro primeiros anos de Governo Lula efetivaram avanços significativos nas políticas distributivas e compensatórias, incluindo milhões de brasileiros na renda e cidadania mínimas, mas não conseguiram alterar as determinações estruturais que geram a profunda desigualdade social. As forças conservadoras buscarão, de todas as formas, fazer com que as mudanças estruturais não ocorram neste segundo mandato. Como mostra Oliveira (2006), essa mudança só ocorrerá mediante pressão das forças de esquerda e dos movimentos populares.

DESAFIOS NA OPÇÃO DO PROJETO DE SOCIEDADE E DA RELAÇÃO EDUCAÇÃO BÁSICA E TÉCNICO-PROFISSIONAL

A disputa, sobretudo presidencial, do segundo turno recolocou na agenda do debate a questão sobre que projeto de sociedade o Brasil quer construir. O resultado do segundo turno manteve os votos que se mostraram inalterados ao longo de todo o processo e que representam, em sua maioria, a leitura dos que fizeram parte das políticas sociais distributivas e compensatórias. O diferencial para cima compõe-se de votos de forças muito diversas, mas cuja avaliação foi de que a candidatura Alkmin representava o retorno das políticas aberta e doutrinariamente neoliberais.

A tese básica da necessidade de acelerar o desenvolvimento, apresentada pelo atual governo como plataforma para os próximos quatro anos nos debates do segundo turno, precisa ser qualificada no plano teórico e nas definições políticas. A dificuldade dessa qualificação e o risco de não sair do mesmo lugar se explicitou nas tensões internas dentro do governo quando alguns setores explicitaram a convicção de que a *era Palochi* acabara. Vale dizer que a política econômica monetarista e rentista, centrada no ajuste fiscal para gerar superávit de 4,5 ou 5% do Produto Interno Bruto (PIB), condição *sine qua* e tese do desenvolvimento é pura retórica.

O sinal preocupante é de que esta tensão foi rapidamente silenciada em nome da unidade de discurso e, certamente, para não "assustar o mercado", os investidores, etc. Nesse particular, a advertência de Francisco de Oliveira (2006) tem, em sua dramática dialeticidade, para além de um posicionamento teórico, um apelo ético-político. As esquerdas precisam aprender com o pequeno grande sardo Gramsci: a luta política no capitalismo é uma permanente "guerra de posições", e a pregação falsa de unidade, acima de tudo, somente serve para deixar os flancos abertos para forças contrárias à transformação social. Assim, em certas conjunturas, a palavra de ordem pode ser "dividir para lutar melhor".

A relação de forças certamente não permite rupturas abruptas, mas não *se faz omelete sem quebrar ovos*. Ou seja, a mudança de direção certamente vai contrariar interesses de grupos poderosos da burguesia brasileira, associada ao grande capital. A questão não é apenas desenvolver de forma sustentável, mas qual o sentido e a quem serve esse desenvolvimento e essa sustentabilidade. Nem o termo desenvolvimento e nem o termo sustentável definem, por si, sua natureza. A história recente do capitalismo mundial e do Brasil tem mostrado que é possível crescer muito – mediante um desenvolvimento desigual e combinado – aumentando a concentração de renda e capital, sem gerar um número significativo de empregos e sem que os mesmos engendrem efetivo valor agregado para os trabalhadores. Nesse contexto, sustentabilidade significa políticas de ajuste fiscal, privatizações, flexibilização e perda de direitos dos trabalhadores.

É nesse particular que reside a esfinge que clama por ser decifrada, ou o salto de qualidade dos próximos quatro anos não se dará. Voltam à tona os quatro aspectos apontados por Perry Anderson para que o Governo Lula pudesse, já no primeiro mandato, significar um efetivo avanço na sociedade brasileira e não cair na armadilha da grande maioria dos governos de centro-esquerda e esquerda que se elegeram após a década de 1980 e que acabaram completando as reformas da direita. Esse avanço, para Anderson, implica: não confundir os votos ganhos com o poder; ter um projeto alternativo claro de sociedade e um grupo coeso na busca de sua concretização; vincular este projeto aos movimentos sociais organizados e identificar o inimigo, sem subestimá-lo.[12]

A tarefa de decifrar a esfinge não é de pequena monta, pois um projeto de *desenvolvimento sustentável,* que se afaste do consenso neoliberal, como sublinha o historiador Eric Hobsbawm, *não pode funcionar por meio do mercado, mas operar contra ele* (1992, p.266, grifos meus). Por isso, para esse historiador, a coordenação desse processo não pode ser sustentado nem por organizações não governamentais (ONGs), nem pela igreja, mas pelo Estado, ainda que não o atual. Certamente as parcerias público-privadas que acalentam vários programas do atual governo estão na contramão desse horizonte apontado pelo octagenário historiador.

O salto de qualidade tem como exigência encarar frontal e decididamente as reformas estruturais historicamente proteladas: a reforma agrária e a taxação das grandes fortunas, com o intuito de acabar com o latifúndio e a altíssima concentração da propriedade da terra; a reforma tributária, com o objetivo de inverter a lógica regressiva dos impostos, em que os assalariados e os mais pobres pagam mais, corrigindo assim a enorme desigualdade de renda; a reforma social, estatuindo uma esfera pública de garantia dos direitos sociais e subjetivos. Isso pressupõe, também, renegociar a dívida interna e externa noutros termos.

Ao, efetivamente, incluir as reformas estruturais na agenda política, o governo ampliará o apoio dos movimentos sociais e populares e do campo da esquerda. As políticas distributivas e de assistência imediata para milhões de brasileiros que estão em estado de miséria absoluta ou relativa ganharão mais força e poderão ter um controle social público para não se transformar em clientelismo e paternalismo (traços fortes de nossa cultura política) e para não se tornarem permanentes.

Esse projeto de sociedade e de desenvolvimento demandará um gigantesco investimento em ciência e tecnologia, como condição necessária à efetiva universalização democrática da educação básica. Não basta a democratização do acesso, há necessidade de qualificar as condições objetivas de vida das famílias e das pessoas e aparelhar o sistema educacional com infraestrutura de laboratórios, professores qualificados, com salários dignos, trabalhando numa única escola, etc. Para isso, não é suficiente a aprovação do Fundo de Manutenção e Desenvolvimento da Educação Básica e da Valorização dos Profissionais da Educação (FUNDEB). No contexto do que estamos aqui sinalizando, os fundos se pautam na lógica da "equidade mínima" e não na qualidade necessária. Esta implica previsão de recursos constitucionais que a médio prazo dilatem para três ou quatro vezes os investimentos atuais em educação básica e superior.

O estabelecimento de um vínculo mais orgânico entre a universalização da educação básica e a formação técnico-profissional implica resgatar a educação básica (fundamental e média) na sua concepção unitária e politécnica ou tecnológica. Portanto, trata-se de uma educação não dualista, que articule cultura, conhecimento, tecnologia e trabalho como direito de todos e condição da cidadania e democracia efetivas. Saviani, sem dúvida, é o educador brasileiro que efetivou a elaboração mais consistente sobre as relações entre escola básica e mundo do trabalho na perspectiva da educação politécnica ou tecnológica. Para esse autor,

> se no ensino fundamental a relação é implícita e indireta, no ensino médio a relação entre educação e trabalho, entre o conhecimento e a atividade prática deverá ser tratada de maneira explícita e direta. O saber tem uma autonomia relativa em relação ao processo de trabalho do qual se origina. O papel fundamental da escola de nível médio será, então, o de recuperar essa relação entre o conhecimento e a prática do trabalho (Saviani, 2006, p. 14).

Como mostra ainda Saviani:

> essa é uma concepção radicalmente diferente da que propõe um ensino médio profissionalizante, caso em que a profissionalização é entendida como um adestramento em uma determinada habilidade sem o conhecimento dos fundamentos dessa habilidade e, menos ainda, da articulação dessa habilidade com o conjunto do processo produtivo (Saviani, 2006, p. 5).

A proposta do ensino médio integrado se fundamenta nessa concepção e se constitui, sem dúvida, no grande desafio do atual governo para efetivamente implementá-la conforme essa concepção. A visão de *articulação* e não *integração* da formação profissional à educação básica, defendida por grande parte dos representantes dos dirigentes do Sistema S, delegados das Conferências Estaduais e agora delegados na Conferência Nacional, não é trivial. Representa a perspectiva do dualismo e adestramento.

Há aqui pelo menos dois obstáculos a serem enfrentados pela sociedade e governo. Primeiramente o de modificar as diretrizes promulgadas pelo Conselho Federal de Educação que induzem a compreensão do ensino médio a simples arranjos do Decreto nº 2.208/97, na perspectiva de articular e não de integrar, e, em última instância, ao retorno do profissionalizante da reforma nº 5.692/71, um adestramento rápido com vistas ao mercado de trabalho. O segundo é o de quebrar a barreira de resistências das políticas estaduais sob quem está a prerrogativa da oferta do ensino médio.

Foram publicados recentemente os resultados do Exame Nacional do Ensino Médio (ENEM), os quais nos revelaram aspectos importantes. A imprensa propalou o sucesso das escolas de ensino médio públicas federais e de algumas escolas confessionais. O melhor desempenho foi da Escola Politécnica de Saúde Joaquim Venâncio – uma escola de ensino médio vinculada à Fundação Oswaldo Cruz. Trata-se de uma escola que atende aos jovens de camadas populares e de classe média, um público muito diverso do das escolas privadas de elite. Por que todas as escolas públicas de ensino médio não têm o mesmo desempenho?

Quem responde a essa questão, de forma correta política e cientificamente, é o Diretor da Escola Politécnica, professor André Malhão, nas diversas entrevistas que lhe fizeram para que explicasse tal sucesso de desempenho dos alunos. Primeiramente, André Malhão adverte que qualquer comparação com as demais escolas da rede pública é inadequada, porque as mesmas estão longe de terem as condições minimante comparativas em termos de professores qualificados (a maioria com mestrado e doutorado), com grupos de pesquisa, laboratórios atualizados, biblioteca, espaço físico. Em segundo lugar, o diferencial está na proposta política e pedagógica da escola, centrada no debate e concepção da escola unitária e politécnica. Uma escola comprometida em formar jovens que articulem ciência, cultura e trabalho e lhes dê possibilidade de serem cidadãos autônomos. Que possam escolher seguir seus estudos ou ingressar na vida profissional. Como tive oportunidade de expressar ao Presidente Lula, por ocasião da inauguração do novo prédio da escola – o dia em que o Brasil universalizar esse tipo de ensino médio, ele se constituirá efetivamente numa nação. Trata-se de uma escola de ensino médio integrado. Mas isso significa que a sociedade brasileira terá que ter consciência de que o custo dessa educação é, pelo menos, 8 a 10 vezes maior daquilo que se propõe mediante o FUNDEB. O ensino médio nos países do capitalismo central não custa menos que US$ 4.500 aluno/ano. Isso equivale ao que uma família de classe média das grandes capitais brasileiras pagam em escolas particulares laicas ou confessionais.

Pela importância estratégica, também, da rede de Centros Federais de Educação Tecnológica e das redes estaduais e municipais de escolas técnicas de nível médio, é fundamental que as mesmas tenham a possibilidade de restauração plena do nível médio de ensino, na perspectiva da educação politécnica ou tecnológica e se constituam numa referência efetiva em suas condições físicas, materiais, formação e condições do trabalho docente. Não se trata de negar a prerrogativa do ensino superior, mas de garantir o ensino médio integrado como uma de suas prioridades. Também há que se aprofundar a natureza do ensino superior e das universidades tecnológicas. Aqui trata-se de superar o viés que situa a educação tecnológica como *upgrade* do ensino técnico em uma perspectiva reducionista e estreita.

O pressuposto é que se possa criar um Sistema ou Subsistema Nacional de Formação/Qualificação Profissional, como política pública, articulando as múltiplas redes existentes e vinculado às diferentes demandas do processo produtivo, à política de criação de emprego e renda e, no contexto que ainda nos encontramos, à política pública de educação de jovens e adultos.

O Sistema ou Subssistema Nacional de Formação/Qualificação Profissional, como política pública, estratégica e de Estado articularia as várias redes mantidas pelo setor público nas diferentes esferas e no setor privado. Essa é a perspectiva que Melenchon (2001, p. 5) denomina de "resposta a um duplo imperativo do progresso: o acompanhamento da rápida evolução tecnológica e garantia social do trabalhado".

Nesse particular, pela especificidade do Sistema S, que tem contribuição de fundo público compulsório, o Estado tem a obrigação de discutir uma tendência crescente (com ênfase diversa institucionalmente) de se transformar em empresas de serviços com múltiplas "unidades de negócio". Trata-se de retomar os debates dos anos de 1980 onde se discutia, interna e externamente, a função social desse sistema e a criação dos Centros Públicos de Formação Profissional e de democratizar efetivamente o Sistema S.

Certamente, na direção que assinalou o Ministro da Educação, Fernando Haddad, na abertura da Conferência Nacional de Educação Profissional e Tecnológica – a sociedade e o governo devem colocar em sua agenda que os recursos públicos arrecadados pelo Sistema S tenham um fim e um controle claramente público. Por isso, a sociedade tem que cobrar bem mais que os 30% de recursos em vagas de alunos do sistema público. Há que se cobrar também o debate sobre a natureza da formação profissional e quem a define. Os tempos em que vivemos não permitem que a mesma seja efetivada na perspectiva unidimensional de "adestrar as mãos e aguçar o olho", como se referia Gramsci nos anos de 1930 em relação à educação que interessava ao capital e ao mercado.[13] Cobrar que o Sistema S volte a oferecer cursos em tempo integral e com bolsa, como fez referência em seu pronunciamento na Conferência Nacional, relatando o seu próprio caso o Senador Paulo Paim, parece-nos uma exigência mínima. Há milhões de jovens que necessitam disso nas periferias das pequenas, médias e, sobretudo, grandes cidades e no campo. A ausência de formação profissional nos assentamentos da Reforma Agrária é gritante. O que não é eticamente insustentável é transferir esse fundo público para formação de profissionais, até em nível superior, para multinacionais ou em empreendimentos com a ótica mercantil de unidades de negócio. Nesse particular, a questão ética, política e jurídica é a seguinte: se o Sistema S ou parte dele quer ser empresa (unidade de negócio), até para que não haja concorrência desleal no mercado, é preciso que *renuncie* o fundo público compulsório, *devolva* o patrimônio construído ao longo de mais de 50 anos e pague pela marca ou mude de nome. Em outros termos, ou o Sistema S utiliza o fundo público que recebe para políticas públicas orientadas pelo Estado ou o Estado tem o dever político, social, econômico e ético de rever a legislação que cria o Sistema S.

Em termos mais amplos, cabe postular que a política pública de formação profissional seja afirmada como prerrogativa do Estado ou a instituições por ele credenciadas à diplomação e certificação. Ao Ministério da Educação cabe a coordenação do Sistema Nacional de Formação/Qualificação. Também se pressupõe a existência permanente de um fundo garantido na constituição para esse fim, que inclua, mas vá além do Fundo de Desenvolvimento do Ensino Profissional e de Qualificação do Trabalhador (Fundep). Vá além, pois os fundos (FUNDEB e Fundep) lidam dominantemente com a questão da equidade.

Por fim, haverá em todas as redes, conforme princípio de democracia substantiva, uma gestão com participação efetiva do Estado, dos trabalhadores e do setor produtivo. Um aspecto central dessa política de certificação, como prerrogativa do Estado, é o de se evitar a perspectiva do negócio aplicada a um tema que é um direito, malversando, inclusive, o fundo público e também de combater cursos sem nenhuma qualidade técnica e ético-política, cursos que atualmente funcionam como um engodo, numa situação de fragilidade imensa da classe trabalhadora.

Se efetivamente se garante, no médio prazo, a educação básica politécnica ou tecnológica universal e de qualidade efetiva, a formação profissional terá outra qualidade e significará uma possibilidade de avanço nas forças produtivas e no processo de emancipação da classe trabalhadora. Nesse percurso, julgamos importante que a política pública de formação profissional se vincule às políticas de emprego e renda. Isso, por sua vez, implica, como mostramos ao longo deste breve texto, que se politize o debate em todas as esferas, mormente a econômica, rompendo com a doutrina que atribui neutralidade aos técnicos e gestores. Cabe à classe trabalhadora lutar em suas organizações e movimentos para construir uma nação contra aqueles que historicamente moldaram um capitalismo dependente, associado e subordinado ao capital mundial.

NOTAS

1. O texto aqui apresentado, como subsídio para a *Conferência Nacional de Educação Profissional e Tecnológica,* é, em grande parte, uma síntese de estudos realizados e publicados nos últimos anos. A análise que vinca esta discussão se encontra especialmente em Frigotto, G. (2006), Frigotto, G. Ciavatta, M. e Ramos, M. (2005 e 2005a) e em Frigotto, G. e Ciavatta, M. (2006).
2. Para uma análise de nossa formação histórica sobre a qual se assentam as disputas de projetos societários, mormente no século XX, ver Nelson Werneck Sodré (2004).
3. Ver, desse autor, especialmente, Furtado (1982, 2000).
4. Ver, a esse respeito, Fiori (2002).
5. A curta, mas densa e eloquente análise de Francisco de Oliveira no artigo *Voto condicional em Luiz Inácio (Jornal Folha de São Paulo,* 30.10.2006) expõe, sem meias palavras, a natureza da esfinge e as consequências do não deciframento.
6. Como mostra Saviani (2003), a denominação de Educação Tecnológica em nossa tradição tem assumido equivocadamente o sentido restrito de formação técnico-profissional. Por uma razão pedagógica e política, manteremos a denominação de Educação Tecnológica ou Politécnica no sentido e contexto que Saviani (2006) propõe.
7. Os pontos abordados até o fim deste item são uma síntese de trabalhos recentemente publicados. Fundamentalmente nos apropriamos das ideias básicas do texto *Fundamentos científicos e técnicos da relação trabalho e educação no Brasil hoje* (Frigotto, 2006)
8. Ver Documento Final do 1º Seminário Nacional sobre Educação Básica de Nível Médio nas áreas de Reforma Agrária. Luziânia, Goiás, 2006 (relatório final).
9. Ver, *Jornal O Globo.* Rio de Janeiro, 01 de novembro de 2006, Caderno País, p. 17.
10. Céa (2002) efetiva uma densa análise sobre o PLANFOR, definindo-o não primeiramente como política de formação e qualificação, mas sobretudo como política social focalizada e

precária dentro da agenda da reforma do Estado e da reestruturação produtiva.

11 Aos que se interessam em aprofundar o debate em relação à gênese, concepção e contradições do decreto 5.154/04, ver Frigotto, G.; Ciavatta, M. e Ramos Marise. (2004 e Frigotto, G. e Ciavatta, M. e Ramos, M. (2005).

12 Para uma melhor contextualização da análise de Anderson, ver Frigotto (2004).

13 Ver, a esse respeito, o texto: Fazendo pelas mãos a cabeça do trabalhador. (Frigotto, 1982/1983).

REFERÊNCIAS

ALGEBASILE, E. *Escola pública e pobreza*: os sentidos da expansão escolar na formação da escola pública brasileira. Niterói, UFF, 2002. Tese de Doutorado.

CÂNDIDO, A. A Revolução de 1920 e a Cultura. *Novos estudos CEBRAP*. São Paulo, v.2, 4. p. 44-26, abril de 1984.

CÉA, G. S. S. *A qualificação profissional entre fios invisíveis*: uma análise crítica do Plano Nacional de Qualificação do Trabalhador. São Paulo, PUC/SP. Tese de Doutorado.

FERNANDES, F. *Capitalismo dependente e classes sociais na América Latina*. Rio de Janeiro: Zahar, 1975.

FERNANDES, F. *A revolução burguesa no Brasil*. Um ensaio de interpretação sociológica. 3. ed. Rio de Janeiro: Zahar, 1981. (Biblioteca de Ciências Sociais.)

FIORI, J. L. *O nome aos bois*. Instituto da Cidadania – Fundação Perseu Abramos. São Paulo, 30.10.2002.

FRIGOTTO, G. Fazendo pelas mãos a cabeça do trabalhador: trabalho como elemento pedagógico na formação profissional. In: *Conferências Brasileira de Educação 2*, Belo Horizonte, 1982. Rio de Janeiro, SENAC/DIPLAN, 1983.

FRIGOTTO, G.; CIAVATTA, M.; RAMOS, M. *A política de Educação Profissional no Governo Lula*: Um percurso histórico controvertido. Campinas, *Educação e Sociedade*, 26(92) 1.087-1113, out. 2005.

FRIGOTTO, G.; CIAVATTA, M.; RAMOS, M. (org) Ensino Médio Integrado: Concepção e contradições. São Paulo, Cortez, 2005.

FRIGOTTO, G.; CIAVATTA, M. (org). *A formação do cidadão produtivo*: A cultura do mercado no ensino médio técnico. Brasília, INEP, 2006.

FRIGOTTO, G. O Brasil e a política econômico-social: entre o medo e a esperança. *Revista Observatório social de América Lantina*. CLACSO, Buenos Aires, nº 14., mayo-agosto 2005, p. 95-1004.

HOBSBAWM, E. *O Novo Século* (Entrevista a Antônio Polito). São Paulo, Companhia das Letras, 2000.

IANNI, O. *Estado e planejamento econômico no Brasil*. Rio de Janeiro, civilização Brasileira, 1991.

LOBO NETO, F. J. S. *O discurso sobre tecnologia na "tecnologia" do discurso*: discussão e formulação normativa da educação profissional no quadro da lei de diretrizes e bases da educação de 1996. Niterói, 2006. Tese de doutorado.

MELENCHON, J. L. *Por um Modelo Universal de Profissionalização Sustentável*. Porto Alegre, 2003. Conferência no Fórum Mundial de Educação.

OLIVEIRA, F, *Crítica da Razão Dualista*: O ornitorrinco. São Paulo, Boitempo, 2003

POCHMANN, M. *As duas rendas mínimas*. Jornal do Brasil, Rio de Janeiro, 22. 05.2004, Outras opiniões, p. 9

POCHMANN, M. O flagelo dos jovens trabalhadores. *Folha de São Paulo*, São Paulo 22;02.1998, Folha Dinheiro, p. 2

POCHMANN, M. *O trabalho sob o fogo cruzado, desemprego e precarização no final do século*. São Paulo, Contexto, 1999.

RAMOS, M. N. *A pedagogia das competências*: Autonomia ou adaptação? São Paulo, Cortez, 2001.

SAVIANI, D Contribuição à elaboração da nova LDB: um início de conversa. In: *ANDE*, nº 13, p. 5-14, 1988.

SAVIANI, D. *Trabalho e Educação*: Fundamentos Ontológicos e Históricos. Caxambu, 29ª Reunião Anual da ANPED, 2006. mimeo.

SAVIANI, D. O choque teórico da politecnia. *Revista Trabalho, Educação e Saúde*. Rio de Janeiro, Fundação Oswaldo Cruz, 1(1): 115-130, 2003.

SODRÉ, N. W. *Formação histórica do Brasil*. Rio de Janeiro, Grafhia editora, 2004.

2 Ensino médio integrado
ciência, trabalho e cultura na relação entre educação profissional e educação básica

Marise Ramos

O tema deste texto nos remete, de imediato, à inegociável garantia do direito de todos à educação básica. Por outro lado, ainda que não revestida da obrigatoriedade e do princípio da universalização como a educação básica, o direito de acesso à educação profissional também é um enunciado jurídico, além de uma necessidade social incontestável. A propósito, parece-nos que, juridicamente, temos determinações significativas que não nos deixariam dúvidas sobre a necessidade de ações políticas concretas do Estado nessa direção.

A obrigatoriedade e a gratuidade do ensino fundamental, por exemplo, é direito consagrado pela constituição federal[1] ao qual as políticas educacionais dos últimos 12 anos, de fato, deram prioridade. Os princípios da obrigatoriedade e da gratuidade deveriam se estender também, mesmo que progressivamente, ao ensino médio, conforme dizia o mesmo artigo constitucional. Essas conquistas formais, porém, não nos alentam plenamente. Primeiro, porque persiste o analfabetismo em nosso país; segundo, porque a expansão do ensino fundamental ocorreu, em certa medida, em detrimento da qualidade; e, terceiro, porque esses princípios ainda não abrangem a totalidade daqueles que não tiveram acesso à educação básica em idade considerada regular e que deveriam ser atendidos na modalidade Educação de Jovens e Adultos (EJA). Por fim, a problemática do ensino médio é bastante grave, posto que os sistemas estaduais de ensino, instância responsável por sua oferta, possuem limites para o seu financiamento.[2] Não sem contradições, a instituição do Fundo de Manutenção e Desenvolvimento da Educação Básica e de Valorização dos Profissionais da Educação (FUNDEB) foi uma medida importante, ainda que não suficiente, para enfrentar parte desses problemas.

A Lei de Diretrizes e Bases da Educação Nacional (LDB) apresenta o acesso à educação profissional como um direito. Porém, a desvinculação dos ensinos médio e técnico instaurada pelo Decreto nº 2.208/97, acabou eximindo qualquer sistema de ensino da responsabilidade de ofertá-la e financiá-la. Somente as instituições da rede federal de educação tecnológica puderam fazê-lo, em razão de disporem de orçamento próprio para o cumprimento de suas finalidades.

Sabemos que os problemas da relação entre a educação profissional e a universalização da educação básica não se encerram nos limites organizacionais e financeiros da educação nacional – ainda que esses sejam, de fato, significativos e determinantes. Conhecemos a dualidade histórica que marca nosso ensino, especialmente no núcleo substancial dessa relação, qual seja, o ensino médio. Esta marca atravessa a história da educação brasileira, desde os tempos em que a educação profissional era uma política para retirar do vício e do ócio os desvalidos da sorte; passando pelas políticas de equivalência e de compulsoriedade do ensino técnico; pelas lutas em defesa da escola unitária, derrotadas pela reforma conservadora do governo FHC, até chegarmos nos dias de hoje. A revogação do Decreto nº 2.208/97 e o advento do Decreto nº 5.154/2004 foi uma condição *sine qua non* para isso; mas, de fato, o conteúdo dessa disputa transcende o campo jurídico e atinge dimensões ideológicas sobre concepção de mundo, que se concretizam em escolhas epistemológicas e metodológicas no desenvolvimento das propostas educacionais.

Este texto tratará dessas disputas. Faremos um resgate do processo de discussão da nova LDB, guiada pela necessidade de construção de uma educação unitária, laica, gratuita, de formação politécnica e omnilateral. Ao reconhecermos a vitória dos segmentos conservadores, que conseguiram aprovar uma lei *minimalista*, por cujas lacunas adentraram muitas reformas, abordaremos o conteúdo normativo e ideológico que permeou a educação nacional no período que vai, pelo menos, de 1996 (ano de aprovação da LDB) a 2003 (ano em que se inicia o Governo Lula).

Em seguida, voltaremos nossa atenção para os sentidos do ensino médio e a necessidade da educação básica vincular-se à prática social por meio das dimensões fundamentais da vida: o trabalho, a ciência e a cultura. Destacaremos a histórica subordinação do ensino médio a projetos que estão "fora dele": o mercado de trabalho e o vestibular. Contrapomos a essa tendência o fato de que os sujeitos do ensino médio têm uma vida, uma história e uma cultura, que configuram necessidades diferenciadas, mas também direitos universais. Nesse ponto, faremos, mais uma vez, a defesa de um projeto de ensino médio que integre trabalho, ciência e cultura, na perspectiva de uma formação unitária, politécnica e omnilateral. A possibilidade de o ensino médio preparar os estudantes para o exercício de profissões técnicas, por sua vez, corresponde ao reconhecimento de necessidades concretas dos jovens brasileiros, de se inserirem no mundo do trabalho. Necessidade esta que não podemos ignorar; ao contrário, garantir a formação básica unitária e a possibilidade de formação profissional, nesses termos, é um compromisso ético-político da sociedade.

É com esse sentido, então, que passamos a discutir as possibilidades e desafios de organização de uma proposta curricular integrada, destacando, então, que as relações entre educação básica e educação profissional vão muito além da forma, mas abrangem princípios e conteúdos. Apresentaremos, novamente, um possível movimento a ser feito para elaborar uma proposta dessa natureza, conforme fizemos no capítulo de nossa autoria que consta do livro *Ensino Médio Integrado: concepção e contradições*, organizado por Frigotto, Ciavatta e Ramos (2005).

Ao longo de nossas reflexões, desejamos evidenciar os avanços políticos e conceituais dos últimos anos, bem como os desafios que temos a enfrentar. Chamaremos a atenção, entretanto, de que não se construiu ainda uma nova hegemonia. Ao contrário, convivem, de forma tensa e contraditória, novas medidas progressistas com outras arcaicas, que recuperam os preceitos de uma educação profissional dualista e compensatória. Essa constatação comprova que ainda estamos em disputa, o que nos responsabiliza a todos.

AS LUTAS PELA LDB: DA PERSPECTIVA DA ESCOLA UNITÁRIA À VITÓRIA MINIMALISTA[3]

A década de 1980 foi rica em debates sobre os rumos a serem dados à educação brasileira. Fechando-se o ciclo da ditadura civil-militar, a mobilização nacional para a transição democrática levou à instalação do Congresso Nacional Constituinte em 1987. A sociedade civil organizada, a partir de suas entidades educacionais e científicas, mobilizou-se fortemente pela incorporação do direito à educação pública, laica, democrática e gratuita na Constituição.

Em relação à educação básica, defendia-se um tratamento unitário que abrangesse desde a educação infantil até o ensino médio. O debate teórico travado pela comunidade educacional, especialmente dentre aqueles que investigavam a relação entre o trabalho e a educação, afirmava a necessária vinculação da educação à prática social e o trabalho como princípio educativo.

O papel do ensino médio deveria ser o de recuperar a relação entre conhecimento e a prática do trabalho. Isso significaria explicitar como a ciência se converte em potência material no processo de produção. Assim, seu horizonte deveria ser o de propiciar aos alunos o domínio dos fundamentos das técnicas diversificadas utilizadas na produção, e não o mero adestramento em técnicas produtivas. Não se deveria, então, propor que o ensino médio formasse técnicos especializados, mas sim politécnicos.

Politecnia diz respeito ao "domínio dos fundamentos científicos das diferentes técnicas que caracterizam o processo de trabalho moderno" (Saviani, 2003, p. 140). Nessa perspectiva, o ensino médio deveria se concentrar nas modalidades fundamentais que dão base à multiplicidade de processos e técnicas de produção existentes.

Essa era uma concepção radicalmente diferente do 2º grau profissionalizante, "em que a profissionalização é entendida como um adestramento a uma determinada habilidade sem o conhecimento dos fundamentos dessa habilidade e, menos ainda, da articulação dessa habilidade com o conjunto do processo produtivo" (Saviani, 1997, p. 40).

Portanto, o ideário da politecnia buscava romper com a dicotomia entre educação básica e técnica, resgatando o princípio da formação humana em sua totalidade; em termos epistemológicos e pedagógicos, esse ideário defendia um ensino que integrasse ciência e cultura, humanismo e tecnologia, visando ao desenvolvimento de todas as potencialidades humanas. Por essa perspectiva, o objetivo profissionalizante não teria fim em si mesmo nem se pautaria pelos interesses do mercado, mas constituir-se-ia numa possibilidade a mais para os estudantes na construção de seus projetos de vida, socialmente determinados, culminada com uma formação ampla e integral.

Com isso, fazia-se a crítica radical ao modelo hegemônico do ensino técnico de nível médio implantado sob a égide da Lei nº 5.692/71, centrada na contração da formação geral em benefício da formação específica. Especialmente no ensino industrial, conhecimentos das áreas de Ciências Sociais e

Humanas e, eventualmente, das Linguagens tinham pouca relevância na formação dos estudantes. Sob um olhar pragmático, caso o estudante viesse a trabalhar ou a prosseguir os estudos na área em que se habilitou tecnicamente, e suas experiências de vida não desafiassem seus conhecimentos naquelas áreas, pouco se sentiam tais lacunas de formação. Outros estudantes, porém, ao tomarem diferentes rumos, acabavam tendo de supri-las por meio de estratégias as mais diversificadas.

Em face dessa realidade e buscando resgatar a função formativa da educação, os projetos originais da nova LDB insistiam que o ensino médio, como etapa final da educação básica, seria composto de, pelo menos, 2.400 horas. A formação profissional, que nunca substituiria a formação básica, poderia ser acrescida a esse mínimo e preparar o estudante para o exercício de profissões técnicas.

O projeto de uma nova LDB foi apresentado pelo deputado Octávio Elíseo em dezembro de 1988, dois meses depois de promulgada a Constituição, incorporando as principais reivindicações dos educadores progressistas, inclusive referentes ao ensino médio. O longo debate foi atravessado pela apresentação de um novo projeto pelo Senador Darcy Ribeiro e este foi o texto aprovado em 20 de dezembro de 1996, como a Lei nº 9.394:

> No espírito dos princípios defendidos pelos educadores progressistas organizados, a Lei apresentou, pelo menos, três marcos conceituais importantes para a estrutura educacional brasileira: 1) o alargamento do significado da educação para além da escola; 2) uma concepção também mais ampliada de educação básica, nela incluindo o ensino médio; 3) como consequência do anterior, a caracterização do ensino médio como etapa final da educação básica, responsável por consolidar e aprofundar os conhecimentos adquiridos pelo educando no ensino fundamental, possibilitando o prosseguimento de estudos, a inserção no mundo do trabalho, bem como o exercício da cidadania. O ensino médio foi considerado, ainda, como o responsável pelo aprimoramento do educando como pessoa humana e pela promoção da compreensão dos fundamentos científico-tecnológico dos processos produtivos. Sendo assim, ele deveria destacar a educação tecnológica básica, a compreensão do significado da ciência, das letras e das artes; o processo histórico de transformação da sociedade e da cultura; a língua portuguesa como instrumento de comunicação, acesso ao conhecimento e exercício da cidadania (Lei nº 9.394/96, artigos 35 e 36).

Com algumas conquistas, o texto aprovado, na verdade, foi de uma lei *minimalista*, que permitiu uma onda de reformas na educação brasileira, dentre as quais esteve a realizada pelo Decreto nº 2.208/97. Esse decreto regulamentou a educação profissional e sua relação com o ensino médio. O ensino técnico, passando a ter organização curricular própria e independente do ensino médio, não teve mais um conjunto de habilitações regulamentadas como fazia o parecer do Conselho Federal de Educação (CFE) nº 45/72. Regulamentaram-se áreas profissionais mais abrangentes e flexíveis. O que se observou com esse movimento, porém, não foi tanto uma ruptura com o modelo produtivista de ensino médio, tão bem representado pela Lei nº 5.692/71; mas sim uma atualização de diretrizes curriculares à nova divisão social e técnica do trabalho.

O Decreto nº 2.208/97 foi seguido da implementação do Programa de Expansão da Educação Profissional (PROEP), estratégia de financiamento da reforma. Dentre os objetivos desse programa, esteve a transformação das instituições federais de educação tecnológica em centros de educação profissional, com características bem-definidas, dentre as quais, dispor de autonomia de gestão financeira. O programa promoveu, ainda, um apoio significativo aos segmentos comunitários, definindo-se a iniciativa privada como os principal responsável pela educação profissional. Paralelamente a este programa, outro contrato de empréstimo foi assinado com o Banco Interamericano de Desenvolvimento (BID), visando à implantação da reforma, agora com o Programa de Melhoria e Desenvolvimento do Ensino Médio (PROMED) voltado para o desenvolvimento de políticas nacionais de ensino médio e para o apoio aos sistemas estaduais de ensino na respectiva implementação. Com isso, incentiva-se os sistemas estaduais de ensino a concentrarem suas ações no ensino médio, remetendo a oferta da educação profissional a outras instâncias de governo ou diretamente à iniciativa privada.

Somada a essas reformas estruturais, a política curricular desenvolvida com a participação do Conselho Nacional de Educação esteve afinada aos preceitos da flexibilidade e do individualismo que tomaram espaço nas sociedades ao final do século XX, sob a égide do neoliberalismo econômico e da cultura pós-moderna. Assim, a identidade conferida ao ensino médio baseava-se na função clara de desenvolver a pessoa humana por meio da preparação básica para o trabalho e o exercício da cidadania, remetendo o ensino técnico – sua antiga vertente profissionalizante – a cursos isolados. A educação profissional foi regulamentada como modalidade própria de ensino, independente dos níveis escolares, porém com eles articulados. Essa identidade, conferida formalmente por decreto, desconsiderou a realidade do modelo econômico brasileiro, com sua carga de desigualdades decorrentes das diferenças de classe e de especificidades resultantes de um modelo de desenvolvimento dependente, desigual e combinado.

Uma comparação com o projeto de LDB original da Câmara de Educação Básica do Conselho Nacional de Educação nos permite ver que naquele estava previsto que o ensino médio, *mediante ampliação da sua duração e carga horária global,* poderia incluir objetivos adicionais de educação profissional. Independentemente da regulamentação de outras, ficariam definidas as modalidades Normal e Técnica, como áreas de educação profissional que poderiam ser oferecidas pelas instituições de ensino médio em todo o país. Essas, quando dedicadas exclusivamente a uma das modalidades, usariam a denominação de *Escola Normal* e *Escola Técnica.* Estava explícito que a formação técnico-profissional seria acessível a todos e não substituiria a educação regular.

O Parecer da Câmara de Educação Básica do Conselho Nacional de Educação nº 15/98 e a respectiva Resolução nº 3/98 vieram dar forma às diretrizes curriculares para o ensino médio como indicações para um acordo de ações. Para isso, apresentou princípios axiológicos, orientadores de pensamentos e condutas, bem como princípios pedagógicos, com vistas à construção dos projetos pedagógicos pelos sistemas e instituições de ensino.

Os princípios axiológicos defendidos pelo parecer eram coerentes com a orientação da Organização das Nações Unidas para a Educação, a Ciência e a Cultura (UNESCO) apresentada no relatório da Reunião Internacional sobre Educação para o Século XXI. Esse documento apresenta as quatro grandes necessidades de aprendizagem dos cidadãos do próximo milênio, às quais a educação deve responder: aprender a conhecer, aprender a fazer, aprender a conviver e aprender a ser. Na reforma educacional brasileira, a mesma orientação se objetivou nos seguintes princípios: a estética da sensibilidade, a política da igualdade, a ética da identidade. Quanto aos princípios pedagógicos, além da contextualização e da interdisciplinaridade, a noção de competência tomou centralidade nas orientações curriculares.

Esses princípios se embasaram na ideia de uma nova relação das pessoas com a ciência. Os conhecimentos científicos, tecnológicos e sócio-históricos, com particular destaque para as formas de comunicação e de gestão dos processos sociais e produtivos deixariam de ser demandas unicamente da acumulação capitalista, para serem pressupostos da própria vida em sociedade, em que as relações sociais são cada vez mais mediadas pela tecnologia e pela informação. Ao mesmo tempo, o trabalho passa a exigir do sujeito mais do que conhecimentos, mobilizando também aspectos da sua própria subjetividade.

Sob a lógica capitalista, porém, essa convergência foi desafiada pela retração massiva dos empregos e pela configuração do mercado de trabalho nas sociedades atuais, que levaram à degradação das relações de trabalho. Analisado sob o ângulo da educação, o paradoxo esteve no fato de a necessária síntese entre educação para a cidadania e educação para o trabalho se confundirem justamente no momento em que o mercado de trabalho passou a reservar espaço para poucas pessoas.

Em síntese, a reforma do ensino médio promoveu mudanças de ordem estrutural e conceitual. No primeiro caso, as formulações estiveram em sintonia com as orientações das agências internacionais, especialmente o BID, tendo como espinha dorsal a separação entre ensino médio e educação profissional, tanto na forma das matrículas quanto das instituições, configurando-se escolas próprias para cada uma das modalidades.

A NECESSÁRIA VINCULAÇÃO ENTRE EDUCAÇÃO E PRÁTICA SOCIAL POR MEIO DAS DIMENSÕES FUNDAMENTAIS DA VIDA: TRABALHO, CIÊNCIA E CULTURA[4]

A razão de ser do ensino médio esteve, ao longo de sua história, predominantemente centrada no mercado de trabalho, para que as pessoas viessem a ocupá-lo logo após a conclusão do ensino médio, ou após a conclusão do ensino superior. Essas possibilidades determinavam o momento de ingresso no mercado e a posição a ser ocupada na divisão social e técnica do trabalho. Enquanto vigorou o projeto nacional-desenvolvimentista e a certeza do pleno emprego, preparar para o mercado de trabalho era a principal finalidade da educação, tanto no ensino médio quanto no ensino superior.

Com a crise dos empregos e mediante um novo padrão de sociabilidade capitalista, caracterizado pela desregulamentação da economia e pela flexibilização das relações e dos direitos sociais, a possibilidade de desenvolvimento de projetos pessoais integrados a um projeto de nação e de sociedade tornou-se significativamente frágil. Nesse contexto, se não seria possível preparar para o mercado de trabalho, dada a sua instabilidade, dever-se-ia preparar para a "vida". Esta foi a tônica adquirida pelo ensino médio a partir da atual LDB. Sob um determinado ideário que predominou em nossa sociedade nos anos de 1990, preparar para a vida significava desenvolver competências genéricas e flexíveis, de modo que as pessoas pudessem se adaptar facilmente às incertezas do mundo contemporâneo. Um possível projeto de futuro não teria relação nenhuma com um projeto de nação ou de sociedade – categorias consideradas obsoletas em face da globalização e do neoliberalismo –, mas seria, fundamentalmente, um projeto individual.

Em nenhuma das perspectivas anteriores, o projeto de ensino médio esteve centrado na pessoa humana. Não obstante, o artigo 22 da LDB coloca o aprimoramento da pessoa humana como uma das finalidades da educação básica. Isso implica retirar o foco do projeto educacional do mercado de trabalho, seja ele estável ou instável, e colocá-lo sobre os sujeitos. Não sujeitos abstratos e isolados, mas sujeitos singulares cujo projeto de vida se constrói pelas múltiplas relações sociais, na perspectiva da emancipação humana, que só pode ocorrer à medida que os projetos individuais entram em coerência com um projeto social coletivamente construído.

Com isso, colocamos a discussão sobre as finalidades do ensino médio ou, ainda, sobre o que lhe confere sentido: sujeitos e conhecimentos. Sujeitos que têm uma vida, uma história e uma cultura. Que têm necessidades diferenciadas, mas conquistaram direitos universais. Conhecimentos que são construídos socialmente ao longo da história, constituindo o patrimônio da humanidade, cujo acesso, portanto, todos têm direito. É preciso, então, construir um projeto de ensino médio que supere a dualidade entre formação específica e formação geral e que desloque o foco de seus objetivos do mercado de trabalho para a pessoa humana. Assim, sua identidade como última etapa da educação básica deve ser definida mediante um projeto que, conquanto seja unitário em seus princípios e objetivos, desenvolva possibilidades formativas que contemplem as múltiplas necessidades socioculturais e econômicas dos sujeitos que o constituem – adolescentes, jovens e adultos –, reconhecendo-os não como cidadãos e trabalhadores de um futuro indefinido, mas como sujeitos de direitos no momento em que cursam o ensino médio.

Isso implica garantir o direito de acesso aos conhecimentos socialmente construídos, tomados em sua historicidade, sobre uma base unitária que sintetize humanismo e tecnologia. A ampliação de suas finalidades – dentre as quais se incluem a preparação para o exercício de profissões técnicas, a iniciação científica, a ampliação cultural, o aprofundamento de estudos – é uma utopia a ser construída coletivamente.

Partimos do conceito de trabalho pelo fato de o compreendermos, como o faz Mészáros (1981), como uma mediação de primeira ordem no processo de produção da existência e objetivação da vida humana. A dimensão ontológica de automediação do trabalho é, assim, o ponto de partida para a produção de conhecimentos e de cultura pelos grupos sociais.

Marx (1977) concebe o homem como um *ente-espécie* não apenas no sentido de que ele faz da comunidade seu objeto, mas no sentido de tratar a si mesmo como a espécie vivente, atual, como um ser universal e consequentemente livre. Sua base de vida física é a natureza – seu corpo inorgânico. O homem interage conscientemente com ela por ser seu meio direto de vida, fazendo-o pelo trabalho, instrumento material de sua atividade vital. Portanto, a natureza fornece os meios materiais a que o trabalho pode aplicar-se e também os meios de subsistência física do trabalhador. Porém, a intervenção do homem sobre a natureza mediante seu trabalho implica torná-la não mais o meio externo para a existência do trabalho, pois o próprio produto do trabalho passa a ser esse meio material.

O caráter teleológico da intervenção humana sobre o meio material diferencia o homem do animal, uma vez que este último não distingue a sua atividade vital de si mesmo, enquanto o homem faz da sua atividade vital um objeto de sua vontade e consciência. Os animais podem reproduzir, mas o fazem somente para si mesmos; o homem reproduz toda a natureza, o que lhe confere liberdade e universalidade. Dessa forma, produz conhecimento que, sistematizado sob o crivo social e por um processo histórico, constitui a ciência.

Já a questão cultural como norma de comportamento dos indivíduos numa sociedade foi amplamente discutida por Gramsci (1991), principalmente no plano da luta hegemônica e como expressão da organização político-econômica desta sociedade, no que se refere às ideologias que cimentam o bloco social. Por essa perspectiva, a cultura deve ser compreendida no seu sentido mais ampliado possível, ou seja, como a articulação entre o conjunto de representações e comportamentos e o processo dinâmico de socialização, constituindo o modo de vida de uma população determinada. Portanto, cultura é o processo de produção de símbolos, de representações, de significados e, ao mesmo tempo, prática constituinte e constituída do/pelo tecido social.

Apresentados esses pressupostos, defendemos que o projeto unitário de ensino médio, que não elide as singularidades dos grupos sociais, mas se constitui como síntese do diverso, tem o trabalho como o primeiro fundamento da educação como prática social. No ensino médio, além do sentido ontológico do trabalho, toma especial importância seu sentido histórico, posto que é nesta etapa da educação básica que se explicita mais claramente o modo como o saber se relaciona com o processo de trabalho, convertendo-se em força produtiva (Saviani, 2003). Ressalta-se, nesse caso, o trabalho também como categoria econômica, a partir do qual se justificam projetos que incorporem a formação específica para o trabalho.

Na base da construção de um projeto unitário de ensino médio que, enquanto reconhece e valoriza o diverso, supera a dualidade histórica entre formação básica e formação profissional, está a compreensão do trabalho no seu duplo sentido: a) ontológico, como práxis humana e, então, como a forma pela qual o homem produz sua própria existência na relação com a natureza e com os outros homens e, assim, produz conhecimentos; b) histórico, que no sistema capitalista se transforma em trabalho assalariado ou fator econômico, forma específica da produção da existência humana sob o capitalismo; portanto, como categoria econômica e práxis produtiva que, baseadas em conhecimentos existentes, produzem novos conhecimentos.

Pelo primeiro sentido, o trabalho é princípio educativo no ensino médio à medida que proporciona a compreensão do processo histórico de produção científica e tecnológica, como conhecimentos desenvolvidos e apropriados socialmente para a transformação das condições naturais da vida e a ampliação das capacidades, das potencialidades e dos sentidos humanos. O trabalho, no sentido ontológico, é princípio e organiza a base unitária do ensino médio.

Pelo segundo sentido, o trabalho é princípio educativo no ensino médio na medida em que coloca exigências específicas para o processo educativo, visando à participação direta dos membros da sociedade no trabalho socialmente produtivo. Com esse sentido, conquanto também organize a base unitária do ensino médio, fundamenta e justifica a formação específica para o exercício de profissões, entendidas como uma forma contratual socialmente reconhecida, do processo de compra e venda da força de trabalho. Como razão da formação específica, o trabalho aqui se configura também como contexto.

A essa concepção de trabalho associa-se a concepção de ciência: conhecimentos produzidos e legitimados socialmente ao longo da história, como resultados de um processo empreendido pela humanidade na busca da compreensão e transformação dos fenômenos naturais e sociais. Nesse sentido, a ciência conforma conceitos e métodos cuja objetividade permite a transmissão para diferentes gerações, ao mesmo tempo em que podem ser questionados e superados historicamente, no movimento permanente de construção de novos conhecimentos.

Por essa perspectiva, a formação básica deve superar a noção de competência, que carrega em seu significado o princípio do relativismo e do pragmatismo científicos. A formação profissional, por sua vez, é um meio pelo qual o conhecimento científico adquire, para o trabalhador, o sentido de força produtiva, traduzindo-se em técnicas e procedimentos, a partir da compreensão dos conceitos científicos e tecnológicos básicos. Para essa finalidade, a noção de competência deve ser também superada, por reduzir a atividade criativa e criadora do trabalho a um conjunto de tarefas.

Por fim, a concepção de cultura que embasa a síntese entre formação geral e formação específica a compreende como as diferentes formas de criação da sociedade, de modo que o conhecimento característico de um tempo histórico e de um grupo social traz a marca das razões, dos problemas e das dúvidas que motivaram o avanço do conhecimento numa sociedade. Essa é a base do historicismo como método (Gramsci, 1991), que ajuda a superar o enciclopedismo – quando conceitos históricos são transformados em dogmas – e o espontaneísmo, forma acrítica de apropriação dos fenômenos, que não ultrapassa o senso comum.

Na organização do ensino médio, superando-se a disputa com a educação profissional, mas integrando-se seus objetivos e métodos em um projeto unitário, ao mesmo tempo que o trabalho se configura como princípio educativo – condensando em si as concepções de ciência e cultura –, também se constitui como contexto, que justifica a formação específica para atividades diretamente produtivas. O mesmo se pode dizer da ciência e da cultura. Além de princípios, esses também podem constituir-se como contextos, configurando-se atividades propriamente científicas e propriamente culturais.

Nisso se assenta a proposição para a organização da relação entre ensino médio e educação profissional, de uma base unitária e de possibilidades diversas de formações específicas, de modo que, respeitadas as normas do sistema de ensino, as instituições poderão acrescentar ao mínimo exigido para o ensino médio – carga horária destinada à formação específica para o exercício de profissões técnicas – o desenvolvimento de atividades relacionadas à ciência e à cultura, visando a atender às necessidades e características sociais, culturais, econômicas e intelectuais dos estudantes.

Do ponto de vista organizacional, essa relação deve integrar em um mesmo currículo a formação plena do educando, possibilitando construções intelectuais elevadas; a apropriação de conceitos necessários para a intervenção consciente na realidade e a compreensão do processo histórico de construção do conhecimento.

Com isso, queremos erigir a escola ativa e criadora organicamente identificada com o dinamismo social da classe trabalhadora. Como nos diz Gramsci (1991), essa identidade orgânica é construída a partir de um princípio educativo que unifique, na pedagogia, *éthos*, *logos* e *técnos*, tanto no plano metodológico quanto no epistemológico. Isso porque esse projeto materializa, no processo de formação humana, o entrelaçamento entre trabalho, ciência e cultura, revelando um movimento permanente de inovação do mundo material e social.

A ARTICULAÇÃO ENTRE EDUCAÇÃO BÁSICA E EDUCAÇÃO PROFISSIONAL – RELAÇÕES FUNDAMENTAIS PARA ALÉM DA FORMA

Comprometido com as lutas históricas dos educadores brasileiros e sob a égide dos princípios e das necessidades que acabamos de expor, o Governo Lula revogou o Decreto nº 2.208/97, restabelecendo-se a possibilidade de integração curricular dos ensinos médio e técnico, de acordo com o que dispõe o artigo nº 36 da LDB. De fato, isso se fez pelo Decreto n. 5.154, de 23 de julho de 2004, cujo conteúdo foi incorporado à LDB por meio da Lei nº 11.741/2008

A nova legislação não mais definiu a educação profissional em níveis, por compreender que os níveis se referem exclusivamente à organização da educação nacional e não a uma modalidade específica. Tentou-se, assim, evitar que a política de educação profissional levasse à constituição de um sistema educacional paralelo. A educação profissional ficou organizada, então, em cursos e programas, em vez de níveis. Conforme dispõe o artigo 1º do novo decreto, esses podem ser: a) de formação inicial e continuada de trabalhadores; b) de educação técnica de nível médio; e c) de graduação e de pós-graduação.

Destacou-se a necessidade de a educação profissional observar a estrutura sócio-ocupacional e tecnológica da economia e articular esforços das áreas da educação, do trabalho e emprego, e da ciência e tecnologia. Os cursos de formação inicial e continuada (que, grosso modo, compreenderiam aqueles definidos pelo antigo decreto como cursos de nível básico), ao invés de serem fragmentados e dispersos, deveriam ser ofertados segundo itinerários formativos, objetivando o desenvolvimento de aptidões para a vida produtiva e social, articulando-se com a educação de jovens e adultos, de modo que a qualificação para o trabalho implicasse também a elevação do nível de escolaridade do trabalhador.

A nova maneira de se compreender a educação profissional, qual seja, não como um sistema paralelo, mas organicamente relacionada com a educação básica, traz implicações importantes quanto à responsabilização dos sistemas de ensino na sua oferta, em razão tanto da articulação da formação inicial e continuada com a EJA, quanto da integração da formação técnica com o ensino médio. Os sistemas de ensino, ao terem a obrigação com o ensino fundamental e médio na modalidade EJA, podem ou mesmo devem articulá-los com a educação profissional, precisando dispor, então, de estrutura física e de recursos financeiros para esse fim. Igualmente, podendo oferecer o ensino médio técnico, não faz sentido que se financie somente a formação geral, mas também a formação específica que assegura a educação profissional técnica de nível médio. Essas questões pautaram políticas recentes, tais como o Programa de Integração da Educação Profissional com a Educação Básica na Modalidade de Educação de Jovens e Adultos (PROEJA) e o Programa Brasil Profissionalizado.

A relação entre o ensino médio e a educação profissional de nível técnico, foi admitida nas formas integrada, concomitante e subsequente. A manutenção de formas além da integrada se deveu tanto à necessidade de se construir um consenso com os diversos segmentos da sociedade que ofertam a educação profissional, incluindo as próprias secretarias estaduais de educação, quanto ao reconhecimento da diversidade de necessidades da população jovem e adulta brasileira às quais essas formas poderiam também atender.

O conceito de integração, entretanto, vai além da forma. Não se trata de somar os currículos e/ou as cargas horárias referentes ao ensino médio e às habilitações profissionais, mas sim de relacionar, internamente à organização curricular e do desenvolvimento do processo de ensino-aprendizagem, conhecimentos gerais e específicos; cultura e trabalho; humanismo e tecnologia. A construção dessas relações tem como mediações o trabalho, a produção do conhecimento científico e da cultura. O currículo integrado do ensino médio técnico visa à formação dos trabalhadores como dirigentes, tendo como horizonte a superação da dominação dos trabalhadores e perspectivas de emancipação. As afirmações que se seguem são expressivas da integração como princípio:

> O que é integrar? É tornar íntegro, tornar inteiro, o quê? A palavra toma o sentido moral em alguns usos correntes. Mas não é disto que se trata aqui. Remetemos o termo ao seu sentido de completude, de compreensão das partes no seu todo ou da unidade no diverso, de tratar a educação como uma totalidade social, isto é, nas múltiplas mediações históricas que concretizam os processos educativos. No caso da formação integrada ou do ensino médio integrado ao ensino técnico, queremos que a educação geral se torne parte inseparável da educação profissional em todos os campos onde se dá a preparação para o trabalho: seja nos processos produtivos, seja nos processos educativos como a formação inicial, como o ensino técnico, tecnológico ou superior. Significa que buscamos enfocar o trabalho como princípio educativo, no sentido de superar a dicotomia trabalho manual/trabalho intelectual, de incorporar a dimensão intelectual ao trabalho produtivo, de formar trabalhadores capazes de atuar como dirigentes e cidadãos. (Ciavatta, 2005, p. 84)

Entendemos, no entanto, que princípio, conteúdo e forma não se dissociam, o que nos remete a refletir sobre as possibilidades e desafios de se construir uma proposta curricular de ensino médio técnico que integre trabalho, ciência e cultura e que possa cumprir, simultaneamente, as finalidades de garantir aos estudantes a base unitária de formação geral e a preparação para o exercício de profissões técnicas.

Foi a esse tema que demos atenção no capítulo de nossa autoria (Ramos, 2005) que consta do livro *Ensino Médio Integrado: concepção e contradições* (Frigotto, Ciavatta, Ramos, 2005). Nesse texto, afirmamos que um projeto de ensino médio integrado ao ensino técnico tendo como eixos o trabalho, a ciência e a cultura, deve buscar superar o histórico conflito existente em torno do papel da escola, de formar para a cidadania ou para o trabalho produtivo e, assim, o dilema de um currículo voltado para as humanidades ou para a ciência e tecnologia, bem como a dicotomia entre conteúdos e competências. Afinal, os conteúdos de ensino não são conhecimentos abstratos desprovidos de historicidade, nem insumos para o desenvolvimento de competências; ao contrário, trata-se de conhecimentos construídos historicamente e que se constituem, para o trabalhador, em pressupostos a partir dos quais se podem construir novos conhecimentos no processo de investigação e compreensão do real.

Com essa perspectiva, apresentamos os seguintes pressupostos a orientarem o currículo integrado no ensino médio técnico: a) o sujeito é concebido como ser histórico-social concreto, capaz de transformar a realidade em que vive; b) a finalidade do processo educativo visa à formação humana como síntese de formação básica e formação para o trabalho; c) o trabalho é princípio educativo no sentido de permitir, concretamente, a compreensão do significado econômico, social, histórico, político e cultural das ciências e das artes; d) a seleção de conteúdos é baseada numa epistemologia que considere a unidade de conhecimentos gerais e conhecimentos específicos e o processo de ensino-aprendizagem se apoia numa metodologia que permita a identificação das especificidades desses conhecimentos quanto à sua historicidade, finalidades e potencialidades; e) o processo de ensino visa à construção conjunta de conhecimentos gerais e específicos, no sentido de que os primeiros fundamentam os segundos e esses evidenciam o caráter produtivo concreto dos primeiros; f) a profissionalização não se limita à dimensão técnico-operacional dos processos de trabalho, mas se centra nos fundamentos científico-tecnológicos, sócio-históricos e culturais da produção moderna em geral e da área profissional em particular; g) a compreensão histórica do processo de produção da área profissional e de suas contradições, como parte de uma totalidade constituída pela produção material e pelas relações sociais modernas, possibilita uma formação politécnica e omnilateral dos sujeitos.

Objetivamente, propomos o desafio de se construir o currículo integrado partindo-se da compreensão do processo de produção da área profissional como uma realidade concreta que precisa ser investigada e conhecida em suas múltiplas dimensões – histórica, econômica, ambiental, social, política, cultural –, além da dimensão propriamente científica e técnico-procedimental. Os conceitos "pontos de partida" para esse estudo revertem-se em conteúdos de ensino sistematizados nas diferentes áreas de conhecimento e suas disciplinas. Por esse caminho, será possível perceber que conhecimentos gerais e conhecimentos profissionais somente se distinguem metodologicamente e em suas finalidades situadas historicamente; porém, epistemologicamente, esses conhecimentos formam uma unidade.

Por essa abordagem, percebemos que nenhum conhecimento é só de ordem geral ou específica. Ao contrário, o estatuto de conhecimento geral de um conceito está no seu enraizamento nas ciências como "leis gerais" que explicam fenômenos. Um conceito específico, por sua vez, configura-se pela apropriação de um conceito geral com finalidades restritas a objetos, problemas ou situações de interesse produtivo. A tecnologia, nesses termos, pode ser compreendida como a ciência apropriada com fins produtivos. Em razão disto, no currículo integrado nenhum conhecimento é só geral, posto que estrutura objetivos de produção, nem somente específico, pois nenhum conceito apropriado produtivamente pode ser formulado ou compreendido desarticuladamente da ciência básica.

A organização formal da proposta curricular exigirá a organização desses conhecimentos, seja em forma de disciplinas, projetos, etc. Importa, entretanto, que não se percam os referenciais das ciências básicas, de modo que os conceitos possam ser relacionados interdisciplinarmente, mas também no interior de cada disciplina. O estudo das Ciências Humanas e Sociais em articulação com as Ciências da Natureza e Matemática, e das Linguagens, pode contribuir para a compreensão do processo histórico-social da produção de conhecimento, mediante o questionamento dos fenômenos naturais e sociais na sua "obviedade" aparente.

Quanto aos estudos no interior de cada disciplina, entendemos que os saberes científicos, técnicos e operacionais que estão na base dos fenômenos naturais e das relações sociais, e que se constituem em objetos de ensino das diferentes áreas do conhecimento, devem se organizar em programas escolares, considerando que um corpo de conhecimentos obedece às suas próprias regras internas de estruturação. Isso confere à dinâmica escolar uma determinada ordem mais ou menos condicionante dos discursos em que se dá a conhecer, além de uma certa relação de pré-requisitos que devem ser atendidos com vistas à sua aquisição, associada ao desenvolvimento cognitivo dos estudantes.

Sob esses princípios, a construção do ensino médio integrado assenta-se sobre marcos conceituais que o diferenciam de forma significativa do que se tem configurado como uma natureza profissionalizante dessa etapa da educação básica. Este tem sido um equívoco proporcionado pela incompreensão sobre os sentidos da integração, os quais definimos como filosófico, epistemológico e político. O primeiro constitui-se na base fundamental de uma proposta efetivamente progressista, pois considera o ensino médio integrado como uma concepção de formação humana omnilateral, configurando um processo educacional que integra, de forma unitária, as dimensões fundamentais da vida – trabalho, conhecimento (ciência e tecnologia) e cultura –, tendo o trabalho, nos sentidos ontológico e histórico, como o princípio educativo.

O sentido epistemológico do ensino médio integrado expressa uma concepção de conhecimento na perspectiva da totalidade, compreendendo os fenômenos naturais e sociais como síntese de múltiplas determinações às quais o pensamento se dispõe a apreender. Nisso se baseia a unidade entre conhecimentos gerais e específicos, bem como a relação entre parte e totalidade na organização curricular. Os processos de produção – expressão material, social e histórica das necessidades e dos conhecimentos humanos –, se analisados em sua totalidade, levam à necessidade de apreender teorias e conceitos de diversas ciências, relacionando-as como mediações da práxis.

Vemos que esses sentidos vão além da oferta do ensino médio de forma integrada à educação profissional técnica, ainda que tal possibilidade possa proporcionar condições importantes para realizá-los. Por esse motivo a definimos como o sentido político da integração, o qual adquire uma relevância significativa face a uma realidade em que jovens e adultos não podem adiar para depois do ensino superior a necessidade de inserção na vida econômico-produtiva.

O ensino médio integrado ao ensino técnico, conquanto seja uma condição social e historicamente necessária para construção do ensino médio unitário e politécnico, não se confunde totalmente com ele, dados os limites das relações sociais de classe. Não obstante, pode conter os elementos de uma educação politécnica, com os sentidos filosófico e epistemológico a que nos referimos. A vinculação hoje estabelece para o ensino médio com a profissionalização – o que define sua forma integrada à educação profissional – precisa ser entendida como uma *travessia* às condições *utópicas*. Nessas, a inserção dos jovens na vida econômico-produtiva passa a ser um projeto e uma ação para o seu devido tempo e não uma antecipação imposta pelas relações desiguais dessa sociedade.

O projeto de ensino médio integrado não elide as singularidades dos grupos sociais, mas se constitui como síntese do diverso, tendo o trabalho como o primeiro fundamento da prática social. Assim, além do sentido ontológico do trabalho, toma especial importância seu sentido histórico, posto que é nessa etapa da educação básica que se explicita mais claramente o modo como o saber se relaciona com a produção, tanto material (bens e serviços) quanto simbólica (conhecimentos e cultura). Ressalta-se, nesse caso, o trabalho também como categoria econômica, a partir do qual se justificam projetos que incorporem a formação específica para o exercício de profissões. Porém, proporcionar aos estudantes uma formação que possibilite o exercício produtivo não é o mesmo que fazer uma formação profissionalizante, posto que tal participação exige, antes, a compreensão dos fundamentos da vida produtiva em geral e das relações sociais nas quais a mesma se insere.

Somente atendido esse pressuposto é que o trabalho diretamente produtivo pode se constituir num contexto de uma formação específica para o exercício de profissões. Reitera-se que o trabalho, nos sentidos ontológico e histórico, é princípio e organiza a base unitária do ensino médio por ser condição para se superar um ensino enciclopédico que não permite aos estudantes estabelecer relações concretas entre a ciência que aprende e a realidade em que vive. É princípio educativo, ainda, porque leva os estudantes a compreenderem que todos nós somos seres de trabalho, de conhecimento e de cultura e que o exercício pleno dessas potencialidades exige superar a exploração de uns pelos outros. A essa concepção de trabalho se vincula a de conhecimentos e de cultura como produtos (científicos, tecnológicos, éticos e estéticos) da práxis humana orientada por suas necessidades e possibilidades de apreender e transformar o real.

Por fim, entendemos que o ensino médio integrado, considerando seus sentidos filosófico, epistemológico e político que estruturam sua base unitária, incorpora também, na perspectiva de um projeto nacional, a diversidade que resulta de bases sociais desiguais.[5] Queremos dizer com isso que, sobre a base unitária do ensino médio, podem se assentar possibilidades diversas de formações específicas: no trabalho, como formação profissional; na ciência, como iniciação científica; na cultura, como ampliação da formação cultural. Institucionalmente, respeitadas as normas do sistema de ensino, poder acrescentar ao mínimo exigido hoje, pela Lei, para o ensino médio, uma carga horária destinada à formação específica para o exercício de profissões técnicas, ou para a iniciação científica, ou para a ampliação da formação cultural. Isso possibilitaria o desenvolvimento de atividades relacionadas ao trabalho, à ciência e tecnologia e à cultura, visando a atender às necessidades e características sociais, culturais, econômicas e intelectuais dos estudantes. Destaque-se, entretanto, o princípio da integração dos conhecimentos na elaboração orgânica e unitária do currículo e da prática pedagógica.

Do ponto de vista organizacional, isso não ocorreria simplesmente acrescentando-se mecanicamente ao currículo componentes técnicos, ou de iniciação à ciência ou, ainda, atividades culturais. Obviamente tais componentes deverão existir, mas seriam necessariamente desenvolvidos de forma integrada aos diversos conhecimentos, tendo o trabalho, nos sentidos em que já discutimos, como o princípio educativo integrador de todas essas dimensões.

Pensar na possibilidade de se desenvolver experiências nesse sentido é um grande desafio a ser construído processualmente pelos sistemas e instituições de ensino, visando a práticas curriculares e pedagógicas que levem à formação plena do educando e possibilitem construções intelectuais elevadas, mediante a apropriação de conceitos necessários à intervenção consciente na realidade. Uma política de ensino médio integrado nessa perspectiva visaria fomentar, estimular e gerar condições para que os sistemas e as instituições de ensino, com seus sujeitos, formulem seus projetos em coerência com as suas necessidades, visando à consecução de finalidades universais postas para essa etapa de educação.

CONSIDERAÇÕES FINAIS

As reflexões que trouxemos para este texto não são novas. Ao contrário, estão presentes historicamente nos debates sobre os rumos da educação brasileira, tendo adquirido significativa ênfase especialmente após a redemocratização do país a partir dos anos de 1980. Particularmente quanto às possibilidades de o ensino médio cumprir simultaneamente com os objetivos de consolidar a formação básica dos sujeitos e prepará-los para o exercício de profissões técnicas, as temos compreendido sob as determinações contraditórias da realidade e, portanto, como uma *travessia*.

Sobre isso, afirmamos, em outro texto (Frigotto, Ciavatta, Ramos, 2005), que, se a preparação profissional no ensino médio é uma imposição da realidade, admitir legalmente essa necessidade é um problema ético. Não obstante, se o que se persegue não é somente atender a essa necessidade, mas mudar as condições em que ela se constitui, é também uma obrigação ética e política, garantir que o ensino médio se desenvolva sobre uma base unitária para todos. Entendemos, assim, que o ensino médio integrado ao ensino técnico, como uma condição social e historicamente necessária para construção do ensino médio unitário e politécnico, entendendo que a educação politécnica não é aquela que só é possível em outra realidade, mas uma concepção de educação que busca, a partir do desenvolvimento do capitalismo e de sua crítica, superar a proposta burguesa de educação que potencialize a transformação estrutural da realidade.

Em síntese, o ensino médio integrado é aquele possível e necessário em uma realidade conjunturalmente adversa, em que os filhos dos trabalhadores precisam obter uma profissão ainda no nível médio. Mas se o queremos com os *germens* das mudanças, que o façamos no sentido de reconhecermos os jovens e adultos trabalhadores como os seus verdadeiros sujeitos. Isso implica uma formação científica e ético-política sólida e que proporcione a apropriação técnica e tecnológica dos processos produtivos modernos, nas suas configurações e tendências gerais; mas também nas suas especificidades setoriais a partir das quais se conformam as diversas profissões as quais poderão ser inseridas nos projetos de vida desses sujeitos como meio de produção de sua existência.

NOTAS

1 Artigo 208 da CF.
2 A Emenda Constitucional nº 14, de 1996, aprovada no governo de FHC, ao dar nova redação aos incisos I e II do art. 208 da Constituição Federal, efetuou um recuo em relação às conquistas constitucionais. A revisão do inciso I retirou a obrigatoriedade do ensino fundamental àqueles que a ele não tiveram acesso em idade apropriada, assegurando somente que, quando houver, sua oferta seja gratuita. Com isso, o Estado pode se desobrigar com a oferta àqueles que não reivindicam a matrícula. A revisão do inciso II, por sua vez, extinguiu o princípio da progressiva extensão da obrigatoriedade do ensino médio. Juntamente com essa revisão, a emenda 14 também alterou o art. 60 do Ato das Disposições Constitucionais Transitórias, inserindo nele novos parágrafos de modo a dar prioridade à manutenção e ao desenvolvimento do ensino fundamental. A não incorporação da Educação de Jovens e Adultos na destinação das verbas do Fundo de Desenvolvimento do Ensino Fundamental (Fundef) fez com que o atendimento ao ensino fundamental ocorresse em detrimento da EJA.
3 As ideias neste texto encontram-se também em Ramos (2005a) e em Frigotto, Ciavatta e Ramos (2005).
4 As ideias apresentadas neste item encontram-se também em Ramos (2004).

5   É preciso reiterar que o ensino médio ainda não se constituiu como um problema a ser enfrentado e superado nem pelos governos nem pela sociedade. É imperioso que ele se consolide como uma política de Estado e como um compromisso de toda a sociedade.

REFERÊNCIAS

CIAVATTA, M. A formação integrada: a escola e o trabalho como lugares de memória e de identidade. In: FRIGOTTO, G.; CIAVATTA, M. RAMOS, M. N. *Ensino Médio Integrado:* Concepção e Contradições. São Paulo: Cortez, 2005, p. 83-105.

FRIGOTTO, G.; CIAVATTA, M.; RAMOS, M. N. *Ensino Médio Integrado:* Concepção e Contradições. São Paulo: Cortez, 2005. v. 1, p. 175.

GRAMSCI, A. *Os intelectuais e a organização da cultura*. Rio de Janeiro: Civilização Brasileira, 1991.

MARX, K. *Crítica da filosofia do direito de Hegel:* Introdução. Temas de Ciências Humanas, São Paulo, 1977.

MÉSZÁROS, I. *Marx:* A teoria da alienação. Zahar Editores, Rio de Janeiro, 1981.

RAMOS, M. Possibilidade e desafios na organização do currículo integrado. In: FRIGOTTO, G.; CIAVATTA, M.; R., M. N. *Ensino Médio Integrado:* Concepção e Contradições. São Paulo: Cortez, 2005, pp. 106-127.

_____. O Projeto Unitário de Ensino Médio sob os Princípios do Trabalho, da Ciência e da Cultura. In: FRIGOTTO, G.; CIAVATTA, M. (Org.). *Ensino Médio:* Ciência, Cultura e Trabalho. Brasília, 2004, p. 37-52.

_____. O Ensino Médio ao longo do século XX: um projeto inacabado. In: STEPHANOU, M.; BASTOS, M. H. C. (Org.). *Histórias e Memórias da Educação no Brasil*. Petrópolis, 2005, v. III, p. 229-242.

SAVIANI, D. *A nova lei da educação. LDB, limite, trajetória e perspectivas*. São Paulo: Autores Associados, 1997.

_____. O Choque Teórico da Politecnia. Trabalho, Educação e Saúde. *Revista da EPSJV/FIOCRUZ*. Rio de Janeiro: Ed. Fiocruz, N. 1, p. 131-152, 2003.

3
Ensino médio e educação profissional
dualidade histórica e possibilidades de integração

Dante Henrique Moura

Neste texto, faremos, a partir de uma revisão bibliográfica e de análise documental, uma retrospectiva histórica da educação básica brasileira, com ênfase no ensino médio, tendo como eixo orientador a dualidade existente entre a formação de caráter propedêutico dirigida à formação das elites e a formação de caráter instrumental proporcionada aos filhos das classes populares.

Para alcançar esse objetivo, dividimos o texto em quatro partes. Nesta primeira, procuramos dar uma visão geral acerca do capítulo. Na segunda, fazemos um breve resgate da problemática do ensino fundamental no Brasil, tendo em vista que grande parte dos problemas do ensino médio tem raízes nas deficiências daquela etapa educacional. Na seguinte, enfocamos, resumidamente, a história da educação profissional e do ensino médio no País. Nesse resgate histórico, adotamos como categoria estruturante a dualidade que sempre esteve presente na educação básica nacional, principalmente em sua etapa final, entre cultura geral e cultura técnica; e formação acadêmica/academicista e formação profissional/formação para o *mercado de traba-*

lho. Na quarta e última parte, apresentamos algumas considerações acerca da análise desenvolvida.

ENSINO FUNDAMENTAL: ESTADO DA QUESTÃO

Com relação ao ensino fundamental, a universalização do acesso está sendo alcançada, mas os problemas de *qualidade, dualidade*, público *versus* privado e a *evasão* persistem. Aproximadamente 97% das crianças de 7 a 14 anos têm acesso a essa etapa educacional; entretanto, deficiências dos sistemas de ensino que se refletem na escola e as condições socioeconômicas das famílias provocam a *evasão* das crianças das classes populares do ensino fundamental.

Os números do Censo Escolar 2006 revelam que do total de 37.149.292 estudantes matriculados no ensino fundamental, incluindo a modalidade educação de jovens e adultos, 90,49% estão em escolas públicas, enquanto apenas 9,51% estudam em escolas privadas.

Por outro lado, paralelamente a esse processo em que as políticas públicas se voltam para a universalização do atendimento e a escola básica deixa de ser elitizada, passando a atender também às classes populares, torna-se evidente que o acesso não é suficiente para dar conta do aprender (Paiva, 2005).

Os fundamentos das práticas pedagógicas permanecem reproduzindo modelos culturais de classes sociais diversas das dos alunos, determinando o fracasso escolar e a chamada *evasão*. Dessa forma, ainda hoje, mesmo muitos dos que chegam ao final do ensino fundamental saem sem dominar a leitura e a escrita.

Desse modo, é necessário buscar as raízes desses fenômenos, pois constituem-se em fatores determinantes da grande quantidade de jovens e adultos que sequer concluíram essa etapa da educação básica no Brasil.

Dentre as dificuldades que afloram diretamente nas escolas, mas cujas origens estão muito mais na estrutura da sociedade e nos próprios sistemas de ensino do que nelas, merecem destaque as questões relacionadas ao financiamento, à gestão desses sistemas e das escolas especificamente, à formação inicial e continuada dos professores, assim como ao déficit quantitativo dos profissionais da educação; às concepções educacionais e às práticas pedagógicas, e à infraestrutura física, dentre outros aspectos.

Diante desse contexto, a taxa de abandono no ensino fundamental *regular*[1] é de 7,5%, acrescida de uma distorção idade-série de 39,1% (Brasil, 2006), o que revela a urgência de tratamento não fragmentado, mas totalizante e sistêmico, sem o que se corre o risco de manter invisibilizada socialmente grande parcela da população brasileira (Brasil, 2006).

Esse contexto de abandono do ensino fundamental associado à crescente elevação de escolaridade exigida pelo mundo do trabalho produz uma pressão pela oferta do ensino fundamental na modalidade educação de jovens e adultos, o que efetivamente vem constituindo-se em uma realidade nos sistemas de ensino do país. Nessa perspectiva, os dados do Censo Escolar 2006 revelam que a matrícula da 5ª à 8ª série (atualmente 6º ao 9º ano) do ensino fundamental na modalidade EJA alcançou o número de 2.029.153.

Apesar disso, os problemas relacionados com a sua qualidade são multiplicados em relação aos já descritos para o ensino fundamental denominado *regular*. Dessa forma, também é muito elevada a *evasão* no ensino fundamental na modalidade EJA.

Apesar do Instituto Nacional de Estudos e Pesquisas Educacionais Anísio Teixeira/INEP/MEC não registrar oficialmente a *evasão* no ensino fundamental na modalidade EJA, dados provenientes de diagnóstico realizado pela Secretaria de Educação Continuada, Alfabetização e Diversidade (SECAD), em 2006, junto as Secretarias Estaduais de Educação revelam que esse fenômeno alcançou um percentual em torno a 40% naquele ano.

Essa elevada *evasão* tem múltiplas razões. Muitas vezes é ocasionada pela mesma inadequação escolar já comentada anteriormente no caso das escolas de ensino fundamental *regular*. Também é causa a necessidade que tem o adulto de trabalhar, na maioria das vezes mais urgente do que retomar os estudos.

A gravidez e outras questões familiares, no caso das mulheres, também contribuem para um novo abandono da escola. São recorrentes casos de *evasão* em função de dificuldade para conciliar trabalho, família e estudo, não adaptação à vida escolar, mudança no horário de trabalho, novo emprego, mudança de endereço residencial, baixo desempenho e repetência, cansaço, problemas de visão, distância da escola; doença, transporte, período de safra, dupla ou tripla jornada de trabalho, baixa autoestima, entre outros.

O panorama até aqui delineado tanto no que concerne ao ensino fundamental destinado às crianças e aos adolescentes como aos jovens e adultos, exige a implementação urgente de políticas bem-planejadas e coordenadas entre as distintas esferas de governo com vistas ao atendimento dos grupos destinatários do ensino fundamental em duas vertentes. Uma política definitiva e perene com vistas à melhoria da qualidade do ensino fundamental e médio dirigida à erradicação do abandono escolar ou, no mínimo, da sua redução a percentuais muito baixos. Essa é uma política estruturante e sua concretização passa obrigatoriamente pelo enfrentamento dos problemas do ensino fundamental e médio discutidos ao longo deste texto.

É essa política que vai fazer com que as crianças e adolescentes, independentemente de sua origem socioeconômica, etnorracial, de gênero, etc., possam concluir o ensino fundamental com qualidade e prosseguir os estudos no ensino médio, concluindo uma educação básica que efetivamente os habilite à inserção digna na sociedade em suas dimensões social, política, cultural e econômica, assim como para o prosseguimento de estudos no nível superior.

Igualmente importante é a implementação de uma política voltada para o atendimento aos jovens e adultos que não concluíram o ensino fundamental na faixa etária denominada *regular*. Esses cidadãos não têm uma escolarização mínima nem qualquer tipo de formação profissional, exigidas até mesmo para as tarefas mais simples do mundo do trabalho contemporâneo. Para esses sujeitos de direito, é fundamental associar a elevação da escolaridade a uma formação profissional, ainda que inicial, visando contribuir para a melhoria de suas condições de participação na sociedade em todas as dimensões já mencionadas.

Entretanto, é preciso compreender que a segunda política referida – a direcionada aos jovens e adultos –, apesar da necessidade de constituir-se atualmente de forma perene, precisa ser pensada como tendo um horizonte a partir do qual mude o foco da escolarização e da formação profissional inicial para a formação continuada da classe trabalhadora e, portanto, para a capacitação com vistas ao exercício de atividades mais complexas dentre as profissões técnicas de nível médio e, inclusive, como forma de contribuir para a permanente ampliação do acesso da população à educação superior. Isso porque a primeira política – dirigida aos indivíduos que se encontram na faixa etária denominada *regular* – deve alcançar o êxito esperado. Dito de outra forma, dentro de um determinado horizonte, mesmo que não seja possível prevê-lo agora, é fundamental que seja universalizado não apenas o acesso ao ensino fundamental e ao ensino médio públicos, gratuitos e de qualidade, mas também a permanência e a conclusão da educação básica com aprendizagem.

ENSINO MÉDIO E EDUCAÇÃO PROFISSIONAL: A DUALIDADE ESTRUTURAL

A relação entre a educação básica e a educação profissional no Brasil está marcada historicamente pela dualidade e pela funcionalidade da educação ao modelo de desenvolvimento econômico do país. Forjadas na fase colonial, na exploração e expropriação de matéria-prima destinada à coroa portuguesa, posteriormente, na fase do Império e início da I República, essa dependência passa, majoritariamente, à Inglaterra, permanecendo a mesma base econômica de exportação agrícola e extrativista. Assim, nos primeiros séculos, esse modo de produção não exigia pessoal qualificado, por isso não havia grandes preocupações com a educação das classes trabalhadoras (em geral, escravos e índios) em função das principais tarefas que lhes cabiam – lavoura rudimentar, atividade mineradora e agroindústria açucareira.

Nesse sentido, até o início do século XIX, não há registros de iniciativas sistemáticas que hoje possam ser caracterizadas como pertencentes ao campo da educação profissional escolar. Dessa forma, a "aprendizagem dos ofícios manufatureiros era realizada, na Colônia, segundo padrões dominantemente assistemáticos, consistindo no desempenho, por ajudantes/aprendizes, das tarefas integrantes do processo técnico de trabalho" (Cunha, 2000, p. 29). Cabe ressaltar que o artesanato urbano era controlado pelas corporações de ofício, as quais "programavam a aprendizagem sistemática de todos os ofícios 'embandeirados', estipulando que todos os menores ajudantes devessem ser, necessariamente, aprendizes, a menos que fossem escravos" (Cunha, p. 29).

Diante desse quadro, Cunha (2000, p. 29) afirma que:

> A aprendizagem sistemática de ofícios não tomou, na Colônia, a forma escolar. Foi só no período de transição para a formação do Estado nacional, durante a estada da família real no Brasil, que veio a ser criada a primeira escola para o ensino de ofícios manufatureiros.

No âmbito escolar, o que existia até então era a educação propedêutica para as elites, voltada para a formação de futuros dirigentes. Assim sendo, a educação cumpria a função de contribuir para a reprodução das classes sociais já que aos filhos das elites estava assegurada essa escola e aos demais lhes era negado o acesso.

Conforme consta no Parecer nº 16/99 da Câmara de Educação Básica (CEB) e do Conselho Nacional de Educação (CNE), a origem da educação profissional escolar surge em 1809, com a promulgação de um decreto do Príncipe Regente, futuro D. João VI, criando o Colégio das Fábricas.

Em 1816, cria-se a Escola de Belas Artes, com o objetivo de articular o ensino das ciências e do desenho para os ofícios a serem realizados nas oficinas mecânicas; em 1861, cria-se o Instituto Comercial no Rio de Janeiro, para ter pessoal capacitado ao preenchimento de cargos públicos nas secretarias de Estado; nos anos de 1940, a construção de 10 Casas de Educandos e Artífices em capitais brasileiras, sendo a primeira em Belém do Pará; em 1854, criam-se estabelecimentos especiais para menores abandonados, chamados de Asilos da Infância dos Meninos Desvalidos, que ensinavam as primeiras letras e encaminhavam os egressos para oficinas públicas e particulares, por meio do Juizado de Órfãos. Segundo Manfredi (2002, p. 76-77):

> Crianças e jovens em estado de mendicância eram encaminhados para essas casas, onde recebiam instrução primária [...] e aprendiam alguns dos seguintes ofícios: tipografia, encadernação, alfaiataria, tornearia, carpintaria, sapataria, etc. Concluída a aprendizagem, o artífice permanecia mais três anos no asilo, trabalhando nas oficinas, com a dupla finalidade de pagar sua aprendizagem e formar um pecúlio que lhe era entregue no final do triênio.

A educação profissional no Brasil tem, portanto, a sua origem dentro de uma perspectiva assistencialista, com o objetivo de amparar os órfãos e os demais desvalidos da sorte, ou seja, de atender àqueles que não tinham condições sociais satisfatórias, para que não continuassem a praticar ações que estavam na *contraordem dos bons costumes*.

Ainda no século XIX, foram criadas sociedades civis destinadas a dar amparo a crianças órfãs e abandonadas, possibilitando-lhes uma base de instrução teórica e prática e iniciando-as no ensino industrial. Entre essas sociedades, as mais importantes foram os Liceus de Artes e Ofícios do Rio de Janeiro (1858), de Salvador (1872), do Recife (1880), de São Paulo (1882), de Maceió (1884) e de Ouro Preto (1886).

Essa lógica assistencialista com que surge a educação profissional é coerente com uma sociedade escravocrata originada de forma dependente da coroa portuguesa, que passou pelo domínio holandês e recebeu a influência de povos franceses, italianos, poloneses, africanos e indígenas, resultando em uma ampla diversidade cultural e de condições de vida ao longo da história – uma marca concreta nas condições sociais dos descendentes de cada um desses segmentos.

O início do século XX trouxe uma novidade para a história da educação profissional do país, quando passou a haver um esforço do poder público na organização da formação profissional, modificando a preocupação mais nitidamente assistencialista de atendimento a menores abandonados e órfãos, para a de preparação de operários para o exercício profissional, visando atender às demandas do campo econômico que, em função do incipiente processo de industrialização, passa a exigir operários minimamente qualificados para a nova fase da economia que se iniciava. Assim, em 1906, o ensino profissional passou a ser atribuição do Ministério da Agricultura, Indústria e Comércio, mediante a busca da consolidação de uma política de incentivo à preparação para os ofícios integrantes desses três ramos da economia.

Em 1909, Nilo Peçanha, aproveitando as ideias defendidas por Afonso Pena, criou as Escolas de Aprendizes Artífices e, em 1910, instalou, nas várias unidades da Federação, 19 delas, destinadas *aos pobres e humildes*. Estes liceus eram semelhantes aos Liceus de Artes e Ofícios e voltados para o ensino industrial, sendo custeados pelo Estado Brasileiro. Nesse mesmo ano, foi organizado o ensino agrícola para capacitar *chefes de cultura, administradores e capatazes*. Observa-se claramente o caráter elitista e de reprodução da estrutura social estratificada da referida organização.

Torna-se importante lembrar que, na mesma década, foram criadas várias escolas – oficinas – para a formação de ferroviários, as quais também se tornaram uma experiência marcante na organização do ensino técnico, mediante a sua estruturação básica de aliar a teoria com a prática.

Tais medidas evidenciaram um redirecionamento da educação profissional, pois ampliaram o seu horizonte de atuação para atender a interesses emergentes dos empreendimentos nos campos da agricultura e da indústria.

Nesse contexto, chega-se à década de 1930 com a educação básica brasileira estruturada de uma forma completamente dual, na qual a diferenciação entre os percursos educativos dos filhos das elites e dos filhos da classe trabalhadora ocorria desde o curso primário.

Assim, resumidamente, a educação básica era estruturada conforme descrito a seguir. Havia um curso primário com duração de quatro anos para aqueles cujo percurso tinha como fim a educação superior. Alternativamente, existiam os cursos rural e profissional, destinados às crianças das classes populares (Kuenzer, 1997).

Ao curso primário poderiam suceder: o ginasial, com duração de cinco ou seis anos, destinado aos que posteriormente iriam para o ensino superior; o normal, antecedido de dois anos de adaptação; ou o curso técnico comercial, antecedido de três anos de curso propedêutico.

Já para os concluintes do curso rural sucedia, obrigatoriamente, o curso básico agrícola, enquanto o curso complementar era oferecido aos egressos do curso profissional, ambos com dois anos de duração (Kuenzer, 1997).

O curso normal, o técnico comercial, o básico agrícola e o complementar tinham caráter nitidamente terminal e eram voltados para as necessidades imediatas dos setores produtivos. Dessa forma, os concluintes desses cursos não podiam continuar os estudos em nível superior, acessível apenas aos egressos da 5ª série do ensino ginasial. Enquanto isso, os concluintes da 6ª série do ensino ginasial recebiam o título de bacharel em Ciências e Letras.

Além disso, nesse período, não havia o que hoje se denomina ensino médio, de modo que a mediação entre o ginasial e o ensino superior era feita por meio de estudos livres e exames.

Nesse contexto, as décadas de 1930 e 1940 foram marcadas por grandes transformações políticas e econômicas da sociedade brasileira com consequências profundas sobre a educação.

Nesse período foi criado o primeiro ministério no âmbito da educação (1930) – Ministério da Educação e Saúde Pública.[2] Em 1931, foi criado o Conselho Nacional de Educação e efetivada uma reforma educacional. Desta época, destacam-se os Decretos Federais nº 19.890/1931 e nº 21.241/1932, que regulamentaram a organização do ensino secundário e o de nº 20.158/1931, que organizou o ensino comercial e regulamentou a profissão de contador.

Outro fato importante a ser relatado, ocorrido nesse contexto, foi o Manifesto dos Pioneiros da Educação Nova. Esse Manifesto assumia a perspectiva de uma escola democrática que pudesse proporcionar oportunidades para todos, tanto no que dizia respeito a uma cultura geral, como na possibilidade de especializações que foram organizadas em duas grandes categorias: atividades de humanidades e ciências (de natureza mais intelectual) e cursos de caráter técnico (de natureza mecânica e manual). É necessário ressaltar que, apesar do apelo a uma escola democrática, o manifesto traz em si, mais uma vez, a distinção entre aqueles que pensam e aqueles que executam as atividades.

Convém, ainda, ressaltar que a V Conferência Nacional de Educação, realizada em 1933, refletiu-se, pelos seus resultados na Assembleia Nacional Constituinte que ocorreu no mesmo ano e reforçou a ideia de responsabilidade do Estado para com a educação. Desse modo, a Constituição Brasileira de 1934 inaugurou uma política de educação, com o estabelecimento das competências da União em traçar as diretrizes nacionais e fixar o plano nacional de educação. Além disso, pela primeira vez, uma constituição criou a vinculação de recursos à educação.

Por outro lado, a Constituição de 1937, já no período ditatorial do Governo Vargas, apresentou um retrocesso em relação à de 1934, pois, dentre outros aspectos, acabou com a vinculação constitucional de recursos destinados à educação. É nela que aparece pela primeira vez a definição de "escolas vocacionais e pré-vocacionais" (Art. 129), destinadas a preparar filhos de operários para os ofícios, e deveriam ser desenvolvidas com a colaboração dos sindicatos e das indústrias.

Note-se que essa demanda foi decorrente do processo de industrialização que vinha sendo desencadeado a partir de 1930 e que exigia um contingente de profissionais mais especializados para a indústria, o comércio e a prestação de serviços. Esse fortalecimento da indústria nacional é potencializado pela Segunda Grande Guerra Mundial, pois, no período pré-bélico e durante o conflito, as grandes economias envolvidas – países centrais da Europa, Estados Unidos e Japão – concentraram seu esforço produtivo na indústria bélica, abrindo espaço para que as economias emergentes avançassem em seus processos de industrialização. Esse movimento ficou conhecido como o modelo de substituição de importações, concebido para atender aos interesses e às necessidades das elites locais, pois se destinava a produzir os bens de consumo por elas demandados e cuja produção havia sido reduzida nas economias hegemônicas em função dos interesses bélicos.

Esse foi o marco do fortalecimento da indústria brasileira, ou seja, a dependência tecnológica, uma vez que o fim era produzir internamente o que já se produzia em outros países. Essa opção e todas as suas consequências são determinantes da forma como se estruturou o sistema produtivo nacional.

Ao estruturar a indústria nacional a partir de tecnologias, equipamentos e conhecimentos produzidos externamente, tal racionalidade também define o tipo de educação coerente com ela. Dessa forma, a própria educação superior, oferecida às elites na incipiente universidade brasileira, é pobre, pois nasce dissociada da pesquisa, já que essa não teria sentido na formação de pessoas que se destinariam apenas a importar os conhecimentos necessários ao funcionamento de equipamentos concebidos e produzidos externamente (Romanelli, 2005).

Enquanto isso, às classes populares correspondia uma formação profissional destinada a operar tais equipamentos, consolidando a dualidade estrutural e a funcionalidade da educação, reforçando o modo de produção subalterno e a reprodução das classes sociais.

Entretanto, sem prejuízo dessas considerações, tal processo exigiu um posicionamento mais efetivo das camadas dirigentes em relação à educação. Assim, no início dos anos de 1940, são promulgados vários decretos-lei para organizar a educação básica coerentemente com a lógica que se estabelecia.

Esses decretos ficaram conhecidos como as Leis Orgânicas da Educação Nacional – a Reforma Capanema, em função do então Ministro da Educação, Gustavo Capanema. Os principais foram os seguintes: Decreto nº 4.244/1942 – Lei Orgânica do Ensino Secundário; Decreto nº 4.073/1942 – Lei Orgânica do Ensino Industrial; Decreto nº 6.141/43 – Lei Orgânica do Ensino Comercial; Decreto nº 8.529/1946 – Lei Orgânica do Ensino Primário; Decreto nº 8.530/1946 – Lei Orgânica do Ensino Normal; e Decreto nº 9.613/1946 – Lei Orgânica do Ensino Agrícola. Além disso, o Decreto-lei 4.048/1942 – cria o Serviço Nacional de Aprendizagem Industrial (SENAI), que deu origem ao que hoje se conhece como Sistema S[3].

O conjunto desses decretos-lei evidencia a importância que passou a ter a educação dentro do país e, em especial, a educação profissional, pois foram definidas leis específicas para a formação profissional em cada ramo da economia e para a formação de professores em nível médio.

Entretanto, reafirmava-se a dualidade, pois o acesso ao ensino superior, via processo seletivo, continuava ocorrendo em função do domínio dos conteúdos gerais, das Letras, das Ciências e das Humanidades, assumidos como únicos conhecimentos válidos para a formação da classe dirigente (Kuenzer, 1997).

Desse modo, após a Reforma Capanema, a educação básica e a profissional passaram a se estruturar e relacionar conforme descrito na continuação. Na educação básica, desaparecem os cursos de complementação e surge uma nova etapa, os cursos médios de 2º ciclo (atual ensino médio), denominados de cursos colegiais, com duas variantes: científico e clássico, ambos voltados para preparar cidadãos para o ingresso no ensino superior.

Assim sendo, a educação brasileira denominada regular fica estruturada em dois níveis, a educação básica e a superior. A educação básica divide-se em duas etapas. O curso primário, com duração de cinco anos, e o secundário, subdividido em ginasial, com duração de quatro anos, e o colegial, com três anos.

A vertente profissionalizante do ensino secundário era constituída pelos cursos normal, industrial técnico, comercial técnico e agrotécnico. Todos com o mesmo nível e duração do colegial, entretanto, não habilitavam para o ingresso no ensino superior.

Apesar dessa diferenciação, é nesse contexto que surge pela primeira vez uma tentativa de aproximação entre o ramo secundário propedêutico (o colegial, com suas variantes científico e clássico) e os cursos profissionalizantes de nível médio, por meio de exames de adaptação.

Dessa forma, os concluintes dos cursos técnicos profissionalizantes tinham a possibilidade de retomar a trajetória acadêmica interrompida e continuar os estudos em nível superior, desde que submetidos à aprovação em processos de adaptação. Os conteúdos desses processos correspondiam aos conhecimentos das ciências, das letras e das artes exigidos para o ingresso na educação superior e que não estavam incluídos na formação dos técnicos de nível médio.

Também importa ressaltar que a criação do SENAI, em 1942, seguida do SENAC, em 1946, e dos demais S ao longo das décadas seguintes, revelam a opção governamental de repassar à iniciativa privada a tarefa de preparar *mão de obra* para o mundo produtivo. Assim, a partir dessa lógica, o ensino secundário e o normal formariam as elites condutoras do país e o ensino profissional formaria adequadamente os filhos de operários para as artes e os ofícios. Portanto, ratifica-se o caráter dualista da educação e a sua função reprodutora da estrutura social.

Outra fase de grande efervescência política em torno das questões educacionais foi o período que antecedeu a vigência da primeira Lei de Diretrizes e Bases da Educação Nacional (LDB). O projeto de Lei começou a tramitar no Congresso Nacional em 1948, portanto na fase de redemocratização do país pós-Estado Novo, mas a Lei nº 4.024 (a primeira LDB) só entrou em vigor em 1961.

Todo o período de trâmite foi extremamente rico em debates acerca da sociedade brasileira que estava em conflito entre modelos distintos de desenvolvimento.

Terminada a Segunda Guerra, volta a dependência às economias hegemônicas mundiais, entretanto a aceleração da diversificação industrial continua gerando o Estado desenvolvimentista-populista sustentado na aliança entre o empresariado, desejoso de expansão, e setores populares com aspirações de maior participação econômica e política. Nessa euforia desenvolvimentista, surge o capital estrangeiro que, em um primeiro momento, não parecia trazer nenhuma ameaça ao modelo nacional-desenvolvimentista.

Entretanto, o pacto desenvolvimentista se deteriora por diversas razões: pressão das classes subalternas aviltadas pelos pequenos salários, já que o modelo revelou-se extremamente concentrador de riquezas; parte das classes médias (profissionais liberais, Forças Armadas) empobrecidas pela inflação sente-se excluída das decisões tomadas pelo Estado populista; e o capital estrangeiro vê no modelo vigente uma barreira aos seus interesses de absorção do mercado interno.

Nesse contexto, consolida-se a polarização entre os setores populares e, até certo ponto, o próprio Estado *versus* um grupo heterogêneo composto por grandes parcelas da classe média, do capital estrangeiro e das antigas oligarquias (Freitag, 1979).

A política educacional reflete esses conflitos de poder, de modo que a luta em torno à criação da LDB ocorre em meio à polarização de interesses entre os setores populares e populistas que pleiteavam, entre outros aspectos, a extensão da rede escolar gratuita (primário e secundário); e equivalência entre ensino médio propedêutico e profissionalizante, com possibilidade de transferência de um para outro, ambos incorporados na proposta do Ministro Clemente Mariani (Freitag, 1979).

Enquanto isso, os setores vinculados às classes hegemônicas, cujos interesses estavam materializados no Substitutivo Lacerda (de Carlos Lacerda), reivindicavam a redução da ação da sociedade política sobre a escola. Desse modo, defendiam que a educação fosse ministrada predominantemente em escolas privadas. Na visão deles, as escolas públicas deveriam ser complementares para quem não *quisesse* matricular os filhos na escola particular, de forma que os pais teriam *liberdade* de escolher a escola dos filhos. Também incorporavam a defesa da subvenção do Estado para as escolas, inclusive às privadas. Justificavam a proposta alegando que o Estado precisava assegurar a boa educação dos futuros cidadãos, independentemente da escola "escolhida" pelas famílias (Freitag, 1979). Finalmente, o que pode parecer absurdo, mas também era advogado por esse grupo, é o fato de que a obrigação do Estado de subvencionar as escolas privadas não lhe daria o direito de fiscalizar essa rede, em nome da liberdade de ensino.

Foi nesse contexto de conflitos que tramitou durante 13 anos o projeto de lei da primeira LDB do país. Evidentemente, o resultado, ou seja, a LDB refletiu as contradições da sociedade em geral e da esfera educacional em particular.

Desse modo, a primeira LDB envolve todos os níveis e modalidades acadêmica e profissional de ensino e, por um lado, proporciona a liberdade de atuação da iniciativa privada no domínio educacional, mas, por outro lado, dá plena equivalência entre todos os cursos do mesmo nível sem a necessidade de exames e provas de conhecimento.

Assim, tanto os estudantes provenientes do colegial como os do ensino profissional poderiam dar continuidade de estudos no ensino superior. Esse fato colocava, formalmente, um fim na dualidade de ensino.

É importante frisar que essa dualidade só acabava formalmente, já que os currículos se encarregavam de mantê-la, pois a vertente do ensino, voltada para a continuidade de estudos em nível superior e, portanto, destinada às elites, continuava privilegiando os conteúdos que eram exigidos nos processos seletivos de acesso à educação superior, ou seja, as ciências, as letras e as artes. Enquanto isso, nos cursos profissionalizantes, esses conteúdos eram reduzidos em favor das necessidades imediatas do mundo do trabalho.

A primeira LDB estruturou, em seu primeiro momento, a educação brasileira em três graus. Educação de grau primário, igual para todos os estudantes e obrigatória a partir dos 7 anos, composta de escola pré-primária para crianças menores de 7 anos; curso primário, com quatro séries anuais, seguido do exame de admissão ao ginasial, para crianças de 7 a 10 anos. Educação de grau médio, composta de dois ciclos: ginasial (11 aos 14 anos) e colegial (15 aos 17 anos), ambos abrangendo cursos secundários, técnicos e de formação de professores para o primário e pré-primário, sendo os dois últimos de caráter profissionalizante e o primeiro de cunho propedêutico. Educação de grau superior, acessível a todos os concluintes da educação de grau médio, mediante habilitação em concurso de habilitação.

No Brasil, a década de 1960, período em que entrou em vigor a primeira LDB, é marcada pelo golpe civil-militar de 1964. A educação passou a ser considerada prioritária para o Governo, pois, de acordo com Niskier (1974, p. 19), "a meta a ser alcançada é a transformação do Brasil numa grande potência, no espaço de uma geração, através do que se constitui o modelo brasileiro do desenvolvimento". Nesse contexto, a educação aparece como a grande alavancadora do desenvolvimento, sendo utilizada como meio de inculcação da ideologia do governo autoritário.

Assim, chega-se na década de 1970, ainda sob o regime ditatorial. Em 1971, há uma profunda reforma da educação básica promovida pela Lei nº 5.692/71 – Lei da Reforma de Ensino de 1º e 2º graus –, que se constituiu em uma tentativa de estruturar a educação de nível médio brasileiro como sendo profissionalizante para todos.

As mudanças concentraram-se na educação de grau primário e de grau médio, mais especificamente nos cursos que até então se denominavam primário, ginasial e colegial, os quais foram transformados em 1º grau e 2º grau, sendo que o 1º grau agrupou o primário e o ginasial e o 2º grau absorveu o colegial. O 1º grau tinha oito anos de duração (7 a 14 anos de idade), dividido em primeiro grau menor de 1ª a 4ª série e primeiro grau maior de 5ª a 8ª série. Enquanto o 2º grau era realizado em três anos (15 aos 17 anos).

Dois aspectos merecem grande destaque nessa reforma. Um deles é o fato de que pela primeira vez a escolarização dos 11 aos 14 anos (5ª a 8ª série do 1º grau) integra a fase inicial dos estudos e não mais o ensino secundário. Esse é, sem dúvida, um grande avanço e aponta para a elevação do grau de escolaridade mínima da população, anteriormente circunscrito as quatro primeiras séries.

Outro aspecto extremamente relevante, e polêmico, foi o caráter de profissionalização obrigatória do ensino de 2º grau. Uma conjugação de fatores produziu essa obrigatoriedade. Um governo autoritário com elevados índices de aceitação popular e, evidentemente, interessado em manter-se dessa forma. Para isso, era necessário dar respostas à crescente demanda das classes populares por acesso a níveis mais elevados de escolarização, o que acarretava uma forte pressão pelo aumento de vagas no ensino superior.

Esse mesmo governo tinha seu projeto de desenvolvimento calcado no endividamento externo voltado para financiar uma nova fase de industrialização do país, o que ficou conhecido como o milagre brasileiro. Esse *milagre* demandava por *mão de obra* qualificada (técnicos de nível médio) para atender a tal crescimento.

Assim, a opção política do governo, sustentada no modelo de desenvolvimento econômico por ele potencializado, foi dar uma resposta diferente às demandas educacionais das classes populares, mas que pudesse "atendê-las". Utilizou-se, então, da via da formação técnica profissionalizante em nível de 2º grau, o que *garantiria* a inserção no *mercado de trabalho* – em plena expansão em função dos elevados índices de desenvolvimento.

Considerando essa reforma a partir da categoria de análise central adotada neste trabalho – a dualidade estrutural entre a educação básica e a educação profissional –, conclui-se, em princípio, que do ponto de vista formal, a Lei nº 5.692/71 surge no sentido de eliminar tal dualidade ao tornar compulsória a profissionalização ao nível do 2º grau – última etapa da educação básica. Ou dito de outra forma, segundo a lei o ensino de 2º grau seria profissionalizante, a partir de então, em todas as escolas públicas e privadas do país.

Entretanto, uma análise histórica da sociedade e, em particular, da educação brasileira nesse período, revela que a realidade foi construída de forma distinta. Em primeiro lugar, na prática, o caráter compulsório se restringiu ao âmbito público, notadamente nos sistemas de ensino estadual e federal. Enquanto isso, as escolas privadas continuaram, em sua absoluta maioria, com os currículos propedêuticos voltados para as ciências, letras e artes, visando ao atendimento às elites.

Nos sistemas estaduais de ensino, a profissionalização compulsória foi amplamente problemática e não foi implantada completamente. Em primeiro lugar, porque a concepção curricular que emanava da lei empobrecia a formação geral do estudante em favor de uma profissionalização instrumental para o *mercado de trabalho*, sob a alegação da importância da relação entre teoria e prática para a formação integral do cidadão.

Entretanto, de forma incoerente com esse discurso, em vez de se ampliar a duração do 2º grau para incluir os conteúdos da formação profissional de forma integrada aos conhecimentos das ciências, das letras e das artes, o que houve foi a redução dos últimos em favor dos primeiros, os quais assumiram um caráter instrumental e de baixa complexidade, uma vez que, dentre outros aspectos, não havia a base científica que permitisse caminhar na direção de conhecimentos mais complexos inerentes ao mundo do trabalho. E isso não ocorreu por acaso, pois fazia parte da própria concepção de desenvolvimento do país e da reforma educacional em questão.

Além disso, a falta de um adequado financiamento e de formação de professores, decorrente de decisão política do mesmo governo que implantou autoritariamente a reforma, contribuiu para que a profissionalização nos sistemas públicos estaduais ocorresse predominantemente em áreas em que não havia demandas por laboratórios, equipamentos, enfim, por toda uma infraestrutura específica e especializada.

Dessa forma, em linhas gerais, nesses sistemas de ensino proliferaram-se cursos de Técnico em Administração, Técnico em Contabilidade, Técnico em Secretariado, etc. Isso provocou uma rápida saturação de profissionais oriundos desses cursos no mundo do trabalho e, em consequência, a banalização da formação e o seu desprestígio.

Por outro lado, nas Escolas Técnicas Federais (ETFs) e Escolas Agrotécnicas Federais (EAFs) (instituições que deram origem aos atuais Centros Federais de Educação Tecnológica – CEFETS), a realidade foi construída de maneira distinta. Tais escolas consolidaram sua atuação principalmente na vertente industrial, no caso das ETFs, por meio dos cursos de Técnico em Mecânica, Técnico em Eletrotécnica, Técnico em Mineração, Técnico em Geologia, Técnico em Edificações, Técnico em Estradas, etc., e no ramo Agropecuário, no caso das EAFs.

Essa atuação foi viabilizada precisamente pelo que faltou aos sistemas estaduais de ensino, ou seja, financiamento adequado e corpo docente especializado, o que também teve e continua tendo uma estreita relação com o financiamento, pois a política de remuneração docente na esfera federal é muito distinta daquela das demais redes públicas de educação.

Nesse processo, as ETFs consolidam-se ainda mais como referência de qualidade na formação de técnicos de nível médio. Assim, os profissionais egressos dessas instituições compõem quadros importantes de grandes empresas nacionais e internacionais.[4]

Nessa perspectiva, cabe mencionar o grande contingente de técnicos de nível médio formados nas ETFs que atuam na Petrobras, na Vale, nas concessionárias de energia elétrica, nas concessionárias de serviços de abastecimento de água e saneamento, nas empresas de telecomunicações e em muitas outras empresas de pequeno, médio e grande porte. Igualmente significativa é a quantidade de estudantes egressos das ETFs que continuaram seus estudos em nível superior, imediatamente após a conclusão do respectivo curso técnico ou posteriormente.

Esse último dado revela inclusive que as ETFs, em função das condições diferenciadas que tiveram, na maioria dos casos, não mantiveram seus currículos nos limites restritos de instrumentalidade para o mundo do trabalho, estabelecidos pela Lei nº 5.692/1971.

Desse modo, constata-se que, por um lado, o currículo das escolas estaduais estava empobrecido pela presença de conteúdos profissionalizantes no 2º grau em detrimento dos conhecimentos das ciências, das letras e das artes, sendo esses últimos indispensáveis a quem deseja aceder ao ensino superior. Paralelamente, era cada vez maior o acesso das classes populares a essa escola pública, inclusive, pela extinção do exame de admissão ao ginásio estabelecido pela Lei nº 5.692/1971. Por outro lado, as escolas privadas não se submeteram aos preceitos da reforma, ou seja, não profissionalizaram o 2º grau. Na verdade, a reforma foi "simplesmente descartada (com raras exceções) pela rede privada devido ao seu elevado custo" (Germano, 2005).

Diante desse quadro e de outros incentivos oficiais à educação privada, observa-se um acentuado movimento dos filhos da classe média das escolas públicas para as privadas na busca de garantir uma formação que lhes permitisse continuar os estudos no nível superior. Esse movimento alimenta o processo de desvalorização da escola pública estadual e municipal, pois era e continua sendo a classe média que tem algum poder de pressão junto às esferas de governo.

Evidentemente é necessário relativizar essa opção da classe média, pois afinal estava em jogo a busca da garantia de uma melhor educação para os seus filhos. Mas, ao mesmo tempo, não se pode perder de vista que a alternativa poderia ter sido mais solidária, ou seja, juntar-se às classes populares que estavam chegando à escola pública e fortalecer a pressão por melhorias na educação pública, gratuita e de qualidade para todos. O fato é que todo esse contexto gera um ciclo negativo, o qual ainda não foi rompido, de deterioração da escola básica pública brasileira e que reforça a dualidade entre educação básica e educação profissional.

Paralelamente, a Lei nº 5.692/1971 foi sendo gradualmente flexibilizada. Inicialmente pelo Parecer nº 76/1975, do Conselho Federal de Educação, seguido da Lei nº 7.044/1982. O conjunto dessas modificações operou no sentido de facultar a obrigatoriedade da profissionalização em todo o ensino de 2º grau.

Na prática,

> a velha dualidade ressurgiu no âmbito da legislação com todo o seu vigor, reafirmando-se novamente na oferta propedêutica [...] como a via preferencial para ingresso no nível superior, permanecendo os velhos ramos [...] como vias pre-

ferenciais de acesso ao mundo do trabalho (Kuenzer, 1997, p. 24).

Nesse processo, a profissionalização obrigatória vai desvanecendo-se, de modo que, ao final dos anos de 1980 e primeira metade dos anos de 1990, quando, após a promulgação da Constituição Federal de 1988, ocorre no Congresso Nacional o processo que culmina com a entrada em vigor de uma nova LDB, a Lei nº 9.394/1996, já quase não há mais 2º grau profissionalizante no país, exceto nas ETFs, EAFs e alguns poucos sistemas estaduais de ensino.

Igualmente ao trâmite que resultou na primeira LDB – a de 1961 –, no processo mais recente o país estava novamente saindo de um período ditatorial e tentando reconstruir o estado de direito, de modo que os conflitos não eram pequenos em torno de projetos societários distintos.

Especificamente na esfera educacional, a principal polêmica continuou sendo o conflito entre os que advogam por uma educação pública, gratuita, laica e de qualidade para todos, independentemente da origem socioeconômica, étnica, racial, etc., e os defensores da submissão dos direitos sociais em geral e, particularmente, da educação à lógica da prestação de serviços sob a argumentação da necessidade de diminuir o estado que gasta muito e não faz nada bem feito.

Nesse embate, prevaleceu a lógica de mercado e, portanto, a iniciativa privada pode atuar livremente na educação em todos os níveis, conforme garantido pela Constituição Federal de 1988 e ratificado pela LDB de 1996.[5]

Retomando, entretanto, o objeto central de análise deste texto – a dualidade estrutural do ensino médio brasileiro –, encontra-se o seguinte quadro na gênese da nova LDB.

No processo de elaboração da nova LDB, ressurge o conflito da dualidade (Frigotto, Ciavatta e Ramos, 2004). De um lado a defesa da formação profissional *lato sensu* integrada à formação geral nos seus múltiplos aspectos humanísticos e científico-tecnológicos constante no primeiro projeto de Lei de LDB, apresentado pelo deputado federal Otávio Elísio, que tratava o ensino médio da seguinte forma:

> A educação escolar de 2º grau será ministrada apenas na língua nacional e tem por objetivo propiciar aos adolescentes a formação politécnica necessária à compreensão teórica e prática dos fundamentos científicos das múltiplas técnicas utilizadas no processo produtivo (Brasil, 1991, Art. 38).

Nessa proposta, o papel do ensino médio estaria orientado à recuperação da relação entre conhecimento e a prática do trabalho, o que denotaria explicitar como a ciência se converte em potência material no processo produtivo. Dessa forma,

> seu horizonte deveria ser o de propiciar aos alunos o domínio dos fundamentos das técnicas diversificadas utilizadas na produção, e não o mero adestramento em técnicas produtivas. Não se deveria, então, propor que o ensino médio formasse técnicos especializados, mas sim politécnicos. (Frigotto, Ciavatta e Ramos, 2005, p. 35).

Nesse contexto, a politecnia relaciona-se com "domínio dos fundamentos científicos das diferentes técnicas que caracterizam o processo de trabalho moderno" (Saviani, 2003, p. 140). Nessa perspectiva, a educação escolar, particularmente o ensino médio, deveria propiciar aos estudantes a possibilidade de (re)construção dos princípios científicos gerais sobre os quais se fundamentam a multiplicidade de processos e técnicas que dão base aos sistemas de produção em cada momento histórico.

Essa perspectiva de formação integral foi perdendo-se gradativamente em função da mesma correlação de forças já mencionada anteriormente ao se tratar do embate entre educação pública e educação privada. Desse modo, o texto finalmente aprovado pelo Congresso Nacional em 1996 consolida, mais uma vez, a dualidade entre o ensino médio e a educação profissional.

O texto é minimalista e ambíguo em geral e, em particular, no que se refere a essa relação – ensino médio e educação profissional. Assim, o ensino médio está no Capítulo II, que é destinado à educação básica, constituindo-se em sua última etapa. Enquanto isso, a educação profissional está em capítulo distinto (Capítulo III), constituído por três pequenos artigos.

Como a educação brasileira é estruturada na nova LDB em dois níveis – educação básica e educação superior –, e a educação profissional não está em nenhum dos dois, consolida-se a dualidade de forma bastante explícita. Dito de outra maneira, a educação profissional não faz parte da estrutura da educação *regular* brasileira. É considerada como algo que vem em paralelo ou como um apêndice e, na falta de uma denominação mais adequada, resolveu-se tratá-la como modalidade, o que efetivamente não é correto.

Apesar disso, no § 2º do Artigo 36 – Seção IV do Capítulo II – que se refere ao ensino médio, estabelece-se que *o ensino médio, atendida a formação geral do educando, poderá prepará-lo para o exercício de profissões técnicas*. (grifo nosso) Por outro lado, no Artigo 40 – Capítulo III –, está estabelecido que "a educação profissional será desenvolvida em articulação com o ensino regular ou por diferentes estratégias de educação continuada, em instituições especializadas ou no ambiente de trabalho". (grifo nosso)

Esses dois pequenos trechos da Lei são emblemáticos no sentido de explicitar o seu caráter minimalista e ambíguo. Esses dispositivos legais evidenciam que quaisquer possibilidades de articulação entre o ensino médio e a educação profissional podem ser realizadas, assim como a completa desarticulação entre eles.

Cabe ressaltar que essa redação não é inocente e desinteressada. Ao contrário, objetivava consolidar a separação entre o ensino médio e a educação profissional, o que já era objeto do Projeto de Lei de iniciativa do poder executivo – governo FHC – que ficou conhecido como o PL 1.603, o qual tramitava no Congresso Nacional em 1996 anteriormente à aprovação e promulgação da própria LDB.

O conteúdo do PL 1.603 que, dentre outros aspectos, separava obrigatoriamente o ensino médio da educação profissional encontrou ampla resistência das mais diversas correntes políticas dentro do Congresso Nacional e gerou uma mobilização contrária da comunidade acadêmica, principalmente dos grupos de investigação do campo da educação e do trabalho, das ETFs e dos Centros Federais de Educação Tecnológica (CEFETS), destacadamente das correspondentes entidades sindicais.

Em função dessa resistência e da iminência da aprovação da própria LDB no Congresso Nacional, o governo FHC, estrategicamente, diminui a pressão com relação ao trâmite do PL 1.603, uma vez que a redação dos artigos 36 – ensino médio – e 39 a 42 – educação profissional – possibilitavam a regulamentação na linha desejada pelo governo por meio de decreto do Presidente da República. Foi isso o que realmente ocorreu em abril de 1997, poucos meses após a promulgação da LDB, ocorrida em dezembro de 1996.

Dessa forma, o conteúdo do PL 1.603 foi praticamente todo contemplado no Decreto nº 2.208/1997. Assim sendo, à época, o governo federal fez prevalecer o seu intuito de separar o ensino médio da educação profissional – EP – sem ter que enfrentar o desgaste de tramitar um projeto de lei ao qual havia ampla resistência, caracterizando seu caráter antidemocrático nesse episódio.

A partir desse instrumento legal, o ensino médio retoma legalmente um sentido puramente propedêutico, enquanto os cursos técnicos, agora obrigatoriamente separados do ensino médio, passam a ser oferecidos de duas formas. Uma delas é a concomitante ao ensino médio. Nesse caso, o estudante pode fazer, ao mesmo tempo, o ensino médio e o curso técnico, mas com matrículas e currículos distintos, podendo os dois cursos serem realizados na mesma instituição (concomitância interna) ou em diferentes instituições (concomitância externa). A outra forma é a subsequente, destinada a quem já concluiu o ensino médio e, portanto, a educação básica.

Juntamente com o Decreto nº 2.208/1997, que estabeleceu as bases da reforma da educação profissional, o governo federal negocia empréstimo junto ao Banco Interamericano de Desenvolvimento (BID) com o objetivo de financiar a mencionada reforma como parte integrante do projeto de privatização do Estado brasileiro em atendimento à política neoliberal, determinada desde os países hegemônicos de capitalismo avançado e das grandes corporações transnacionais. Esse financiamento é materializado por meio do Programa de Expansão da Educação Profissional (PROEP).

Apesar da crítica que merece essa fúria privatizante que transferiu grande parte do patrimônio público nacional à iniciativa privada a baixos custos, é necessário reconhecer que a reforma da EP e o PROEP foram extremamente coerentes com a lógica neoliberal que os patrocinou, de forma que, ao serem analisados a partir dessa perspectiva, aparecem como muito *eficientes*.

Existem vários aspectos que demonstram essa *eficiência*. Aqui serão destacados apenas dois deles. O primeiro está relacionado com a lógica da relação entre o PROEP e a Rede Federal de Educação Profissional e Tecnológica. Assim, a função do PROEP era reestruturar a rede desde o ponto de vista de suas ofertas educacionais, da gestão e das relações com empresas e comunidades na perspectiva de torná-la competitiva no mercado educacional e, dessa forma, caminhar na direção do aumento da capacidade de autofinanciamento. Assim, o Estado gradativamente se eximiria do seu financiamento.

Dessa forma, mediante projeto, as Instituições Federais de Educação Tecnológica (IFETS) receberam aporte de recursos, via PROEP, com o objetivo de reestruturar-se, a fim de assumir a nova função, ou seja, a de buscar arrecadação a partir da prestação de serviços à comunidade na perspectiva de aumentar suas possibilidades de autofinanciamento.

Assim, paralelamente ao aporte de recursos do PROEP, o orçamento das IFETS foi sendo reduzido, uma vez que esse programa tinha duração determinada, com previsão inicial de cinco anos. Dessa forma, era necessário, segundo a lógica da reforma, que, ao final do programa, essas instituições estivessem preparadas para buscar parte de seus orçamentos por meio da venda de cursos à sociedade e de outras formas de prestação de serviços.

Cabe destacar que os critérios de elegibilidade dos projetos institucionais eram extremamente coerentes com a reforma da Educação Profissional e Tecnológica (EPT). Assim, o projeto que apresentasse alguma proposta relacionada com o ensino médio era sumariamente descartado, o que era compatível com a separação do ensino médio da educação profissional e, mais ainda, com o afastamento definitivo das IFETS dessa última etapa da educação básica.

Nessa mesma direção, a Portaria nº 646/1997 determinou que a partir de 1998 a oferta de vagas de cada IFET no ensino médio corresponderia a, no máximo, 50% das vagas oferecidas nos cursos técnicos de nível médio no ano de 1997, os quais conjugavam ensino médio e educação profissional. Desse modo, na prática, essa simples portaria determinou a redução da oferta de ensino médio no país – algo flagrantemente inconstitucional, mas que teve plena vigência até 01/10/2003, quando foi publicada no Diário Oficial da União a sua revogação por meio da Portaria nº 2.736/2003.

Ressaltamos, ainda, que a manutenção de 50% da oferta do ensino médio na Rede Federal de Educação não era a intenção inicial dos promotores da reforma. Ao contrário, a ideia era extinguir definitivamente a vinculação das IFETS com a educação básica. Na verdade, a manutenção desses 50% foi fruto de um intenso processo de mobilização ocorrido na rede, principalmente entre 17 de abril e 14 de maio de 1997, datas de publicação do Decreto nº 2.208 e da Portaria nº 646, respectivamente.

Para tratar do segundo aspecto de *eficiência* da reforma segundo a lógica neoliberal, serão mencionados vários fatos que se fortalecem mutuamente: a LDB de 1996, que ratificou e potencializou o âmbito educacional como espaço próprio para o desenvolvimento da economia de mercado; o Decreto nº 2.208/1997, que define três níveis para a EP: básico, técnico e tecnológico, sendo que as ofertas do último integram a educação superior, com carga horária mínima significativamente menor que as demais carreiras da educação superior. Para não restar nenhuma dúvida de que as ofertas do nível tecnológico pertencem à educação superior, o Conselho Nacional de Educação os define claramente como cursos de graduação (Parecer CNE/CES 436/2001, Parecer CNE/CP 29/2002 e Resolução CNE/CP 03/2002).

A combinação desses fatos, associados à cultura nacional que supervaloriza socialmente o diploma de estudos em nível superior, embora não se possa estabelecer uma correspondência precisa entre o *status* social supostamente conferido por esses diplomas e sua repercussão econômica para os seus detentores, fez com que houvesse uma proliferação sem precedentes na expansão da oferta de cursos superiores de tecnologia na iniciativa privada, sem controles muito eficientes sobre a sua qualidade. Na verdade, segundo a lógica inicialmente apresentada, o que realmente importava era o fortalecimento do mercado educacional e isso efetivamente aconteceu.

Evidentemente, não se pode colocar no mesmo lugar comum as ofertas de cursos superiores de tecnologia comercializados em grande parte das instituições privadas e as proporcionadas pela maioria dos CEFETS e outras instituições de educação superior públicas, as quais são concebidas a partir de uma lógica bem distinta da de mercado, entre muitos outros aspectos porque são públicas, gratuitas e, em geral, de boa qualidade.

Como se vê, todo esse contexto do final dos anos de 1990 produziu efeitos graves sobre a educação brasileira em todos os níveis. No que se refere à educação básica, a síntese é a explicitação da dualidade entre ensino médio e educação profissional e todas as consequências que isso representa.

Ao assumir o novo governo federal em 2003, e mesmo antes, já no período de transição, há o recrudescimento da discussão acerca do Decreto nº 2.208/1997, principalmente no que se refere à separação obrigatória entre o ensino médio e a educação profissional.

Esse processo resultou em uma significativa mobilização nos setores educacionais vinculados ao campo da educação profissional, principalmente no âmbito dos sindicatos e dos pesquisadores da esfera do trabalho e da educação. Desse modo, durante o ano de 2003 e até julho de 2004, houve grande efervescência nos debates relativos à relação entre o ensino médio e a educação profissional.

Assim, retoma-se a discussão sobre a educação politécnica,[6] compreendendo-a como uma educação unitária e universal destinada à superação da dualidade entre cultura geral e cultura técnica e direcionada para não se voltar, no entanto, para uma formação profissional *stricto sensu*, ou seja, sem formar profissionais em cursos técnicos específicos.

Nessa perspectiva, a escolha por uma formação profissional específica em nível universitário (ou não universitário) só viria após a conclusão da educação básica nessa visão de politecnia, ou seja, a partir dos 18 anos ou mais de idade.

Entretanto, essa retomada produz reflexões importantes quanto à possibilidade material da implementação, hoje em dia, da politecnia na educação básica brasileira na perspectiva aqui mencionada. Tais reflexões e análises permitem concluir que as características atuais da sociedade brasileira dificultam a implementação da politecnia ou educação tecnológica em seu sentido original, uma vez que, dentre outros aspectos, a extrema desigualdade socioeconômica obriga grande parte dos filhos da classe trabalhadora a buscar a inserção no mundo do trabalho, visando complementar o rendimento familiar, ou até mesmo a autossustentação, muito antes dos 18 anos.

Assim, a tentativa de implementar a politecnia de forma universal e unitária não encontraria uma base material concreta, uma vez que esses jovens não podem *se dar ao luxo* de esperar até os 20 anos ou mais para começar a trabalhar.

Tais reflexões conduzem ao entendimento de que uma solução transitória e viável é um tipo de ensino médio que garanta a integralidade de uma educação básica, ou seja, que inclua os conhecimentos científicos produzidos e acumulados historicamente pela sociedade, como também objetivos adicionais de formação profissional numa perspectiva da integração dessas dimensões. Essa perspectiva, ao adotar a ciência, a tecnologia, a cultura e o trabalho como eixos estruturantes, contempla as bases em que se pode desenvolver uma educação tecnológica ou politécnica e, ao mesmo tempo, uma formação profissional *stricto sensu* exigida pela dura realidade da sociedade brasileira.

Essa solução, no entanto, deve ser pensada como transitória (embora de média ou longa duração), porque é fundamental que a sociedade brasileira avance numa direção em que deixe de ser um *luxo* o fato dos jovens das classes populares poderem optar por uma profissão após os 18 anos. Ao mesmo tempo, é viável, porque "o ensino médio integrado ao ensino técnico, sob uma base unitária de formação geral, é uma condição necessária para se fazer a 'travessia' para uma nova realidade" (Frigotto, Ciavatta e Ramos, 2005, p. 43).

Foi a partir dessa convergência mínima dentre os principais sujeitos envolvidos nessa discussão que se edificaram as bases que deram origem ao Decreto nº 5.154/2004. Esse instrumento legal, além de manter as ofertas dos cursos técnicos concomitantes e subsequentes trazidas pelo Decreto nº 2.208/1997, teve o grande mérito de revogá-lo e de trazer de volta a possibilidade de integrar o ensino médio à educação profissional técnica de nível médio, agora, numa perspectiva que não se confunde totalmente com a educação tecnológica ou politécnica, mas que aponta em sua direção, porque contém os princípios de sua construção.

Em outro texto (Moura, 2006), mencionamos que o Decreto nº 5.154/2004 surgiu na realidade educacional brasileira em um momento de profunda crise do ensino médio. Assim, dados do Censo Escolar 2006 revelaram que 81% dos jovens entre 15 e 17 anos estão na escola, mas que apenas 44% deles estão no ensino médio, pois os demais ainda estão no ensino fundamental em função da elevada distorção idade-série na etapa que antecede ao ensino médio. Também não podemos desconhecer que, no ensino médio, a taxa de evasão alcança 15,3%, agravando ainda mais a situação. Além disso, muitos dos que logram concluí-lo não conseguem apreender os conhecimentos a ele correspondentes, sendo que essa é a última etapa da educação básica – nossa dura realidade. Esse panorama contribui para uma falta de sentido e de identidade para o ensino médio que é proporcionado à população e, portanto, urge buscá-los.

Essa falta de sentido/identidade está posta em duas dimensões. Uma relativa à sua própria concepção e outra relacionada com o deficiente financiamento público. Esse problema de financiamento contribui para a falta de qualidade do ensino médio, mesmo se nessa análise fosse possível abster-se de considerar os problemas inerentes à concepção. Evidentemente, esse quadro, além de outros aspectos, contribui para que, a cada dia, aumente o número de adolescentes excluídos do ensino médio na faixa etária denominada de *própria* ou *regular*.

Além disso, essa etapa educacional é pobre de sentido tanto na esfera pública quanto privada. Nessa perspectiva, é necessário conferir-lhe uma identidade que possa contribuir para a formação integral dos estudantes. Uma formação voltada para a superação da dualidade estrutural cultura geral *versus* cultura técnica ou formação instrumental (para os filhos da classe operária) *versus* formação acadêmica (para os filhos das classes média-alta e alta).[7] Esse ensino médio, aqui mencionado, deve ser orientado, tanto em sua vertente dirigida aos adolescentes como ao público da EJA, à formação de cidadãos capazes de compreender a realidade social, econômica, política, cultural e do mundo do trabalho para nela inserir-se e atuar de forma ética e competente, técnica e politicamente, visando contribuir para mudanças da sociedade em função dos interesses sociais e coletivos.

Entretanto, esse tipo de oferta não é amplamente proporcionada à população, pois grande parte das escolas privadas concentram seus esforços em aprovar os estudantes nos vestibulares das universidades públicas – mais bem reconhecidas que as universidades privadas –, adotando uma concepção de educação equivocada, na qual se substitui o todo (formação integral) pela parte (aprovação no vestibular).

Por outro lado, embora haja escolas públicas de excelente qualidade, essa não é a regra geral. Dessa forma, grande parte dessas escolas, nas quais estudam os filhos da classe trabalhadora, tentam reproduzir o academicismo das escolas privadas, mas não conseguem fazê-lo por falta de condições materiais concretas. Desse modo, em geral, a formação proporcionada nem confere uma contribuição efetiva para o ingresso digno no mundo de trabalho nem contribui de forma significativa para o prosseguimento dos estudos no nível superior (Moura, 2006).

Uma possibilidade para os filhos da classe trabalhadora é a tentativa de ingresso em uma das instituições que compõem a Rede Federal de Educação Profissional e Tecnológica,[8] instituições que historicamente atuam como referência nos vários componentes que constituem a formação integral. Já no âmbito estadual, atualmente, apenas algumas redes, cabendo destacar a do Paraná, atuam de forma mais significativa no ensino médio integrado à educação profissional. Entretanto, há diferenças cruciais entre as condições de funcionamento da Rede Federal e dos sistemas estaduais,[9] dentre as quais destacamos a forma de ingresso, que é universal nos sistemas estaduais e realizada por meio de rigoroso processo seletivo na Rede Federal de Educação, de maneira que se tornar aluno destas escolas não é fácil, pois a concorrência é muito elevada, já que a quantidade de vagas oferecidas é muito menor do que a demanda da sociedade (ver Tabela 3.1).

Ao analisarmos a Tabela 3.1, percebemos que a oferta do ensino médio está concentrada nas redes públicas (88,6%), principalmente as estaduais. Assim, é preciso considerar que qualquer política pública voltada para a ampliação e a universalização da oferta do ensino médio dever ter como referência, obrigatoriamente, as ofertas estaduais, inclusive, por princípio constitucional.

Tabela 3.1 Matrícula no ensino médio e na EP técnica de nível médio no Brasil por dependência administrativa

Dependência Administrativa	Ensino Médio (*Regular*)	Ensino Médio (EJA)		Ensino Médio (TOTAL)	Educação Profissional Técnica de Nível Médio*
		Presencial	Semipresencial		
Brasil	8.906.820	1.345.165	405.497	10.657.482	744.690
Federal	67.650	814	-	68.464	79.878
Estadual	7.584.391	1.172.870	371.398	9.128.659	233.710
Municipal	186.045	45.754	15.558	247.357	23.074
Privada	1.068.734	125.727	18.541	1.213.002	408.028

* Deve-se levar em consideração que esses dados incluem os cursos técnicos em suas formas integrada concomitante e subsequente.

Também notamos que os cursos técnicos de nível médio correspondem a apenas 7% da oferta total do ensino médio. Além disso, a oferta, no âmbito federal, alcança apenas 10,73% do total de matrículas nesses cursos. E ainda mais, a oferta de cursos técnicos de nível médio é maior no âmbito privado (54,8%) do que no público (45,2%), mesmo somando-se as esferas municipal, estadual e federal. Finalmente, no que diz respeito ao público da EJA, essa oferta ainda é praticamente nula em termos estatísticos.

Nessa perspectiva, a ampliação gradativa e planejada da oferta do ensino médio integrado à educação profissional nas redes públicas de ensino pode contribuir para uma efetiva (re)construção da identidade e do sentido do ensino médio brasileiro, embora essa ampliação não tenha como meta torná-lo a única opção para essa etapa da educação básica.

CONSIDERAÇÕES FINAIS

Diante do exposto, assumimos que no atual momento histórico, uma das formas de construir um sentido para o ensino médio é por meio de sua integração com a educação profissional técnica de nível médio. Para isso, é fundamental a sua ampliação gradativa de forma gratuita, laica e com qualidade nos sistemas públicos de educação.

Não obstante, apesar da base legal vigente[10] permitir essa integração dos movimentos realizados nas esferas públicas, no âmbito federal e nos estados, são tímidos na direção de construir políticas públicas voltadas a essa integração.

Na esfera da Rede Federal de Educação Profissional e Tecnológica, o ensino médio integrado vem sendo implantado aos cursos técnicos de nível médio a partir de 2005. Entretanto, essa não está sendo considerada, na maioria das instituições que a compõem, a oferta prioritária, pois essa rede passa por uma forte ampliação física e de suas atividades educacionais, de modo que, na prática, nesse processo, vem prevalecendo a ampliação das ofertas voltadas para educação superior, por meio dos cursos superiores de tecnologia, das licenciaturas, dos bacharelados e, em alguns casos, da pós-graduação *lato* e *stricto sensu*.

Com o supramencionado, não negamos que haja aumento da oferta do ensino médio integrado na Rede Federal de Educação, ainda que em pequena quantidade. Constatamos, contudo, que não há sua priorização. Em decorrência, a quantidade de estudos que permitam levar à prática o conceito de integração curricular entre ensino médio e cursos técnicos de nível médio tendo trabalho, ciência, tecnologia e cultura como eixos estruturantes são insuficientes para a prática pedagógica cotidiana. Não obstante, seria exatamente esse movimento que produziria reflexões, nas esferas teórica e prática, voltadas ao desenvolvimento e aperfeiçoamento da integração em discussão. À falta desses estudos, os cursos são muito mais uma justaposição entre conteúdos do ensino médio e da educação profissional técnica de nível médio do que um novo campo constituído pela integração entre eles.

No âmbito estadual, a situação é mais difícil, pois ainda são poucos os estados que efetivamente assumiram o ensino médio integrado como política pública educacional. A maioria o considera apenas como mais um programa. Reiteramos que o estado do Paraná está dando passos importantes nessa direção, de modo que, segundo o Censo Escolar 2007, aquela Unidade Federada alcançou naquele ano uma matrícula inicial de 18.274, enquanto toda a Rede Federal matriculou 27.204 estudantes e os demais estados em seu conjunto matricularam 19.668 alunos.

É preciso destacar que, a partir de 2007, o programa Brasil Profissionalizado vem dando um grande incentivo a que os estados ampliem a oferta da educação profissional em geral e, em particular, do ensino médio integrado, tanto para adolescentes como na modalidade EJA. Entretanto, por se tratar de mais um programa, não são poucas as limitações para que as ações dele decorrentes possam converter-se efetivamente em política pública educacional. Nesse programa, o governo federal contribui, mediante apresentação de projetos pelos estados, com os investimentos necessários à implantação dos cursos, enquanto os estados devem garantir o pessoal docente e técnico necessário ao seu funcionamento. Contudo, como não há, em vários estados, a decisão política de implantar o ensino médio integrado como política pública, várias unidades federadas apresentaram e tiveram aprovados os projetos, mas não estão constituindo os respectivos quadros efetivos dos docentes necessários ao adequado funcionamento dos cursos. São diversos os arranjos que estão sendo buscados por alguns estados, como professores com contratos temporários, convênios para que outras instituições públicas e privadas cedam professores temporariamente, entre outras estratégias que não contribuem para que o ensino médio integrado à educação profissional se consolide como política pública educacional, ou seja, esses arranjos contribuem para que o Brasil Profissionalizado permaneça como programa e, como tenha, tem início e fim.

Para alterar o panorama descrito tanto nos estados como na esfera federal é fundamental que a União, por meio do MEC, assuma efetivamente seu papel de coordenadora da política nacional de educação, articulando os diferentes níveis e sistemas e exercendo função normativa, conforme previsto na LDB vigente.

Nesse sentido, é fundamental que se estabeleça um eficiente regime de cooperação mútua entre os sistemas estaduais, municipais e o federal. Igualmente importante é que sejam definidas e disponibilizadas fontes de financiamento. Que sejam constituídos os quadros de professores e que esses sejam adequadamente formados. Se isso não ocorrer, serão reproduzidos os erros do passado.

Finalmente, é preciso ter claro que essa gradativa expansão da oferta de ensino médio integrado à educação profissional técnica de nível médio não visa, em princípio, à sua universalização. Todavia, objetiva sedimentar as bases, plantar as sementes de uma futura educação politécnica ou tecnológica, essa sim deverá ter caráter universal (além de ser pública, gratuita, laica e de qualidade), mas só poderá ser implantada quando as condições objetivas da sociedade brasileira assim o permitirem. Enquanto isso, a prioridade deverá ser consolidar essa oferta que conjuga ensino médio e educação profissional na perspectiva da formação integral dos sujeitos que a ela tiverem acesso.

NOTAS

1 A denominação *regular* para referir-se tanto à faixa etária como à modalidade já traz pressuposto um duplo preconceito: contra a modalidade Educação para Jovens e Adultos (EJA) e contra os sujeitos aos quais ela se destina. Por isso, quando, ao longo do texto, esse termo for utilizado para tratar da educação proporcionada aos sujeitos no tempo criança ou no tempo adolescente em comparação com a EJA, será grafado em *itálico* com o objetivo de explicitar a discordância em relação ao duplo preconceito antes mencionado.

2 Importa destacar que, no início do período republicano, houve uma primeira tentativa de criação de um órgão que incluía a esfera educacional – Secretaria da Instrução, Correios e Telégrafos. Entretanto, o órgão teve vida curta, de 1890 a 1892, e, além disso, seu funcionamento foi pouco estudado de modo que não há registro de que tenha desenvolvido alguma atividade significativa no domínio da educação.

3 Para Grabowski (2005), integram o Sistema S: Serviço Nacional de Aprendizagem Industrial (SENAI), – Serviço Social da Indústria (SESI), Serviço Nacional de Aprendizagem Comercial (SENAC), Serviço Social do Comércio (SESC), Serviço Nacional de Aprendizagem dos Transportes (SENAT), Serviço Social dos Transportes (SEST), Serviço Nacional de Aprendizagem Rural (SENAR), Serviço Nacional de Aprendizagem do Cooperativismo (SESCOOP) e Serviço Brasileiro de Apoio às Micro e Pequenas Empresas (SEBRAE).

4 Fenômeno semelhante ao ocorrido nas ETFs aconteceu nas Escolas Agrotécnicas Federais (EAFs).

5 Análises mais profundas sobre a questão educacional brasileira na Constituinte de 1988 e na LDB de 1996 podem ser encontradas em Fávero (2005) e Machado (1997), dentre outros.

6 Aqui se entende educação politécnica como sinônimo de educação tecnológica, ou seja, uma educação voltada para a superação da dicotomia entre trabalho manual e trabalho intelectual, entre cultura geral e cultura técnica. Uma educação que contribua para o domínio dos fundamentos científicos das diferentes técnicas que caracterizam o processo de trabalho (Frigotto, Ciavatta, Ramos, 2005).

7 Essa dualidade não é fruto do acaso, mas sim da separação entre a educação proporcionada aos filhos das classes média-alta e alta e aquela

permitida aos filhos dos trabalhadores. Entretanto, como o objetivo central deste trabalho não está circunscrito a essa oferta educacional, sugerimos, para um maior aprofundamento sobre a matéria, consultar: Frigotto, Ciavatta, Ramos, 2005; Cefet-RN, 2005; e Moura, Baracho, Pereira, Silva, 2005.

8 É importante esclarecer que, em alguns estados como em São Paulo, por exemplo, a rede Paula Souza atua fortemente na educação tecnológica, embora atue no ensino médio integrado. Segundo o Censo Escolar 2007, os estados do Paraná, Santa Catarina, Bahia, Piauí e Minas Gerais estão ampliando de forma significativa a oferta de educação profissional na forma integrada ao ensino médio. Não obstante, essa não é a realidade predominante no país.

9 Há discrepâncias significativas entre as condições de funcionamento das redes estaduais e da Rede Federal de Educação em aspectos centrais como: financiamento; quadro docente, incluindo formação inicial e continuada, remuneração, direitos trabalhistas, jornada de trabalho e incentivo à titulação; e infraestrutura física das escolas.

10 O Decreto nº 5.154/2004 e a Lei n° 11.741/2008 que incorporou dispositivos do mencionado decreto à LDB vigente.

REFERÊNCIAS

BRASIL. MINISTÉRIO DA EDUCAÇÃO. Programa de Integração da Educação Profissional Técnica de Nível Médio Integrada ao Ensino Médio na Modalidade de Educação de Jovens e Adultos – PROEJA. Documento Base. Brasília, 2006a. Disponível em <http://portal.mec.gov.br/setec.> Acesso 07.04.2006.

_____. Lei nº 9.394, de 20 de dezembro de 1996. Institui as diretrizes e bases da educação nacional. Brasília, DF: 20 de dezembro de 1996

_____. Decreto nº 2.208, de 17 de abril de 1997. Brasília, DF: 17 de abril de 1997.

_____. Decreto nº 5.154, de 23 de julho de 2004. Regulamenta o § 2º do art. 36 e os arts. 39 a 41 da Lei nº 9.394, de 20 de dezembro de 1996, que estabelece as diretrizes e bases da educação nacional. Brasília, DF: 23 de julho de 2004.

CENTRO FEDERAL DE EDUCAÇÃO TECNOLÓGICA DO RIO GRANDE DO NORTE. Projeto político-pedagógico do CEFET-RN: um documento em construção. Natal: CEFETRN, 2005.

CUNHA, L. A. *O ensino de ofícios artesanais e manufatureiros no Brasil escravocrata*. São Paulo: Editora UNESP, Brasília, DF: Flacso, 2000.

FREITAG, Bárbara. *Escola, estado e sociedade*. São Paulo: Moraes, 2000.

GERMANO, J. W. *Estado Militar e educação no Brasil*. São Paulo: Cortez, 1993

KUENZER, A. Z. *Ensino médio e profissional: as políticas do Estado neoliberal*. São Paulo: Cortez, 1997, 104p.

PAIVA, J. *Educação de Jovens e Adultos: direito, concepções e sentidos*. 2005. 480f. Tese (Doutorado em Educação). Programa de Pós-Graduação em Educação, Universidade Federal Fluminense, Niterói, 2005.

SAVIANI, D. O choque teórico da politecnia. In: *Educação, Trabalho e Saúde*. Rio de Janeiro: EPSJV/FIOCRUZ, 2003.

4
Ensino médio e técnico com currículos integrados
propostas de ação didática
para uma relação não fantasiosa

Lucília Machado

Este capítulo tem como objetivo contribuir para a discussão sobre estratégias de síntese do ensino médio e ensino técnico de nível médio em um único curso, alternativa de organização curricular coibida pelo Decreto nº 2.208/97, que os via como independentes, mas viabilizada por força de outro decreto, o de número 5.154/04. Não serão abordadas as razões e os fundamentos que movem em diferentes direções esses dois dispositivos legais.

Pretende-se, de outra maneira, concorrer para que esse desafio de integração seja uma oportunidade bem aproveitada pelas escolas do país para renovar e inovar processos de ensino-aprendizagem a partir da concepção e implementação de currículos de qualidade superior. Isto é, propostas e projetos pedagógicos comprometidos com a articulação criativa das dimensões do fazer, do pensar e do sentir como base da formação de personalidades críticas e transformadoras; que promovam o despertar do olhar crítico, a arte de problematizar e de deslindar os dilemas apresentados por situações ambivalentes ou por contradições e que favoreçam o processo afirmativo da própria identidade dos sujeitos do processo de ensino-aprendizagem, alunos e professores.

Entende-se que, a despeito do afastamento a que foram compelidos, os educadores que atuam no ensino médio e no ensino técnico de nível médio partilham dos mesmos anseios de fornecer uma sólida e atualizada formação científica, tecnológica, cultural e ética aos seus alunos, de promover as oportunidades que levem ao desenvolvimento da criatividade e do pensamento autônomo e crítico, de fomentar o gosto pela aprendizagem e hábitos de autoaprendizagem, de formar, enfim, pessoas abertas, interessadas, curiosas, críticas, solidárias e de iniciativa.

Diante, porém, do desafio de conceber e levar a efeito um curso capaz de atender simultaneamente às duas valias, a de servir à conclusão da educação básica e a de levar a uma formação técnica especializada, esse educadores, e não somente eles, manifestam dúvidas e receios quanto à possibilidade de realizar tais propósitos. Haveria uma sobrecarga dos programas? Dever-se-ia prolongar o tempo de escolaridade? O ensino geral teria sua identidade modificada em favor de uma formação mais especializada? Ou, ao contrário, seria o ensino técnico a se reconfigurar, tendo em vista a formação de um perfil profissional mais amplo e genérico?

Não são, todavia, estas as questões que serão abordadas neste capítulo. Sabe-se que a modalidade do "integrado" teria a duração de quatro anos. Crê-se que, nesse tempo, é possível atender à legislação quanto à carga horária mínima exigida para ambos os cursos. Pretende-se, então, tomar como foco a discussão da concepção e organização curricular, particularizando-a pela referência privilegiada à modalidade do integrado.

Para tanto, faz-se necessário deixar claro que currículo está sendo, aqui, considerado como hipóteses de trabalho e de propostas de ação didática, que são definidas para serem desenvolvidas na prática educativa; experiências que devem ser investigadas e analisadas. Entende-se, também, que essas hipóteses ou propostas representam sempre opções escolhidas e/ou combinadas a partir da análise de situações dadas, do que se quer e do que se calcula poder alcançar, tendo em vista implementar práticas com efetividade educacional. Em quaisquer circunstâncias, será sempre uma construção dinâmica, concretizada nas relações pedagógicas, cujo sucesso depende da participação e da capacidade de autoavaliação dessas práticas pelos sujeitos que as tecem.

No caso de currículos integrados, o objetivo é a concepção e a experimentação de hipóteses de trabalho e de propostas de ação didática que tenham, como eixo, a abordagem relacional de conteúdos tipificados estruturalmente como diferentes, considerando que essa diferenciação não pode, a rigor, ser tomada como absoluta, ainda que haja especificidades que devem ser reconhecidas. Com relação ao objeto deste capítulo, são os conteúdos classificados como gerais ou básicos e os conteúdos nomeados como profissionais ou tecnológicos. Em quaisquer circunstâncias em que se vise construir currículos integrados, para que haja a possibilidade de êxito, o percurso formativo precisa ser trabalhado como um processo desenvolvido em comum, mediante aproximações sucessivas cada vez mais amplas, que concorram para que cada ação didática se torne parte de um conjunto organizado e articulado.

PROPOSTAS DE AÇÕES DIDÁTICAS INTEGRADAS

Revisar falsas polarizações e oposições

A primeira proposta é um convite. Um apelo aos educadores do ensino médio e do ensino técnico de nível médio interessados em enfrentar o desafio da integração para que se debrucem na tarefa primordial de identificar e questionar a suposta boa fé de certos conceitos e práticas que se estruturaram a partir de contraposições fixas.

Não é mais aceitável, por exemplo, a afirmação de que conteúdos considerados gerais não seriam profissionalizantes; isso, porque uma sólida formação geral tem sido reconhecida como, talvez, o mais importante, não só como um requisito de qualificação profissional no atual mundo do trabalho.

Se a realidade existente é uma totalidade integrada, não pode deixar de sê-lo o sistema de conhecimentos produzidos pelo homem a partir dela, para nela atuar e transformá-la. Tal visão de totalidade também se expressa na práxis do ensinar e aprender. Por razões didáticas, divide-se e se separa o que está unido. Por razões didáticas, também se pode buscar a recomposição do todo. Tudo depende das escolhas entre alternativas de ênfases e dosagens das partes e das formas de relacioná-las.

Portanto, na perspectiva de um currículo integrado, uma boa pergunta é aquela que se faz ao o que integrar. Para começar, um bom ponto de partida se refere à integração entre as finalidades e os objetivos da escola à prática pedagógica, tornando-os efetivamente concretos.

É importante lembrar também da dimensão integral da vida do educando; entendê-lo como alguém que, além de estudante, tem outros papéis no sistema das relações sociais. Dessa pluralidade cultural advêm elementos diversos do contexto, fundamentais ao processo de concepção do currículo; um currículo integrado à vida dos educandos, à dinâmica da interação e dos processos históricos, sociais, econômicos e culturais relevantes que estes vivenciam. Elementos significativos do passado, que precisam integrar-se aos fatos cruciais do presente. Elementos do conhecimento empírico e da cultura que trazem os educandos de suas experiências de vida que precisam juntar-se aos conhecimentos científicos para significá-los.

Portanto, os desafios da integração passam também pela revisão de polarizações que se estabelecem no cotidiano das práticas educacionais, que solapam a possibilidade de uma construção curricular superior, distanciamentos que não se resumem às oposições entre conteúdos gerais e técnicos, entre ciência e tecnologia.

Estabelecer consensos sobre alguns pontos de partida fundamentais

A possibilidade de êxito de um trabalho integrado entre educadores do ensino médio e do ensino técnico de nível médio passa, sem dúvida, pelo entendimento consensual que eles possam construir sobre alguns pontos de partida fundamentais, dos quais o anterior é a base.

É preciso ocorrer uma certa convergência sobre que ser humano e que profissional se quer formar, como também quais estratégias seriam as mais indicadas para traduzir operacionalmente os valores e as perspectivas que foram priorizados. Assim, o planejamento, a organização, a sistematização, o controle e a orientação do processo didático, da atuação docente e da atividade cognoscitiva dos alunos precisam se mostrar com coerência interna e evidenciar, de forma consistente, a construção intencional desses sentidos e perspectivas.

Necessariamente, a construção do currículo integrado exige uma mudança de postura pedagógica; do modo de agir não só dos professores como também dos alunos. Significa uma ruptura com um modelo cultural que hierarquiza os conhecimentos e confere menor valor e até conotação negativa àqueles de ordem técnica, associados de forma preconceituosa ao trabalho manual.

É preciso uma disposição verdadeira para o rompimento com a fragmentação dos conteúdos, tendo em vista a busca de inter-relações, de uma coerência de conjunto e a implementação de uma concepção metodológica global. Entender que nesse caso, mais até que em outros, o ensino-aprendizagem é um processo complexo e global.

Um bom ponto de partida é se perguntar sobre formas de articulação dos conhecimentos que possibilitem a geração de aprendizagens significativas e que criem situações que permitam saltos de qualidade no processo de ensino-aprendizagem.

Para tanto, é fundamental levar em conta a diversidade dos processos educativos, que historicamente foi criada, e que demarca as culturas pedagógicas de um e de outro tipo de ensino. Esse processo de identificação de diferenças e de construção de sínteses superadoras passa, necessariamente, pela promoção de práticas pedagógicas compartilhadas e de equipes, pela participação orientada por uma relação dialógica e pelo pensar em experiências a serem proporcionadas aos estudantes no cotidiano escolar, por intermédio tanto do currículo explícito quanto do currículo oculto.

Esta caminhada se inicia, também, com o reconhecimento de que é preciso considerar não somente as parcelas preexistentes de conhecimentos, mas o novo conhecimento que é produzido nessa interação educacional, nesse processo ampliado das possibilidades de comunicação no trabalho educacional.

Aproveitar as oportunidades que se abrem

Boas hipóteses de trabalho para o enfrentamento do desafio da organização curricular integrada se referem às oportunidades que se abrem tanto para os educadores vindos do ensino médio como para aqueles que têm atuado, especificamente, no ensino técnico. São ocasiões favoráveis para superar, mediante as trocas entre si, fragilidades verificadas em cada um desses tipos de ensino.

Para os educadores do ensino médio, são oportunidades de superar tendências excessivamente acadêmicas, livrescas, discursivas e reprodutivas das práticas educativas que frequentemente se nota nesse campo educacional. Para os educadores do ensino técnico, são as chances de superar o viés, às vezes, excessivamente técnico-operacional desse ensino em favor de uma abordagem desreificadora dos objetos técnicos pela apropriação das condições sociais e históricas de produção e utilização dos mesmos.

Em ambos os casos, mas de modo diferente, trata-se de enfrentar a tensão dialética entre pensamento científico e pensamento técnico e a busca de outras relações entre teoria e prática, visando instaurar outros modos de organização e delimitação dos conhecimentos.

O aproveitamento dessas oportunidades, contudo, depende do aumento da interação entre docentes vindos de experiências diferentes, da evolução do trabalho cooperativo, do desenvolvimento das capacidades de todos os professores e alunos de trabalhar em equipe, tendo em vista a construção de processos de ensino-aprendizagem significativos.

Nenhuma proposta pedagógica é estática; sua concretização e avanços dependem dos progressos dos conhecimentos teóricos, mas sobretudo dos níveis de consciência dos sujeitos que a concebem e implementam que se originam e expressam nos avanços concretos obtidos no plano da prática educativa.

Trabalhar a unidade existente entre os conhecimentos gerais e tecnológicos

A educação básica tem o importante papel de fazer com que o aluno adquira os conhecimentos de base relativos à cultura, à sociedade, às ciências, às ideias, que são indispensáveis a cada um, qualquer que seja sua profissão. Ela fornece os fundamentos para uma concepção científica da vida e contribui para desenvolver as faculdades cognitivas e as capacidades do indivíduo. Contribui, ainda, para formar sua autonomia e capacidade para a autoaprendizagem contínua e crítica; para o desenvolvimento da sua criatividade, do seu espírito de inovação e suas disposições à versatilidade que os atuais processos produtivos requerem.

A educação básica exerce papel fundamental no desenvolvimento da curiosidade e do interesse do aluno pelos problemas contextuais e internos à produção das ciências, da cultura e das artes, favorecendo, assim, a assimilação e o aprendizado dos processos investigativos, analíticos e tecnológicos.

A educação profissional tem seu foco fundamental nos conhecimentos tecnológicos; conteúdos que não se confundem com saberes empíricos, mas que guardam com eles relação; referências obrigatórias ao exercício de atividades técnicas e de trabalho.

Os conhecimentos que constituem o cerne do ensino médio e do ensino técnico de nível médio estão em unidade por diversos motivos. Primeiro, porque todos esses conhecimentos têm origem na atividade social humana de transformação da natureza e de organização social; todos eles representam o desenvolvimento do domínio e do controle que o ser humano progressivamente vem adquirindo sobre a natureza mediante a sua práxis histórica.

Os conhecimentos tecnológicos também são, hoje, reconhecidos como socialmente necessários a todos. Seu ensino, à diferença do ensino geral, é orientado predominantemente para a atividade de trabalho ou para a explicação dos objetos técnicos, sua estrutura e fabricação (Tanguy, 1989, p. 62).

Para desmistificar as oposições que se estabeleceram entre esses dois domínios do conhecimento humano, é importante fazer alguns resgates etimológicos e históricos. A palavra técnica vem do grego – *techne*. De uma maneira geral, ela designa o exercício de um *métier*,[1] afeto ou não a uma produção material. Por exemplo: Técnico Agrícola. De maneira específica, é usada para se referir a um procedimento praticado durante uma atividade. Por extensão, é empregada também para designar a faculdade, o método e a maneira que permitem a realização desse fazer. Por exemplo: técnica de adubagem.

Para Platão, os trabalhos que dependem de uma *techne*, quaisquer que sejam eles, são "poiesis" (criações) e seus produtores são todos poetas (criadores). É interessante observar que, para esse filósofo, a designação de poeta não se aplica apenas ao campo das humanidades. Na língua latina, o equivalente de *techne* é a palavra *ars*. É interessante, também, constatar que, num primeiro momento, o vocábulo arte foi usado para designar procedimentos de fabricação muito metódicos, que requeriam perícia especial.

No século XV, as artes foram hierarquizadas e dividas em artes mecânicas (atividades praticadas pelas corporações de ofício) e em artes liberais ou intelectuais, estas julgadas as mais nobres. É no século XIX, com o impulso da industrialização e do desenvolvimento das ciências, que a linguagem filosófica retoma do grego o termo técnica para designar as aplicações práticas da ciência. Este é o *sentido estreito* que o termo passa a ter. No exemplo citado acima: técnicas de adubagem.

Entretanto, a palavra técnica também passou a ser utilizada para designar toda atividade humana estritamente regulada tendo em vista um efeito específico. Esse é o *sentido amplo* que o termo passa a ter. No exemplo citado acima: Técnico Agrícola.

Há uma tendência, atualmente, de tornar o sentido mais estreito do termo técnica (aplicação prática da ciência) predominante no entendimento corrente e de não fazer distinção entre técnica e tecnologia.

O positivismo contribuiu para isso, pois para essa corrente filosófica não existiriam senão ciências experimentais. O método experimental seria a garantia da cientificidade de uma proposição. Esse reducionismo contribuiu para produzir um viés, o entendimento de que tecnologia seria o conjunto dos objetos fabricados pelo homem para realizar certas operações.

Essa compreensão trouxe consequências graves, tais como: a) privilegiar os aspectos morfológicos dos objetos técnicos; b) atribuir centralidade ao elemento representado por máquinas e equipamentos em detrimento de outros como a organização e as condições do trabalho; c) conferir ao objeto técnico a condição de sujeito histórico, esquecendo-se dos autores de sua criação, das motivações e interesses que movem os homens ao criá-los; d) ignorar o fato de que não é apenas o ambiente exterior ao homem que se modifica com a mudança técnica, mas também o interior do próprio ser humano; e) privilegiar uma determinada concepção de ciência.

Ao contrário, não se pode conceber uma técnica de produção (material ou simbólica) como algo inseparável das diversas dimensões da divisão social do trabalho (internacional, nacional, regional, local, nos ramos da atividade humana, na empresa), pois é a divisão social do trabalho que precede a divisão técnica e que comanda a sua evolução.

Por outro lado, uma definição adequada de tecnologia não pode tomá-la como técnica. Trata-se de uma ciência. Uma ciência não reduzida ao experimentalismo; uma atividade mediante a qual se produzem conhecimentos e que não se reduz a um simples reflexo dos fatos. A tecnologia é um conjunto organizado de conhecimentos e de informações, originado de diversas descobertas científicas e invenções e do emprego de diferentes métodos na produção material e simbólica.

Por sua vez, esse conjunto de conhecimentos e de informações é corporificado em técnicas, recursos que ajudam a realizar o caminho inverso, aquele que se faz para ampliar a produção de novos conhecimentos. Há, portanto, uma relação de intercomplementaridade entre ciência, tecnologia e técnica, que não é óbvia e simples, que guarda contradições e unidade.

O importante a destacar é que os estudos tecnológicos se referem, essencialmente, aos conhecimentos sobre a prática humana, envolvendo, de um lado, os atos, os gestos, os movimentos humanos, os modos operatórios, as técnicas, os tempos envolvidos nas operações, a relação custo-benefício e, de outro, mas de forma absolutamente interligada, as relações que os homens tecem no nível da divisão social do trabalho, compreendendo suas diversas dimensões.

Tecnologia seria, portanto, a ciência da atividade humana, dos atos que produzem, adaptam ou fazem funcionar os objetos, que se revelam eficazes pela maneira mediante a qual eles fazem cumprir determinadas necessidades historicamente concretas e, assim, tornar-se um padrão recomendável de ação.

A tecnologia englobaria, então, a prática social; os aprendizados humanos, em seus processos e produtos; o conhecimento empírico, o saber tácito produzido no trabalho; as artes e técnicas desenvolvidas pelos homens; as forças produtivas; as racionalidades e lógicas historicamente produzidas.

Vista por esse ângulo, a importância maior do estudo das tecnologias não é o conhecimento morfológico dos objetos em si e para si mesmos, mas o estudo dos *usos* destes objetos e das técnicas e suas relações com as *funções* econômicas, culturais e sociais que eles cumprem num determinado contexto histórico, produzindo sentidos, significados e história.

Uma técnica de produção é sempre concebida para funcionar nos quadros de relações humanas bem-definidas. Nesse sentido, pode-se dizer que existem diversos condicionamentos e constrangimentos econômicos, sociais, políticos, culturais, etc., que perpassam e protagonizam a história das técnicas. Pode-se dizer que estas resultam de longas cadeias entrecruzadas, de bricolagens, de ressignificações, que demandam interpretações muitas vezes divergentes e que essas contextualização e compreensão conformam o campo do saber tecnológico. É interessante constatar o quanto é preciso recorrer aos chamados conhecimentos básicos e gerais, tais como os da história, da geografia, da filosofia, da economia e da sociologia para dar conta dessa apreensão desse saber tecnológico!

Não trata, portanto, a tecnologia da objetivação mecânica, de causas e efeitos, pois nenhum avanço técnico é determinado *a priori* e nem tem força para imprimir efeitos por si só. São os projetos, conflitos e interpretações convergentes ou divergentes dos sujeitos sociais, dos seres humanos em relações sociais nem sempre harmoniosas, que desempenham um papel decisivo na definição e escolhas das técnicas e do desenvolvimento da tecnologia.

A tecnologia, como teorização da prática social, inclui, portanto, dimensões normativas e prescritivas. Ela passa pelo crivo econômico-contábil (pelo estudo das viabilidades econômicas) e pelo crivo ético (ao levar em conta, por exemplo, fenômenos como a destruição da natureza e a depredação da força de trabalho).

A tecnologia, portanto, é conhecimento formalizado orientado para um fim prático e sujeito a normas e critérios estabelecidos socialmente. Ela reflete o comportamento criativo e eficaz do homem; objetiva aquilo que a subjetividade humana produz como criatividade.

É uma forma de pensar a natureza e a sociedade. É uma maneira de dizer sobre as formas de compreender e de agir. Por ter caráter social, ser um processo socialmente condicionado e também condicionante só é inteligível com o concurso da história.

Outra tendência reducionista que se verifica é aquela que toma o conceito de tecnologia apenas para se referir às tecnologias físicas (ferramentas, máquinas, equipamentos, mecanismos e instalações).

Entretanto, as tecnologias físicas pouco poderiam sem o concurso das tecnologias simbólicas (modos de percepção e de intelecção, que fornecem os modelos teóricos para o processo de concepção da realidade natural e social e de avaliação das nossas ações). As tecnologias simbólicas pertencem ao campo da imaginação inventiva e dizem respeito à criação dos signos, dos códigos, dos indicadores, dos parâmetros, dos bancos de dados e correspondem ao domínio das linguagens naturais, ligadas ao cotidiano, e formais empregadas para a formalização dos conceitos.

Por outro lado, as tecnologias físicas e simbólicas pouco poderiam sem o suporte das tecnologias organizadoras e de gestão. Estas, também erroneamente, têm sido interpretadas apenas como pertencentes ao domínio das empresas. Na realidade, elas abarcam um campo mais amplo, pois estão na base das transformações que se verificam nos modos de vida, nos processos de controle social, nas dinâmicas de ensino-aprendizagem, dentre outros.

A especificidade da educação profissional e tecnológica consiste em promover o desenvolvimento de capacidades de trabalho de interesse dos indivíduos, das empresas, da sociedade e dos governos. No entanto, é preciso considerar que os avanços culturais, das técnicas, das ciências e das tecnologias vêm introduzindo novos requerimentos de educação profissional, tornando-a cada vez mais densa de conteúdos culturais, técnicos, tecnológicos e científicos, fazendo-a mais próxima e integrada à educação básica.

Cabe à educação tecnológica promover o ensino-aprendizagem dos conteúdos, dos métodos e das relações necessários à compreensão, à pesquisa e à aplicação crítica e criativa das bases científicas dos processos e procedimentos técnicos, contextualizando-os e significando-os à luz das necessidades humanas e sociais.

Sua especificidade consiste também em ser um dos elementos fundamentais à formação integral e à educação ao longo da vida do indivíduo, necessário à sua inserção crítica e criativa no contexto da atualidade, caracterizada por uma vida social e um cotidiano cada vez mais tecnificado.

Imprescindível ao desenvolvimento da capacidade dos indivíduos de responder à mudança tecnológica contínua é também um ingrediente fundamental à sua inserção produtiva, especialmente no atual contexto de mudanças nos parâmetros da produção de bens e serviços e de novos requerimentos de perfil da força de trabalho pelos novos sistemas de produção.

A educação tecnológica tem também se tornado uma condição individual e social para o desfrute do conforto e do bem-estar possibilitados pelas conquistas decorrentes do desenvolvimento científico. Além disso, ela se coloca como uma base fundamental ao desenvolvimento da cultura tecnológica, da produção tecnológica e da capacidade tecnológica de um país.

Para que ela cumpra, porém, esses papéis, torna-se fundamental o aprofundamento dos laços que a ligam organicamente aos conhecimentos básicos e gerais.

Recorrer à contextualização sociocultural do processo de ensino-aprendizagem

A capacidade de contextualizar constitui uma das condições de êxito no desenvolvimento das capacidades de compreender, relacionar, utilizar e praticar alguma mediação teórica ou técnica na implementação de qualquer atividade humana.

Para ter essa capacidade é preciso, porém, um processo que permita desenvolvê-la, o qual envolve uma base de orientações, que se pode encontrar sistematizada, quando resulta de um processo de reflexão e elaboração, e não sistematizada se ela se refere a um processo eminentemente prático e espontâneo.

No processo de ensino-aprendizagem, a contextualização representa aquilo que Paulo Freire definiu como alfabetização: ensinar ou propiciar as condições para que as pessoas leiam não só as palavras, mas também o mundo.

Para tanto, é preciso sistematizar uma base de orientações dirigida para o desenvolvimento de habilidades mais complexas: o saber ler a palavra construindo significados, o saber ligar o texto ou a fala à experiência prévia, o compreender como a palavra é influenciada pelas situações políticas e econômicas que circundam o texto, etc.

Na prática pedagógica contextualizada, busca-se considerar as diversas dimensões da vida dos alunos e das práticas sociais em que estão inseridos; entendê-los como sujeitos do seu próprio processo de formação; contribuir para a sua libertação, para a sua transformação em sujeito crítico.

A capacidade de contextualizar requer conhecimentos, mas não se confunde com eles. Envolve um processo de construção de conhecimentos, situado histórica e socialmente, que provém e se desenvolve em íntima relação com a prática social.

Esse processo implica o levantamento e o exame de situações, fatos, ideias e resultados de ações; a reconstrução de históricos; a ativação de conhecimentos gerais e específicos disponíveis a respeito de determinado assunto; a seleção e organização de informações; a exploração e confrontação dessas informações e de práticas implicadas; o estabelecimento de semelhanças, diferenças, sucessões de tempo, continuidades e causalidades; a utilização e estabelecimento de nexos entre informações e conceitos; a construção de inferências e de interpretações; a realização de diagnósticos.

Portanto, a habilidade de contextualizar diz respeito a um conjunto integrado de ações, que não diz respeito a uma disciplina escolar específica ou a um conteúdo determinado. Seu desenvolvimento tem a ver com definições e estratégias que traduzam valores e perspectivas sobre qual ser humano e profissional se quer formar e com as experiências a serem proporcionadas aos estudantes no cotidiano escolar.

Numa perspectiva sócio-histórica, o sujeito situado na realidade em que vive é o ponto de partida para o desenvolvimento da capacidade de contextualizar informações, conhecimentos, saberes e técnicas. O objetivo visado é o de despertar, influenciar e canalizar o desenvolvimento das potencialidades que ele, sujeito, traz dentro de si, tendo em vista fazer com que ele seja agente de transformações.

Para tanto, é necessário conhecer os interesses, necessidades e demandas do aluno; incorporar tais aspirações e expectativas à atividade pedagógica; desenvolver suas capacidades de pensar, sentir e agir; valorizar a compreensão dos determinantes sociais, econômicos e políticos da realidade em que vive e a discussão de alternativas para a construção da vida.

A contextualização exige dar centralidade à relação teoria e prática, integrar áreas de conhecimento e desenvolver as capacidades de observação, experimentação e raciocínio. A proposta de integração curricular entre ensino médio e ensino técnico de nível médio constitui uma importante oportunidade para explorar os processos de contextualização no ensino-aprendizagem.

Em termos concretos, isso significa a necessidade de contar com projetos pedagógicos como resultado de construções coletivas, um processo que supera a aplicação de pacotes previamente montados, e com alunos e professores como sujeitos do processo de ensino-aprendizagem.

O conhecimento não é outra coisa senão o resultado geral da interiorização das diversas informações que os sujeitos articulam, integram e sintetizam a partir de seu intercâmbio com os ambientes e as práticas sociais que vivem. Contextualizar significa, portanto, vincular processos educativos a processos sociais, escola e vida, currículo escolar e realidade local, teoria e prática, educação e trabalho.

Os projetos pedagógicos de concepção e implementação de currículos integrados podem encontrar boas inspirações em processos didáticos que objetivem agregar as informações do contexto ao processo de ensino-aprendizagem. É preciso, entretanto, discutir como elas seriam trabalhadas e reestruturadas, tendo em vista a produção das conexões necessárias. Trata-se de tomar estas informações do contexto e da prática vivida, sistematizá-las com a ajuda dos conhecimentos disponíveis e pensar em alternativas de transformação da realidade.

Uma importante hipótese de trabalho é esta, a de tomar essa vinculação como base objetiva da unidade dialética entre ensino e aprendizagem. O termo aprender procede do latim *apprehendere*, que significa apoderar-se. Para que o apoderamento dos sujeitos do processo de ensino-aprendizagem, alunos e professores, seja significativo é fundamental, em primeiro lugar, situá-lo historicamente e em íntima relação com a prática social. Alunos e professores podem, a partir daí, encontrar novos e ricos sentidos e aplicações importantes desse processo de conhecimento em suas vidas e práticas sociais.

Para tanto, faz-se necessário selecionar e organizar conteúdos que viabilizem o conhecimento da realidade vivida e das experiências desses sujeitos, que reafirmem seu potencial de protagonistas da história e da cultura. O processo educativo da modalidade do ensino integrado pode, para tanto, recorrer a propostas de ação didática que dialoguem e contribuam para o desenvolvimento de formas organizativas de alunos e professores que sejam instâncias mediante as quais possam contribuir para intervir na realidade social em que vivem.

Recorrer aos desafios do desenvolvimento local como recurso significador do currículo

Considerou-se, no item anterior, a hipótese de trabalho de que o ritmo e a dinâmica dos processos educativos dependem da qualidade da relação que estes estabelecem com o contexto social em que se desenvolvem. Aqui, será dada uma ênfase especial à categoria do contexto local. Essa dimensão, a local, adquiriu novas proporções com o novo padrão de acumulação capitalista, em razão do agravamento das desigualdades e do aumento da livre circulação de capitais, produtos e serviços.

Recentemente, surgiu uma teorização sobre o desenvolvimento demarcada pela espacialidade e pelas novas condições técnicas da dinâmica capitalista. Experiências bem-sucedidas dos distritos industriais do Norte e Nordeste italianos, em regiões da Europa e dos Estados Unidos da América (Vale do Silício) e nas chamadas tecnópolis japonesas têm servido de referência para essa reflexão.

O desenvolvimento local tem sido tomado como uma estratégia baseada na organização territorial do sistema produtivo a partir da articulação organizada de micro, pequenas e médias unidades econômicas. Tem sido visto como uma alternativa importante para a promoção e emancipação das classes, grupos e segmentos sociais penalizados pelo desenvolvimento capitalista.

Essa assertiva pressupõe que essa estratégia se paute por princípios, postulados e objetivos voltados para a implementação de processos endógenos e sustentáveis de dinamização econômica; por noções como sustentabilidade, endogenia, autonomia e cooperação. Implica na capacidade de costurar os elos dos elementos tecnológicos e de mercado aos aspectos sociais, políticos e culturais do desenvolvimento.

Nesse contexto, especial importância é dada aos projetos de formação e qualificação para o trabalho, de constituição de microempresas, de fomento de cooperativas e de formas associativas autônomas de trabalhadores. É também atribuída grande relevância à busca da construção de práticas alternativas e de um poder local mais democrático, tendo em vista a formação de uma nova cultura institucional, da qual são partes integrantes as redes de cooperação.

Para essa teorização, o local não se define como âmbito espacial delimitado; é também um universo mais amplo e abstrato. Trata-se de uma categoria que inclui várias ações e dimensões de poderes orientadas para um ou mais territórios, com interfaces e interdependências.

Entende-se que o desenvolvimento local requer processos político-pedagógicos estratégicos e convergentes com seus objetivos e princípios: processos educativos que não são simplesmente individuais, mas coletivos; caráter que se expressa no nível da produção material, da produção cultural e dos conhecimentos, no ensinar e no aprender.

Esses processos educativos de novo tipo estariam inseridos numa dinâmica mais ampla e coletiva de apropriação crítica da realidade e de sua transformação organizada. Parte-se do pressuposto de que tais processos levam à necessidade de promoção do confronto de ideias distintas e contrapostas sobre necessidades e prioridades sociais, a partir da análise real de situações concretas e de experiências vividas, visando a chegar a acordos comuns.

Eles requerem programas curriculares adequados, métodos e técnicas de trabalho que incentivem e que canalizem a participação, a crítica e a criatividade, o desenvolvimento da disposição para aprender permanentemente e da capacidade de trabalhar coletivamente, porquanto se refere a um processo educativo comprometido e organizado. Tudo isso exige disponibilidade e abertura, relações de confiança e novos valores.

Fala-se também do enorme potencial que estes processos situados em contextos territoriais especiais teriam se passassem a ser conectados com as estratégias sociais e nacionais de desenvolvimento científico e tecnológico, de apropriação e geração de conhecimentos. Chegar-se-ia a articulações mais ricas e democráticas da ciência e da tecnologia com a produção social e a distribuição e utilização de bens e serviços, tornando concretas as promessas de projetos de desenvolvimento com características nacionais, solidárias e populares.

É importante observar que a materialização dessas ideias supõe o emprego de abordagens multidisciplinares e integradas de conhecimentos gerais e específicos; a unidade dialética entre conhecimento e ação; a contextualização e aplicação dos conhecimentos a situações e problemas concretos da prática social; repensar a educação a partir da perspectiva das necessidades e das demandas sociais; a promoção de processos de ensino-aprendizagem participativos, ativos e criativos; a busca da afirmação da identidade dos sujeitos sociais.

Tudo isso representa uma grande oportunidade para viabilizar o conceito de escola aberta e integrada à realidade e oferece temas que constituem desafios, que merecem investimento de tempo e esforço cognitivo; temas relacionados a necessidades reais e com grande potencial de enriquecimento das propostas pedagógicas, dentre as quais se destacam as que se voltam para a integração do ensino médio e do ensino técnico de nível médio.

Esses temas dizem respeito às novas condições concorrenciais do capitalismo; às formas de produção, trabalho e consumo que se fundamentam na sustentabilidade democrática do desenvolvimento, na participação da riqueza social e na superação da desigualdade; à necessidade do desvelamento dos determinantes econômicos, políticos, sociais, culturais e ideológicos da precarização do mundo do trabalho e da degradação ambiental. Dizem respeito a formações socioprodutivas e suas articulações com os processos ecológicos, os valores culturais, as mudanças técnicas, o saber tradicional e a organização produtiva.

Entretanto, a realidade da maior parte das instituições escolares e dos projetos educacionais é de alheamento em relação ao contexto e à problemática do desenvolvimento local. Predominam concepções e práticas pedagógicas que reproduzem a representação abstrata de indivíduos isolados e legitimam as relações destes com a sociedade como resultados de necessidades meramente pessoais e orientadas à busca do sucesso individual.

Com isso, o desenvolvimento de atitudes solidárias, da preocupação com o bem-estar geral, da participação na sociedade civil e da corresponsabilidade, mostra-se seriamente comprometido. Para contrapor-se a essa situação, é importante que a educação escolar não seja vista de forma unilateral, voltada apenas para a satisfação das necessidades espontâneas dos indivíduos, mas para um processo que produza aspirações mais elevadas e enriquecedoras de emancipação do gênero humano.

Com base nessas referências, é possível apostar na hipótese de que a contextualização em processos sociais de desenvolvimento local pode se constituir como uma importante estratégia para a promoção de processos de ensino-aprendizagem significativos, participativos, ativos, críticos e criativos. Pode ser um meio importante para ensinar a pensar, analisar problemas, incentivar a observação e a discussão de temas relevantes para a formação dos alunos. Pode contribuir com a sua formação integral, pois estes são desafiados a compreender as forças societárias que afetam as relações interinstitucionais e interpessoais, o meio ambiente e o contexto econômico, demográfico, físico-ecológico, tecnológico, político-legal e sociocultural.

Trata-se de um recurso pedagógico importante para o desenvolvimento de capacidades de construção de cenários, de compreensão da interação e interferência de sistemas, de leitura de conjunturas. Coloca o aluno em consonância com seu tempo e o estimula a participar ativamente dos debates regionais e nacionais, permitindo-lhes decifrar as oportunidades que dispõe de contribuir com a sociedade.

Por outro lado, a escola precisa atuar com suas fronteiras ampliadas, pois os relacionamentos com o ambiente externo podem proporcionar-lhe diversos benefícios. Sua estabilidade está também vinculada à sua inserção, relação e envolvimento com a realidade local e regional.

Ao catalisar as demandas da sociedade, abrem-se oportunidades de contato e de realização de projetos que atendam a interesses comuns. A escola, porém, precisa estar capacitada para atender a demanda da sociedade. Ela pode oferecer produtos que satisfaçam necessidades sociais ou serviços que beneficiem coletividades.

A contextualização da educação em processos sociais de desenvolvimento local pode contribuir, assim, para o equacionamento da contradição que, se estabelece, em geral, nos processos pedagógicos, entre fins proclamados e meios efetivamente empregados para atingi-los.

Nesse sentido, os desafios pedagógicos da integração dos currículos do ensino médio e do ensino técnico convergem na mesma direção dos desafios colocados pelo desenvolvimento social: viver e trabalhar com dignidade, participar plenamente do desenvolvimento do país, melhorar a qualidade de vida, enriquecer a herança cultural, mobilizar os recursos locais, proteger o meio ambiente, etc.

Guardar a postura investigativa na definição das alternativas didáticas de integração

A proposta anterior foi formulada a partir da hipótese de que a realidade imediata é o principal e mais importante quadro de referência para a concepção, implementação e avaliação das alternativas de ação didática, com seu momento histórico particular; contexto econômico, político, ideológico e cultural e situações e problemas que estimulam o pensar e a busca de respostas. Salientou-se que essa realidade é produto de práticas sociais e históricas e que forma um todo articulado, apresentando-se como fundamento de grande riqueza para a resolução dos desafios da organização de currículos integrados.

No entanto, não é pela prática espontânea e desorganizada que se pode chegar ao desenvolvimento de processos pedagógicos que possibilitem aos indivíduos aprender a agregar as informações do contexto, reestruturar o conteúdo dessas informações, reorganizar as suas hierarquias, estabelecer novas conexões entre as informações, confrontar essas informações com a prática vivida e transformar, usando os conhecimentos obtidos, a realidade em que vivem.

É preciso que o processo educacional se transforme num processo investigativo, o qual inclui o planejamento, a colocação em prática de processos pedagógicos ordenados, lógicos e coerentes e a avaliação contínua. Qualquer que seja ele, esse processo não se resume, porém, a procedimentos técnicos e a sistemas de instruções predefinidas aos quais cabem professores e alunos se adaptarem. Os conteúdos, métodos, processos, meios e técnicas pedagógicas estão subordinados às finalidades do processo educativo. Eles não são, portanto, um mero resultado da racionalidade do planejamento.

Uma postura não dogmática e não tecnicista se impõe como uma alternativa importante nesse sentido. Isso significa que é preciso despertar, influenciar e canalizar o desenvolvimento das potencialidades que os alunos e professores trazem e torná-los os sujeitos da construção do processo de ensino-aprendizagem e seus principais e mais severos críticos.

As alternativas didáticas de integração precisam ser acompanhadas e avaliadas nos seus propósitos e formas de implementação. *A priori*, nenhuma técnica tem poder mágico. Os sujeitos da transformação são as pessoas que se encontram envolvidas no processo com suas necessidades, aspirações e expectativas. Esse processo, por sua vez, não é simplesmente técnico, é político e educativo, e seu potencial de educar é tanto maior quanto mais incentivos se fizer à autorreflexão e autocrítica dos sujeitos por ele responsáveis.

Currículos integrados são oportunidades riquíssimas para explorar as potencialidades multidimensionais da educação, para superar a visão utilitarista do ensino, para desenvolver as capacidades de pensar, sentir e agir dos alunos, para realizar o objetivo da educação integral.

Para tanto, é preciso que a prática pedagógica e as alternativas de ação didática sejam sistematizadas se efetivamente se quer que os horizontes de conhecimento dos alunos sejam ampliados, que esses compreendam os determinantes sociais, econômicos e políticos das situações de suas vidas e de trabalho e que discutam as alternativas que se apresentam.

Não é sem pesquisa, por exemplo, que se faz o resgate e a incorporação ao processo pedagógico do conhecimento empírico e experimental trazido pelo aluno. Não é sem pesquisa que o nível intelectual do conhecimento técnico poderá ser valorizado. Nem tão pouco sem pesquisa se poderá desenvolver os conceitos e a compreensão dos princípios científicos e evidenciar como eles embasam as técnicas.

Explorar as práticas que ajudem a construir o trabalho interdisciplinar

O convite à construção de currículos integrados é também uma convocação à interdisciplinaridade, à busca das mediações que possibilitem planejar e desenvolver planos comuns de trabalho, que harmonizem distintas experiências e pontos de vistas.

Neste capítulo, não se pretende tratar dessa questão com a profundidade que ela requer; pretende-se tão somente sugerir algumas ações didáticas que podem, hipoteticamente, contribuir para a construção do trabalho interdisciplinar.

A interligação das disciplinas pode ser explorada por diversos recursos, tais como: desenho da grade curricular contemplando aproximações temporais, fusões de conteúdos, realização de estudos e pesquisas compartilhadas, promoção conjunta de seminários e eventos, implementação de métodos de ensino por projetos e dos temas geradores, dentre outros.

A metodologia de ensino orientado por projetos tem, por objetivo, vincular teoria e prática mediante a investigação de um tema ou problema. Ela ajuda a instalar um ambiente de ensino baseado na resolução de problemas e favorece o estabelecimento de relações entre as informações a que os alunos têm acesso e a realidade. Contribui, ainda, para instigar a dúvida e a curiosidade no aluno e para promovê-lo a sujeito do processo de produção de conhecimentos. Essa metodologia estimula a mobilização e a articulação de diferentes recursos e conhecimentos, incorporando os conteúdos à medida da necessidade do desenvolvimento do projeto.

A metodologia dos temas geradores tem, também, o objetivo de aproximar o processo de ensino-aprendizagem da realidade. Visa unir a investigação à prática social, com o objetivo de levar a cabo uma programação educativa. Trata-se de uma metodologia que busca combinar, em um mesmo processo, os diferentes momentos do conhecimento, a ação transformadora da realidade e o processo de ensino-aprendizagem. Considera que os sujeitos desse processo de reflexão-ação-educação não são exteriores ao mesmo, senão indivíduos reais e concretos, que, no curso de sua existência e em função dela, fazem da realidade em que estão imersos, e a qual integram, o objeto do seu pensamento.

Para implementar essa metodologia, faz-se necessário organizar um universo temático e selecionar temas capazes de centralizar o processo de ensino-aprendizagem e orientar a programação pedagógica. Esses temas devem ser articulados com a realidade e com a prática social, portanto concretos. Devem ser, por outro lado, suficientemente gerais, para expressar de forma abrangente a totalidade pretendida e buscada no trabalho pedagógico integrado. Cada tema, por ser geral, pode ser desdobrado em seu conteúdo, em eixos definidos como elementos de conjuntura ou particularizados, que contribuem para dar unidade aos conteúdos trabalhados, à medida que atravessem e estabeleçam pontes entre os diferentes aspectos do objeto temático. O tema pode ser o mesmo para várias disciplinas que estão sendo desenvolvidas simultaneamente. Cada disciplina pode escolher um eixo teórico que permita estabelecer as conexões com os conteúdos tratados por outras. Este será o modo como desenvolve o tema geral, sua maneira de tratá-lo, o ponto de vista mediante o qual o visualiza.

Um tema gerador ou geral se verá, assim, desenvolver-se a partir de diversos aspectos ou pontos de interesse específicos, os quais não são excludentes, mas complementares e combinados. Isso permite entrelaçar e integrar aspectos da realidade complexa e contribuir para superar a perspectiva sequencial e fragmentada de organização curricular.

CONSIDERAÇÕES FINAIS

Os projetos curriculares são permanentemente questionados a responder desafios científicos cada vez mais dinâmicos e de legítimas inserções sociais. Eles são, também, objeto de disputa entre interesses diversos, tais como os advindos dos controles corporativos relacionados ao exercício de profissões, das forças do mercado, das expectativas dos educadores, etc.

Os currículos, além das dimensões formais de ordenamento de áreas específicas de saberes e das questões pedagógicas próprias derivadas de sua implementação, possuem dimensões políticas mais amplas e complexas.

Não é raro encontrar alunos insatisfeitos com o que a escola lhes oferece e professores, diretores, coordenadores acadêmicos com manifestações de mal-estar com relação ao processo acadêmico sobre o qual são responsáveis.

Esse sentimento se acresce à medida que constatam o fato de que as escolas não mais monopolizam a informação; esta cada vez mais difusa e generalizada graças ao enorme avanço que se realiza no campo das tecnologias de informação e comunicação.

Ainda que haja o fenômeno da resistência dos profissionais da educação à mudança em suas práticas pedagógicas, não é esse o fator mais decisivo para que as inovações aconteçam na realidade das escolas. Há aspectos sociais, políticos e ideológicos no interior do conceito de currículo, que podem explicar a possibilidade ou não dessas mudanças, que não dependem simplesmente de alterações de conteúdos.

O currículo é uma prática socialmente construída e historicamente formada. Ele envolve o conjunto das experiências planificadas proporcionadas pela escola tendo em vista a concretização dos objetivos da aprendizagem. Não é algo estático vinculado somente a conhecimentos que se deseja transmitir. Envolve, também, práticas políticas e administrativas, condições estruturais, materiais e a formação dos educadores.

Quando se propõem inovações educativas como esta de integrar o ensino médio e o ensino técnico, é importante considerar as condições, os fatores e as variáveis determinantes de seu êxito ou fracasso. Trata-se de um fenômeno complexo, sem delimitações precisas e que pode ser interpretado sob diferentes pontos de vista.

A despeito disso, pode-se tomar, como básica, a ideia de que inovação educativa pressupõe sempre novos objetivos pedagógicos emanados de investigações com vistas à solução de problemas anteriormente identificados.

Uma inovação educacional não é um bem em si mesmo; precisa passar pela prática pedagógica e ser avaliada. Ela também não é unilateralmente determinante de melhorias educacionais, pois é preciso considerar outros aspectos intervenientes como condições culturais, socioeconômicas e ideológicas do sistema social onde se processa a educação e a realidade mesma da prática do educador.

A inovação educacional também pode ser vista como objeto de conflitos e de compromissos e, por isso, não pode ser implementada de forma automática, pressupondo sempre negociações entre os interesses envolvidos. Ela depende, ainda, do modo como os professores e demais envolvidos a compreendem, interpretam e implementam.

Escudero (citado por Jorge, 1993, p. 32-33) considera as seguintes características para conceituar inovação educativa: é um processo de definição, construção e participação social; envolve um determinado clima que facilita a disposição de perguntar, descobrir, refletir e criticar; é um processo de capacitação e potencialização de pessoas e instituições educativas; não pode esgotar-se em meros enunciados de princípios; é preciso que se elaborem perfis de mudanças claros e compreensíveis; requer articulação de uma série de processos e o estabelecimento de uma estrutura de diversos papéis complementares; precisa ser analisada sob os aspectos de eficácia e funcionalidade, prática educativa, bem como critérios sociais e ideológicos.

No processo de transmissão da inovação educacional, alguns fatores institucionais são intervenientes. Existem dificuldades relacionadas à prevalência de hierarquias que impedem a necessária circulação de informações. Há, também, problemas com relação à falta de procedimentos e de investimentos na formação dos profissionais da educação, precariedade da infraestrutura material e pedagógica e falta de suporte técnico.

Em vista disso, é aconselhável que as inovações sejam, inicialmente, testadas em uma pequena escala e durante um determinado tempo antes de sua difusão. É necessário, também, avaliar seu grau de complexidade, as condições e as capacidades que precisam ser adquiridas para a sua implementação, manutenção e avaliação contínua.

Em quaisquer hipóteses, é fundamental levar em conta a experiência (escolar e extraescolar) do aluno na construção do conhecimento, pois a implicação subjetiva desse sujeito da aprendizagem é condição para que o processo de ensino-aprendizagem se realize com sentido para ele.

As experiências de integração do ensino médio e do ensino técnico de nível médio demandam ser documentadas e ter um acompanhamento metódico. Elas requerem, também, o resgate da capacitação, participação, autonomia e criatividade dos docentes.

Enfim, uma reorganização curricular é um processo dinâmico, aberto e formativo e sua estratégia de concepção e implementação precisa ser participativa e construída, tendo em vista assegurar sua eficiência no saber encontrar os meios de atingir os objetivos da aprendizagem.

NOTA

1   Trabalho, profissão, emprego, experiência, habilidade.

REFERÊNCIAS

APPLE, M. *Ideologia e currículo*. São Paulo: Brasiliense, 1982.

BARATO, J. N. Em busca de uma didática para o saber técnico. *Boletim Técnico do Senac*, Rio de Janeiro, v. 25, n. 2, maio/ago., 1999, 47-55.

CANDAU, V (org.). *Didática, Currículo e Saberes Escolares*. Rio de Janeiro: DP&A Editora, 2000.

_____. (org.). *Reinventar a Escola*. Petrópolis: Vozes, 2000.

CRUZ, J. L. V. Trabalho, renda e desenvolvimento local: algumas questões. *Boletim Técnico do Senac*, Rio de Janeiro, v. 27, n. 1, jan./abr., 2001. 17-25.

DELUIZ, N.; NOVICKI, V. Trabalho, meio ambiente e desenvolvimento sustentável: implicações para uma proposta de formação crítica. *Boletim Técnico do Senac*, Rio de Janeiro, v. 30, n. 2, mai./ago., 2004, 19-24.

GIROUX, H. *Os professores como intelectuais*: rumo a uma pedagogia crítica da aprendizagem. Porto Alegre: Artes Médicas, 1997.

HERNÁNDEZ, F.; VENTURA, M. *A organização do currículo por projetos de trabalho*: o conhecimento é um caleidoscópio. Porto Alegre: Artmed, 1998.

MACHADO, L. R. S. *Politecnia, escola unitária e trabalho*. São Paulo: Cortez; Autores Associados, 1989. 271 p.

_____. Formação geral e especializada: fim da dualidade com as transformações produtivas do capitalismo? *Revista Brasileira de Educação,* Anped, n. 0, 1995, 83-93.

_____. Politecnia no ensino de segundo grau. In.: MINISTÉRIO DA EDUCAÇÃO. SECRETARIA NACIONAL DE EDUCAÇÃO BÁSICA (Org.). *Politecnia no ensino médio*. São Paulo: Cortez; Brasília: SENEB, 1991, p.51-64.

TANGUY, L. A questão da cultura técnica na escola. *Educação e Realidade,* Porto Alegre, 14(2), jul/dez, 1989, 58-68.

5 Educação técnica e escolarização de jovens trabalhadores

Carlos Artexes Simões

As pesquisas sobre a juventude demonstram que os temas da educação e do trabalho são assuntos sempre presentes na preocupação dos jovens e da sociedade. Importante, portanto, uma abordagem da realidade de jovens em condições específicas de vida, que se configuram no modo de produção capitalista, com diferentes relações com o trabalho e a educação escolarizada.

Na atualidade, configura-se uma realidade da educação da juventude em uma sociedade de grandes desigualdades sociais com profundas mudanças no mundo do trabalho. Constata-se a exclusão de muitos do acesso e da permanência na educação escolarizada, a baixa qualidade educacional e a difícil inserção social do sujeito como cidadão produtivo.

Segundo a Organização Internacional do Trabalho (OIT) o desemprego alcançou, em 2003, cerca de 88 milhões de jovens entre 15 a 24 anos, representando 47% do total global de desempregados. É pelo menos um bilhão de pessoas que enfrentam a ameaça do desemprego ou o subemprego nos próximos anos. Aproximadamente 40% da população mundial têm menos de 20 anos atualmente. E 85% dos jovens vivem em países em desenvolvimento, onde muitos trabalham em condições de pobreza, agravada pela falta de oportunidades. A taxa de desemprego juvenil subiu de 11,7 para 13,8% na última década. Em média, os jovens têm três vezes mais possibilidades de estarem desempregados que os adultos.

Por outro lado, milhões de jovens não podem permitir-se o luxo de estarem desempregados, e por isso trabalham durante longas jornadas em troca de salários muito baixos, tratando de construir sua vida na economia informal. Enfrentar o desafio mundial do emprego também requer que os empregos sejam de maior qualidade. A maior parte dos habitantes do mundo em desenvolvimento vive e trabalha no quintal da economia de mercado, isto é, na economia informal. São trabalhadores que encontramos no campo e nas ruas. Desprotegidos pela lei, veem-se obrigados a subsistir com suas famílias em condições precárias.

Em termos de trabalho e escolarização da juventude, os dados da Pesquisa Nacional de Amostra por Domicílios/Instituto Brasileiro de Geografia e Estatística (PNAD/IBGE-2001) já revelavam que, entre os jovens de 15 a 24 anos no Brasil, 24,7% só estudavam, 18,7% estudavam e trabalhavam, 32% só trabalhavam, 5,2 % estudavam e procuravam emprego, 5,9% só procuravam trabalho e 13,5% não estudavam, não trabalhavam, nem procuravam trabalho.

No Brasil (IBGE-PNAD-2005), a população economicamente ativa contava com 96 milhões de pessoas com taxa de desemprego de 9,2%. Na faixa etária de 16 a 17 anos a taxa de desemprego era de 26,39% e na de 18 a 24 anos, de 17,79%. Dos jovens ocupados de 15 a 17 anos, 41% eram assalariados sem carteira de trabalho, e do total de jovens com idade entre 16 a 24 anos, apenas 25% só estudavam. Segundo pesquisa de emprego e desemprego do Desenvolvimento Intersindical de Estatísticas e Estudos Socioeconômicos (DIEESE, 2005), nas regiões metropolitanas do Brasil, os jovens representam 25% da população economicamente ativa, mas 20,7% dos ocupados e 45,5% dos desempregados. Somente em São Paulo, 76,8% dos jovens de 16 a 24 anos estão no mercado de trabalho com taxa de desemprego de 19,8%, sendo que 70,1% dos jovens ocupados só trabalhavam e 9,9% trabalhavam e estudavam. No trabalho, 11,3% são autônomos e 27,6%, assalariados sem carteira de trabalho.

Atualmente, segundo o Instituto de Pesquisa Econômica Aplicada (IPEA-2006), com 34,7 milhões de jovens na faixa etária de 15 a 24 anos, temos 22 milhões na população economicamente ativa (PEA) com 4 milhões de desempregados e 11 milhões na economia informal. Nesta mesma faixa etária temos 16 milhões de jovens estudando e 18 milhões trabalhando. São 8 milhões de jovens que não estão estudando e nem trabalhando. Na faixa de 15 a 17 anos, ainda temos 18% de adolescentes e na faixa de 18 a 24 anos, 68% de jovens fora da escola.

Nesse quadro, encontra-se o dilema entre a tendência de garantir aos jovens um tempo maior de preparação na educação escolarizada e, portanto, implicando a suspensão provisória da inserção no mundo produtivo e, por outro lado, a necessidade concreta do trabalho dos jovens brasileiros como meio de aquisição das condições mínimas da cidadania. Do ponto de vista do trabalho, podemos falar de distintas formas de socialização profissional relativas aos diversos grupos de jovens, variados por sua origem social ou seu capital escolar. As trajetórias profissionais não são mais previsíveis e a responsabilidade da inserção no trabalho é dirigida cada vez mais para o próprio jovem e seus atributos de escolarização e formação. Novos significados em relação ao trabalho são construídos pelos jovens ante a intensidade com que foram tocados pela incerteza e o desemprego juvenil. O trabalho aparece muitas vezes como uma referência central entre as opiniões, atitudes, expectativas e preocupações dos jovens e com significados diversos no imaginário juvenil, seja como valor, necessidade, direito ou mesmo como busca de aquisição de espaço de autonomia familiar e poder de consumo. Por outro lado, a escolarização, além de um direito social básico, ainda representa uma estratégia dos setores populares para o seu desenvolvimento individual e coletivo.

Recentemente no Brasil cerca de 17,7 milhões de brasileiros, em um universo de 182 milhões, tinham entre 15 e 19 anos (PNAD/IBGE-2004), faixa etária que corresponde à idade considerada adequada para cursar o ensino médio. No entanto, apenas 6,8 milhões (38%), nessa faixa etária, estavam matriculados nesse nível de ensino (Censo Escolar 2005).

O ensino médio, em expansão no Brasil, tem-se constituído ao longo da história da educação brasileira como o nível de mais difícil enfrentamento, em termos de sua concepção, estrutura e formas de organização, em decorrência de sua própria natureza de mediação e a particularidade de atender aos jovens. Sua ambiguidade confere uma dupla função de preparar para a continuidade de estudos e, ao mesmo tempo, para o mundo do trabalho, produzida dentro de determinadas relações sociais e, em particular, no projeto capitalista de sociedade. Nesse contexto, a educação técnica profissional de nível médio no Brasil ocupou um lugar importante nos conflitos que atravessam o campo educacional.

Outros dados (Censo Escolar 2006) são relevantes nas matrículas do Ensino médio e na educação técnica no Brasil, onde:
a) registraram-se 8.906.820 matrículas no ensino médio;
b) registraram-se 747 mil matrículas na educação técnica de nível médio;
c) no país 48% da população é de raça/cor preta ou parda (PNAD/IBGE-2004), entretanto, apenas 43% dos alunos do ensino médio e 26% dos alunos da educação técnica declaram de raça/cor preta ou parda;
d) são oferecidos pela iniciativa privada no ensino médio 11% das matrículas, enquanto na educação técnica, a iniciativa privada oferece 58% das matrículas;
e) os alunos na faixa etária entre 15 a 19 anos correspondem, no ensino médio, 75% das matrículas, enquanto que, na educação técnica, a 32% das matrículas.

A reforma educacional brasileira implementada a partir da Lei nº 9.394/96, e, em particular, a reforma da educação profissional, regulamentada pelo Decreto nº 2.208/97, consolidou a política neoliberal e reafirmou o dualismo estrutural para atender diferentes interesses de classe. Uma das consequências da reforma foi a redução da oferta do ensino médio pela rede federal e a elevação da faixa etária dos seus estudantes: o espaço educacional da juventude foi reduzido e cresceu a ameaça da fragmentação na oferta de uma educação integral de qualidade.

Neste capítulo, abordaremos aspectos do dilema dos jovens entre a formação e a inserção no mundo do trabalho; sua relação com a escolarização e a formação de uma identidade profissional configurada em um contexto complexo e de grandes desigualdades sociais. Na atualidade brasileira, a negação da escolarização não significa somente a exclusão do acesso dos jovens à escola, mas uma exclusão que, no seu próprio interior, promove a perda da função social da escola de promover a formação dos seus educandos. A escola básica pública tem cada vez mais o acesso da população pobre, mas é transformada em escolas com menos características escolares. Entretanto, a relação da juventude com a educação escolarizada tornou-se um campo de lutas onde a perspectiva da reprodução social se contrapõe à estratégia dos jovens pobres na sua experiência concreta de escolarização e formação profissional. Por outro lado, os jovens enfrentam a questão do trabalho em um quadro de precária situação socioeconômica. Isso implica a necessidade concreta, para sua sobrevivência, de sua inserção no mundo produtivo e o dilema para os jovens pobres de abandonar os estudos ou de forma concomitante estudar e trabalhar. Nesse contexto, novos significados do trabalho são construídos nas distintas formas de socialização, tornando central a questão da profissionalização dos jovens trabalhadores. O trabalho assume o papel de meio para continuar os estudos e um fim para sua realização pessoal.

JUVENTUDE: ENTRE A ESCOLARIZAÇÃO E O TRABALHO

As transformações no processo de produção da sociedade influenciam decisivamente no papel que a educação e a formação profissional possuem na inserção e na trajetória ocupacional das pessoas ao longo da vida e, em particular, da juventude brasileira. A realidade social convive com a crise do desemprego, do trabalho precário e com as dificuldades de escolarização efetiva da população. Os jovens pobres com dificuldades econômicas procuram sua inserção no mundo do trabalho, muitas vezes de forma instável, ainda durante a idade própria da educação básica. Nesse cenário, encontra-se o dilema entre a defesa do adiamento da inserção ao trabalho dos jovens ou a garantia de um trabalho mais qualificado durante a sua formação escolar. Colaborar com a construção de uma identidade profissional dos jovens trabalhadores pode representar uma estratégia positiva nas múltiplas possibilidades e interdições para suas transições à vida adulta.

A condição juvenil remete a uma etapa do ciclo de vida, de ligação entre a infância, tempo da primeira fase de desenvolvimento corporal (físico, emocional, intelectual) e da primeira socialização, de quase total dependência e necessidade de proteção, para a idade adulta, capaz de exercer as dimensões de produção, reprodução e participação.

A juventude se evidencia quando o indivíduo esboça necessidade de independência em relação à família e começa a buscar a autosuficiência. O desenvolvimento se dá de forma contínua e o jovem inicia na adolescência seus contatos com grupos de acordo com seus interesses e possibilidades de escolhas, ampliando, assim, sua experiência de vida.

Para Sposito (1993), os jovens são espelhos da sociedade inteira, uma espécie de paradigma dos problemas cruciais dos sistemas complexos. Representam tensões entre a expansão das chances de vida e o controle difuso; entre possibilidade de individuação e definição externa da identidade. Assim, a mobilização juvenil torna-se elemento revelador, trazendo à luz as demandas profundas, os problemas e as tensões que percorrem toda a sociedade.

A peculiaridade da condição da juventude – a vivência de uma espécie de "moratória social" – permite que o sujeito possa vivenciar experiências diferenciadas e produzir novas alternativas de vida social (Foracchi, 1972). Essa possibilidade de questionar está relacionada ao fato do jovem estar em uma fase de demarcação do próprio território e de uma identidade mais singularizada (Salem, 1986). Essa experiência é cada vez mais constituída de

> [...] redes que se estabelecem nos contextos familiares, nos contextos da produção, nos contextos da cidadania, e nos contextos da mundialidade e concorrem para a formação de sujeitos cada vez mais imersos em processos de grande complexidade social e em contato com saberes que cada vez mais se apresentam como transversais. (Carrano, 2002).

A potencialidade que os jovens possuem de recusar valores e normas consideradas fundamentais pela sociedade pode não se concretizar, ou apenas ser provisória, já que os jovens reivindicam o direito à provisoriedade e à reversibilidade das escolhas, assim como o direito à individualidade e de mudar a própria existência (Marques, 1997).

A ideia de que os jovens podem optar por diversos caminhos é complementada pela noção de liminaridade. Os jovens vivem entre códigos de regras distintas, entre a família, a escola, a organização, a atração exercida pela rua e os grupos que a povoam. Os limites que separam a adesão entre um modo de vida compatível com um modelo ideal e outro que fogem às expectativas dominantes são tênues e nem sempre facilmente perceptíveis (Sposito, 1993).

A juventude é uma construção cultural que possui os traços da sociedade onde ela está inserida, mas cada grupo social organiza, à sua maneira, a passagem da infância para a vida adulta e, dentro de uma mesma sociedade, existem diversas formas e meios de transitar de uma condição para a outra, o que confere à ideia de juventude uma intensa maleabilidade (Feixa, 1998).

Existem juventudes e nem sempre essa diferenciação se encontra relacionada à condição social, ao gênero ou à raça. Dentro de um mesmo grupo, com características socioeconômicas semelhantes, desenvolvem-se comportamentos distintos. A demonstração de que os jovens podem trilhar caminhos diferentes reforça a concepção de que eles possuem uma margem de escolha e de autonomia para traçar seus próprios destinos. Os jovens possuem uma lógica própria, o que significa que eles são sujeitos das suas próprias ações.

Estudos mais recentes da vida social valorizam sua dimensão cultural simbólica e ampliam a compreensão do espaço da reprodução social com a perspectiva da importância da significação e do imaginário social dos sujeitos. Entre os jovens e suas diversas formas simbólicas, procuram compreender sua identidade cultural e social a partir da própria percepção do jovem e os sentidos que dão às suas experiências de vida. Cultura e identidade são apreendidas de forma dinâmica no contexto específico de vida, onde expressam algum nível de indeterminação e liberdade.

Nesse sentido, a juventude mostra uma diversidade e, ao mesmo tempo, constitui grupos que compartilham interesses e, sendo assim, interagem por meio de uma rede de significados, atuando na esfera coletiva, dentro do mesmo sistema de valores. Segundo Velho (2003), nessas interações reside um "campo de possibilidades" alimentado pelo meio social e pelas oportunidades e interesses de cada um. Para Carrano (2002), o processo é influenciado pelo meio social do qual o jovem faz parte e pelas trocas que faz com o meio. Os jovens constroem seu modo de "ser jovem". Nesse caso, destacam a noção de "juventudes" enfatizando a diversidade de "modos de ser jovens existentes".

Por outro lado, a tradição sociológica valoriza o significado cultural e político de ser jovem. Nessa perspectiva, as gerações deveriam ser também analisadas como problema sociológico, observando que a representação usual sobre o inconformismo dos jovens e sua maior propensão à mudança deveria ser submetida à criteriosa análise, não sendo de modo algum algo somente inerente a uma fase do ciclo de vida, mas um fenômeno histórico-social.

A análise sobre juventude nos campos da antropologia, sociologia e psicologia e nos recortes dos ciclos de vida, raça e gênero, ganham maior densidade analítica quando também relacionadas à classe social. A literatura sociológica oscilou entre análises que privilegiam o plano simbólico, a partir da ideia de uma condição juvenil referida a uma fase de vida, e análises vinculadas às condições materiais, históricas e à sua posição na estrutura socioeconômicas. Tal tensão pode ser resolvida, como sugere Sposito (2003), pela distinção entre "condição" (o modo como uma sociedade constitui e atribui significado a esse momento do ciclo de vida, referida a uma dimensão histórica geracional) e "situação" (que revela como tal condição é vivida a partir dos diversos recortes das diferenças sociais). É nesse sentido que a

> juventude, como toda categoria socialmente constituída que atende a fenômenos existentes, possui uma dimensão simbólica, mas também tem que ser analisada a partir de outras dimensões: aspectos fáticos, materiais, históricos e políticos, nos quais toda produção social se desenvolve. (Margulis, 1998)

As grandes diferenças de situações de vida e, em particular, da relação com o acesso à educação e a inserção no mundo produtivo, que ainda configuram na realidade brasileira, impossibilitam a análise de uma única juventude, mas de juventudes com recorte de classe social. As mudanças históricas trazidas pelas transformações econômicas e sociais no mundo do trabalho, na política e na cultura produziram uma ampliação da juventude em vários sentidos: na duração dessa etapa do ciclo de vida, na abrangência do fenômeno para vários setores sociais, incluindo os jovens trabalhadores, nos elementos constitutivos da experiência juvenil e nos conteúdos da noção socialmente estabelecida. Em decorrência, surgem muitas diferenciações nos processos de inserção social e, em particular, na educação e no trabalho.

A escolarização: a inclusão excludente

A escolarização dos jovens tem tido, no Brasil, um crescimento efetivo. Os jovens têm hoje maior acesso à escola, permanecendo nela por mais tempo. Mas a expansão quantitativa também é preenchida por reprovações sistemáticas e abandono "físico" e "espiritual", configurando uma realidade de inclusão excludente.

Portanto, essa expansão, que praticamente universalizou o acesso ao ensino fundamental, tem somente 70% dos jovens que chegam ao seu término, e muitos pela Educação de Jovens e Adultos (EJA). Dificuldade maior encontra-se no ensino médio no ponto de vista quantitativo e no dilema entre a vontade declarada de universalização e as condições reais para sua realização e uma definição pedagógica mais apropriada. De qualquer maneira, ampliaram-se no ponto de vista do acesso, as oportunidades de escolarização dos jovens das camadas pobres da sociedade.

A educação é defendida como direito, como bem social a ser universalizado, mas é tratada como privilégio de alguns segmentos, porque a lógica dos sistemas educacionais fundamenta-se na distribuição desigual do capital simbólico que a escola detém. A expansão da escola no Brasil, trazendo para o interior da instituição parcelas crescentes das classes populares, tem implicado a modificação paulatina da dinâmica institucional. A escola se expande perdendo suas próprias características e abarcando funções cada vez mais coladas às formas tradicionais de regulação dos pobres na sociedade brasileira. A escola, no Brasil, se recusa à incorporação plena dos pobres à sociedade brasileira, por meio de formas de integração subalterna. Na incorporação dos jovens pobres à escola, esta se torna menos escola.

A escola de educação básica pública assumiu, de forma degradada e preconceituosa, a inserção das camadas populares que até então eram excluídas da educação escolarizada, mas fez isso consolidando uma desigualdade de oferta para os diferentes grupos sociais. Essa instituição já se consolida na literatura especializada como espaço de reprodução das classes, mas vem nos últimos tempos apresentando desafios que a posicionam como instituição fundamental também na estratégia de resistência e emancipação dos setores populares. A escola configura-se em um espaço de contradição entre os novos mecanismos de reprodução das relações sociais de produção, que inclui a transformação da escola pública de educação básica em escolas para pobres, e as mudanças de condições dos trabalhadores para a superação da desigualdade social. Se, por um lado, não há dúvida de que a escola reproduz as relações sociais de produção na perspectiva do sistema como um todo, por outro a questão é entender o papel da escolarização na luta e conquistas das pessoas e grupos no seu desenvolvimento individual e coletivo.

A relação da juventude com a educação institucionalizada tornou-se um grande campo de disputa de gerações em que a potencialidade de conquista de autonomia se confronta com o formalismo escolar e interesses políticos e econômicos distantes do processo de aprendizagem dos jovens. Nesse sentido:

> Existe uma dramática contradição entre jovens e escola. A escola se enfraquece num momento em que a vida social cobra a sua contribuição para a formação da cidadania responsável. As causas desse processo podem ser encontradas no sucateamento da instituição e na falta de perspectivas de trabalho e vida futura, mas também pela interdição do diálogo entre os sentidos institucionais e as culturas da juventude. (...) A evasão escolar, antes de se confirmar como evasão física, é também precedida por uma invisível e simbólica evasão de sentidos culturais e desejos de presença de professores e alunos. (Carrano, 2002)

Para Bourdieu, as disposições da família, sua atitude diante da escola, sua crença (ou não) no investimento na escola são elementos determinantes do sucesso ou do fracasso escolar. Crença essa realimentada e reforçada pela ação da própria escola que, ao desfavorecer os desfavorecidos, reforça a desesperança e a sensação de inutilidade do investimento necessário para o prosseguimento dos estudos e para o acesso nos ramos mais privilegiados do ensino.

Dessa maneira

> [...] o capital e o *ethos*, ao se combinarem, concorrem para definir as condutas escolares e as atitudes diante da escola, que constituem o princípio de eliminação diferencial das crianças das diferentes classes sociais (Bourdieu, 1998).

Enquanto para as crianças de meios mais favorecidas socialmente o prosseguimento dos estudos é um fato social de provável ocorrência, as crianças dos meios populares precisam demonstrar um desempenho excepcional para serem incentivadas, pelos pais e professores, a continuarem na escola.

Nosso entendimento, entretanto, é de que a reprodução das relações sociais não se dá de forma determinística, mas em um cenário de disputa que possibilita a produção de novas relações sociais. A superação das dicotomias de "estruturas sem sujeito" ou de "sujeitos sem história" dá à escola, na sua configuração e proposta educacional, a possibilidade de também ser definida e constituída pelo trabalho de sujeitos que a determinam e são por elas determinadas. A análise da escolarização de jovens não pode prescindir das teorias da reprodução como também da análise concreta das experiências de escolarização dos trabalhadores de modo a compreender a relação dialética entre estrutura e sujeitos no processo social.

Nosso desafio é entender as formas que, no cotidiano de jovens inseridos em programas educativos específicos, parecem contrariar a exclusão ou pelo menos que, no seu próprio ponto de vista, redefinem de forma favorável suas relações com a sociedade. Exclusão aqui entendida como descrevendo processos de degradação: de relações sociais de maneira ampla, de relações referentes ao mundo do trabalho e de direitos sociais.

Tudo depende do ponto de vista e da distancia de que se olha para o sistema escolar. Quando ele é observado de um ponto de vista macro, global, a partir do conjunto dos dados referentes ao plano nacional, tudo parece imutável. É a imagem da reprodução que se impõe. Quando olhamos as coisas mais de perto, a imagem não é tão nítida: o sistema escolar não é homogêneo nem neutro, ele produz diversos efeitos próprios.

Entretanto, não se pode negar que a escola é meritocrática. Ela ordena, hierarquiza, classifica os indivíduos em função de seus méritos. Os indivíduos devem, portanto, perceberem-se como os autores de seus desempenhos, como seus responsáveis. Ao contrário das sociedades aristocráticas que priorizavam o nascimento e não o mérito, as sociedades na atualidade escolheram o mérito como princípio essencial de justiça: a escola é justa, porque cada um pode obter sucesso nela em função de seu trabalho e de suas qualidades.

Sabemos que a igualdade de oportunidades sempre foi limitada e que, nas sociedades mais desenvolvidas, a origem de classe continuava a pesar consideravelmente na orientação escolar dos alunos nos sistemas divididos em várias escolas: a escola do povo, a escola das classes médias, a escola da burguesia, as escolas profissionais, as da cidade, as do campo, as da Igreja, as do Estado. E isso ainda ocorre na maioria dos países em desenvolvimento onde o mérito desempenha um papel apenas marginal para os filhos dos trabalhadores.

A escola de massas visa a oferecer diplomas a todos os alunos. Pode-se então considerar que esses diplomas tenham um valor utilitário, porque eles fixam o nível e as oportunidades de emprego a que os indivíduos podem pretender. Considerar os diplomas como bens dotados de certa utilidade não diminuem em nada sua dimensão cultural. Uma das grandes causas da injustiça provém do fato de que determinados diplomas têm grande utilidade, ao passo que outros não têm nenhuma, numa escola de massas onde muitos obtêm diploma. Evidentemente, seria uma ilusão imaginar que todos os diplomas têm a mesma utilidade, mas é preciso observar que certos diplomas não têm quase nenhuma utilidade, especialmente os que provêm de cursos de formação geral mais fraca, que não oferecem nem uma profissão, nem um nível de qualificação capaz de fazer diferença no mundo de trabalho. Com muita frequência, esses cursos vendem algum tipo de ilusão e certos trabalhos sociológicos já mostraram estudantes que os frequentam descobrirem tardiamente e com muita amargura que caíram numa cilada da qualificação profissional. Os vínculos entre formação e emprego são, obviamente, extremamente complexos e dependem essencialmente da situação do desenvolvimento econômico e, portanto, não seria possível acusar a escola de estar na origem do desemprego dos jovens. Mas isso também não significa que a escola seja totalmente isenta a esse respeito. Diversas ofertas educacionais funcionam como verdadeiras armadilhas quando desvinculadas da realidade do mundo do trabalho. De modo geral, os estudantes são encaminhados para cursos desprovidos de qualidade e utilidade social por falta de opção, alimentando a comercialização da educação como um novo e promissor produto do mercado capitalista.

É preciso lembrar, por um lado, a relação muito particular da escola e da sociedade, estabelecida no final do século XIX, caracterizada por uma grande distância entre a escola e a produção; de outro por uma forte adequação e desigualdade da oferta escolar relacionada às posições de classes sociais.

Sabemos que a escola nasce com uma tendência acadêmica. Seus fundadores não se preocupavam com a economia e a formação profissional, tampouco os sindicatos operários ou o patronato insistiam nesse sentido. A escola republicana era impelida pelo projeto de instalar uma cidadania nova e pela legitimidade das suas instituições. Essa escola ensinava menos a ciência que as belezas da ciência, ela ensinava menos a tecnologia que algumas noções elementares. O liceu burguês ficava centrado nas humanidades e reivindicava a gratuidade do saber contra os conhecimentos diretamente úteis e produtivos. A história do liceu é a história de uma longa resistência ao ensino técnico e profissional e de um relegar esse ensino para as carreiras desvalorizadas, um confinamento simbólico, do qual hoje temos muita dificuldade em nos desvencilhar. Isso não significa que jamais tenha havido um desejo de adaptação da formação aos empregos e às qualificações profissionais, mas simplesmente que essa função permaneceu sempre marginal. Mas a marca essencial desse sistema era o dualismo escolar e o tipo de seleção das diversas clientelas. A escola primária acolhia as crianças do povo, o liceu, aquelas da burguesia, e o ginásio funcionava, ao mesmo tempo, como uma triagem e como a escola das crianças das camadas médias. Não é diretamente a escola que realiza as grandes operações de distribuição dos alunos, são as desigualdades sociais que comandam diretamente o acesso às diversas formas de ensino. Uma das consequências desse sistema é que a escola aparece justa e neutra no seu funcionamento, enquanto as injustiças e as desigualdades sociais são diretamente a causa das desigualdades escolares. Num tal sistema, a escola intervém relativamente pouco sobre o destino dos indivíduos, que é, antes de tudo, um destino social, e, quando intervém, ela o faz, sobretudo, segundo o modelo da promoção dos melhores alunos egressos do povo. Ou seja, já que é baseada num princípio de reprodução estrutural das desigualdades sociais. Essa escola não aparece como um agente ativo da exclusão social. Ela simplesmente não intervém nesse domínio ou o faz impedindo que algumas crianças do povo cumpram um destino que lhes estava reservado pelas injustiças sociais. A escola não era injusta; era, antes de tudo, a sociedade.

Identidade profissional de jovens trabalhadores

O trabalho, como uma preocupação central no imaginário dos jovens, instiga a pesquisa social ao desafio de compreender o significado da profissão na sociedade e a identidade profissional do jovem trabalhador.

Nesse quadro, encontra-se o dilema entre a tendência de garantir aos jovens um tempo maior de preparação na educação escolarizada e, portanto, implicando a suspensão provisória da inserção no mundo produtivo e, por outro lado, a necessidade concreta do trabalho dos jovens brasileiros como meio de aquisição das condições mínimas da cidadania.

Do ponto de vista do trabalho, podemos falar de distintas formas de socialização profissional relativas aos diversos grupos de jovens, variados por sua origem social ou seu capital escolar. As trajetórias profissionais não são mais previsíveis e a responsabilidade da inserção no trabalho é dirigida cada vez mais para o próprio jovem e seus atributos de escolarização e formação. Novos significados em relação ao trabalho são construídos pelos jovens ante a intensidade com que foram tocados pela incerteza e o desemprego juvenil. O trabalho aparece, muitas vezes, como uma referência central entre as opiniões, atitudes, expectativas e preocupações dos jovens e com significados diversos no imaginário juvenil, seja como valor, necessidade, direito ou mesmo como busca de aquisição de espaço de autonomia familiar e poder de consumo.

É significativa a análise da aparente contradição das expectativas teóricas de negação do valor do trabalho na sociedade e os resultados empíricos relativos à importância do trabalho, particularmente entre jovens brasileiros:

> [...] instigados a manifestarem-se com respeito ao significado e à importância de diferentes esferas de atividade e sociabilidade. [...] ouvidos em pesquisa amostral realizada em 2003, não deixam dúvidas: para eles, o trabalho não apenas ainda está na ordem do dia, como se destaca com relação a outros aspectos tidos como reveladores de interesses tipicamente juvenis. (Guimarães, 2005)

Essa importância do trabalho se deve, no quadro brasileiro, pela desigualdade social existente e onde a inserção no mercado formal ou informal de trabalho de grande contingente da população é precária em termos de qualidade e níveis de remuneração. Vale dizer que, quando tratamos de jovens brasileiros, convém não suprimir um outro adjetivo imprescindível a qualificar sua especificidade: trata-se de jovens trabalhadores (Guimarães, 2005) que vivem o imperativo da sobrevivência, que, entre tantas interfaces da vida, precisam inventar "estratégias econômicas para defender-se das injustiças sociais" (Tiriba, 2001). Estamos falando de jovens trabalhadores, concepção que, por si, já revela perfil de classe. Essa força de trabalho, por sua abundância, desproteção legal e disponibilidade para tarefas que envolvem riscos, tem grande relevância para o capitalismo como fator de barateamento dos custos da produção e maximização dos lucros. O trabalho gera tensão nas relações sociais e familiares. Bem cedo, o jovem deve ser inserido no mundo do trabalho, iniciando seu processo identificatório fora do ambiente familiar.

A desigualdade econômica que caracteriza nosso país frustra a população, principalmente seus jovens, que precisam enfrentar a crise e inventar possibilidades de sucesso profissional: as chances de trabalho são escassas, assim a educação profissional entra como uma estratégia de enfrentamento da realidade no qual vemos estatísticas indicativas de queda no número de postos de trabalho regidos pelas leis trabalhistas, com o aumento concomitante do número de trabalhos temporários, sem direito às conquistas historicamente realizadas pelos trabalhadores. É assustador o número de famílias sobrevivendo do trabalho informal.

A precariedade de emprego entre os jovens leva muitos deles a utilizarem estratégias cuja singularidade abala os modos tradicionais de entrada na vida ativa. Não querem ser escravos do trabalho, mas também não o rejeitam, tanto como fonte de rendimentos como de realização pessoal.

A estabilidade das relações trabalhistas e a proteção social tendem a decair, mesmo nos países mais desenvolvidos, e não atinge o vasto contingente populacional, embora o consumo se universalize na proporção inversa. Milhares de jovens do meio urbano encontram como alternativa o mercado ilícito, ou irregular. A busca pelo emprego é uma trajetória não linear e acidentada de *ganchos, tachos e biscates*[1] (Pais, 2001).

Nesse aspecto, a realidade é, ao mesmo tempo, sombria e animadora. Sombria pela presença constante da ineficácia da escola em produzir perspectivas, na precariedade e perversidade das relações de trabalho e emprego. O fio de esperança parece justamente refletido na grande energia inventiva dos jovens em batalhar por ideais que quase sempre são incertos ou inexistentes, ou na luta pela própria sobrevivência (Pais, 2001).

O futuro é incerto, pois é construído em trajetórias não lineares, complexas e caóticas. O passado torna-se futuro porque só está acessível no presente e é apenas no presente que podemos planejar o futuro. Nessa tarefa de temporalizar está também a de espacializar. A não linearidade pode ser desespero para alguns, mas também implica liberdade e esperança.

Estudar a juventude e suas estratégias de sobrevivência envolve projetar cenários complexos, mas também é dar visibilidade a modos de existência que se territorializam e permitem que políticas públicas possam ser elaboradas com mais consistência e insistência. A questão que surge: como esses indivíduos desenvolvem suas identidades no contexto globalizado, tão farto de possibilidades quanto de difícil realização de projetos? Os cientistas sociais apontam que essas redes de relações atravessam o mundo da família, do bairro, dos grupos de *status*, etnias e classes sociais. Veem-se nesses grupos combinações e identidades particulares individualizadas.

Em consequência da precariedade de oferta de trabalho fixo, da competitividade e do desemprego, o modelo de sucesso estabelecido pelos sistemas educacionais é colocado em xeque. Em lugar do trabalho fixo, os jovens encontram trabalhos provisórios, informais, como estratégias de sobrevivência. Assim, a vida social se organiza num processo que acompanha um crescimento dos mecanismos de desestruturação institucional.

Alguns jovens inclinam-se a negar a realidade por meio de projeções utópicas, e outros se sentem perdidos em relação às escolhas que precisam fazer e às decisões em relação ao trabalho. Dentro do que idealizam como saída, encontram obstáculos e muitos se desencantam. Outros ainda acreditam na escola e sua proposta de inserção social, e alguns a concretizam. Esse processo estabelece o jogo da vida, ora de encontros, ora de desencontros, seguindo de um lugar para o outro, refazendo sonhos e projetos.

As estruturas sociais atuais motivam os jovens à inconstância, às flutuações em suas vidas; saem da casa dos pais, retornam, abandonam os estudos, trabalham, perdem o emprego, casam-se, separam-se, nada parece certo. Assistimos a esses momentos oscilatórios que fazem parte do cotidiano de todos, principalmente dos indivíduos mais jovens. Diversos são os fatores que contribuem para esses momentos oscilatórios, os jovens desenvolvem uma espécie de tributo à extravagância e à boêmia, chocando a sociedade e, ao mesmo tempo, realizando suas experimentações.

A característica que marca fortemente a juventude é a experimentação. É um de seus traços característicos a vivência de diversas e intensas experiências, e isso é fundamental para o processo de constituição da identidade, concebida como relação social permeada pelo autorreconhecimento e pelo heterorreconhecimento, o que só é possível por meio da experiência grupal (Dayrell, 1999).

As gerações mais velhas procuram orientar os jovens para o cotidiano da rotina e para a busca de segurança, os jovens escolhem, muitas vezes, os caminhos e os valores da ruptura. Trata-se de um tempo de experimentações e um momento favorável à formação de agregações juvenis.

Diante de todas as incertezas e instabilidades do tempo contemporâneo, alguns jovens buscam fugir dessa realidade no tempo livre, compensando em aventuras e sonhos nem sempre realizáveis. O cotidiano juvenil às vezes se apresenta como um tempo de deriva com imprevisíveis rotas incertas. Essas rotas não são necessariamente passivas e com rotinas. As rotinas são quebradas por outras experiências vividas e dessas rupturas emergem os valores desses jovens. Dessa forma, a vida é vivida com riscos, investimentos, criatividade e desvios que levam o jovem à conquista de sua identidade. Outros, por motivos individuais ou influência das famílias, insistem em apostar na escola e na aquisição de conhecimentos como estratégia de desenvolvimento pessoal e coletivo.

À medida que o indivíduo se destaca e é cada vez mais sujeito, muda o caráter de sua relação com as instituições. Novas formas de sociabilidade serão elaboradas, acompanhando os paradigmas emergentes. Coexistem nas sociedades modernas diferentes configurações de valores e diferentes estilos de vida, onde predominam as ideologias individualistas que fazem com que a trajetória do indivíduo passe a ter um importante significado. Outras sociedades subordinam as pessoas a unidades "englobantes e hierarquizantes" (Velho, 2003). O indivíduo está exposto a múltiplas experiências contraditórias que podem ser fragmentadoras dessa mesma experiência e da identidade.

A noção de projeto é vista como uma conduta organizada para atingir determinado fim, podendo ser uma proposta individual, de um grupo ou uma categoria. Por esse prisma, a noção de projeto está associada à ideia de indivíduo-sujeito ou, visto por outro ângulo, o indivíduo-sujeito é aquele que faz projetos. A memória fornece indicadores ao indivíduo de um passado que produziu as circunstâncias do presente, sem a consciência das quais não seria possível elaborar projetos. Essas circunstâncias envolvem valores, preconceitos e emoções. Logo, o projeto e a memória associam-se e articulam-se ao dar significado à vida e às ações dos indivíduos, ou seja, à própria identidade. Na constituição da identidade social dos indivíduos nas sociedades, a memória e o projeto são indispensáveis.

Na compreensão da trajetória do sujeito social,

> [...] a memória permite uma visão retrospectiva mais ou menos organizada de uma trajetória e biografia, o projeto é a antecipação no futuro dessa trajetória e biografia, na medida em que busca, através (sic) do estabelecimento de objetivos e fins, a organização dos meios através (sic) dos quais esses padrões são atingidos. (Velho, 2003)

Projeto e memória articulam-se ao dar significado à vida, às ações dos indivíduos e à própria identidade. São visões "retrospectivas" e "prospectivas" que compõem a trajetória de cada um. O projeto é dinâmico e está sempre em reelaboração, dando sentido e significado à vida e repercutindo na construção e reconstrução da identidade.

Os planos da realização de projetos voltados para o trabalho e sua associação com a escolarização são cada vez mais reduzidos e de difícil previsibilidade. Entretanto, eles ainda retratam de forma significativa no imaginário social das famílias das camadas populares.

Os projetos de vida que os jovens idealizam abrem portas a um vazio temporal de enchimento adiado. Projetos em descoincidência com trajetos de vida. Em contrapartida, o presente enche-se de possibilidades múltiplas, de diferentes experiências e desejos profissionais.

Por outro lado, a noção de profissão em uma população cuja característica é a alternância entre a ocupação e não ocupação precisa ser entendida nos seus diferentes aspectos envolvidos no processo de profissionalização. Compreender como se reproduzem e se transformam as identidades sociais implica elucidar os processos de socialização pelos quais elas se constroem e se reconstroem ao longo da vida. A dimensão profissional das identidades adquire uma importância particular. Ao se tornar um bem raro, o emprego condiciona a construção das identidades sociais e, devido a suas grandes mudanças, o trabalho obriga as transformações identitárias delicadas. Por acompanhar cada vez mais as evoluções do trabalho e do emprego, a formação intervém nessas esferas identitárias por muito tempo além do período escolar (Dubar, 2005).

A profissão de um indivíduo é aqui definida como o reconhecimento social dos saberes que ele adquiriu na esfera da formação, bem como dos serviços ou produtos que ele é capaz de oferecer, reconhecimento esse conferido pela sua inserção no mercado de trabalho, em uma posição correspondente ao conhecimento adquirido. Da forma como é aqui entendida, profissão envolve: (a) correspondência entre a posição ocupada no mercado de trabalho e os conhecimentos adquiridos na esfera da formação (que se pode realizar no próprio trabalho); (b) reconhecimento da validade desses dois elementos – conhecimento e valor social dos serviços – por parte da sociedade, mediante inserção desse indivíduo no mercado de trabalho. Esse reconhecimento envolve remuneração e direitos correspondentes a essa posição ocupada, significando que a inserção automaticamente dá acesso a um estatuto. Por outro lado, esse reconhecimento diz respeito ao profissional e não à profissão. Ou seja, mesmo que determinada atividade seja validada socialmente, a aquisição de um conhecimento e o valor social do mesmo não podem ser verificados em abstrato, mas vinculam-se ao indivíduo supostamente portador dessa profissão.

Estreitamente ligado ao reconhecimento social da utilidade de uma determinada atividade, e do conhecimento nela embutida está o reconhecimento de ambos pelo sujeito que é deles o portador. Esse reconhecimento implica a sua identificação com a atividade que desempenha e é o que faz com que o indivíduo queira nela permanecer, ou, ao contrário, na ausência de identificação com ela, queira desempenhar uma outra atividade, ou seja, ter uma "nova profissão" nos horizontes que ele se coloca, face aos recursos por ele acumulados em determinado momento de sua trajetória. Está em jogo, portanto, a identificação do sujeito com uma profissão, dada pela articulação daquilo que ele possui – os recursos de sua trajetória – e deseja para si – seus projetos futuros – com o reconhecimento e o lugar que a sociedade lhe reserva no mundo do trabalho. Assim como o reconhecimento por parte da sociedade, o reconhecimento por parte do indivíduo envolve, também, de forma articulada, tanto aspectos objetivos – como uma remuneração aceita como satisfatória pelo portador da profissão e direitos provenientes da posição – quanto aspectos subjetivos – gostar de desempenhar a atividade, por exemplo.

O termo profissionalização está sendo aqui empregado não como o processo pelo qual uma ocupação torna-se uma profissão, como de maneira geral é considerado na sociologia das profissões, mas referindo-se a indivíduos, no sentido do ato de tornar-se um profissional. Significa o processo pelo qual o indivíduo constitui sua profissionalidade, ou seja, ocupa um lugar no "espaço profissional". Como corolário da definição de profissão adotada, entende-se que a profissionalização não se realiza apenas na formação, mas só se completa com a inserção no trabalho, porque por um lado o conhecimento necessita da prática para se efetivar; por outro, porque é com a inserção no trabalho que se concretizam as relações de trabalho.

Cumpre esclarecer que a definição de profissionalização não desconsidera a importância da formação profissional e, para os propósitos deste livro, cabe lembrar que um sistema de formação, se bem estruturado, pode funcionar como uma rede de articulação com a inserção. Também não se desconsidera que na noção de formação encontra-se presente, em parte, a de profissionalização, no sentido que lhe dá Ramos:

> Sob a ótica econômica, profissionalizar as pessoas significa formar os sujeitos para viverem do produto de seu trabalho, ocupando um lugar na divisão social e técnica do trabalho. Sob a ótica sociológica, essa inserção desenvolve no sujeito uma identidade socioprofissional que se objetiva por meio do trabalho remunerado e pelo compartilhamento de regras socialmente pactuadas. Sob a ótica ético-política, profissionalizar implica fazer interiorizar esse conjunto de regras que instalam o ato profissional, como uma troca entre uma contribuição social de qualidade e uma remuneração, destacando um valor de ordem social que supera o valor de mercado. (Ramos, 2001, p. 240)

A EDUCAÇÃO TÉCNICA DE NÍVEL MÉDIO: SUBORDINAÇÃO AO CAPITAL E EMANCIPAÇÃO DOS JOVENS TRABALHADORES

A relação entre a educação e o trabalho tem sido estudada sob diversos enfoques e posicionamentos dos mais diversos e antagônicos. Em geral, há um esforço intelectual para articular e integrar o mundo da educação e do trabalho. Essa busca se baseia, geralmente, no pressuposto de que à educação cabe acomodar-se a uma situação do trabalho. Aceitam-se, tacitamente, o determinismo econômico e a impossibilidade dos seres humanos implementarem uma nova realidade no mundo de trabalho; em vez disso, são os valores, atitudes, expectativas, escolhas e habilidades dos sujeitos que devem adaptar-se.

Entretanto, a relação entre escola e trabalho é dialética, composta de uma tensão entre duas dinâmicas: os imperativos do modo de produção de uma dada sociedade e os sujeitos que querem configurar suas aspirações com uma relativa autonomia. A luta de forças e diferentes interesses constituem a chave para compreender as mudanças na economia, nas relações sociais e na cultura. No modo de produção capitalista, as tentativas da burguesia de reproduzir as relações de produção e a divisão do trabalho opõem-se às reivindicações de questões mais gerais ou específicas de atendimento às diversas concepções e necessidades da população.

A escola pode reproduzir as desigualdades sociais apesar de sua expansão estar associada à luta da classe trabalhadora por mais igualdade e mobilidade social. O capitalismo, como nos diz Lettieri (1980), não recusa o direito à escola. Ao contrário, ele precisa dela, não só por razões ideológicas, mas por razões econômicas, porque precisa recusar o direito ao trabalho de muitos que não estivessem na escola e não teriam outra escolha senão o desemprego. Portanto, não recusa o direito à escola, mas recusa-se a mudar a função social dela.

No conceito de hegemonia e contra-hegemonia, a escola reproduz as classes, mas, ao mesmo tempo, sofre a resistência das lutas dos jovens pertencentes à classe trabalhadora. Essa contra-hegemonia, ou resistência, fundamenta-se em movimentos sociais e políticos que ocorrem fora da escola.

O sistema educacional não é só um instrumento da classe dominante, mas um produto do conflito dos interesses de classes.

Por um lado, a escola é parte do aparelho do Estado, contribuindo para a reprodução da estrutura de classes por meio da distribuição de jovens pelas variadas funções da força de trabalho com base em suas qualificações educacionais e a reprodução das relações por meio da transmissão ideológica dos valores dominantes. Por outro, a escola é utilizada como estratégia das pessoas em superar as suas condições socioeconômicas mais precárias de vida, como também a aquisição do conhecimento e busca de formação.

A educação no Estado capitalista: rede dual de escolarização

A questão continua sendo a das desigualdades produzidas pelo capital, marca da diferença de nossos dias a degradação desenfreada das condições de vida para a maior parte da população.

O capitalismo, na verdade, desenraíza e brutaliza a todos, exclui a todos. Na sociedade capitalista, esta é a regra estruturante: todos nós, em vários momentos de nossa vida, e de diferentes modos, dolorosos ou não, fomos desenraizados e excluídos. É própria dessa lógica de exclusão, a inclusão. A sociedade capitalista desenraíza, exclui para incluir de outro modo, segundo suas próprias regras, segundo sua própria lógica (Martins, 1997).

A exclusão seria o efeito mais perverso dos processos de inclusão subordinada dos países latino-americanos nos "núcleos globalizados" do capitalismo mundial. Para isso abrem mão da integração de uma parcela significativa de sua população.

> [...] países como os nossos, com desigualdades abismais entre as várias classes sociais, esse tipo de política transforma-se em exclusão [...]

> [...] A diferença, expressada com eloquência por ninguém menos do que o presidente F. H. Cardoso é de que não se pretende (e ele diz que não se pode) mais integrá-los, mesmo que seja através (sic) das clivagens reificadas pelo processo de acumulação. Ele criou o neologismo "inempregáveis" para nomear os que, na nova ordem globalizada em que o país se insere, não terão nenhuma vez. (Oliveira, 1998, p. 213-214)

Diversos autores analisam as transformações atuais – reestruturação produtiva, acumulação flexível, políticas neoliberais, entre outras – como uma resposta às crises do capitalismo, e nelas um esforço desse regime em manter seu ritmo de acumulação. Consoante com essas premissas, debruça-se sobre o curso do padrão de acumulação taylorista-fordista e identifica seu esgotamento como modelo de acumulação de capital. E foi nesse esforço de compreender a trajetória do capitalismo que o fordismo, com seus esquemas rígidos de produção e gerenciamento, não respondeu, em especial a partir da década de 1970, às demandas que vinham sendo postas em jogo. Dessa forma, gesta-se um novo modelo de acumulação "flexível", descrevendo-o como marcado por um confronto direto com a rigidez do fordismo. A acumulação flexível se apoia na flexibilidade dos processos de trabalho, dos mercados de trabalho, dos produtos e padrões de consumo. Caracterizam-se pelo surgimento de setores de produção inteiramente novos, novas maneiras de fornecimento de serviços financeiros, novos mercados e, sobretudo, taxas altamente intensificadas de inovação comercial, tecnológica e organizacional. Se, de um lado, as inovações e transformações atingem diferentemente as regiões geográficas do globo, criando abismos de desenvolvimento e provocando consequências nada igualitárias para os que se encontram à margem das benesses do capitalismo, de um outro lado, dentro das regiões "desprivilegiadas", emergem e consolidam-se profundas desigualdades.

A partir desse contexto, cabe apontar a situação da classe trabalhadora, em especial, amplos setores populares que apresentam severas dificuldades de sobrevivência. Na tentativa de apagar incêndios causados pelo próprio ritmo de acumulação, surgem as políticas compensatórias de alívio da pobreza, que seria um "pronto-socorro social" para tentar "reparar as rupturas do tecido social" (Castel,1997). O desemprego atinge a todos de uma maneira geral, e o Estado não dá conta (tampouco o quer o capital) das demandas dos trabalhadores por postos de trabalho, melhores condições de trabalho e salários dignos.

O desenvolvimento do capitalismo industrial transforma e redefine posições na sociedade; a emergente vitória da burguesia é responsável pelo progresso técnico. Com isso houve uma necessidade e exigência social para mudanças radicais nos rumos da escola. A disciplina científica adquire importância em detrimento dos conteúdos clássicos e literários, que satisfazia a nobreza pelo caráter diferenciador na aquisição cultural. A escola se moderniza para atender aos interesses da burguesia, que percebe a necessidade da instrução da massa trabalhadora para dinamizar o processo industrial. A necessária redefinição dos objetivos educacionais apoiados no discurso liberal cria a escola popular. A dominação persistia na coexistência de dois tipos de escola, a burguesia seguia um caminho à parte, garantindo a continuidade dos estudos, enquanto à classe trabalhadora era garantida, em parte, a sua educação. As redes de escolarização pública e privada representam mecanismos diferenciadores para servir a grupos diferentes dentro da sociedade.

Nesse sentido, a teoria da reprodução entende que a escola é o aparelho ideológico responsável pela inculcação da ideologia dominante sobre a base de formação da força de trabalho. Para esta teoria, a escola no capitalismo não é a única, nem unificadora, mas constituída pela unidade contraditória de duas redes de escolarização: a rede de formação dos trabalhadores manuais e a rede de formação dos trabalhadores intelectuais. A escola, como aparelho ideológico do Estado, substitui a noção da escola como sistema e é o instrumento encarregado de assegurar a dominação da ideologia dominante.

Nessa concepção, a estrutura da escola capitalista é uma estrutura dual, para cuja apreensão é preciso colocar-se do ponto de vista daqueles que a escola exclui. A repetência, o abandono, a produção do retardo escolar são mecanismos de funcionamento da escola e que fazem parte mesmo de suas características. Seus defeitos e fracassos são, em verdade, a realidades necessária de seu funcionamento.

Como modo de produção mais elástica e adaptável da historia da civilização, o capitalismo gerou a globalização econômica e um mercado sem fronteiras. Na estagnação da produção de bens materiais, busca a transformação da educação em mercadoria e, por outro lado, precisa legitimar seus pressupostos de acumulação e, portanto, utilizar ainda a escola como instrumento ideológico e controle social.

A escola reproduz as desigualdades sociais apesar de sua expansão associada à luta da classe trabalhadora por maior igualdade e mobilidade social. Raramente as escolas inovam de modo independente das relações sociais de produção, mas as alteram rapidamente quando os movimentos sociais contestam essas relações. Porque é justamente essa a capacidade da escola capitalista: a de disciplinar o aluno para aceitá-las e não para socializar o conhecimento, como o demonstra

Braverman. Na escola capitalista, aprende-se a respeitar a autoridade, a atender às palavras de ordem. Uns são preparados para governar e outros para obedecer (função classista da escola). Mas ela também está em crise. Crise essa diretamente relacionada com a própria crise nas relações de produção.

O capitalismo, como diz Antonio Lettieri (1980), não recusa o direito à escola. Ao contrário, ele precisa dela, não só por razões ideológicas, mas por razões econômicas, porque precisa recusar o direito ao trabalho de muitos que se não estivessem na escola não teriam outra escolha senão o desemprego ou o exército. Portanto, não recusa o direito à escola, mas recusa-se a mudar a função social da escola. (Gadotti, 1987).

A sociedade moderna, que centraliza as exigências do conhecimento sistematizado, é marcada por uma contradição. Como se trata de uma sociedade alicerçada na propriedade privada dos meios de produção, a maximização dos recursos produtivos do homem é realizada em benefício dos proprietários dos meios de produção, em detrimento da grande maioria de trabalhadores que possuem apenas sua força de trabalho. Na sociedade capitalista, a ciência é incorporada ao trabalho produtivo, convertendo-se em potência material. O conhecimento se converte em força produtiva e, portanto, em meio de produção. No entanto, os trabalhadores não podem ser expropriados de forma absoluta dos conhecimentos, porque, sem conhecimento, eles não podem produzir e, se eles não trabalham, não acrescentam valor ao capital. Desse modo, o capitalismo desenvolveu mecanismos pelos quais procura expropriar o conhecimento dos trabalhadores e distribuí-lo de forma parcelada.

O taylorismo é a expressão dessa contradição. Taylor partiu da observação dos conhecimentos sobre o trabalho produzido pelos trabalhadores e, uma vez sistematizado, o conhecimento passa a ser propriedade privada dos donos dos meios de produção, ou de seus representantes. Esse mesmo conhecimento é devolvido aos trabalhadores, porém na forma parcelada e controlada. Os trabalhadores têm de dominar um conjunto mínimo de conhecimentos necessários para serem eficientes no processo produtivo, mas não devem ultrapassar esse limite.

Nesse quadro é que se delimita a concepção de profissionalização, de ensino profissionalizante no capitalismo: a fragmentação do trabalho em especialidades autônomas. Tal concepção implica a divisão entre os que concebem e controlam o processo de trabalho e aqueles que executam. O ensino profissional é destinado àqueles que devem executar, ao passo que o ensino cientifico-intelectual é destinado àqueles que devem conceber e controlar o processo.

Para jovens oriundos das classes trabalhadoras, o lugar na esfera produtiva deve começar bem cedo em virtude dos imperativos de sobrevivência e composição da renda familiar. A forma dessa inserção no mundo do trabalho segue as delineações de grande parte da classe trabalhadora no momento atual: uma escola que, calcada na subordinação ao mercado de trabalho, prepara os jovens para um emprego incerto; a não oferta de postos de trabalho move contingentes de jovens para variadas formas de trabalho, entre eles o chamado assalariado formal, com ou sem a garantia de direitos trabalhistas, para assim gerir a sobrevivência.

A politecnia no ensino médio

Especificamente o ensino médio, no Brasil, tem-se constituído ao longo da história da educação brasileira, como o nível de mais difícil enfrentamento, em termos de sua concepção, estrutura e formas de organização, em decorrência de sua própria natureza de mediação e a particularidade de atender a juventude.

Sua ambiguidade confere uma dupla função de preparar para a continuidade de estudos e ao mesmo tempo, para o mundo do trabalho, produzida dentro de determinadas relações sociais e, em particular, no projeto capitalista de sociedade.

A noção de politecnia postula que o processo de trabalho desenvolva, em uma unidade indissolúvel, os aspectos manuais e intelectuais. Um pressuposto é que o trabalho humano envolve conjuntamente o exercício das mãos e da mente. A separação dessas funções é produto histórico-social construído particularmente nas sociedades capitalistas.

A união entre trabalho intelectual e trabalho manual só poderá se realizar com a superação da propriedade privada dos meios de produção, colocando todo o processo produtivo a serviço da coletividade, do conjunto da sociedade. À medida que o processo de trabalho, historicamente, liberta os homens do jugo da natureza, do trabalho braçal, transferindo-o progressivamente para as máquinas, não ocorre nada mais do que um desenvolvimento do próprio controle da natureza pelo homem. As máquinas não são outras coisas senão energia natural que o homem controla. Ao construir máquinas, o homem usa a energia da natureza para vencer obstáculos que ele antes tinha de vencer com a energia dos próprios músculos, do próprio corpo.

Ao transferir para as máquinas grande parte do trabalho socialmente necessário, o homem libera tempo para o seu usufruto. O trabalho intelectual, ao mesmo tempo em que resulta em um crescimento material, que, por sua vez, repercute no trabalho intelectual, disponibiliza mais tempo para o ser humano.

No entanto, tal processo, na sociedade capitalista, é marcado por uma distorção: os frutos desse processo são apropriados privadamente, o que faz com que o usufruto de tempo livre só exista para uma pequena parcela da humanidade, ao passo que os trabalhadores, em que pese o crescimento da riqueza social, são lançados na necessidade de prosseguir em um processo de trabalho forçado. A superação desse tipo de sociedade é que viabiliza as condições para que todos possam dedicar-se, ao mesmo tempo, ao trabalho intelectual e ao trabalho manual. A ideia de politecnia se esboça nesse contexto, ou seja, a partir do desenvolvimento atingido pela humanidade no nível da sociedade moderna, da sociedade capitalista, já detectando a tendência do desenvolvimento para outro tipo de sociedade que corrija as distorções atuais.

A noção de politecnia diz respeito ao domínio dos fundamentos científicos das diferentes técnicas que caracterizam o processo de trabalho moderno. Está relacionado aos fundamentos das diferentes modalidades de trabalho e tem como base determinados princípios, determinados fundamentos, que devem ser garantidos pela formação. Supõe-se que, dominando esses fundamentos, o trabalhador está em condições de desenvolver as diferentes modalidades de trabalho, com a compreensão de sua essência. Não se trata de um trabalhador adestrado para executar com perfeição determinada tarefa e que se encaixe no mercado de trabalho para desenvolver aquele tipo de habilidade. Diferentemente, trata-se de propiciar-lhe um desenvolvimento multilateral, um desenvolvimento que abarca todos os ângulos da prática produtiva à medida que ele domina aqueles princípios que estão na base da organização da produção moderna. O conceito de politecnia implica a união entre escola e trabalho ou entre instrução intelectual e trabalho produtivo.

A superação da rede dual de educação pela implementação da escola única reveste-se de importância singular para a questão cultural e educacional. Somente a reivindicação de mais educação para os trabalhadores não é suficiente, mas também a luta por uma escola de tipo completamente novo, vinculada às perspectivas de transformação social.

A marca social é dada pelo fato de que cada grupo social tem um tipo de escola próprio, destinado a perpetuar nestes grupos uma determinada função tradicional, diretiva ou instrumental. Se se quiser destruir essa trama, portanto, deve-se evitar a multiplicação e graduação dos tipos de escola profissional, criando-se, ao contrário, um tipo único de escola preparatória (elementar-média) que conduza o jovem até os umbrais da escolha profissional, formando-o entrementes como pessoa capaz de pensar, de estudar, de dirigir ou de controlar quem dirige.[...] escola única inicial de cultura geral, humanista, formativa, que equilibre equanimemente o desenvolvimento da capacidade de trabalhar manualmente (tecnicamente, industrialmente) e o desenvolvimento das capacidades de trabalho intelectual. Desse tipo de escola única, por meio de repetidas experiências de orientação profissional, passar-se-á a uma das escolas especializadas ou ao trabalho produtivo. (Gramsci, 1968)

A educação profissional técnica de nível médio

A formação profissional envolve um vínculo com o contexto maior da educação e representa um conjunto de significados, circunscrita aos caminhos históricos percorridos por nossa sociedade. Várias são as expressões que tentam, pela história, imprimir significado de estágios formativos relacionados mais estreitamente com o trabalho: qualificação profissional, formação profissional, ensino industrial ou técnico-profissional, educação profissional, educação técnica, educação politécnica e educação tecnológica. Os referidos termos ganham novos significados, na disputa de interesses de classe, que levam em conta a reorganização dos processos produtivos e novas concepções do âmbito educacional.

Do ponto de vista da educação, a formação profissional pode ser tratada sob dupla perspectiva: formação profissional na concepção de educação continuada para a readaptação, reciclagem e aperfeiçoamento permanente "imediatamente" vinculada ao mundo do trabalho e a formação profissional na concepção da educação técnica, política e cultural da força de trabalho na perspectiva do desenvolvimento pessoal e social "mediatamente" vinculada ao mundo do trabalho.

Na primeira perspectiva, assumimos o conceito de qualificação profissional como um conjunto de atividades educacionais que se situam no embate direto da relação capital-trabalho e, portanto, situa-se na fronteira de articulação da educação com as políticas de desenvolvimento econômico local e de geração de renda e que resultam em relação assalariada, de empreendedores individuais e solidários (imediatamente vinculada ao mundo do trabalho). Na segunda perspectiva, adotamos o conceito de educação tecnológica como aquela que em consonância com o avanço do conhecimento científico e tecnológico e aparecimento das atividades mais complexas, incorpora na educação escolarizada a cultura técnica e busca a integração da ciência, tecnologia, cultura e trabalho (mediatamente vinculada ao mundo do trabalho). Ao conceituarmos educação tecnológica, expressamos a formação humana numa dimensão multilateral e com foco centrado no conhecimento da técnica e sua relação com a ciência e a cultura geral e a qualificação profissional nas necessidades dos trabalhadores inseridos no processo produtivo de um modo de produção. A educação tecnológica desafia a escola a fazer da cultura técnica um verdadeiro componente da formação geral. Por outro lado, a cultura geral passa a pressupor a vinculação estrita da ciência com a prática, o reconhecimento do anacronismo da dicotomia entre humanismo e tecnologia e da separação entre a formação teórica geral e formação técnica instrumental. Em essência, a educação tecnológica não representa nenhum nível ou modalidade de educação, mas uma dimensão fundamental da realidade contemporânea da sociedade a ser inserida no processo formativo e uma qualidade do processo educacional como um todo e, especificamente, de cada nível de ensino em sua complexidade própria.

A educação tecnológica se fundamenta na centralidade, na educação do sujeito e, normalmente, na qualificação profissional no processo de relação imediata com a produção econômica e normalmente no espaço mais amplo da sociedade. A necessária e desejada aproximação entre estas duas realidades formativas, educação tecnológica e qualificação profissional, não depende somente da implantação imediata da integração e articulação de programas "idealizados" por pessoas, grupos ou setores, mas da realidade decorrente das mudanças estruturais e nível de desenvolvimento da sociedade. Portanto, o estágio da sociedade capitalista exige ainda uma atuação e políticas diferenciadas e articuladas para a educação tecnológica e a qualificação profissional. A confusão entre a natureza da educação tecnológica e da qualificação profissional gerou as tendências e contradições da histórica legislação educacional profissional brasileira e, em particular, para o ensino técnico.

O ensino técnico como prática educativa se insere de forma diferenciada de acordo com os momentos históricos e da política vigente, adquirindo mais a natureza ora da educação tecnológica, ora da qualificação profissional. Nesse sentido, o ensino técnico é uma oferta educativa que representa, historicamente no âmbito da educação, uma questão contraditória e com ambiguidades entre a qualificação profissional e a educação propriamente dita. Observa-se, curiosamente, que na sua relação com o ensino médio (secundário), dá-se uma disputa permanente entre orientações profissionalizantes e/ou acadêmicas, entre objetivos propedêuticos e econômicos.

A Lei nº 9394/96, Lei de Diretrizes e Bases da Educação (LDB), marca a modalidade da educação profissional como atividade excluída da educação escolar (educação básica e educação superior), retornam o forte atrelamento da educação profissional ao mercado de trabalho. O Decreto nº 2.208, baixado pelo Presidente da República em 17 de abril de 1997, que regulamentou a modalidade da educação profissional prevista na LDB/96, radicalizou a separação entre o ensino médio e o ensino profissional. A nova legislação levou à extinção dos cursos técnicos integrados ao ensino médio. Os novos cursos técnicos, que podem ser concomitantes ou sequenciais ao ensino médio, começaram a ser implantados nas instituições de ensino no ano de 1998.

A defesa desse novo modelo tem como apoio o aspecto econômico. Os estudantes que procuram as escolas técnicas mantidas pelo Estado não estariam seguindo as profissões em que se formam, causando desperdício dos recursos públicos investidos em sua educação. Com a separação, pretende-se que apenas os interessados em atuar na função de técnico façam os cursos, pois isso exige mais tempo de estudo.

Nesse sentido, o Decreto nº 2.208/97 do governo Fernando Henrique Cardoso retoma, em outro contexto, a educação profissional da década anterior a de 1960, no qual se configurava uma rede dual entre a educação geral e a educação profissional. Portanto, a separação entre o ensino médio e o ensino técnico reforçou a ideia de duas redes, aprofundando a dualidade estrutural do sistema educacional brasileiro.

Na implementação de novas políticas do governo Lula para o ensino médio e para a educação profissional insere-se a revogação do Decreto nº 2.208/97 e a aprovação do Decreto nº 5.154/04, que estabelece a flexibilização na articulação do ensino médio com o ensino técnico e o incentivo do retorno do ensino técnico integrado. Essa nova referência legal impõe estudos da realidade concreta da educação oferecida à juventude e as consequências para a luta dos jovens trabalhadores na garantia dos seus direitos sociais básicos de educação e trabalho.

CONSIDERAÇÕES FINAIS

Em resposta aos desafios de escolarização e profissionalização que permanecem, algumas políticas, diretrizes e ações do governo federal delineiam um cenário de possibilidades que evidencia uma efetiva política pública nacional para a educação básica comprometida com as múltiplas necessidades sociais e culturais da população brasileira.

A elevação da escolaridade, tanto na perspectiva da universalização quanto na garantia de sua qualidade, constitui condição inequívoca para a melhoria de condições de vida em sua acepção mais ampla. Tal afirmativa leva ao enfrentamento de questões recorrentes no campo da educação básica. Um dos principais desafios da educação consiste no estabelecimento do significado do ensino médio, que, em sua representação social, ainda não respondeu aos objetivos que possam ser considerados para além de uma mera passagem para o ensino superior ou para a inserção na vida econômico-produtiva.

Frente a esse quadro, é necessário dar visibilidade ao ensino médio no sentido da superação dessa dualidade histórica existente na educação brasileira. Nessa perspectiva, essa última etapa da educação básica precisa assumir, dentro de seus objetivos, o compromisso de atender verdadeiramente a diversidade nacional, sua heterogeneidade cultural, considerar os anseios das diversas "juventudes" e da expressiva fração de população adulta que acorrem à escola, sujeitos concretos em suas múltiplas necessidades. Em suma, os diversos apelos da sociedade brasileira, no sentido da universalização com qualidade.

Isso implica compreender a necessidade de adotar diferentes formas de organização dessa etapa de ensino, e, sobretudo, estabelecer princípios para a formação do jovem e do adulto, fomentadores no processo da construção da nação brasileira soberana que se quer firmar.

A definição da identidade do ensino médio como última etapa da educação básica precisa ser iniciada mediante um projeto que, conquanto seja unitário em seus princípios e objetivos, desenvolva possibilidades formativas que contemplem as múltiplas necessidades socioculturais e econômicas dos sujeitos que a constituem, reconhecendo-os como sujeitos de direitos no momento em que cursam o ensino médio.

Nesse sentido, posiciona-se a defesa pela "profissionalização" nessa etapa da educação básica, na qual se considera a contingência de milhares de jovens que necessitam, o mais cedo possível, buscar um emprego ou atuar em diferentes formas de atividades econômicas que gerem subsistência. Entretanto, se a preparação profissional no ensino médio é uma imposição da realidade não pode representar a única vertente da política pública para essa modalidade de ensino. O que se persegue não é apenas a preparação profissional, mas também mudar as condições em que ela se constitui.

A identidade de ensino médio se define na superação do dualismo entre propedêutico e profissional. Importa que se configure um modelo que ganhe uma identidade unitária para essa etapa da educação básica, e que assuma formas diversas e contextualizadas da realidade brasileira.

Busca-se uma escola que não se limite ao interesse imediato, pragmático e utilitário. Uma formação com base unitária, no sentido de um método de pensar e de compreender as determinações da vida social e produtiva – que articule trabalho, ciência e cultura na perspectiva da emancipação humana.

Por essa concepção, o ensino médio deverá se estruturar em consonância com o avanço do conhecimento científico e tecnológico, fazendo da cultura uma componente da formação geral, articulada com o trabalho produtivo. Isso pressupõe a vinculação da ciência com a prática, bem como a superação das dicotomias entre humanismo e tecnologia, e entre a formação teórica geral e técnica-instrumental. Em síntese, pretende-se configurar uma identidade do ensino médio, como etapa da educação básica, construída com base em uma concepção curricular unitária, com diversidade de formas, cujo princípio é a unidade entre trabalho, cultura, ciência e tecnologia.

Nesse sentido, reconhecemos no ensino médio integrado, com o seu significado mais amplo, o horizonte de um ensino médio de qualidade para todos e no qual a articulação com a educação profissional técnica de nível médio constitui uma das possibilidades de garantir o direito à educação e ao trabalho qualificado.

NOTA

1 Ganchos e biscates são termos que se usam no sentido equivalente, traduzindo o exercício das atividades profissionais de caráter precário ou secundário.

REFERÊNCIAS

ABRAMO, H. W. *Cenas juvenis*: Punks, Darks no espetáculo urbano. São Paulo: Editora Página Aberta, 1974, p. 172.

_____. Juventude. In. BITTAR, J. (org). *Governos estaduais*: avanços e desafios. São Paulo, Editora da Fundação Perseu Abramo., 2003.

BOURDIEU, P.; CHAMPAGNE, P. "Os excluídos do interior" in NOGUEIRA, M. A.; CATANI, A. (orgs) *Pierre Bourdieu*: Escritos de Educação. Petrópolis, RJ. Vozes, 1998, p. 217-229.

BOURDIEU, P. A Escola conservadora: as desigualdades frente à escola e a cultura. In NOGUEIRA, M. A.; CATANI, A. (orgs.). *Pierre Bourdieu*: Escritos de Educação. Petrópolis. Vozes, 1998a, p. 39-64.

CARRANO, P. C. R. Juventude: As identidades são múltiplas. *Revista Movimento/UERJ*. Nº. 1, Niterói, 2000.

_____. *Os jovens e a cidade*: identidades e práticas culturais em Angra de tantos reis e rainhas. Rio de Janeiro: Relume Dumará/FAPERJ, 2002.

CASTEL, R. *As armadilhas da exclusão*. In Vários. Desigualdades e a questão social. São Paulo, Educ., 1997.

CHARLOT, B. Relação com o saber e com a escola entre estudantes de periferia. In *Cadernos de Pesquisa*, nº. 97, p.47-63, 1996.

CUNHA, L. A. *Ensino médio e ensino profissional*: da fusão à exclusão. Tecnologia e Cultura. Rio de Janeiro. CEFET-RJ, ano 2, n. 2, jul/dez/1998.

_____. *A profissionalização no ensino médio.* Rio de Janeiro, Eldorado, 1977. p. 197 p.

CURY, C. R. J. Trabalho, concepção de trabalho e educação. In: CURY, C. R. J. et al. *A profissionalização do ensino na Lei n°. 5692/71*. Brasília, INEP/MEC, 1982.

DAYRELL, J. Juventudes, grupos de estilo e identidade. *Educação em Revista*, Belo Horizonte: FAE/UFMG, n. 30, dez, 1999.

DELUIZ, N. A Globalização econômica e os desafios à formação profissional. In *Boletim Técnico do SENAC*, Rio de Janeiro, v. 22, n. 2, mai. /ago. 1996.

DUBAR, C. *A socialização:* Construção das identidades sociais e profissionais. São Paulo, Ed. Martins Fontes, 2005.

FEIXA, C. *De jóvenes, bandas y tribus:* antropologia de la juventud. Barcelona: Ariel, 1998).

FERRETTI, C. J. Formação profissional e reforma do ensino técnico no Brasil: anos 90. In *Educação & Sociedade*, Campinas, ano XVIII, n. 59, p. 225-269, agosto/97.

FRANCO, L. A. C.; SAUERBRONN, S. *Breve histórico da formação profissional no Brasil*. São Paulo: Fundação CENAFOR, 1984.

FRIGOTTO, G. A Educação e a crise do trabalho assalariado e do desenvolvimento: teorias em conflito. In: Frigotto, G. (org). *Educação e crise do trabalho:* perspectivas final de século. Petrópolis, RJ: Vozes, 1998.

_____. *A produtividade da escola improdutiva:* um (re)exame das relações entre educação e estrutura econômico-social capitalista. São Paulo, PUC, 1983. 285 p.

_____. *Cidadania e formação técnico-profissional:* desafios neste fim de século. In: SILVA, L. H. da, AZEVEDO, J. C.; SANTOS, E. S. (orgs.) *Novos mapas culturais, novas perspectivas educacionais*. Porto Alegre: Sulina, 1996.

_____. *Trabalho, conhecimento, consciência e a educação do trabalhador:* impasses teóricos e práticos. In: GÓMEZ, C. M. et al. Trabalho e conhecimento: dilemas na educação do trabalhador. São Paulo; Cortez: Autores Associados, 1989.

_____. *Educação e a crise do capitalismo real*. São Paulo. Cortez,1999

FORACCHI, M. M. (ORG.). *A juventude na sociedade moderna*. São Paulo: Livraria Pioneira Editora EDUSP, 1972.

GADOTTI, M. in CARNOY, M.; LEVIN, H. M. Escola e trabalho no Estado capitalista; Cortez 1987- Prefacio

GRAMSCI, A. *Os intelectuais e a organização da cultura*. Rio de janeiro: Civilização Brasileira, 1968.

GUIMARÃES, N. A. Trabalho: uma categoria-chave no imaginário juvenil? In ABRAMO, H. W. e BRANCO, P. P. M. (orgs). Retratos da Juventude Brasileira. Editora Fundação Perseu Abramo. São Paulo, 2005.

KONDER, L. *A construção da proposta pedagógica do SESC Rio*. Rio de Janeiro: Editora SENAC, 2000.

KUENZER, A. Z. *Ensino de 2° grau:* o trabalho como princípio educativo. São Paulo: Cortez, 1992.

_____. A reforma do ensino técnico no Brasil e suas conseqüências. In *Ensaio:* avaliação e políticas públicas em educação. Rio de Janeiro, v. 6, n. 20, p. 365-383, jul./set. 1998.

LETTIERI, A. "A fabrica e a escola". In André Gorz, *Crítica da divisão do trabalho*, São Paulo, Martins Fortes, 1980.

MARGULIS, M.; URRESTI, M. La juventudes mas que uma palabra. In MARGULIS, M. *La juventude s mas que uma palabra:* ensayos sobre cultura y juventud. Buenos Ayres, Biblos. 1998.

MARQUES, M. O. S. Escola noturna e jovens. *Revista Brasileira de Educação*, São Paulo, n. 5, 1997.

MARTINS, J. S. *Exclusão e a nova desigualdade*, SP: Paulus,1997.

MELUCCI, A. *Juventude, tempo e movimentos sociais* – juventude e contemporaneidade. São Paulo. ANPED, número 5 –6, 1997.

NOSELLA, P. Trabalho e educação. In: GOMEZ, C. M. et al. *Trabalho e conhecimento: dilemas na educação do trabalhador*. São Paulo: Cortez: Autores Associados, 1989.

NOVAES, R.; PAULO V. (org.). *Juventude e Sociedade:* trabalho, educação, cultura e participação. São Paulo: Fundação Perseu Abramo, 2004.

OLIVEIRA, F. *Os direitos do antivalor* – a economia política da hegemonia imperfeita, Petrópolis: Vozes, 1998.

OLIVEIRA, L. R. C. Justiça, solidariedade e reciprocidade: Habermas e a antropologia, in *Cadernos de sociologia*. Porto Alegre, 1993.

PAIS, J. M. *Ganchos, Tachos e Biscates*. Porto, 2001.
PROJETO JUVENTUDE, INSTITUTO CIDADANIA. Perfil da juventude brasileira. São Paulo: *Criterium Assesssoria em Pesquisas*, 2004.
PILETTI, N. *Ensino de 2º grau: educação geral ou profissionalização?* São Paulo: EPU/EDUSP, 1988.
RAMOS, M. *A Pedagogia das competências:* autonomia ou adaptação. São Paulo: Cortez, 2001.
_____. O projeto unitário de ensino médio sob os princípios do trabalho, da ciência e da cultura. In FRIGOTTO, G.; CIAVATTA, M. A. (orgs). *Ensino Médio:* ciência, cultura e trabalho. Brasília: MEC, SEMTEC, 2004
SALEM, T. Filhos do milagre. *Ciência Hoje*, Rio de Janeiro: SBPC, vol. 5, n. 25, 1986.
SPOSITO, M. P. Algumas reflexões e muitas indagações sobre as relações entre juventude e escola no Brasil. In ABRAMO, H. W.; BRANCO, P. P. M. (orgs). *Retratos da Juventude Brasileira*. Editora Fundação Perseu Abramo. São Paulo, 2005.
_____. Estudos sobre juventude em Educação. *Revista Brasileira de Educação*, nº5-6. São Paulo, p. 37-52, maio/dez 1997.
_____. *A sociabilidade juvenil e e a rua:* novos conflitos e ação coletiva na cidade. Tempo Social, São Paulo: Departamento de Sociologia, FFLCH/USP, v.5, n.1-2, 1993.
_____. Trajetórias na constituição de políticas públicas de juventude no Brasil. In FREITAS, M. V.; PAPA, F. C. (orgs), Políticas Públicas de Juventude. *Juventude em Pauta*. São Paulo: Cortez Editora/ Ação Educativa/ Fundação Friedrich Ebert Stiftung, 2003.
TIRIBA, L. *Economia Popular e cultura do trabalho:* pedagogia(s) da produção associada. Ijuí: Editora Unijuí, 2001.
VELHO. G. *Projeto e Metamorfose*. Jorge Zahar Editor. Rio de Janeiro, 2003.
VENTURI, G.; e ABRAMO, H. W. Juventude, Política e Cultura. In *Revista Teoria e Debate*, Editora Fundação Perseu Abramo (FPA), nº 45, jul./ago./set. São Paulo, 2000.

6 Sete lições sobre o PROEJA[1]

Simone Valdete dos Santos

Parafraseio o título da obra clássica de Álvaro Vieira Pinto[2], *Sete lições sobre alfabetização de adultos*, para referenciar potências e limites do Programa de Educação Profissional Integrada à Educação Básica na Modalidade Educação de Jovens e Adultos (PROEJA), o qual contempla duas modalidades da educação diferenciadas na origem e na tradição, próximas das reivindicações dos setores denominados populares: trabalhadores urbanos, trabalhadores rurais, trabalhadores informais, trabalhadores vinculados às associações/cooperativas de economia popular solidária, indígenas, quilombolas, os quais, historicamente, almejaram elevação de escolaridade com formação profissional.[3]

As lições dessa política, localizada na Secretaria de Educação Profissional e Tecnológica (SETEC/MEC), na elaboração de documentos base para o PROEJA Médio, Fundamental e Indígena, articulando formações de professores a partir dos cursos de especialização *lato sensu*[4] protagonizados pelos Centros Federais de Educação Tecnológica (CEFETS) e universidades públicas; dos cursos de formação continuada de professores em caráter de extensão[5] e da formação dos grupos de pesquisa Capes/PROEJA[6] nos estados sinalizam para a consolidação de um programa, inicialmente recebido com resistências pela rede federal de Educação Profissional.

Transcorro sobre as lições, retiradas da implementação do PROEJA no Rio Grande do Sul, do qual tenho feito parte como coordenadora do Polo de Especialização no estado, integrante do grupo de pesquisa CAPES/PROEJA.

PRIMEIRA LIÇÃO: O CARÁTER INÉDITO PARA UM PÚBLICO INÉDITO

O Programa de Integração da Educação Profissional à Educação Básica na modalidade de Educação de Jovens e Adultos (PROEJA), instituído pelo Decreto nº 5.840 de 13 de julho de 2006, constitui um campo epistemológico e político inédito.

O caráter inédito corresponde ao fato da ocorrência das vagas, em sua primeira fase, dar-se nas escolas federais, sendo o público da EJA, na sua maioria, inédito nessas instituições marcadas por rigorosos exames de seleção, meritocráticos, que, na maioria das vezes, os excluía.

Na pesquisa coordenada por Franzoi (2005)[7], foram localizadas e estudadas, nos estados do Rio Grande do Sul e Santa Catarina, 30 experiências envolvendo Educação Profissional com elevação de escolaridade. Muitas dessas protagonizadas por movimentos sociais e sindicais, tais como o Movimento dos Trabalhadores Rurais Sem Terra (MST) e a escola Josué de Castro, localizada em Veranópolis, e os cursos do Integrar, coordenados pela Central Única dos Trabalhadores (CUT), que, na gestão de Fernando Henrique Cardoso, por meio do Plano Nacional de Formação Profissional (PLANFOR), recebiam financiamento proporcionando número de turmas mais significativo nos níveis fundamental e médio.

Por certo, o PROEJA recupera o êxito de muitas dessas experiências, trazendo esse público-foco dos movimentos sociais e sindicais para dentro da rede federal de educação profissional. O Decreto nº 5.840, de 2006, determina que 10% das vagas das instituições federais de educação básica profissional devam ser destinadas ao PROEJA, ampliando a oferta a partir de 2007.

O decreto também prevê a expansão para as redes municipais e estaduais, considerando a possibilidade de colaboração entre tais entes públicos na oferta de ensino fundamental e/ou ensino médio integrados à educação profissional. A certificação do nível fundamental ficou vinculada à formação inicial e continuada de trabalhadores e a do nível médio, vinculada à formação técnica subordinada ao título profissional.

Em virtude dos cursos de formação continuada junto aos professores da rede municipal e estadual, promovidos, o primeiro, pela Unidade Descentralizada de Ensino do CEFET de Pelotas e, o outro, pela Escola Agrotécnica Federal de Alegrete o qual já está em sua segunda edição, há promissoras articulações com a rede municipal em Sapucaia do Sul e com uma escola da rede estadual em Alegrete. A construção de convênios entre as unidades da rede federal de educação profissional e escolas da rede municipal e estadual ocorre na perspectiva do regime de colaboração. O papel da rede federal é ofertar educação profissional e das redes municipal e estadual, a formação geral, consolidando itinerários formativos dos trabalhadores do PROEJA fundamental para o PROEJA médio.

SEGUNDA LIÇÃO: A IMPLEMENTAÇÃO IMPOSTA PARA PARCEIROS TRADICIONAIS

A normatização do PROEJA ocorreu por decreto. Tal situação trouxe considerável desconforto para as escolas da rede federal de educação profissional. O Decreto nº 5.840, de 13 de julho de 2006, substituiu o Decreto nº 5.478, de 24 de junho de 2005, sendo que este último possuía equívocos, tais como a carga horária máxima dos cursos de nível médio, quanto o usual em educação é a carga horária mínima. O novo decreto ampliou para educação básica, em substituição ao foco do Decreto nº 5.478, que era ensino médio.

O PROEJA surge na rede federal de educação profissional quando há uma tendência na conformação dos cursos denominados tecnólogos, ou seja, de formação posterior ao ensino médio, de caráter superior e também uma exclusividade da rede aos cursos de educação profissional e tecnológica em consonância ao Decreto nº 2.208/97, não havendo uma disposição no envolvimento com o nível médio, situação nova que o PROEJA determinou.

No evento Diálogos PROEJA, realizado em Bento Gonçalves, de 06 a 08 de novembro de 2008, 11 instituições federais, que mantêm turmas de PROEJA, com representação de professores, gestores e alunos inseridos nessas turmas, estiveram presentes. Uma professora da rede federal afirmou que, se não fosse por decreto, o PROEJA, provavelmente, não seria oferta das escolas federais da rede de educação profissional e tecnológica.

Tal afirmação remete ao perfil tradicional da maioria das instituições, muitas fundadas em 1909 por Nilo Peçanha, preservando concepções conservadoras respaldadas pelo então Decreto nº 2.208/97. Durante a gestão de Fernando Henrique Cardoso, essa lei exacerbou a dualidade entre a educação profissional e a educação geral, em consonância à nossa herança escravocrata de desvalorização do trabalho compreendido como manual.

TERCEIRA LIÇÃO: A EXISTÊNCIA DE UM CURRÍCULO INTEGRADO OU FAGOCITADO?

O atual governo, discordando dos pressupostos do Decreto nº 2.208/97, regulamentou o Decreto nº 5.154, de 23 de julho de 2004, revogando o 2.208/97, privilegiando a integração[8] da educação profissional à formação geral, prevendo os modos: concomitante, quando o curso de educação profissional ocorre junto à formação geral, na maioria das vezes em outro turno, ou subsequente, denominado também como pós-médio, pois o estudante cursa o nível médio e depois se matricula em curso de educação profissional.

A concepção curricular do PROEJA está subordinada à integração, logo ao Decreto nº 5.154, estando aí outra lição: o currículo integrado – como fazer? O que é currículo integrado?

Antes do Decreto nº 2.208/97,[9] os professores da denominada formação geral tinham salas de professores, turnos de trabalho separados dos colegas da então denominada formação profissional; logo, não ocorria um currículo integrado. A escola conduzia uma formação geral e uma formação profissional, sem pressupostos de integração no currículo.

Com o PROEJA, há um retorno da importância da formação geral para a rede de educação profissional e tecnológica. E como fazer? Como fazer um currículo de EJA *aligeirado*[10] com educação profissional de excelência?

O Decreto nº 5.840/2006, que instituiu o PROEJA, normatiza a carga horária dos currículos:

> Art. 4º Os cursos de educação profissional técnica de nível médio do PROEJA deverão contar com carga horária mínima de duas mil e quatrocentas horas, assegurando-se cumulativamente:
> I – a destinação de, no mínimo, mil e duzentas horas para a formação geral;
> II – a carga horária mínima estabelecida para a respectiva habilitação profissional técnica; e
> III – a observância às diretrizes curriculares nacionais e demais atos normativos do Conselho Nacional de Educação para a educação profissional técnica de nível médio, para o ensino fundamental, para o ensino médio e para a educação de jovens e adultos.

Tal normatização justifica o questionamento de um gestor presente no evento Diálogos PROEJA/RS: "Precisa aparecer PROEJA no certificado do aluno?" E a imediata resposta de uma gestora de outra escola: "No certificado do nosso curso, nós não colocamos". Ora, se o decreto determina a carga horária da educação profissional conforme a respectiva habilitação profissional técnica, não há "aligeiramento", a formação é igual a qualquer pós-médio, ou ensino médio integrado, ou concomitante oferecido pela escola. A diferença está na formação aligeirada prevista em lei para a formação geral.

Os pressupostos da Educação de Jovens e Adultos no Brasil, tendo uma marca da obra do Paulo Freire, considera que o aluno aprendeu antes de entrar na escola, portanto sua promoção a qualquer tempo é possível, não há necessidade do cumprimento rigoroso do calendário escolar.

O PROEJA fica com uma formação de segunda categoria em relação ao ensino médio regular? Respondo com o resultado do Exame Nacional do Ensino Médio do Rio Grande do Sul que teve o melhor desempenho na rede privada de uma classe de EJA.[11]

> O PROEJA não é um currículo de EJA, tampouco um currículo de Educação Profissional, mas um currículo voltado para pessoas que trabalham, ou que querem trabalhar, e não há possibilidade de acesso e permanência na escola regular. (Santos, 2008, p.13)

Tal definição de currículo para o PROEJA pressupõe um reconhecimento do sujeito trabalhador ou que quer trabalhar no atual momento de desemprego estrutural, como figuras de desordem[12], rompendo com a "ordem" até então concebida na escola de não abrir à noite, de considerar que os sujeitos[13] de classes populares não aprendem, que é somente em aula, com a presença do professor, que se aprende, sendo o aluno uma *tabula rasa*, sem saber algum, repositório[14] de conhecimento científico repassado pela escola, sendo este conhecimento o de exclusiva importância. A tradição, as éticas religiosas, as opções sexuais, por sua vez, não compõem conhecimento, não compõem o currículo escolar.

Para o filósofo argentino Rodolfo Kusch (1986), o mestiço é resultado do encontro entre o europeu colonizador e o indígena na América, fagocitose desse encontro. As novas estruturas culturais que se desenvolvem a partir da presença europeia na América, colaboradoras de um processo de fagocitose, com o novo que se apresenta, nem europeu, nem indígena, mas consequência do *ser* europeu (da mudança, da racionalidade) e do *estar* indígena (da tradição, da contemplação).

Considero o entendimento da fagocitação para a formação do povo latino-americano, de Kush, adequado para refletirmos sobre as possibilidades de currículo para o PROEJA, conceituando currículo em uma perspectiva ampla. Essa tarefa envolve os diversos fazeres da escola, ou seja, a acolhida na secretaria da escola durante o processo de seleção e os critérios de definição da seleção (se por conhecimento = prova, se pela renda discriminada no contracheque, se pelo tempo que parou de estudar, por sorteio...), a disponibilidade de laboratórios e biblioteca como espaços de aprendizagem, as saídas de campo, os momentos de festa,[15] situações essas ocorridas dentro ou fora do espaço escolar, que diversos autores denominam como currículo oculto, ou currículo na ação.[16] Currículo esse que não está prescrito nas nomeadas "grades[17] curriculares", mas acontece e ensina para além dos conteúdos programáticos que, na maioria das vezes, para os gestores, é o que realmente importa, até porque, nesses enquadramentos e grades, há o nome da disciplina com a carga horária. Quando consta a ementa da disciplina, não é descrito o modo como a disciplina acontece, fato que diz muito do que se aprende, pois o que se aprende não se separa do modo como se aprende.

Nessa fagocitose da EJA e da educação profissional, estando a educação profissional com a totalidade da carga horária e a EJA, no entendimento desta, como sendo a representante da formação geral, aligeirada, cabe questionar que formação geral é essa, como conformar a educação geral com a educação profissional para que uma potencialize a outra?

Durante os Diálogos PROEJA/RS, duas experiências relatadas são representativas do que nomeio como fagocitose. Uma, de um professor de História, cujos alunos, muitos, têm curso médio concluído.[18] Ele criou um *blog* onde são postados os textos da disciplina e os trabalhos de seus alunos. Quando, então, percebeu a angústia deles, matriculados em um curso de informática, mas *ainda* sem saber operar no computador, assistindo aulas de formação geral. Outro relato foi o de um professor que leciona em um curso de Técnico em Comércio, matemática e matemática financeira, "misturando" as duas abordagens, trazendo materiais pedagógicos que colocam ora o aluno no papel de consumidor/cliente, ora no papel de vendedor.

Tais experiências de sala de aula revelam um currículo aliado à formação profissional, ao mundo do trabalho, dentro de disciplinas ditas de formação geral.

Outro exemplo de entendimento da fagocitose foi ouvir de uma aluna do CEFET de Bento Gonçalves falando sobre as aulas de Relações Humanas: "Para além do trabalho me ensinaram a me entender mais dentro do meu casamento, mais na minha relação com meu marido, mais na minha tarefa como mãe. Esta disciplina me modificou". Conheci, durante os Diálogos, o professor tão referido por essa aluna e também por outros durante a oficina intitulada "Relações de poder (Avaliação e Currículo)". Poeta, declamou belas composições em momentos culturais do evento, sua formação é Letras e aí todo o repertório pessoal para a disciplina Relações Humanas.

Um currículo do *ser* da EJA, da aprendizagem a qualquer tempo, no respeito aos diversos saberes, para um *estar* da educação profissional, do privilégio à carga horária estabelecida pelas corporações profissionais rompendo com a tradição deixada pela Lei nº 5.692/71, que, para pobre, valia curso de datilografia sem nunca tocar em uma máquina, curso de auxiliar de laboratório sem nunca ter pisado em um laboratório...

Um *estar* da educação profissional disputando vagas no mercado formal de trabalho, ampliando para o entendimento de mundo do trabalho, na utopia de radicalizarmos o caráter inédito do PROEJA para dentro da rede de educação profissional e tecnológica: cursos de excelência em educação profissional e tecnológica, com acesso e permanência de jovens e adultos trabalhadores.

QUARTA LIÇÃO: A EXPANSÃO DA POLÍTICA PARA ALÉM DA REDE FEDERAL DE EDUCAÇÃO PROFISSIONAL

O programa "Brasil Profissionalizado" foi lançado pela SETEC em 2008, contando com financiamento de R$ 900 milhões para aumentar a oferta de vagas de educação profissional nos estados e municípios, financiar ampliação ou reforma de escolas públicas de ensino médio e profissional, além de aquisição de mobiliário, equipamentos, laboratórios e acervo bibliográfico.

No Rio Grande do Sul, 35 escolas estaduais de nível médio e educação profissional, conforme informações da Secretaria Estadual de Educação (SEC/RS), serão envolvidas no programa lançado em abril de 2008.

Um significativo número de professores e gestores dessas escolas estão matriculados na Especialização PROEJA atualmente,[19] pois a prioridade da SEC é ofertar turmas de PROEJA ensino médio, em consonância às diretrizes do programa Brasil Profissionalizado, que destina recursos aos estados e municípios os quais implementem turmas de ensino médio integrado à educação profissional e/ou PROEJA.

O documento-base PROEJA indígena registra a experiência da reformulação do Projeto Político-Pedagógico da Escola Agrotécnica Federal de São Gabriel da Cachoeira/AM, na qual ocorre uma primeira experiência de elevação de escolaridade com educação profissional junto a grupos tradicionais indígenas. No Rio Grande do Sul, tivemos três alunas da etnia kaingang na especialização PROEJA em uma das turmas da segunda edição. Atualmente temos duas alunas e um aluno kaingang na turma de Porto Alegre, duas alunas kaingang na turma de Bento Gonçalves e uma aluna kaingang na turma de Júlio de Castilhos.

Está em andamento o curso de formação continuada, proposto pelo CEFET de Bento Gonçalves junto às aldeias kaingang, o qual vai reunir professores estaduais dessa etnia, lideranças tradicionais, professores universitários na reflexão e proposição de um curso PROEJA junto aos kaingang do Rio Grande do Sul.

A presença dos indígenas[20] na especialização e a conformação de um curso de formação continuada específico sobre o PROEJA kaingang revela a possibilidade concreta da conformação de um curso de PROEJA da etnia kaingang, de forma articulada aos CEFETS, e/ou a Secretaria Estadual de Educação, conforme a abertura dessas instituições, a exemplo da Escola Agrotécnica Federal de São Gabriel da Cachoeira.

Há também na Especialização do Rio Grande do Sul a matrícula atual na turma de Porto Alegre de duas professoras vin-culadas à comunidade quilombola de Casca, ampliando para a possibilidade de um PROEJA quilombola, recuperando para grupos que tiveram o trabalho como sacrifício, como os africanos e indígenas, para o trabalho com significação étnica, relacionado aos seus saberes ancestrais.

O movimento do PROEJA prisional, tendo na SETEC a exigência de alunos vinculados ao sistema socioeducativo nas turmas de especialização, é outra lição do programa, evidenciando que nem todo jovem e adulto pode ser categorizado, levando-se em conta não especificamente a idade, mas sim sua trajetória de vida, seus lutos e ressentimentos.

Não há um documento base específico para o PROEJA prisional, esta é uma lição a ser feita, mas há disposição política na SETEC, à medida que determina vagas nas turmas de especialização. No Rio Grande do Sul, tivemos uma aluna na edição da especialização de 2006-2007, seis alunas na edição 2007-2009 e seis alunos na edição 2008-2010.

A ampliação das turmas de PROEJA, considerando a demanda, sobretudo para o nível médio[21] no Brasil, ocorrerá pelo sistema de colaboração, envolvendo a rede federal de Educação Profissional e Tecnológica, estados e municípios. Também no êxito do Programa Brasil Profissionalizado que de fato invista o recurso em equipamentos, manutenção dos prédios das escolas estaduais, capacitando professores, gestores e funcionários para o envolvimento nos cursos do PROEJA, na escolha de ênfases de educação profissional sintonizadas ao desenvolvimento local, considerando a cultura dos jovens e adultos em *desordem* – público do PROEJA.

O desafio do envolvimento das etnias indígenas e a educação indígena diferenciada no PROEJA, o PROEJA quilombola, o PROEJA prisional, compõem uma expansão da política necessária e emergente para a consideração de uma identidade nacional plural, que passa também por possibilidades do acesso à educação, na revisão do conceito de "idade certa", pois, para as comunidades tradicionais indígenas, a maturidade proporciona clareza de percepção no contato com a sociedade envolvente e preserva a sua cultura. Para os quilombolas, o entendimento de trabalho digno precisa ser por eles ensinado; para o Brasil e para os pertencentes ao sistema prisional, há uma formação profissional a ser buscada, no reconhecimento que o *melhor* curso precisa ser oferecido para aqueles que estão *na pior*, para aqueles que a dignidade está distante, sobrando o ressentimento e a culpa.

QUINTA LIÇÃO: A FORMAÇÃO CONTÍNUA DOS PROFISSIONAIS DO PROEJA

A conformação dos 20 polos de especialização *lato sensu* organizados e implementados pelos CEFETS e, em alguns casos, como no Rio Grande do Sul e Paraíba, junto às universidades públicas cria, um cenário em que aqueles que *fazem* PROEJA, pois possuem turmas dentro de suas unidades, também *formem* para o PROEJA, envolvendo seus professores e funcionários da rede como alunos e professores do curso de especialização.

O pertencimento desses sujeitos aos CEFETS e ao PROEJA é permanentemente ressignificado na convivência com professores estaduais e municipais na turma de especialização. Da mesma forma o entendimento de um profissional da educação pública também é constituído nessa convivência. Os lanches, os almoços, as saídas de campo, os seminários ocorridos no cotidiano da especialização, dentro dos CEFETS, traz outros entendimentos para o papel do professor e do técnico administrativo no cotidiano da instituição, pois o cotidiano é visto em outras perspectivas: como aluno-professor, como aluno-funcionário, como professor-formador de seus colegas. As publicações dos polos de especialização do Rio Grande do Norte, do Pará e do Rio Grande do Sul registram essas novas perspectivas de olhar desses que fazem, refletem e expandem o PROEJA.

Da mesma forma, os grupos de pesquisa CAPES/PROEJA trouxeram prestígio acadêmico e científico aos CEFETS que, em conjunto às universidades, produzem teoria sobre sua prática.

SEXTA LIÇÃO: A CONFORMAÇÃO DE UMA DESORDEM ESCOLAR

O PROEJA traz, para dentro da escola, *trabalhadores concretos*, com suas demandas concretas, e, com isso, a necessidade da bolsa de R$ 100,00/mês, instituída para manter os alunos no curso, subsidiando, mesmo que precariamente, transporte e alimentação.

A escola precisa abrir no noturno e possuir seus serviços funcionando à noite: biblioteca, secretaria, reprografia, refeitório, a fim de atender de fato o aluno.

Afirmo *trabalhadores concretos*, pois havia a afirmação recorrente na educação profissional de *preparar para o trabalho*. Com os sujeitos do PROEJA, o trabalho está aí, cabe à escola estabelecer acordos com os empregadores dos alunos, possibilitando plataformas a distância para acompanhamento dos conteúdos, reconhecendo e certificando os saberes do trabalho que o aluno possui, sendo uma escola que dialoga e considera de fato o mundo do trabalho. Cabe ainda à escola procurar o empregador para que este valorize o tempo que seu trabalhador estuda, valorize de fato tal qualificação, sendo mediado pela escola e pelo local de trabalho seu tempo de trabalho com seu tempo de estudo, que ao fim e ao cabo tempo de estudo é trabalho, demanda também esforço e sacrifício.[22]

O reconhecimento da condição de trabalhador do aluno, seu envolvimento como provedor de uma família, também ocorre pelo monitoramento da evasão instituído pela SETEC com o PROEJA. Tal monitoramento questiona os demais cursos da instituição que também têm problemas de evasão, desvelando os processos de evasão da educação profissional.

O PROEJA traz tensões e possibilidades para a instituição que, muitas vezes, não são bem-vindas, causam constrangimento, desacomodam. O aluno idealizado, que está na idade certa, possui uma família que lhe cuida, estuda para se preparar para o trabalho, é substituído por uma figura de desordem que questiona os horários, a disposição dos serviços, o currículo da escola, desvela a desordem que estava sublimada em uma ordem escolar, que talvez existisse concretamente apenas no campo da idealização.

SÉTIMA LIÇÃO: O CARÁTER ALEATÓRIO DE SEUS RESULTADOS

Todas as lições até então narradas não garantem o êxito dessa política pública, tampouco o seu fracasso.

No evento Diálogos PROEJA/RS, provoquei professores, alunos, gestores e funcionários envolvidos com o PROEJA que representavam 11 instituições da rede de educação profissional: "Com o fim do governo Lula, as turmas de PROEJA terminam na rede?" O interessante foi perceber o incômodo causado por minha pergunta na maioria dos presentes, que devolveram: "Como terminar com o PROEJA?" E aí a resposta à minha provocação, dada por um professor de História, com experiência em cursos pré-vestibulares populares antes de ingressar no Cefet: *campo de luta*, o qual, sem dúvida, toda política pública exitosa precisa enfrentar.

A mudança atual do parágrafo terceiro do artigo 37 da Lei de Diretrizes e Bases Nacional, a 9.394/96, normatizando a articulação preferencial da EJA com a educação profissional, constante na Lei nº 11.741, de 16 de julho de 2008, ao mesmo tempo que respalda o PROEJA, coloca na LDB seu amparo legal, retira a exclusividade das prerrogativas do Decreto nº 5.840/06, também apresenta cautela de uma reedição da 5.692/71, na qual qualquer educação profissional valia para pobre. Cabe ao PROEJA ofertar o melhor curso, a ênfase de educação profissional mais desejada pelos trabalhadores, que de fato qualifique para o mercado formal de trabalho e que também amplie para alternativas de economia popular e solidária um currículo *fagocitado* no/do atual mundo do trabalho.

A entrada do PROEJA traz categorias de análise até então invisíveis para a educação profissional: gênero, etnia, opção sexual, éticas religiosas, categorias estas visíveis para a EJA na compreensão do espaço escolar; também compõe um corpo docente com possibilidades de formação contínua junto dos técnicos administrativos e dos gestores da escola; articula pesquisa ao fazer pedagógico, compondo mais um dos inéditos viáveis protagonizados por Paulo Freire.

NOTAS

1 Agradeço à professora Dra. Naira Lisboa Franzoi pela leitura cuidadosa e pertinentes sugestões realizadas ao presente texto.
2 Filósofo brasileiro protagonista das campanhas de alfabetização de adultos dos anos de 1960 junto de Paulo Freire.

3 Especialmente no Brasil, as irmandades negras, o movimento anarquista.
4 Há o registro de 20 polos de especialização no Brasil, conforme consulta o site http://portal.mec.gov.br/setec em 12/01/2009.
5 Esses cursos possuem de 180 a 240 horas, sob financiamento da SETEC/MEC, planejados e executados pelos CEFETS, voltados para professores das redes estaduais e municipais, visando à expansão do PROEJA para tais redes, contempla também profissionais da rede federal, interessados no PROEJA e que não dispõe de tempo para dedicação à especialização *lato sensu* e /ou já possuem outra pós-graduação.
6 O edital PROEJA/Capes/SETEC 03/2006 selecionou os grupos de pesquisas nos estados, articulando universidades e CEFETS, sob coordenação das universidades. No Rio Grande do Sul, integro o grupo de pesquisa Capes/PROEJA, o qual envolve UFRGS, Universidade Federal de Pelotas (UFPel) e Unisinos, junto aos CEFETS de Pelotas e suas unidades descentralizadas de Charqueadas, e Sapucaia do Sul; Bento Gonçalves, Escola Técnica da UFRGS, Escola Agrotécnica Federal de Alegrete e Colégio Técnico Industrial de Santa Maria, circunscritos no projeto de pesquisa intitulado Experiências da Educação Profissional e Tecnológica Integrada à Educação de Jovens e Adultos no Estado do Rio Grande do Sul.
7 Pesquisa Experiências Inovadoras de EJA articuladas à profissionalização, demandada pelo MEC em 2003 e conduzida nacionalmente pelo IIEP – Intercâmbio, Informações, Estudos e Pesquisas.
8 Recomendo a obra: *Ensino Médio integrado à educação profissional: integrar para quê*. Secretaria de Educação Básica. Brasília: Ministério da Educação, Secretaria de Educação Básica, 2006, que subsidia conceitual e pedagogicamente o Decreto nº 5.154/2006.
9 O Decreto nº 2.208/97 incentivou a rede de educação profissional em extinguir a denominada ênfase geral do seu currículo, fazendo da escola um espaço de exclusiva educação profissional, o que, em muitas situações, aconteceu. Logo não há corpo docente com carga horária específica para formação geral em muitas escolas da Rede Federal de Educação Profissional. Caso a SETEC determinasse como exclusiva a modalidade integrada pa-ra o currículo, ocorreriam muitas dificuldades no cumprimento do decreto. Muitas escolas fazem o PROEJA de forma subsequente – primeiro a formação geral e depois a formação profissional ou concomitante – em convênio com uma escola municipal ou estadual que faz formação geral.
10 Denomino como *aligeirado,* pois não é o mesmo tempo: o da EJA e do ensino nomeado como regular; evidentemente as experiências de alunos trabalhadores, que possuem filhos, com trajetórias cheias de significado, contribuem para aula, compõe outros processos de aprendizagem, mas considero um risco, no discurso da EJA, não privilegiarmos a formação na infância, na adolescência como a mais adequada, protegendo a criança e o adolescente de ocupações insalubres, colocando a criança, o adolescente e o jovem em uma boa escola de educação infantil, de educação fundamental e de ensino médio para aprender. E, na fase adulta, o entendimento da aprendizagem ao longo da vida é traduzida pelo ensino superior, cursos de educação profissional, clubes de leitura, enfim, espaços escolares ou não nos quais se aprende.
11 Matéria veiculada no jornal *Zero Hora*, de 8 de abril de 2008, divulga o Colégio João Paulo I, de Porto Alegre, como o mais bem colocado na rede privada em relação aos resultados do ENEM, sendo todas as suas turmas de melhor desempenho de EJA (81,2 de média, atingindo também o 3º e o 4º lugar com turmas de EJA). A diretora-geral da escola atribui ao fato: "por estarem fora da idade escolar e em outro momento de vida, os alunos tendem a valorizar mais o conhecimento". (p.37)
12 Balandier, 1997.
13 O texto "O PROEJA e o Desafio das Heterogeneidades" publicado no boletim, de 16 de setembro de 2006, do Programa Salto Para o Futuro, série intitulada: PROEJA – formação técnica integrada ao ensino médio, fundamenta a existência desses diversos sujeitos do PROEJA, com suas múltiplas identidades.

14 Paulo Freire teoriza bem os pressupostos de uma Educação Bancária, na qual o sujeito recebe, e acumula conhecimento na lógica do sistema financeiro.
15 Georges Balandier, em sua obra *O contorno: poder e modernidade* (Rio de Janeiro: Bertrand Brasil, 1997) teoriza sobre o papel das festas para as ordens/desordens sociais: "A festa realiza uma transgressão e uma desordem simbólicas, pode se transformar em paródia do poder e faz sempre surgir um mundo imaginário que é fonte de renovação" (p.104). Organizar festas no ambiente escolar pode, para além da arrecadação para compra de algum equipamento, significar aprendizagens não mensuradas pelo currículo escolar, mas de profunda importância: potencializar amizades/inimizades, gerar namoros, invejas, expressar o prestígio pessoal/o desprestígio pessoal dentro do grupo. Os sujeitos pela relação de impessoalidade se revelam nas festas – transgridem.
16 Recomendo, para esse entendimento, a leitura de Sacristán, J. Gimeno. *O currículo: uma reflexão sobre a prática*. 3 ed. São Paulo: Artmed, 2000.
17 O nome sugere enquadramento, reclusão.
18 Especialmente nas Unidades Descentralizadas de Ensino de Pelotas – Charqueadas e de São Vicente do Sul – em Júlio de Castilhos, ocorreu tal situação: pessoas que possuem o nível médio ocultaram tal formação no momento da seleção para entrar nas turmas. Atribuo essa *mentira social*, como Balandier na sua obra *O contorno* nomeia, como um recurso das classes populares para acessar programas sociais, pois é uma *quase verdade* a de que não possuem o nível médio, pois talvez considerem muito ruim sua formação, insuficiente para conseguirem um emprego formal. Buscam assim, um curso em uma instituição federal de prestígio na educação profissional na qual seja possível, no processo de seleção, entrar, mesmo por sorteio, como ocorre naquele momento. Conforme relatos nos Diálogos PROEJA-RS, tais instituições atualmente planejam outras formas de ingresso. A entrada de pessoas formadas no ensino médio no PROEJA demonstra que, nos cursos de pós-médio, há necessidade de selecionar alunos com o perfil da EJA, figuras de desordem, para que eles, querendo estar dentro de uma escola técnica federal, não tenham como única alternativa o PROEJA e, evidentemente, agarrem-se nessa porta de entrada à escola, tendo que aplicar uma *mentira social*.
19 Turmas de Porto Alegre, Alegrete, Bento Gonçalves e Júlio de Castilhos.
20 Tal presença infere aprendizagens para nós da sociedade envolvente, especialmente nas rotinas acadêmicas de horário, de cuidado, de envolvimento. Há, inclusive, a disposição das três alunas kaingang que estão escrevendo seu Trabalho de Conclusão de Curso fazê-lo em seu idioma ancestral. Eventos inéditos, os quais a universidade não está acostumada, colocados como possíveis pela presença da professora Dra. Maria Aparecida Bergamaschi e do professor Rodrigo Venzon, no polo da Especialização do Rio Grande do Sul, que fazem o acompanhamento desses alunos, subsidiam o corpo docente com textos sobre Educação Indígena diferenciada e dão aulas para as turmas – embasando epistemologicamente a proposição do PROEJA indígena.
21 Conforme dados da pesquisa PNAD-Pesquisa Nacional de Amostra por Domicílios/IBGE-Instituto Brasileiro de Geografia e Estatísticas de 2003, apenas 23milhões de brasileiros possuíam 11 anos de estudo, ou seja, ensino médio completo, representando 13% do total da população do Brasil.
22 Santos (2008) contextualiza a origem da EJA e da Educação Profissional, sendo que, na formação do Brasil, o trabalho tem *status* superior ao do estudo, estudar não é trabalhar.

REFERÊNCIAS

BALANDIER, G. *A desordem:* Elogio do Movimento. Rio de Janeiro: Bertrand Brasil, 1997.
_____. *O contorno: Poder e modernidade*. Rio de Janeiro: Bertrand Brasil, 1997.
BRASIL, Lei nº 5692, de 11 de agosto de 1971. Estabelece as diretrizes e bases da educação nacional.

BRASIL. Lei nº 9394, de 20 de dezembro de 1996. Estabelece as diretrizes e bases da educação nacional.

BRASIL, Lei nº 11.741, de 16 de Julho de 2008. Altera dispositivos da Lei no 9.394, de 20 de dezembro de 1996, que estabelece as diretrizes e bases da educação nacional, para redimensionar, institucionalizar e integrar as ações da educação profissional técnica de nível médio, da educação de jovens e adultos e da educação profissional e tecnológica.

BRASIL, Decreto nº 5.840, de 13 de junho de 2006. Institui, no âmbito federal, o Programa de Integração da Educação Profissional com a Educação Básica na Modalidade de Educação de Jovens e Adultos – PROEJA, e dá outras providências.

BRASIL, Decreto nº5.154, de 23 de julho de 2004. Regulamenta o § 2º do art. 36 e os arts. 39 a 41 da Lei nº 9.394, de 20 de dezembro de 1996, que estabelece as diretrizes e bases da educação nacional, e dá outras providências.

BRASIL, decreto nº 2.208, de 17 de abril de 1997. Regulamenta o § 2º do art. 36 e os arts. 39 ao 41 da Lei nº 9.394, de 20 de dezembro de 1996, que estabelece as diretrizes e bases da educação nacional.

FRANZOI, N. L. FARENZENA, N.; e PERONI, V. M. V. *Experiências Alternativas de Escolaridade Articuladas à Profissionalização de Jovens e Adultos.(relatório de pesquisa)*. Porto Alegre: UFRGS, 2005.

FREIRE, P. *Pedagogia da Esperança*. Rio de Janeiro: Paz e Terra, 1997.

KUSCH, R. *America Profunda*. 3.ed.; Buenos Aires: Editorial Bonum, 1986.

PINTO, A. V. *Sete Lições sobre Educação de adultos*. 7ª ed. São Paulo: Cortez, 1991.

EDUCAÇÃO PROFISSIONAL E TECNOLÓGICA INTEGRADA À EDUCAÇÃO ESCOLAR INDÍGENA – Documento Base. SETEC/MEC: Brasília, 2007.

SANTOS, S. V. *Possibilidades para EJA, possibilidades para Educação Profissional: o PROEJA*. In anais da 31ª Reunião Anual da ANPED, Caxambu, 2008. http://www.anped.org.br/reunioes/31ra/1trabalho/GT18-4024--Int.pdf. Acesso em 24/11/2008.

SANTOS, S. V O PROEJA e o desafio das heterogeneidades. In EJA Formação técnica integrada ao Ensino Médio. *Botetim 16 Salto para o Futuro*, 2006. Disponível em http://www.tvebrasil.com.br/SALTO/boletins2006/pro/index.htm. Acesso em 24/11/2008.

SANTOS, S. V. et al. *Reflexões sobre a prática e a teoria em PROEJA*. Porto Alegre: EVANGRAF, 2007.

SANTOS, S. F. R. et al. *O curso de especialização do PROEJA no Cefet/PA em debate: experiências, estudos e propostas*. Belém: Cefet PA, 2008.

SILVA, A. C. R. e BARACHO, M. G. *Formação de educadores para o PROEJA: intervir para integrar*. Cefet-RN, 2007.

PROEJA e democratização da educação básica 7

Jaqueline Moll

Vejo no PDE o início do novo século da educação no Brasil. Um século capaz de assegurar a primazia do talento sobre a origem social e a prevalência do mérito sobre a riqueza familiar. Um século de uma elite de competência e do saber, e não apenas de elite do berço ou do sobrenome. Presidente Lula, no lançamento do Plano de Desenvolvimento da Educação (PDE), em 24/04/2007.

A efetiva consolidação da democracia no Brasil passa pela universalização do acesso à instituição escolar com garantia de permanência e de aprendizagens. Esse pressuposto, presente no pensamento de grandes educadores brasileiros, como Anísio Teixeira e Paulo Freire, é retomado no presente capítulo. Nesse sentido, a ampliação de oportunidades educativas pode colaborar para o enfrentamento das profundas desigualdades existentes no Brasil, bem como para a valorização da diversidade social e cultural que nos caracteriza e enriquece como nação.

No contexto brasileiro contemporâneo de expansão dos serviços públicos, de retomada do desenvolvimento econômico e de ampliação do financiamento para todos os níveis e modalidades da educação básica,[1] a oferta pública de educação escolar articulada à educação profissional e tecnológica apresenta-se como elemento diferenciador em relação a outros ciclos de desenvolvimento pelos quais o país passou.

O Ministério da Educação e Cultura (MEC), por meio do PDE,[2] apresentou ao país um conjunto de ações articuladas, dentre as quais se destacam, no âmbito da educação profissional e tecnológica, o Programa Brasil Profissionalizado, a expansão e a reorganização institucional da Rede Federal de Educação Profissional e Tecnológica, e as modificações concertadas entre o Sistema S e o governo federal. Tais proposições respondem tanto à demanda por profissionais qualificados requeridos pelos setores produtivos consolidados e em consolidação no cenário nacional, quanto à demanda de milhões de jovens e adultos por inserção plena nas dinâmicas societárias, a partir de escolarização, trabalho, renda, moradia e infraestrutura, cultura e lazer. Esses elementos são legítimos e cabe ao poder público organizar, regular e ofertar formação para o conjunto da população, que possibilite ao país ciclos de desenvolvimento mais equilibrados.

Construir respostas a essas demandas enseja um diálogo permanente, e necessário, entre governos e sociedade, acerca dos arranjos produtivos, culturais e sociais – que permitam às pessoas a produção de sua vida material – e dos perfis profissionais que melhor respondam às demandas presentes e futuras. Destaca-se, assim, entre as ações do MEC, a construção dos Catálogos Nacionais dos Cursos Técnicos e dos Cursos Tecnológicos, iniciada em 2006, que permite aos estudantes identificar perfis profissionais relacionados ao mundo do trabalho. Nessa construção, adota-se a consulta pública anual como mecanismo de revisão e atualização. Por meio desses catálogos, pode-se vislumbrar um universo de possibilidades que inclui campos consolidados, como construção civil, mecânica e informática e campos em consolidação, como turismo, gastronomia, recursos naturais, recursos pesqueiros, produção cultural, entre outros. Aproximar essas possibilidades formativas de jovens e adultos, sobretudo integradas a conclusão da educação básica, é papel do Estado brasileiro.

Portanto, a inclusão plena de milhões de jovens e adultos tem como um de seus fatores condicionantes a escolarização básica obrigatória, pública, gratuita, de qualidade e articulada às dinâmicas produtivas da sociedade, não na perspectiva do alinhamento subalterno da educação ao capital, mas da construção de projetos educativos plenos, integrais e integrados que aproximem ciência, cultura, trabalho e tecnologia na formação das novas gerações e das gerações historicamente excluídas.

Sob essa perspectiva, instituiu-se, no ano de 2005, o Programa Nacional de Integração da Educação Profissional com a Educação Básica na modalidade de Educação de Jovens e Adultos (PROEJA), como *inédito viável* às demandas de milhões de homens e mulheres, de 18 anos (e mais) que não concluíram a educação básica. Este capítulo enfoca as estratégias de formulação do PROEJA, seus desafios em relação à escolarização e profissionalização de jovens e adultos; e pontua aspectos de uma ação governamental pautada por uma racionalidade comunicativa à luz dos processos vividos.

PROEJA: ESTRATÉGIAS PARA SUA FORMULAÇÃO

Ao longo dos anos de 1990, engendraram-se no contexto brasileiro, experiências de organizações da sociedade civil e de governos,[3] que relacionam escolarização e profissionalização no atendimento a trabalhadores desempregados, subempregados ou com necessidade de reinserção laboral. No primeiro mandato do governo Lula (2004-2007), por iniciativa do Ministério da Educação, por meio do Decreto nº 5.478, de 24 de junho de 2005, o PROEJA constituiu-se como marco para a construção de uma política pública de aproximação entre escolarização e profissionalização e de ampliação do acesso e da permanência de jovens e adultos na educação básica. Para tanto, foi empreendida uma dinâmica de debates com atores sociais, universidades, conselhos de representantes da rede federal de educação profissional e tecnológica e dos Ministérios da Educação e do Trabalho[4], de modo a qualificar o PROEJA como campo conceitual e como prática educativa e a constituir uma esfera para a proposição dessa política.

No período de outubro de 2005 a meados de 2007, essa dinâmica possibilitou uma intensa produção conceitual, associada ao universo de possibilidades aberto pelo PROEJA, com a construção de marcos para a investigação e para formação de professores. Foi produzido, por meio da constituição de grupo de trabalho, o primeiro documento de referência para o debate sobre a integração da educação profissional com a educação básica na modalidade de Educação de Jovens e Adultos, aproximando-a da educação profissional e tecnológica que congregou um conjunto de reflexões históricas, políticas, culturais, pedagógicas e curriculares, especificamente para o ensino médio. Em 2006, esse documento foi levado à consulta pública e mais dois outros documentos-referência foram produzidos: um abordando a formação inicial e continuada, portanto tratando de sua implementação nos anos finais do ensino fundamental, e outro abordando a educação indígena, por demanda específica da Secretaria de Educação Continuada, Alfabetização e Diversidade (SECAD) do Ministério da Educação.[5]

Nesse movimento, as formulações foram acolhidas pelo Ministério de Educação, e o Decreto nº 5.478/05 foi revogado, em julho de 2006, e substituído pelo Decreto nº 5.840/06. O novo decreto amplia o horizonte de atuação do ensino médio para a educação básica (níveis fundamental e médio), da rede federal para os sistemas públicos de ensino e para o Sistema S, além de passar a admitir a possibilidade de sua oferta na forma Concomitante, considerando-se (conforme o Decreto nº 5.154/04) as oportunidades educacionais das diferentes realidades do país e a manutenção dos princípios de uma educação integral.

Pode-se afirmar, à luz desse movimento, que o Proeja reuniu as condições necessárias e suficientes para se apresentar como campo de conhecimento em construção, em suas dimensões epistemológicas, curriculares e pedagógicas, tendo como referência o Acordo de Cooperação PROEJA/Capes – SETEC, edital Capes 03/06, que instituiu linha de financiamento para formação de redes de cooperação acadêmica no país, constituindo núcleos de pesquisa sobre o PROEJA, por meio da concessão de bolsas de mestrado e doutorado.[6] Essas redes associaram a análise e avaliação de políticas públicas, os contextos regionais de implantação da educação profissional integrada à educação de jovens e adultos, os componentes curriculares dessa integração, a diversidade sociocultural dos jovens e adultos, a relação entre educação e trabalho na escolarização das populações jovens e adultas. Temáticas associadas, desse modo, à implantação e implementação do PROEJA como política pública e como prática pedagógica nova.

Contemporaneamente a esses processos, o Ministério da Educação articula uma rede nacional de formação de professores para o PROEJA, organizada a partir de polos de formação nos Centros Federais de Educação Tecnológica, em parceria com universidades públicas. No ano de 2006, foram organizados polos nos estados do Amazonas, Bahia, Ceará, Espírito Santo, Goiás, Mato Grosso, Minas Gerais, Pará, Paraíba, Paraná, Pernambuco, Rio de Janeiro, Rio Grande do Norte, Rio Grande do Sul, Santa Catarina e São Paulo, que passaram a oferecer formação em nível de pós-graduação *lato sensu* e a atender professores das redes públicas federal, estadual e municipal de ensino. No caso específico do Rio Grande do Sul, por exemplo, constitui-se um consórcio entre UFPel, Unisinos, UFSM/Colégio Técnico-Industrial, CEFET-Bento Gonçalves, CEFET-São Vicente do Sul, CEFET-Pelotas/unidades descentralizadas de Charqueadas e Sapucaia do Sul e Escolas Agrotécnicas de Alegrete e Sertão, coordenado pela Faculdade de Educação da Universidade Federal do Rio Grande do Sul. Portanto, novos diálogos institucionais foram contruídos.

Naquele mesmo período, o Ministério da Educação financia a implantação do PROEJA nas escolas da Rede Federal de Educação Profissional e Tecnológica.

Portanto, ao longo dos anos de 2006 e 2007, constituem-se as bases para que o PROEJA se inserisse no contexto educacional brasileiro como uma ação permanente, baseada no diálogo dos atores e setores envolvidos.

Desse movimento, originou-se a proposição de modificação do parágrafo terceiro, do artigo 37, da Lei de Diretrizes e Bases da Educação Nacional para que o conteúdo do PROEJA seja garantido: "§ 3º A educação de jovens e adultos deverá articular-se, preferencialmente, com a educação profissional, na forma do regulamento". Essa modificação foi viabilizada pela Lei nº 11.741/2008, que reorienta a LDB para redimensionar, institucionalizar e integrar as ações da educação profissional e técnica de nível médio, da educação de jovens e adultos e da educação profissional e tecnológica.

Ao mesmo tempo, o MEC incorporou, no corolário das Instituições Federais de Educação, Ciência e Tecnologia, por meio da Lei nº 11.892/2008, em seus artigos 7º (alínea I) e 8º, dispositivo para assegurar que um mínimo de 50% de suas vagas sejam ofertadas para "ministrar educação profissional técnica de nível médio, prioritariamente na forma de cursos integrados, para os concluintes do ensino fundamental e para o público da educação de jovens e adultos".

DESAFIOS DO PROEJA EM RELAÇÃO À ESCOLARIZAÇÃO E À PROFISSIONALIZAÇÃO DE JOVENS E ADULTOS

O conjunto de debates e ações propostos para consolidação do PROEJA organizou-se a partir dos princípios de universalidade da educação básica articulada à educação profissional e tecnológica para jovens e adultos do ensino fundamental ao ensino médio, prioridade do atendimento a estudantes/trabalhadores na perspectiva de sua formação humana e inserção ou reinserção social e laboral qualificada, indissociabilidade entre formação geral e profissional como princípio inalienável, condição *sine qua non* para construção de processos de inclusão emancipatória, que permitam ou desencadeiem a "conversão" de súditos em cidadãos.[7]

Assim, pensou-se o PROEJA tendo como horizonte a construção de uma política pública que dialogue tanto com as demandas imediatas de escolarização básica e profissionalização quanto com as demandas permanentes de uma educação que, necessariamente, deve acontecer ao longo da vida.

Compreendeu-se, desde o amplo diálogo construído, que, entre os desafios para possibilitar a construção do PROEJA como política educacional, está a aproximação de campos concebidos e desenvolvidos, historicamente, por itinerários acadêmicos e políticos próprios: a educação de jovens e adultos (EJA), a educação profissional e tecnológica (EPT) e a educação básica, considerando-se seus níveis fundamental e médio. Tanto do ponto de vista de sua compreensão e elaboração teórica, quanto da proposição em termos de políticas públicas, esses três campos pouco têm dialogado entre si. Aproximá-los significa produzir um campo epistemológico, pedagógico e curricular novo. Não significa subsumi-los uns aos outros, mas relacioná-los no plano da reflexão e da ação educacional e política.

Essa aproximação também possibilitará, em médio prazo, o estabelecimento de interfaces entre instituições educativas que pouco têm dialogado entre si: escolas técnicas e agrotécnicas federais, escolas de ensino médio propedêutico, escolas/programas de educação de jovens e adultos, instituições que fazem educação profissional e tecnológica ligadas ao Sistema S. Necessariamente, as diferentes esferas de governo deverão estabelecer pautas novas de diálogo que permitam aproximar esforços e construir alternativas para a oferta qualificada de novas oportunidades educacionais. Esse diálogo institucional pouco tem sido exercitado no país e sua falta agrava o quadro de desarticulação que corrobora uma oferta menor que a demanda potencial e a insuficiência de informações de jovens e adultos acerca de possíveis itinerários de formação profissional e de campos de trabalho.

A ampliação de oportunidades, necessária e desejável, para as populações jovens e adultas, que encontrarão no PROEJA novo *locus* para a vida escolar, tem o desafio de incluir em suas reflexões e práticas o redimensionamento:

a) dos modos de acesso às instituições de ensino: o retorno à escola não é uma tarefa simples para quem já deixou de ser estudante há muito tempo ou que saiu por ver expectativas exauridas e sonhos frustrados. É preciso trazer esses estudantes de volta à escola, facilitando as formas de acesso. No caso das instituições federais de educação profissional, ciência e tecnologia (IFETS), é preciso modificar o consagrado e praticado processo de vestibular, verificando formas de acesso praticadas por instituições públicas de ensino, como o sorteio dos Colégios de Aplicação, o acompanhamento dos processos escolares anteriores (por exemplo, processos realizados pela Universidade Federal de Santa Maria – UFSM e pela UnB) que implicam uma relação orgânica com os sistemas estaduais e municipais e as instituições federais, entre outras possibilidades que ainda deverão ser criadas. Trata-se de derrubar as barreiras que dificultam a aproximação desses estudantes com a escola;

b) dos mecanismos de permanência: não há como imaginar que o acesso garantirá permanência, por isso há que se prever estratégias para manutenção da continuidade da trajetória escolar: bolsas de estudo, alimentação, material didático, e um conjunto de elementos que estimulem a permanência e garantam condições para acompanhar o processo escolar. O acesso às bibliotecas escolares e aos laboratórios de informática das escolas, inclusive nos finais de semana, deverá ser considerado, pois estamos tratando de trabalhadores que estudam e de estudantes que trabalham;

c) da relação do ensino com o sucesso escolar e a garantia da aprendizagem: entrar, permanecer e aprender implicam uma mudança de fundo, uma mudança no olhar do professor na direção dos estudantes para superação da profecia que se "autorrealiza" e que reproduz no cotidiano da sala de aula olhares, falas e gestos que dão conta da descrença do professor em relação aos estudantes e a sua capacidade de aprender. Para isso a constituição de mecanismos de acompanhamento da aprendizagem e o estabelecimento de estratégias de "recuperação" de conteúdos estruturantes para aprendizagens no curso escolhido são fundamentais, considerando-se o médio ou longo tempo de afastamento da escola, de suas linguagens e de seus rituais.

O desafio no campo da organização curricular é o de colocar em diálogo áreas clássicas de conhecimento e saberes específicos dos campos de formação profissional, na perspectiva de um processo de formação que permita compreender o mundo, compreender-se no mundo e compreender/inserir-se no mundo do trabalho. Como superar a consolidada visão de um turno curricular e de outro turno de formação profissional? Em que medida os saberes "consagrados" no currículo escolar – História, Geografia, Arte, Português, Matemática, Literatura, Ciências, Química, Física, Filosofia, Sociologia, entre outros – podem relacionar-se com as áreas e fazeres profissionais, restituindo-lhes seu caráter histórico e contextual? Esse será um desafio estrutural para a concretização do PROEJA.

No vasto repertório de possíveis saberes para o currículo do Proeja, também deverão estar presentes os saberes da contemporaneidade, que atravessam o cotidiano e dão sentido às relações sociais e às trajetórias pessoais daqueles que buscarem as salas de aula do PROEJA como *locus* de aprendizagens. Referimo-nos aqui, por exemplo, às culturas juvenis e suas expressões em artes, esportes e práticas digitais, além de todo universo cultural e artístico que faz dos adultos violeiros, mestres-griôs, capoeiristas, contadores de causos, sanfoneiros.

Impõe-se ainda, como desafio, o reconhecimento das trajetórias e experiências dos estudantes do PROEJA:

a) estudantes com aspirações profissionais, mas com experiências descontínuas e precárias no mundo do trabalho, e com poucas informações sobre possibilidades de inserção laboral (afinal, milhares de homens e mulheres entram no "mercado" de trabalho pela necessidade e pela oferta mais próxima, sem preparo e sem possibilidade de escolha);

b) estudantes com trajetórias escolares descontínuas, com histórias de fracasso escolar determinadas por contingências da história social ou pelas condições institucionais na própria passagem pela escola, mas compreendidas (pelo sujeito e, via de regra, pela própria escola) como fracasso pessoal, fruto da incapacidade para aprender os saberes escolares;

c) estudantes que conhecem a experiência da fome e de outras privações;

d) estudantes jovens que vivem "modos de vida" distintos daqueles que gerações mais velhas viveram e que transitam por universos de arte, de moda, de linguagens que os "adultos" não reconhecem;

e) estudantes com distintas orientações sexuais;

f) estudantes inseridos em contextos de violência simbólica e real e também em contextos de privação de liberdade;

g) estudantes que sonham, sonhos de família, sonhos de trabalho digno, sonhos de consumo e sonhos de ser.

Desse modo, como diria José Saramago, no seu belo *Ensaio sobre a Cegueira,* "mais do que ver é preciso olhar e mais do que olhar é preciso reparar". Se não formos capazes de reparar neles, de ouvi-los, de admirá-los, de surpreender-nos com essas mulheres e homens, é possível que, mais uma vez, eles entrem e saiam de nossas escolas, como já fizeram outras vezes, sem "concluir" aprendizados e níveis de ensino.

A complexidade desses desafios requer a combinação da ação, do saber e da vontade de professores(as) e gestores(as), como sujeitos de uma história cotidiana, para construir a afirmação do Proeja, como pedagogia e como política. Impõe-se também o desafio maior de que, coletivamente, a instituição escolar e suas práticas cotidianas sejam ressignificadas, No âmbito das Instituições Federais de Educação Profissional e Tecnológica o desafio está em ampliar a oferta da educação técnica de nível médio, incorporando o público da EJA e mantendo a histórica qualidade de sua formação.

À GUISA DE CONCLUSÃO: ASPECTOS DE UMA AÇÃO GOVERNAMENTAL PAUTADA PELA RACIONALIDADE COMUNICATIVA

A história da educação pública no Brasil caracteriza-se, ao longo do século XX, por ciclos de expansão que respondem às demandas dos processos produtivos e que representam processos tardios e profundamente desiguais, tanto em número de vagas ofertadas, quanto na sua qualidade pedagógica e curricular, portanto distribuindo de modo desigual a possibilidade de acesso ao conhecimento. Localizam-se, entre as classes populares da sociedade brasileira, milhões de meninos e meninas que repetem os anos escolares ou avançam no seu "itinerário escolar" sem saberes básicos, condição *sine qua non* para uma inserção social e laboral qualificada.

Cabe lembrar que milhões de pessoas não tiveram acesso a escolarização básica obrigatória no período da infância e da adolescência e que é somente na segunda metade do século XX que a educação pública expande-se de forma significativa, porém com características bastante distintas entre centros e periferias urbanas e entre estes e as regiões rurais do país. Tais distinções, que poderiam ser expressões virtuosas das singularidades regionais respeitadas, revelaram-se como expressões de desequilíbrios em termos de formação de professores, de oferta de materiais didático-pedagógicos, de condições físicas dos ambientes escolares e de condições de acesso e permanência dos estudantes.

O analfabetismo jovem e adulto que ainda persiste no país, a profunda assincronia idade-ano escolar, os altos índices de repetência e saída extemporânea da escola são expressões dessas condições desiguais de acesso, permanência e aprendizagem no sistema de ensino, portanto resultam de processos históricos que prospectaram uma "escola tardia e pobre para os pobres", contribuindo para a manutenção da desigualdade social e da representação simbólica de uma sociedade organizada em castas.

Entre outras políticas públicas, o Proeja, constitui-se como parte da resposta a essa realidade. No campo da prática pedagógica, suas implicações vão desde a produção de um novo paradigma epistemológico com desdobramentos pedagógicos e curriculares até a modificação do olhar em relação a essas populações, em geral, invisíveis, no cotidiano escolar. Tratam-se de desafios a serem enfrentados pelos governos federal, estadual e municipal, pelo conjunto das escolas públicas, pela Rede Federal de Educação Profissional e Tecnológica, pelas universidades, pelo Sistema S, pelos fóruns que expressam as demandas da sociedade como o Fórum Nacional de EJA e por outros atores sociais que tenham compromisso com a construção de um país democrático e, efetivamente, republicano. Implica ainda percorrermos caminhos novos em termos de relações institucionais, potencializando o que cada território do país oferece em termos de espaços de formação profissional.

A prospecção de uma política pública inovadora como o PROEJA exigiu dos gestores mecanismos distintos dos usualmente utilizados na proposição de ações e programas no campo da educação.

Portanto, o exercício dialógico exercitado na construção do PROEJA pautou-se na compreensão de que não é possível superar os enormes desafios da educação brasileira, sem levar-se em consideração os atores institucionais que concretizam ideias, programas e projetos nas redes e sistemas públicos de educação do país.

A constituição do espaço coletivo, de participação e de diálogo para a formulação do PROEJA garantiu, ao longo do processo, posturas de comprometimento, sem as quais pouco podemos realizar, considerando as dimensões continentais do país e as singularidades das dinâmicas educacionais em cada território institucional e educacional.

Estabelecendo-se como elemento novo e diferenciador, esse diálogo permitiu que outros olhares, das instituições educativas estaduais, das universidades federais e de seus fóruns de representação, como a Associação Nacional de Pós-Graduação em Educação (Anped), dos fóruns populares como o Fórum Nacional de Educação de Jovens e Adultos, das instituições educativas tecnológicas federais, do Fórum Institucional de Gestores Estaduais da Educação Profissional e Tecnológica, atravessassem o PROEJA e o concebessem mais próximo de suas necessidades e possibilidades, daí a proposição de um novo decreto, acatada e ratificada pelo governo federal.

Esse diálogo também permitiu que se estabelecessem redes de apoio, de diálogo, redes de solidariedade. Tal postura nos ensinou acerca de novas *concertações* que possam trazer à esfera pública gestores, professores, estudantes, comunidades que envolvem as escolas e que, pela sua voz, superemos o ranço de uma racionalidade estratégica que ignora o outro, subsumindo-o ao papel de "consumidor" de pensamentos e práticas que, em geral, pouco dizem de sua inserção e compromissos sociais e laborais. Esse diálogo evoca uma racionalidade comunicativa que tira de seus lugares tradicionais os agentes públicos.

Mediante o fato de que o PROEJA representa uma política nova, é preciso considerar a necessidade de fazermos o caminho, caminhando. Para além de erupções momentâneas e focais, é preciso trabalhar na perspectiva de ações permanentes, coletivas e que implicam reinventar o olhar e as categorias com as quais lemos a educação e a história de nosso país.

NOTAS

1 Temos presente o Fundo de Manutenção e Desenvolvimento da Educação Básica e de Valorização do Magistério (FUNDEB), Lei n.º 11.494/2007, que recolocou o conceito de educação básica na agenda pública, ao promover seu financiamento na integralidade. O FUNDEB substituiu o Fundo de Manutenção e Desenvolvimento do Ensino Fundamental e de Valorização do Magistério (Fundef), Lei 9424/1996.

2 Querubin, Docimar (org). *Educação de Adultos: a experiência dos metalúrgicos do programa Integrar/RS*. Porto Alegre: Tomo Editorial, 2005.

3 Representantes dos Conselhos da Rede Federal de Educação Profissional e Tecnológica (Conselho dos Dirigentes das Escolas Agrotécnicas Federais, Conselho dos Dirigentes dos Centros Federais de Educação Tecnológica, Conselho dos Dirigentes das Escolas Técnicas vinculadas as Universidades), do Fórum Nacional de Educação de Jovens e Adultos, das universidades públicas do país e das diferentes Secretarias do MEC (Secretaria de Educação Profissional e Tecnológica-SETEC, Secretaria de Educação Básica-SEB, SECAD).

4 MEC/SETEC. PROEJA: Educação Profissional Técnica de Nível Médio/ensino médio, documento-base, 2007; PROEJA: formação inicial e continuada/ensino fundamental, documento-base, 2007; PROEJA: educação profissional e tecnológica integrada à educação escolar indígena, documento-base, 2007.

5 Trinta e uma instituições integram essa rede de cooperação acadêmica, financiadas por meio do respectivo edital, compreendendo universidades federais e estaduais e Centros Federais de Educação Tecnológica.

6 Bobbio, Norberto. *A era dos direitos*. Rio de Janeiro: Campus, 1992.

Parte II

Novas institucionalidades e novos perfis de formação

Universidade tecnológica e redefinição da institucionalidade da educação profissional

concepções e práticas em disputa

Domingos Leite Lima Filho

A educação profissional e tecnológica é um tema que desde meados dos anos de 1990 vem ganhando destaque na pesquisa educacional no Brasil, face à proposição e implementação de um amplo conjunto de reformas educacionais e ao estabelecimento de diversas políticas públicas e programas governamentais relacionados à temática. Tratam tanto da questão da (re)definição da estrutura organizacional e da natureza das instituições que compõem as diversas redes educacionais e de formação públicas e privadas, quanto das modalidades e níveis de cursos e programas ofertados e as formas de sua relação, articulação ou integração com a educação fundamental, média e superior.

O estudo dessas reformas, políticas e programas e seus impactos constitui um importante e vasto campo de investigação sobre o qual grupos de pesquisas e pesquisadores têm se debruçado, sob distintas perspectivas e recortes. Em trabalhos anteriores (Lima Filho, 2002, 2005, 2006, 2007) analisamos parte significativa dessas mudanças, destacando, sobretudo, as seguintes: a separação da educação técnica do ensino médio, em 1997 (Decreto nº 2.208); a restituição da possibilidade de integração, em 2004 (Decreto nº 5.154); a regulamentação da educação tecnológica (nível superior) e, nesta modalidade, a criação e priorização da oferta dos Cursos Superiores de Tecnologia; a transformação das Escolas Técnicas em Centros Federais de Educação Tecnológica; por fim, a transformação do CEFET-PR em Universidade Tecnológica Federal do Paraná (UTFPR), ocorrida em 2005.

Tais movimentos de reforma e implementação de políticas e programas iniciados no primeiro governo de Fernando Henrique Cardoso prosseguiram no segundo e tiveram sequência, marcadas por inflexões e continuidades no primeiro e segundo governos de Luiz Inácio Lula da Silva até a atualidade. Mais recentemente, destacam-se três importantes iniciativas do governo federal: o Programa Nacional de Integração da Educação Profissional com a Educação Básica na modalidade de Educação de Jovens e Adultos (PROEJA), o Programa Brasil Alfabetizado e o Programa de Expansão da Rede Federal de Educação Profissional.

A criação, em 2006, do Programa Nacional de Integração da Educação Profissional com a Educação Básica na modalidade de Educação de Jovens e Adultos (PROEJA) ocorre no contexto da "anunciada" retomada da oferta pública do ensino médio integrado à educação profissional técnica e também no contexto de valorização e ampliação da Educação de Jovens e Adultos (EJA) como política de garantia do direito à educação básica. Dada a proposição do PROEJA com abrangência para as redes públicas federal, estaduais e municipais de educação e para o setor privado, destacam-se os desafios, possibilidades e limites a serem enfrentados, especialmente quanto à concepção de integralidade da formação dos sujeitos e da integração da educação geral e profissional, estrutura operacional e quanto às garantias de financiamento permanente e compatível com as dimensões da política e metas anunciadas, de tal forma que o programa possa efetivamente constituir-se como uma política pública que promova a elevação de escolaridade integrada à educação profissional, com capacidade e qualidade de atendimento estendida à imensa população de jovens e adultos do país.

Nessa mesma direção, alinha-se o Programa Brasil Profissionalizado, lançado em 2008, com o qual o Ministério da Educação e Cultura (MEC) pretende incentivar a expansão de matrículas no ensino médio integrado nas redes públicas estaduais, mediante assistência financeira e técnica com o financiamento de obras, equipamentos, formação de professores e apoio à gestão. Com recursos anunciados da ordem de 900 milhões de reais para o período de 2008 a 2011, o Ministério da Educação aponta a meta de atender a 750 escolas em 500 municípios, proporcionando 800 mil matrículas e a capacitação de 14 mil professores (MEC, 2008).

No que se refere à expansão da rede federal de educação profissional e tecnológica, do ponto de vista quantitativo identifica-se a evolução dessa rede no período de 2003 à atualidade: partindo das 140 instituições existentes naquele ano, prevê-se atingir, ainda em 2008, cerca de 200 instituições, distribuídas entre Escolas Agrotécnicas Federais (EAF), Centros Federais de Educação Tecnológica (CEFET) e suas Unidades Descentralizadas (UNED), Escolas Técnicas Vinculadas às Universidades Federais, Escola Técnica Federal de Palmas, Universidade Tecnológica do Paraná (UTFPR) e seus *campi*. A meta anunciada é a de chegar ao ano de 2010 com 354 instituições e 500 mil vagas (MEC, 2008). Do ponto de vista qualitativo, a rede federal experimentou significativas transformações no período, desde a separação da educação técnica do ensino médio, ocorrida em 1997, passando pela restituição da possibilidade de integração, em 2004, ocorrendo, nesse intervalo, a regulamentação da educação tecnológica (nível superior) e, neste nível, a criação e priorização da oferta da modalidade dos cursos superiores de tecnologia, bem como a transformação das escolas técnicas em centros federais de educação tecnológica. Nesse movimento de alterações do perfil institucional da rede destaca-se a transformação do Centro Federal de Educação Tecnológica do Paraná (CEFET-PR) em Universidade Tecnológica Federal do Paraná (UTFPR), ocorrida em 2005.

O fato é que nem encerrada de todo a transformação das antigas escolas técnicas em CEFET e a do CEFET-PR em UTFPR, iniciou-se um movimento entre diversos CEFETS pleiteando o alcance do *status* de universidade tecnológica. A esse movimento, o Ministério da Educação apresentou um caminho diverso, emitindo o Decreto nº 6.095, em 2007, e estabelecendo a criação dos Institutos Federais de Educação, Ciência e Tecnologia (IFET) e procedimentos normativos para a transformação dos atuais CEFETS em IFETS. No prosseguimento do direcionamento pretendido, o Poder Executivo enviou ao Congresso Nacional o Projeto de Lei nº 3.775/08 que tratava de viabilizar a transformação dos CEFETS existentes (convidados por chamada pública)[1] em IFETS, resultando na aprovação, em dezembro de 2008, da Lei nº 11.892, que institui a Rede Federal de Educação Profissional, Científica e Tecnológica, composta pelos Institutos Federais de Educação, Ciência e Tecnologia, Universidade Tecnológica Federal do Paraná e escolas técnicas vinculadas às universidades federais.

De acordo com a Lei nº 11.892/08, os Institutos Federais de Educação, Ciência e Tecnologia "são instituições de educação superior, básica e profissional, pluricurriculares e multicampi, especializados na oferta de educação profissional e tecnológica nas diferentes modalidades de ensino, com base na conjugação de conhecimentos técnicos e tecnológicos com as suas práticas pedagógicas" (Brasil, 2008).

O movimento descrito aponta para formas diferenciadas e, quiçá, dicotômicas, da redefinição da institucionalidade da educação profissional e tecnológica, em particular da transformação dos CEFET existentes ou da criação de novas instituições, seja como institutos, seja como Universidades Tecnológicas. Dessa forma, em relação a esse último aspecto, observa-se que a natureza da expansão e transformações em curso na educação profissional e tecnológica, tanto no ponto de vista quantitativo, pela expansão das instituições e da oferta, quanto do ponto de vista qualitativo, pela "nova institucionalidade", diversidade de programas e modalidades ofertadas, apresenta elementos de continuidades e descontinuidades com a concepção histórica de constituição de modelos de educação profissional e tecnológica específicos, demandando a realização de estudos e pesquisas que tratem da investigação das reformas e políticas educacionais da educação profissional e tecnológica, da natureza e objetivos de suas instituições e de sua articulação, tanto com a educação superior, quanto com a educação básica. Nos limites do presente capítulo, dirigiremos o foco de nossa análise para a discussão acerca da concepção de universidade tecnológica e dos movimentos que ensejaram a transformação do CEFET-PR na primeira e, até o momento, única, universidade tecnológica do país.

A UNIVERSIDADE TECNOLÓGICA NO CONTEXTO DA "NOVA INSTITUCIONALIDADE" DA EDUCAÇÃO PROFISSIONAL NO BRASIL

O tema da universidade tecnológica desperta interesse na comunidade educacional brasileira, tanto na Rede Federal de Educação Tecnológica, de modo particular, pela relação direta com a atuação dessas instituições, quanto, de modo mais geral, com a relação que o conceito e a criação de universidades tecnológicas têm com o ensino superior no país.

Procuraremos, em um primeiro momento, delinear alguns aspectos que consideramos fundamentais sobre a conceituação de universidade tecnológica e de sua relação com a educação superior e com o sistema educacional de modo mais geral. Em seguida, discutindo a materialização desse tipo de instituição na política educacional brasileira, discutiremos o processo que ensejou a transformação do CEFET-PR em universidade tecnológica, alguns elementos relativos a essa experiência e suas implicações.[2]

De início, cabe destacar que a questão da universidade tecnológica precisa ser abordada como um tema de toda a educação nacional e da sociedade brasileira.

Constitui uma problemática da educação no país, com implicações para toda a educação básica e superior, e, por isso, não pode ser vista apenas a partir da ótica interna dos CEFET ou das instituições de educação profissional e tecnológica. Ademais, embora a expressão universidade tecnológica não seja uma novidade, a questão passou a ter materialidade no Brasil a partir do processo que resultou na transformação do Centro Federal de Educação Tecnológica do Paraná em Universidade Tecnológica Federal do Paraná (UTFPR), conforme dispõe a Lei n°. 11.184, de 07 de outubro de 2005.

A referida lei estabelece os princípios, finalidades e objetivos da UTFPR, no entanto é necessário termos claro que ela se refere à transformação/criação dessa instituição específica. Paradoxalmente, embora tenha sido constituída a primeira universidade tecnológica do país, ainda é bastante incipiente, tanto no âmbito da pesquisa e produção bibliográfica, quanto na esfera documental e da própria legislação educacional, o aprofundamento de conceitos, modelos e delineamentos normativos relativos à questão da universidade tecnológica, sua constituição e funcionamento no Brasil.

Com isso, constata-se que – salvo em círculos restritos das esferas executiva e legislativa e no âmbito das instituições diretamente envolvidas – ainda não houve, no mundo acadêmico e, de modo geral, na sociedade brasileira, uma discussão aprofundada acerca da criação de universidades tecnológicas, seja pela transformação dos CEFET, seja por outras iniciativas gerais ou específicas. A sistematização sobre o assunto é praticamente inexistente, bem como é escasso o debate sobre as possíveis implicações produzidas pela transformação específica do CEFET-PR em UTFPR ou por outras eventuais transformações de natureza similar e, em consequência, à perspectiva de construção de um modelo específico de instituições de educação superior – as universidades tecnológicas.

A adjetivação do termo universidade é uma operação complexa e de duvidosa pertinência, seja na perspectiva tecnológica, seja por meio de outra qualificação. Isso nos remete sempre a questões iniciais sobre o significado da universidade e sua função social. Ademais, no caso em questão, entra em cena o complexo e polissêmico conceito de tecnologia. Assim, é pertinente perguntar: o que é tecnologia? O que é universidade tecnológica? O que as identifica e o que as diferencia?

Com efeito, essas perguntas não têm resposta trivial, de modo que não podem ser respondidas por grupos isolados, por mais qualificados que sejam, pois as respostas e, consequentemente, os caminhos a serem trilhados repercutirão sobre a educação nacional. Nesse sentido, o presente capítulo se insere em um esforço de construção conceitual em torno desse importante tema pelo debate teórico-político amplo e socialmente qualificado. No entanto, esse processo, para efetivar-se como democrático, necessita se desenvolver com a ampla participação do mundo acadêmico, do mundo do trabalho, enfim, da sociedade brasileira, na busca de construir caminhos que efetivamente possam alicerçar uma política de Estado para a educação nacional comprometida com uma sociedade justa.

Assim, além da necessidade de um aprofundamento maior sobre o significado conceitual do termo universidade tecnológica e das implicações de sua adoção e materialização institucional na educação brasileira compondo marcos de um modelo de educação superior, destaco que a possibilidade de transformação dos CEFET em universidades ou universidades tecnológicas, ou a possibilidade de criação de universidades tecnológicas, ainda que não originárias de CEFET, deve levar em consideração a história da formação social e da educação brasileiras. Essa temática não pode estar descolada de uma discussão maior acerca de um projeto de nação para a sociedade brasileira e de suas prioridades sociais, no qual se localiza a política pública para a educação.

Cabe ressaltar, ainda, a importância desse debate para o campo de pesquisa da relação trabalho e educação. Nesse sentido, a universidade tecnológica, por estar mais próxima da produção, poderá se constituir em um interessante espaço de mediação entre o conhecimento geral e o particular. Isso poderá tornar-se possível à medida que a definição dos pressupostos da universidade tecnológica não se submeta à lógica estrita da dicotomia entre produção e aplicação do conhecimento, entre ciência e tecnologia, entre concepção e execução do trabalho, o que implica questionar, de início, qualquer formulação utilitarista e pragmática dessas instituições e de seu processo educacional.

UNIVERSIDADE, TECNOLOGIA E UNIVERSIDADE TECNOLÓGICA: EVIDENCIANDO CONCEITOS E CONTRADIÇÕES

Antes de perguntar se CEFET podem ou devem vir a ser transformados em universidades tecnológicas, ou quais as condições para a sua transformação, devemos discutir o que entendemos por universidades tecnológicas: que objetivos terão? Por que, para que e para quem serão criadas? Para abordar tais questões devemos, ainda que de modo breve, explicitar algumas considerações sobre os conceitos de universidade e de tecnologia.

O debate sobre universidade e tecnologia deve levar em conta que ambos os termos estão carregados de historicidade. O termo universidade referencia-se à ideia de pluralidade do saber, à busca da universalidade do conhecimento e à indissociabilidade entre ensino, pesquisa e extensão.

Nesse sentido, a adjetivação do termo universidade pode nos conduzir a armadilhas ou contradições. Se considerarmos que a universidade é uma instituição social que, com autonomia, trata da universalidade e universalização dos saberes, buscando constituir-se como o espírito crítico de seu tempo e de sua sociedade a partir de uma concepção de totalidade, resultará efetivamente complexo atribuir-lhe uma adjetivação ou tipificação. Veremos que essa questão se torna mais intrincada quando a adjetivação/tipificação é materializada em especialidade tecnológica, podendo-se daí incorrer nos riscos de reducionismos ou determinismos tecnológicos.

Quanto ao termo tecnologia, pode-se constatar a complexidade da qual se reveste a tentativa de sua conceituação. Verifica-se a coexistência de uma vasta diversidade de sentidos, significados e apropriações acerca da tecnologia, constituindo uma polissemia relacionada às posições de sujeitos distintos e projetos sociais e distintas ênfases nas dimensões materiais, espaciais, temporais, simbólicas e cognitivas da categoria em estudo.

A tentativa de uma sistematização teórica nos indica ser pertinente destacar duas matrizes conceituais[3] acerca da tecnologia:

a) a matriz relacional, que concebe a tecnologia como construção social, produção, aplicação e apropriação das práticas, saberes e conhecimentos;

b) a matriz instrumental, que concebe a tecnologia como técnica, isto é, como aplicação sistemática de conhecimentos científicos para processos e artefatos.

Três características principais opõem essas duas matrizes conceituais: a relação da tecnologia com o trabalho; a compreensão acerca do desenvolvimento científico e tecnológico; e a relação entre tecnologia e sociedade.

A explicitação dessas oposições conceituais ressalta um elemento: enquanto na conceituação relacional a tecnologia é compreendida como construção social complexa integrada às relações sociais de produção, na conceituação instrumental atribui-se especificidade e autonomia que não somente concebe a tecnologia isolada das relações sociais, como, em certa medida, as determina. Essa atribuição, a nosso ver equivocada, deriva de concepções filosóficas e epistemológicas que concebem uma cisão entre produção intelectual e material, entre teoria e prática. Na verdade, mais que cisão, concebe-se uma hierarquização de saberes e fazeres, na qual a teoria subordina externamente a prática, e o saber teórico determina o fazer.

A velha questão da dualidade aqui se expressa sob uma nova roupagem, aparentemente sedutora: a da especificidade e importância da tecnologia na atualidade, ou seja, na chamada "era tecnológica". Poderíamos perguntar se, no contexto contemporâneo de intenso intercâmbio cultural, de cotidianidade das linguagens midiáticas e informacionais, da difusão e incorporação dos artefatos tecnológicos aos espaços urbanos públicos e privados, no qual ciência e tecnologia são forças materiais presentes em todos os campos e atividades, é adequado falar em especificidade da tecnologia e do conhecimento tecnológico e, sobretudo, em institucionalidade específica, principalmente no nível da educação superior. Algo pode ser considerado estritamente tecnológico ou, do contrário, não tecnológico? Algum campo de saber ou área de conhecimento pode prescindir da tecnologia ou considerar-se em relação externa para com ela?

Acerca da conceituação de técnica e tecnologia, é importante ter como referência a elaboração de Álvaro Vieira Pinto (2005), em sua obra póstuma *O conceito de tecnologia*. Para esse autor, a técnica e a tecnologia são coetâneas com o processo de hominização e estão presentes em todo ato humano, explicadas, praticadas e justificadas pela necessidade da produção social da existência. Assim, destaca "o caráter necessariamente técnico de toda criação humana, seja no campo da produção material, seja no campo da produção ideal, artística, filosófica ou mitopoiética" (Pinto, 2005, p. 63).

Prosseguindo em sua análise, Vieira Pinto destaca o uso profundamente ideológico da expressão "era tecnológica" e de seus correlatos:

> O conceito de "era tecnológica" encobre, ao lado de um sentido razoável e sério, outro tipicamente ideológico, graças ao qual os interessados procuram embriagar a consciência das massas, fazendo-as crer que têm a felicidade de viver nos melhores tempos jamais desfrutados pela humanidade. (Pinto, 2005, p. 41)

Assim, os ideólogos da chamada "era tecnológica" buscam conferir-lhe um valor moral e material superior às épocas ou civilizações anteriores, dando-lhe um caráter extraordinário e de ponto final da história. No entanto, propondo raciocínio distinto, o autor observa que

> outra maneira consiste em considerar extraordinário o tempo no qual vivemos não porque esteja excluído da história, enquanto terminação dela, mas exatamente porque o vê incluído no curso de uma história envolvente contínua, que confere intrínseca historicidade e originalidade a todas as criações de qualquer presente. (Pinto, 2005, p. 47)

Dessa forma, Vieira Pinto conclui que, a rigor, "a expressão 'era tecnológica' refere-se a toda e qualquer época da história, desde que o homem se constituiu em ser capaz de elaborar projetos e de realizar os objetos ou ações que os concretizam" (p. 63). Ou seja, o ponto de partida para a compreensão da técnica, da tecnologia e da sociedade que a elas produz e delas usufrui é o trabalho, como categoria ontogenética, e as formas sociais que assume no devir do processo civilizatório, isto é, as relações sociais de produção em determinada época histórica. Sendo assim, "uma filosofia tecnológica [da tecnologia], para ser autêntica, tem que fundar-se (sic) na teoria das mudanças no modo de produção social" (Pinto, 2005, p. 49).

Portanto, conceber plena especificidade e autonomia à tecnologia, ou seja, desgarrá-la das bases do processo social produtivo, pode levar a produzir uma espécie de "coisificação" da tecnologia em si e contribuir à alienação do ser social que a produz. Assim, as respostas às questões formuladas no início deste tópico acerca da especificidade da tecnologia, a nosso ver, aproximam-se muito mais da negativa.

Portanto, mais que força material da produção, a tecnologia, cada vez mais indissociável das práticas sociais cotidianas, em seus vários campos/diversidades/tempos e espaços, assume uma dimensão sociocultural, uma centralidade geral, e não específica, na sociabilidade humana, inclusive na produção do conhecimento e no processo educativo, o que inclui a universidade.

Assim, ao adjetivar universidade como tecnológica, se por um lado torna-se redundante, por outro, explicita uma questão inerente a toda e qualquer universidade. Em decorrência, compreendemos que os discursos e concepções que advogam uma especificidade restrita do saber ou do fazer tecnológico podem expressar uma espécie de reducionismo de dupla face.

Por um lado, reduz-se a tecnologia a mero campo de aplicação da ciência; por outro, submete-se a sociabilidade à dimensão tecnológica, concebendo-se uma suposta separação, externalidade e autonomia entre tecnologia (que produziria impactos) e sociedade (que os sofreria).

Do mesmo modo que é complexo tipificar e qualificar a universidade e conceituar a tecnologia, soa estranho pensar uma dicotomia onde existiriam universidades tecnológicas e universidades não tecnológicas.

No tocante à defesa da criação de universidades tecnológicas no Brasil, um argumento que tem sido reiterado é o referente à experiência de outros países, como por exemplo, Alemanha e França. Nesse aspecto, é importante considerar as limitações quanto às possibilidades de importação ou transposição de modelos educacionais, em função da singularidade das formações socioeconômicas e culturais de cada nação, incluindo aí os valores e significados que cada sociedade construiu ao longo de seu passado histórico e, em decorrência, atribuem no presente à ciência e à técnica, enfim, ao trabalho intelectual e ao trabalho manual.

No Brasil, em que a herança da sociedade escravocrata marca de forma indelével a separação entre trabalho manual e intelectual, perpetuando-se em outros momentos do desenvolvimento da sociedade brasileira, a construção da universidade expressa essa dicotomia. Contrariamente à exigência contemporânea de construção de conhecimento e ação a partir de uma perspectiva de totalidade e complexidade, e em que pese os esforços nessa direção, constata-se a permanência da produção do conhecimento de forma fragmentada, em instituições de ensino e pesquisa.

Portanto, nas diferentes nações, possibilidades distintas se colocam para a articulação entre universidade, ciência, tecnologia e sociedade. O que em alguma nação, pode ser colocado como uma opção, como é o caso de universidades tecnológicas na Europa Ocidental, aqui, dado à profunda dualidade histórica entre produção intelectual e produção material, pode vir a tornar-se uma segunda opção para a classe trabalhadora. No entanto, contraditoriamente, essa alternativa se integrada a uma política pública de amplitude nacional para a educação básica e superior, também pode resultar na valorização dessas instituições e contribuir para superar o estigma que marca como um carimbo as instituições de educação profissional no Brasil, facilitando o acesso das camadas mais pobres da população ao ensino superior.[4]

ALGUMAS CONSIDERAÇÕES SOBRE MUDANÇAS NA INSTITUCIONALIDADE DA EDUCAÇÃO PROFISSIONAL E A QUESTÃO DA UNIVERSIDADE TECNOLÓGICA

As transformações nas instituições de educação profissional e tecnológica se revestem de grande complexidade, porque, se de um lado, expressam aquela problemática conceitual discutida no tópico anterior, por outro, envolvem aspectos relativos à especificidade e historicidade da trajetória dessa modalidade educacional no país.

Tais transformações, no período tratado neste capítulo, ocorreram inicialmente a partir de um contexto de reformas do Estado e, de modo geral, da educação em todos os níveis e modalidades vivenciadas desde meados dos anos de 1990. Nesse movimento, as instituições de educação profissional e tecnológica foram fortemente impactadas e, na perspectiva de configuração de uma "nova institucionalidade", tivemos a transformação das antigas escolas técnicas federais em CEFET, a transformação do CEFET-PR em UTFPR e com a criação da Rede Federal Profissional e Tecnológica, pela Lei nº 11.892/2008, quase a totalidade dos Cetefs foi suprimida e se passou a cumprir como IFETS – Exceção são os de Minas Gerais e Rio de Janeiro a transformação dos CEFET em IFET.[5]

Nesse processo, questões importantes foram se colocando e ainda permanecem em discussão, como, por exemplo, a prioridade a ser concedida, ou não, à oferta de educação profissional integrada ao ensino médio, possibilidade restituída pelo Decreto nº 5.154/04, porém ainda carente de uma política pública que garanta tal iniciativa; o caminho a seguir em relação à oferta de ensino superior, seja na modalidade dos Cursos Superiores de Tecnologia, nos cursos de bacharelado nas diversas áreas, sobretudo nas áreas tecnológicas (engenharias, por exemplo) ou nos cursos de licenciatura para as áreas científica e tecnológica; a definição dos rumos a seguir na pesquisa e pós-graduação.

Na realidade, esse conjunto de questões expressa uma discussão mais profunda sobre os objetivos e propostas que se apresentam para a identidade e futuro da educação profissional e tecnológica e de suas instituições, fortemente atingidas pelas políticas neoliberais a partir da década de 1990, em especial pelo Decreto nº 2.208/97 e medidas conexas – medidas das mais regressivas de toda a história da educação brasileira – que tinham por meta promover progressivamente a privatização e o empresariamento da rede de educação profissional.

Passados já alguns anos da revogação daquelas medidas e da entrada em vigor do Decreto nº 5.154/04, fica evidenciado que a superação dos elementos e efeitos regressivos e desestruturadores produzidos por tais políticas demandarão tempo e, sobretudo, decisões de política educacional, tanto no âmbito da ação governamental e legislativa, quanto no interior das próprias instituições educacionais, onde ocorrem disputas e enfrentamentos entre grupos de poder com concepções e projetos distintos. Resultante desses embates e também da capacidade de pressão e mobilização da sociedade civil – sobretudo das comunidades externas onde também se localizam interesses conflitantes entre o que querem os empresários e o que querem os trabalhadores para a educação profissional – dependerão os destinos dessas instituições.

É no âmago e no tempo histórico desses embates que se localizam as discussões acerca da identidade e do futuro das instituições de educação profissional, quer se mantenham como escolas técnicas, agrotécnicas, ou centros de educação profissional, quer venham a ser transformadas em institutos de educação, ciência e tecnologia ou em universidades tecnológicas. Aqui estão em jogo questões tão importantes quanto o caráter público dessas instituições e a sua permanência em um sistema nacional de educação integrado e universalizado. Também se localizam aí as questões relativas ao enfrentamento do crescente pragmatismo que assola a educação buscando submetê-la a uma dimensão instrumental e de interesses imediatos e estritos ao mundo dos negócios.

No contexto atual, em que temos um CEFET transformado em universidade tecnológica e a transformação dos demais CEFET em IFETS, faz-se necessário trazer à cena algumas questões que estão envolvidas nessas mudanças. É importante que a definição do caminho a ser seguido leve em conta o percurso histórico das instituições, sua estrutura atual e as demandas educacionais da sociedade brasileira. Nesse contexto, destacam-se questões centrais, tal como a oferta da educação profissional técnica e do ensino médio e a oferta da educação superior e o correspondente financiamento.

Em especial, com relação à oferta da educação profissional técnica e do ensino médio à primeira questão, tendo em vista a articulação da oferta educacional com um projeto de sociedade socialmente justa e democrática, consideramos que a alternativa de educação profissional técnica integrada ao ensino médio, em que pese sua coexistência com as outras possibilidades mantidas pelo Decreto nº 5.154/04,[6] em um período admitido como de transição, deve ser incentivada e induzida pelo poder público como opção preferencial de expansão de suas redes em razão de três assertivas:

- a expansão do ensino médio, tendo-se por meta sua universalização como direito básico e de cidadania;
- a educação profissional integrada ao ensino médio, tendo por referência principal o atendimento a adolescentes e jovens, como questão de democracia social e inserção no mundo do trabalho[7] e,
- a educação integral, tendo como articuladores da organização curricular a ciência, o trabalho e a cultura.[8]

Assim, julgamos central e prioritário a ampliação da oferta do ensino médio nas instituições educacionais, na rede pública federal e nas redes estaduais.[9] Nesse sentido, no caso da transformação de CEFET em universidades ou institutos, ou mesmo que isso não venha a ocorrer, a oferta da educação profissional técnica integrada ao ensino médio deve ser uma das principais prioridades das instituições. Essa oferta não deve ser residual, mas significativa e prioritária.

Ademais, entendemos que a oferta dessa modalidade não deve ser secundarizada ou diminuída quantitativa e qualitativamente em detrimento de outras ofertas, como, por exemplo, a oferta de ensino superior ou de outras modalidades e níveis.

Com relação à oferta do ensino superior, seja nos CEFET, IFET ou universidade tecnológica, condicionada à prioridade a ser conferida ao ensino médio integrado, conforme exposto nos parágrafos anteriores, entendemos que deve ser ampliada aos bacharelados e licenciaturas e não ficar restrita aos cursos superiores de tecnologia. Nossa concepção de tecnologia como relação social, conforme referimos anteriormente, leva-nos à compreensão da amplitude dessa categoria e de seu caráter necessariamente relacional, para que não incorramos na instrumentalidade de tomar os processos tecnológicos como fenômenos particulares em si, mas como processos sociais, para a apreensão dos quais se exige a abordagem do conhecimento geral universal. Por exemplo, cursos ou programas que tenham como foco a educação tecnológica, a filosofia da ciência e da tecnologia, o controle social das tecnologias, em discussões multidisciplinares que envolvam a educação, a sociologia, a antropologia, a história e a economia política, entre outros, são fundamentais para a plena apreensão do significado da ciência e da tecnologia. Dessa maneira, entendemos que as instituições de educação profissional e tecnológica devem ter inserção na oferta dos cursos de engenharia e em outros cursos de bacharelado nas áreas de ciências exatas e da terra, de ciências da vida e de ciências humanas, sociais e sociais aplicadas. Para tanto, sem dúvida, os requisitos necessários de qualificação deverão ser os mesmos solicitados à universidade pública brasileira de modo geral.

Ainda no relativo ao ensino superior, é importante destacar outra prioridade: trata-se da formação de professores, uma demanda fundamental se queremos pensar seriamente na universalização da educação básica. Nesse sentido, grande parte dos CEFET reúne ou poderá reunir as condições necessárias para qualificar-se à oferta de licenciaturas nas áreas científica e tecnológica, em que se concentram grande parte dos professores e grupos de pesquisa atualmente existentes nessas instituições.

Por fim, a questão do financiamento da educação profissional e tecnológica, embora tenha especificidades, não pode ser entendida isolada do financiamento para a educação pública brasileira. A questão do financiamento da educação, tendo como horizonte a universalização em todos os níveis é estratégica para um projeto de nação que tenha como pressupostos a democracia social e a autodeterminação.

No caso particular da educação profissional e tecnológica, é importante destacar que suas instituições passaram a assumir, no contexto das reformas educacionais a partir dos anos de 1990, uma série de novas atribuições.[10] Além de se darem no contexto das dicotomias apontadas anteriormente, essas novas atribuições não foram acompanhadas dos recursos orçamentários ao pleno suporte de tais atividades. Assim, as adaptações foram feitas levando em consideração tal realidade, de forma que novas mudanças – como, por exemplo, a transformação em universidade tecnlógica ou instituto e as demandas daí advindas – terão esse limitante. Em todo caso, a definição de questões como as relativas à oferta educacional, à capacitação dos recursos humanos e à manutenção e expansão da infraestrutura física são questões postas à realidade atual das instituições de educação profissional e tecnológica, quer sejam ou não transformados em universidades ou institutos.

Assim, fica claro que a hipótese de retomada da educação profissional técnica integrada ao ensino médio, em níveis de oferta no mínimo iguais aos anteriores e com perspectiva de crescimento, dependerá de aporte de novos recursos. Caso tal não se verifique, e mantenha-se o nível de financiamento atual, a oferta integrada ficará limitada ao residual ou, caso se aposte na priorização dessa modalidade, implicará o abandono e redução da oferta das alternativas assumidas no decorrer da reforma, como os Cursos Superiores de Tecnologia (CSTs) e/ou os cursos pós-médios. Essa definição, no quadro de escassez dos recursos públicos, demandará, em última instância, o estabelecimento de prioridades, para o que se deve ter como base a discussão e a democracia internas e a participação da sociedade civil, tendo como referência que as decisões devem se articular a um projeto de nação.

À expansão da rede pública, mediante o investimento público na infraestrutura física e em recursos humanos, deve corresponder uma necessária política de garantia do padrão de qualidade da educação profissional técnica e tecnológica integrada ao ensino médio e à educação superior oferecida pelas instituições públicas, destacando-se aí a capacitação do corpo docente e de técnicos administrativos e a qualificação dos cursos oferecidos.

No que se refere à relação com a sociedade, é importante destacar que, por força ou herança da formação do Estado brasileiro e, em particular, do sistema de educação e formação profissional, o segmento empresarial tem exercido historicamente forte influência patrimonialista. Nesse sentido, quando falamos na relação com a sociedade civil, temos como referência a necessidade de superação de concepções particularistas e reducionistas que privilegiam o diálogo com os representantes do capital e do mundo dos negócios, eufemisticamente denominados de "setores produtivos", para o atendimento de suas demandas estritas e imediatas, em detrimento da interlocução com os representantes da classe trabalhadora e dos segmentos populares de nosso país, para os quais se deveriam voltar prioritariamente a ação das instituições educacionais públicas com vistas ao atendimento dessas demandas sociais.

A TRANSFORMAÇÃO DO CEFET-PR EM UNIVERSIDADE TECNOLÓGICA FEDERAL DO PARANÁ – UTFPR

Ainda que a Lei nº 11.184/05, que transformou o CEFET-PR em UTFPR, seja específica para aquela instituição, considerando que essa é a primeira universidade tecnológica criada no país e a importância que pode ter a experiência para o desencadeamento de uma série de outras iniciativas de transformação semelhantes, similares ou de outros percursos a esses relacionados,[11] faremos, neste tópico, um breve relato e discussão do processo ocorrido naquela instituição e sua relação com a questão da identidade da educação profissional e tecnológica e sua relação com a educação básica e superior.

A categoria universidade especializada por campo de saber, introduzida na configuração da educação brasileira pelo parágrafo único do artigo 52 da Lei de Diretrizes e Bases da Educação Nacional (LDBEN), complementado pelo artigo 8º do Decreto nº 3.860/01[12], constitui a base legal dos argumentos centrais da Exposição de Motivos E.M.I. nº 062, de 21/09/2004, do Ministro da Educação, remetida ao Congresso Nacional com a proposta de transformação do CEFET-PR em Universidade Federal Tecnológica do Paraná (UTFPR). Essa proposição tramitou no Legislativo sob a denominação

PLC nº 4.183/2004 e foi aprovada pelo Congresso e sancionada como Lei nº 11.184, de 07 de outubro de 2005.[13]

Na realidade, embora a Exposição de Motivos do MEC seja do ano de 2004, o CEFET-PR, por meio de sua direção-geral, vinha pleiteando a transformação em universidade tecnológica desde o início da reforma da educação profissional, mais precisamente desde 1998. Naquela ocasião, embora a categoria universidade especializada já tivesse sido disposta pela LDBEN, os argumentos apresentados pelo CEFET-PR em favor da transformação eram de natureza bem mais pragmática: consideravam o processo de "cefetização" em curso, a questão da autonomia da instituição e uma espécie de filosofia de competição do "estar e manter-se à frente" dos demais. Foi com essa perspectiva e no processo de reestruturação da instituição, pela adesão negociada entre direção do CEFET-PR e a gestão do MEC para a pronta e plena implantação dos delineamentos do Decreto nº 2.208/97, que o Conselho Diretor aprovou e encaminhou ao MEC e ao Conselho Nacional de Educação, em dezembro de 1998, o Projeto de transformação do CEFET-PR em universidade tecnológica.[14]

A análise das relações entre MEC e direção superior do CEFET-PR é relevante porque evidencia aproximações e discordâncias, mediadas por negociações de interesses. A adesão negociada das direções do CEFET-PR foi ponto importante para que o MEC lograsse a implantação da reforma. Nesse sentido, o discurso oficial da direção do CEFET-PR, a partir de 1998, apontava como prioritária a transformação da instituição em "universidade tecnológica", como corolário do redirecionamento da instituição, que abandonava o ensino técnico de nível médio e passava a dedicar-se primordialmente ao ensino tecnológico.

Sabemos que os processos de negociação que medeiam a definição das políticas públicas não estão isentos de conflitos e contradições internas e externas. Um exemplo disso pode ser claramente identificado nesse caso particular. Veja-se que a extinção da oferta dos cursos técnicos integrados ao ensino médio foi elemento de negociação para a implantação da reforma no governo Cardoso (1995-2002) e ao mesmo tempo condição prática para que o CEFET-PR direcionasse, a partir de 1998, toda a sua estrutura prioritariamente para a oferta de cursos superiores de tecnologia, como estratégia de expansão acelerada do ensino superior na instituição, com intento justificador de sua transformação nos anos subsequentes em universidade tecnológica. No entanto, mudado o governo federal e como resultado de intensas pressões das comunidades educacionais e da sociedade civil sobre o MEC, o governo Lula passa a incentivar o retorno dos cursos técnicos integrados ao ensino médio. É, porém, sob este mesmo governo Lula – diante de complexas negociações que envolvem não somente a área educacional, mas também interesses de apoio político[15] – que o MEC envia ao Congresso Nacional o projeto de transformação do CEFET-PR em Universidade Tecnológica Federal do Paraná (UTFPR). Porém, nesse mesmo projeto, aprovado e transformado em lei, dentre os objetivos da UTFPR, consta "ministrar cursos técnicos prioritariamente integrados ao ensino médio" (inciso II, art. 4º da Lei nº 11.184/05). Na mesma direção, vemos que o Anteprojeto de Lei da Educação Superior, que tramitava à época, destacava a exigência de oferta de ensino médio integrado à educação profissional, conforme estabelecido:

> Art. 44. A universidade tecnológica federal, o centro tecnológico federal e a escola tecnológica federal devem oferecer ensino médio

integrado à educação profissional, nas áreas profissionais de sua atuação, com atenção à modalidade de educação de jovens e adultos. (Brasil, 2005, p. 20)

No entanto, a única menção que o referido Anteprojeto de Lei da Educação Superior fazia ao termo "Universidade Tecnológica Federal" é o já referido artigo 44. Esse artigo não trata da definição específica da universidade tecnológica, como em nenhum outro local do documento, deixando uma lacuna preocupante. Essa lacuna e ausência, tanto na longa Exposição de Motivos, quanto no próprio texto do anteprojeto, é denunciadora do descompasso entre decisões políticas e o seu devido amadurecimento democrático no debate com a sociedade. Evidencia o baixo grau de consenso e de acúmulo na comunidade educacional brasileira, na sociedade civil e nas próprias instâncias governamentais e legislativas sobre a questão da universidade tecnológica, conforme já apontado no início do capítulo. Assim, do ponto de vista legal, as únicas definições que temos até o presente momento estão na Lei nº 11.184/05, referidas ao caso particular, à qual faremos, a seguir, algumas considerações.

Aprendemos com a análise de conteúdo e com a análise documental que, em geral, conflitos e contradições estão presentes nos próprios textos, ou, como no presente caso, na própria legislação, não apenas em sua aplicação. Assim, nossa análise da Lei nº 11.184/05 identifica descontinuidades ou dissonâncias: os princípios e finalidades *versus* os objetivos e estrutura propostos para a UTFPR. Por exemplo, no que refere às finalidades da UTFPR, o inciso I do artigo 3º, estabelece: "desenvolver a educação tecnológica, entendida como uma dimensão essencial que ultrapassa as aplicações técnicas, interpretando a tecnologia como processo educativo e investigativo" (Brasil, 2005, p. 2). Já o inciso II, do mesmo artigo, traz duas definições centrais: considera "a tecnologia como ciência do trabalho produtivo e o trabalho como categoria de saber e produção" (Brasil, 2005, p. 2).

Essas são definições importantes, uma vez que rompem com concepções reducionistas de especificidade e de aplicação que costumam embasar o determinismo tecnológico. Da mesma forma, a adoção do conceito de Gama (1986, p. 181-213), "tecnologia como ciência do trabalho produtivo", possibilita uma compreensão mais abrangente sobre as múltiplas intersecções da tecnologia com as dimensões socioculturais da sociabilidade humana. A posição de Gama, ao enfatizar a discussão sobre tecnologia em suas relações com o mundo do trabalho, sem obscurecer a importância dos aspectos materiais de objetificação do trabalho, permite a compreensão de seus aspectos imateriais, históricos, sociais e econômicos, como premissas de pesquisa, retomando delineamentos de uma história crítica da tecnologia, baseada na tradição do materialismo histórico e dialético. Em texto anterior, destacamos que a adoção do conceito de trabalho produtivo por Ruy Gama está conectada à caracterização histórica do trabalho no modo de produção capitalista, o que permite a compreensão da tecnologia como um fenômeno histórico-social, evitando a sua autonomização e sua fetichização (Lima Filho e Queluz, 2005).

Não é de menor importância a consideração de que o "trabalho é categoria do saber e da produção", que se aproxima das formulações marxistas e gramscianas de integração do trabalho manual e intelectual e do trabalho como princípio educativo. No entanto, quando nos fixamos nos artigos relativos aos objetivos e estrutura da UTFPR (artigos 4º e 5º da Lei nº 11.184/05, respectivamente), verificamos contradições e restrições em relação aos conceitos analisados anteriormente e ambiguidades preocupantes com relação à identidade dessa instituição. Nesse sentido, destacamos a referência reiterada à "pesquisa aplicada" e a nomeação destacada aos "setores produtivos", retomando concepções mais restritas, particularistas e deterministas da tecnologia e da educação. Ademais, a nomeação específica de interação com determinado segmento da sociedade, em detrimento dos demais, revelam, subliminarmente, uma relação preferencial com os nomeados, no caso os setores empresariais.

Constatamos que, se a Lei nº 11.184/05 apresenta ambiguidades, o discurso oficial da Direção do então CEFET-PR e da agora UTFPR vem, ao longo dos anos que culminaram com a transformação do CEFET-PR em Universidade Tecnológica, apropriando-se dessas ambiguidades e estabelecendo sua interpretação particular. Busca resolvê-las pelo lado dos interesses do capital, encaminhando suas ações e representações no sentido de um modelo de universidade "estritamente" tecnológica.

Tal concepção estrita se encaminha em direção contrária a prioridades que discutimos no tópico anterior. No caso do ensino médio, verifica-se uma contínua redução dessa oferta desde o início das reformas educacionais, em 1995, quando ainda CEFET-PR, tendência que se manteve com a transformação em UTFPR. Essa redução continuada, inclusive chegando a índices residuais no presente momento, evidencia a ausência de compromisso com uma das questões mais importantes da política educacional brasileira, a universalização do ensino médio.

Quanto ao ensino superior, verifica-se que sua oferta articula-se a uma concepção "específica e inovadora" de universidade tecnológica, na qual a inovação e diferenciação se dão por premissas de dissociação do "saber teórico" e do "fazer tecnológico". Aliás, é uma concepção de diferenciação de saberes e fazeres que se materializa em diferenciação institucional, entre universidade e universidade tecnológica. Na mesma linha, quando constatamos discursos oficiais dos órgãos superiores da UTFPR que fazem menção ao desenvolvimento de protótipos para a indústria, a partir de conhecimentos produzidos externamente à universidade tecnológica, argumentamos que tais posições revelam não somente concepções equivocadas de hierarquização de saberes, mas também o estreito significado atribuído por esse mesmo discurso ao termo "pesquisa aplicada": pesquisa dirigida ao atendimento de demandas imediatas dos setores industriais empresariais.

Assim, a concepção da relação entre educação e sociedade contida no modelo de "universidade tecnológica" conduzido pelos órgãos superiores da UTFPR opera mediante uma dupla redução conceitual: primeiro, reduz-se a sociedade, priorizando a interlocução da universidade com um segmento, o setor empresarial; segundo, a educação é reduzida à dimensão instrumental – o da hierarquização do conhecimento à sua aplicabilidade prática, promovendo uma prioridade da construção e transmissão de conhecimentos limitados aos requerimentos estritos do mercado de trabalho.

Essa concepção ataca frontalmente aspectos centrais da universidade pública, como, por exemplo, a universalidade dos saberes, a autonomia frente ao mercado e ao Estado e a democracia interna. Por essas razões, constatamos que o modelo institucional que vem sendo conduzido pelos órgãos superiores da UTFPR aproxima-se de concepções e práticas que têm como características principais a heteronomia institucional, o conceito instrumental de tecnologia, o conceito de universidade como instituição prestadora de serviços, a pesquisa e a extensão aplicadas, ou seja, focadas preferencialmente nos interesses imediatos dos setores empresariais, afastando-se, assim, dos caminhos da construção de uma universidade verdadeiramente pública.

NOTAS

1. Com exceção do CEFET-RJ e do CEFET-MG, que optaram por não aderir à chamada pública, os demais CEFET existentes, alguns em conjunto com escolas agrotécnicas ou escolas técnicas vinculadas a universidade federais, encaminharam suas propostas de transformação em IFETS, constituindo, assim, a proposta de criação de 38 institutos distribuídos nos diversos estados do país, conforme o Projeto de Lei nº 3.775/08.
2. O capítulo tem como referência principal uma versão modificada, resumida e atualizada do texto de minha autoria "A universidade tecnológica e sua relação com o ensino médio e a educação superior: discutindo a identidade e o futuro dos CEFET", publicado em Lima Filho, D. L. e Tavares, A. G. *Universidade Tecnológica: concepções, limites e possibilidades.* Curitiba: Progressiva, 2006. Além disso, parte das reflexões e inquietudes aqui contidas contou com a inestimável contribuição das reflexões coletivas – embora não consensuais – produzidas em conjunto, em fevereiro/2006, com os professores Alípio Sousa Filho, Dante Henrique Moura, Luiz Augusto Caldas Pereira, Maria Clara Bueno Fischer e Naira Franzoi Lisboa. Essas referências, por sua vez, constituíram a base da palestra proferida no Simpósio Nacional sobre Universidade Tecnológica, na I Jornada Nacional da Produção Científica em Educação Profissional e Tecnológica, promovida pelo Ministério da Educação, Brasília, 28 de junho 2006.
3. Embora tomemos essas duas matrizes conceituais como principais, é importante considerar que há uma diversidade de posições e que existem conceituações divergentes mesmo dentro dessas duas matrizes. No entanto, ao destacar os elementos conflitantes que caracterizam a oposição entre essas duas matrizes, estamos utilizando um recurso metodológico de análise que trata dos chamados tipos ideais, ou seja, de "recursos heurísticos que ordenam um campo de investigação e identificam as áreas primárias de consenso e dissensão. Eles ajudam a esclarecer as linhas mestras de argumentação e, com isso, a estabelecer os pontos de discordância fundamentais" (Held e McGrew, 2001, p.10).
4. Aqui não se trata da superação da dualidade estrutural, posto que a origem e manutenção desta se situa nas relações sociais capitalistas de produção. Assim, uma política educacional poderia trazer, como hipótese, a possibilidade de mitigar tal dualidade, não permitindo a sua efetiva superação, o que somente poderia ocorrer sob novas relações sociais de produção.
5. Bobbio, Norberto. *A era dos direitos*. Rio de Janeiro: Campus, 1992.
6. O complexo processo que mediou a revogação do Decreto nº 2.2208/97 e levou à edição do Decreto nº 5.154/04, bem como à possibilidade de oferta da educação profissional técnica integrada ao ensino médio, ou, como dito, uma retomada em novas bases, de um ensino médio integrado, tendo como referência a ciência, o trabalho e a cultura, é tratado com profundidade em Frigotto, Ciavatta e Ramos (2005).
7. O censo populacional (Instituto Brasileiro de Geografia e Estatística, 2000) nos mostra a preocupante situação escolar e ocupacional dos adolescentes e jovens brasileiros na faixa etária entre 16 e 24 anos: 21% deles somente estudam; 19% estudam e trabalham; 5% estudam e procuram emprego; 35% somente trabalham; 6% não estudam e procuram emprego e, na condição mais grave, 14% desses adolescentes e jovens não estudam, não trabalham e não procuram emprego. Ou seja, por um lado, 55%, mais de 18 milhões de jovens e trabalhadores entre 16 e 24 anos, estão fora da escola; por outro, 46% dos jo-

vens de nosso país estão fora do trabalho. Sabe-se, ademais, que essa condição atinge mais fortemente às populações de extratos de renda familiar mais baixa, provocando situações de forte exclusão social.
8 O ensino médio integrado à formação profissional aqui referido não constitui uma proposta reduzida de ensino médio. Ao contrário, é uma proposta de ensino médio com a mesma base unitária enriquecida em relação a este com a formação profissional. Tem um caráter social pensado para uma parcela da oferta, como uma travessia. No entanto, uma proposta que, atendida às condições de estrutura das esco-las, deve ser pensada para toda a escola média.
9 Como há programas de expansão da rede federal e de apoio à expansão da educação profissional nas redes estaduais, tanto em número de instituições, quanto em estrutura física das existentes, é possível rapidamente viabilizar o crescimento dessa oferta, desde que para ela seja adotada a prioridade.
10 Dentre essas novas atribuições, destacamos a oferta de cursos profissionais pós-médios, a oferta ampliada dos cursos superiores de tecnologia, dos cursos de bacharelado e licenciatura e de atividades de educação e qualificação profissional básica, ligadas a diversos programas, dentre os quais o Plano Nacional de Qualificação do Trabalho (PLANFOR), Plano Nacional de Qualificação (PNQ), Programa Escola de Fábrica, Programa de Primeiro Emprego, Pró-Jovem e, mais recentemente, o PROEJA.
11 Como é o caso do processo em curso que trata transformação dos CEFET em IFET.
12 Art. 8º As universidades caracterizam-se pela oferta regular de atividades de ensino, de pesquisa e de extensão, atendendo ao que dispõem os artigos. 52, 53 e 54 da Lei nº 9.394, de 1996....
§ 2º. A criação de universidades especializadas, admitidas na forma do parágrafo único do art. 52 da Lei no 9.394, de 1996, dar-se-á mediante a comprovação da existência de atividades de ensino e pesquisa, tanto em áreas básicas como nas aplicadas, observado o disposto neste artigo (Brasil, 2001, p. 2).
13 O texto do PLC nº 4.183/2004 praticamente não sofreu alterações de conteúdo em sua tramitação no Congresso Nacional, sendo aprovado e sancionado como Lei nº 11.184/05, de 07 de outubro de 2005 (Dispõe sobre a transformação do Centro Federal de Educação Tecnológica do Paraná em Universidade Tecnológica Federal do Paraná e dá outras providências).
14 Cf. o documento *Universidade Tecnológica Federal do Paraná – Projeto,* aprovado pelo Conselho Diretor do CEFET-PR em novembro de 1998. A discussão aprofundada desse processo de negociações entre MEC e CEFET-PR encontra-se em Lima Filho (2002).
15 Por exemplo, o Governo do Estado do Paraná, a bancada federal e a bancada estadual de parlamentares dos diversos partidos representados no Estado, reiteravam que o Paraná tinha somente uma universidade federal, diferentemente de estados como Minas Gerais, São Paulo, Rio de Janeiro e Rio Grande do Sul. Assim, pleitearam e negociaram acordos políticos que envolviam compromissos do governo federal para com a expansão do ensino superior no Paraná, dentro do que se inseria a transformação do CEFET-PR em universidade.

REFERÊNCIAS

BANCO MUNDIAL. *Prioridades y estrategias para la educación.* Washington, 1995.

BANCO INTERAMERICANO DE DESENVOLVIMENTO. *Reforma del sector de educación profesional*: Brasil. Washington, 1997.

BANCO INTERAMERICANO DE DESENVOLVIMENTO *Reforma de la educación primaria y secundaria en América Latina y Caribe*: documento de estrategia. Washington, 2000a.

BANCO INTERAMERICANO DE DESENVOLVIMENTO *Capacitación profesional y técnica*: una estrategia del BID. Washington, 2001.

BRANDÃO, M. *Universidade tecnológica*: uma pequena contribuição. Rio de Janeiro: [s.n.], 2004. Mimeografado.

BRASIL. Constituição (1988). *Constituição da República Federativa do Brasil*: promulgada em 5 de outubro de 1988. 25. ed. atual e ampl. São Paulo: Saraiva, 2000.

BRASIL. *Decreto nº 3.860/01, de 9 de julho de 2001.* Dispõe sobre a organização do ensino superior, a avaliação de cursos e instituições. Brasília, 2001.

BRASIL. *Decreto n° 5.154, de 23 de junho de 2004.* Regulamenta a Lei 9.394/96. Diário Oficial da União, Edição nº 132, de 12/07/04. Brasília: 2004a.

BRASIL. *Decreto n° 5.224, de 01 de outubro de 2004.* Dispõe sobre a organização dos Centros Federais de Educação Tecnológica. Diário Oficial da União, Edição no. 191, de 04/10/2004. : Brasília: 2004b.

BRASIL. *Decreto n° 5.225, de 01 de outubro de 2004.* Dispõe sobre a organização do ensino superior. Diário Oficial da União, Edição nº 191, de 04/10/2004. : 2004c.

BRASIL. *Decreto nº 2.208/97, de 17 de abril de 1997.* Regulamenta o § 2º do art. 36 e os arts. 39 a 42 da lei nº 9.394/96. Diário Oficial da União, Edição nº 74, de 18/04/1997. Brasília, 1997.

BRASIL. *Lei nº 9.394/96, de 20 de dezembro de 1996.* Estabelece as Diretrizes e Bases da Educação Nacional. Diário Oficial da União, Edição nº 248, de 23/12/1996. Brasília, 1996.

BRASIL. *Projeto de Lei 4.183/04.* Transforma o Centro Federal de Educação Tecnológica do Paraná em Universidade Federal Tecnológica do Paraná. Brasília: 2004d.

BRASIL. *Lei nº 11.184/05, de 07 de outubro de 2005.* Dispõe sobre a transformação do Centro Federal de Educação Tecnológica do Paraná em Universidade Federal Tecnológica do Paraná. E dá outras providências. Diário Oficial da União, Edição de 10/10/2005. Brasília, 2005.

BRASIL. *Lei nº 11.892/08, de 29 de dezembro de 2008.* Institui a Rede Federal de Educação Profissional, Científica e Tecnológica, cria os Institutos Federais de Educação, Ciência e Tecnologia, e dá outras providências. Diário Oficial da União, Edição de 30/12/2008. Brasília, 2008.

BREMER, M.; LIMA FILHO, D. L. *El concepto de tecnología en la enseñanza secundaria y profesional: reflexiones desde el currículo y de la práctica escolar.* In: CONGRESO IBEROAMERICANO DE LA FILOSOFÍA DE LA CIENCIA Y LA TECNOLOGÍA, 2., 2005, Tenerife. *Anais...* Tenerife, Universidad de La Laguna, 2005.

CENTRO FEDERAL DE EDUCAÇÃO TECNOLÓGICA DO PARANÁ. *Planejamento estratégico do CEFET-PR.* Curitiba, 2001.

CENTRO FEDERAL DE EDUCAÇÃO TECNOLÓGICA DO PARANÁ. *Universidade tecnológica federal do Paraná*: projeto. Curitiba, 1998.

CONTRATO n. 1052 – OCBR: *Programa de Reforma de la educación profesional.* Washington, 2000b. Disponível em: <www.iadb.org>. Acesso em: 15 dez. 2000.

FRIGOTTO, G.; CIAVATTA, M.; RAMOS, M (orgs.). *O ensino médio integrado.* São Paulo, Cortez, 2005

GAMA, R. *A tecnologia e o trabalho na História.* São Paulo: Nobel/Edusp, 1986.

GARCIA, N.; LIMA FILHO, D. Politecnia ou educação tecnológica: desafios ao ensino médio e à educação profissional. In: REUNIÃO ANUAL DA ANPED, 27., 2004, Caxambú. *Anais...* Caxambu: [s.n.], 2004. Trabalho encomendado pelo GT-9 – Trabalho e Educação.

GOMÉZ-FABLING, C. *El BID y la educación superior no universitaria.* Washington: BID, 2000.

HELD, D.; McGREW, A. *Prós e contras da globalização.* Rio de Janeiro, Zahar, 2001.

INSTITUTO BRASILEIRO DE GEOGRAFIA E ESTATÍSTICA (IBGE). *Censo Populacional de 2000.* Disponível em: <www.ibge.gov.br.>. Acesso em: 12 jun.2005.

LIMA FILHO, D. L. *A reforma da educação profissional no Brasil nos anos noventa.* 2002. Tese (Doutorado em Educação)-Programa de Pós-Graduação em Educação da Universidade Federal de Santa Catarina, Florianópolis, 2002.

LIMA FILHO, D. L. A "feliz aliança" entre educação, desenvolvimento e mobilidade social: elementos para uma crítica à nova roupagem do capital humano. *Revista Trabalho & Educação,* Belo Horizonte, v.12, n. 2, p. 61-80, Jul./dez. 2003b.

LIMA FILHO, D. L. *A desescolarização da escola*: impactos da reforma da educação profissional (período 1995 a 2002). Curitiba: Editora Torre de Papel, 2003.

LIMA FILHO, D. L .*Dimensões e limites da globalização.* Petrópolis: Vozes, 2004.

LIMA FILHO, D. L.; QUELUZ, G. L. A tecnologia e a educação tecnológica: elementos para uma sistematização conceitual. *Revista Educação &*

Tecnologia, Belo Horizonte, v. 10, n. 1, p. 19-28., jan./jun. 2005.

LIMA FILHO, D. L. A Universidade Tecnológica e sua relação com o ensino médio e a educação superior: discutindo a identidade e o futuro dos CEFET. *Perspectiva: Revista do Centro de Ciências da Educação* – UFSC, v. 23, n. 2, jul/dez 2005a – Florianópolis.

LIMA FILHO, D. L. A universidade tecnológica e sua relação com o ensino médio e a educação superior: discutindo a identidade e o futuro dos CEFET. In: LIMA FILHO, D. L. e TAVARES, A. G. *Universidade Tecnológica: concepções, limites e possibilidades*. Curitiba, Editora Progressiva, 2006.

LIMA FILHO, D. L. A Universidade Tecnológica entre o público e o privado: pragmatismo e determinismo tecnológico na reforma da educação superior. In: João dos Reis da Silva Júnior (Org.). *O pragmatismo como fundamento das reformas educacionais no Brasil*. São Paulo, Editora Átomo & Alínea, 2007.

MINISTÉRIO DA EDUCAÇÃO. *Exposição de Motivos E.M.I. nº 062, de 21/09/2004*. Brasília, 2004.

MINISTÉRIO DA EDUCAÇÃO. *Anteprojeto de Lei da Reforma da Educação Superior*. Brasília, 2005. Disponível em: <www.http://portal.mec.gov.br/arquivos/pdf/acs_finalrefroma280705.pdf.>. Acesso em: 16 ago. 2005.

MINISTÉRIO DA EDUCAÇÃO / INEP. *Cursos Superiores de Tecnologia*. Brasília, Apresentação na I Jornada Nacional da Produção Científica em Educação Profissional e Tecnológica, 2006.

MINISTÉRIO DA EDUCAÇÃO. Secretaria de Educação profissional e Tecnológica. Brasília, 2008. Disponível em: <http://portal.mec.gov.br/setec/>. Acesso em: 20.11.2008.

PINTO, A. V. *O conceito de tecnologia*. Rio de Janeiro, Contraponto, 2v, 2005.

Universidades tecnológicas

horizonte dos Institutos Federais de Educação, Ciência e Tecnologia (IFETS)?[1]

9

Maria Ciavatta

"Porque o pecado nativo é simplesmente estar vivo, é querer respirar".
(Belchior e Toquinho)

Em uma dessas frases memoráveis, Antonio Cândido lembrava que o papel dos intelectuais é "pôr ordem nas ideias". Entendemos que essa frase deve ser lida em dois sentidos: primeiro, pôr ordem nas ideias não é pontificar abstratamente, colocando-se a salvo das consequências de seu pensamento. Em segundo lugar, cabe a quem aspira a essa ordenação, pensar dentro da realidade de seu tempo, assumir-se como parte ativa dessa realidade.

Se assim for, quando falarmos nas questões para debate sobre a universidade tecnológica, dada sua importância na vida nacional, toda ordem que se possa pôr nas ideias é uma ordenação comprometida com nossas aspirações, interesses, projetos de vida e de sociedade. Ideologias, vieses profissionais, interesses políticos estão postos em cena.

Mais, talvez, do que os intelectuais da filosofia, das ciências e das tecnologias, os artistas e os poetas são capazes de intuir a verdade profunda dos acontecimentos. Assim é que entendemos os versos de Belchior e Toquinho que, ditos no contexto maior da repressão dos anos de 1970, aplicam-se ainda hoje à universidade, se entendida como instância de criação de conhecimento e de libertação do ser humano das muitas prisões a que está sujeito: "porque o pecado nativo é simplesmente estar vivo, é querer respirar". O movimento da história se realiza em um contexto de contradições engendradas pelo não conformismo a tudo que é articulado para aprisionar o espírito. Somente assim se podem entender as lutas pela existência das universidades públicas em nosso país.[2]

Mas podemos também nos interrogar sobre o significado da criação da Rede Federal de Educação Profissional e a transformação de quase quatro dezenas de instituições em Institutos Federais de Educação, Ciência e Tecnologia (IFETS ou apenas Institutos Federais como parece que alguns preferem ser chamados – Lei nº 11.892 de 28 de dezembro de 2008). Ao todo, são 38, incluindo Centros Federais de Educação Tecnológica (CEFETS), Escolas Técnicas Federais e Escolas Agrotécnicas Federais transformadas em instituições de nível superior, com reitores e pró-reitores, etc., estrutura multicampi, com todas as funções, direitos e deveres das universidades, com ensino médio, incluindo a modalidade educação de jovens e adultos, graduação, licenciatura e pós-graduação (especialização, mestrado e doutorado).

Como os CEFETS e as demais escolas se prepararam para essa transformação em bloco?

Além de uma aspiração legítima de alguns de ver reconhecida a competência acadêmico-científica adquirida? Ou seria essa iniciativa também manifestação de uma necessidade ideológica que permeia a sociedade brasileira, o seu povo e as suas elites de terem nível superior no sentido que lhes pode dar o título de doutor (médico, engenheiro ou advogado, originalmente – extensivo hoje, ao que parece, a profissões afins a essas, ao arquiteto, ao psicólogo, ao fonoaudiólogo, ao nutricionista)?

Seria assim, também, uma expressão do dualismo da estrutura de classes da sociedade brasileira que permeia a educação no fenômeno tantas vezes identificado e criticado como dualismo educacional? Com base na divisão técnica e social do trabalho, a história da educação no Brasil apresenta-se como uma disputa permanente, explícita ou latente, pela separação entre a formação geral e a formação profissional. A primeira, conduzindo à educação de nível superior e a segunda, ao trabalho, à formação profissional para as atividades manuais e técnicas.

Examinamos, em uma primeira abordagem, esse fenômeno antigo e sua expressão recente aparente, a "aspiração universal brasileira" ao ensino superior, a hipótese de que todo ou quase todo o sistema federal de educação tecnológica aspira a ser universidade. Trazemos algumas ideias ao debate. São três aspectos principais: a ideia de universidade e de universidade tecnológica, seu significado como parte das políticas públicas em educação e sua relação com o ensino médio.

UNIVERSIDADE E UNIVERSIDADES TECNOLÓGICAS

A universidade brasileira é fruto tardio do colonialismo. Enquanto as mais antigas universidades europeias são do século XII e, na América Latina, na República Dominicana, no México, no Peru, do século XVI, no Brasil, criou-se, na lei, a Universidade do Rio de Janeiro, em 1920, pela agregação de três escolas existentes no Rio desde o século anterior, Direito, Medicina e Escola Politécnica (Engenharia). Apenas em 1931, com o Estatuto das Universidades Brasileiras, o governo implantou a universidade criada, incorporando-lhe outras escolas superiores. Esta veio a se tornar a Universidade do Brasil em 1937, e é a atual Universidade Federal do Rio de Janeiro.

Também a pós-graduação, como um sistema nacional, é tardia em nosso país, mas com algum avanço em relação a outros países da América Latina. Fruto contraditório da ditadura que projetava um "Brasil grande", ela incorporou aspirações de setores universitários, que precedem os anos de 1960 e geraram um pensamento crítico que tem sua mais visível expressão no sistema de pós-graduação nas diversas áreas do conhecimento. Criado em 1971, ainda não tem quarenta anos. No México, foi criado em 1974 e, na maioria dos demais países latino-americanos, a pós-graduação é residual.

Como o nome diz, a universidade nasceu sob o signo do universo que, no passado remoto do século XII, era tão universal que abrangia o divino. A descida do conhecimento dos céus à terra, da divindade ao ser humano, operada pela ciência moderna, universalizou as instituições universitárias no sentido de um outro universo. Esse universo incorporou todas as descobertas humanas, toda a grandeza da ciência que vai dos astros ao mais profundo dos mares, das imensidões inimagináveis aos recônditos invisíveis do mundo das "nano-grandezas". Nesse processo extraordinário de luta entre a criação e a destruição a que assistimos hoje, manteve-se a ideia da universalidade do conhecimento no sentido de que a realidade não se compõe de fatos isolados, de pedaços, de partes estanques, mas de objetos, seres, fenômenos, ideias em relação.[3]

A especialização das ciências, cada uma com seu campo de pesquisa, seus objetos, seus conceitos e métodos, é um artifício da convivência humana que disputa primazias, revelações, prêmios e propriedades. É também fruto da complexidade do mundo em que nos movemos que, por ser tão elevada, não há alternativa ao modelo das especialidades constituídas.[4] Mas, cada vez mais, à medida que se perde o conjunto de relações em que estamos imersos, assim como estão todos os demais seres do universo, mais se apresenta o lado obscuro e ameaçador do próprio conhecimento que se torna um fim em si mesmo, que formaliza a questão ética da sobrevivência humana, mas não respeita suas necessidades e limites. O que se evidencia na fome de milhões de pessoas e nas ameaças à vida na terra.

Não há como desconhecer a descoberta fabulosa que é o sistema capitalista de produção contemporâneo, na sua dinâmica produtiva sem limites que não sejam a extração das ultimas matérias-primas, a carência de alguma tecnologia ainda mais avançada ou a extinção do ser humano – hoje, diríamos, dos consumidores. Mas essa descoberta extraordinária capaz de organizar em sistemas relacionados os seres orgânicos e inorgânicos, as máquinas e os homens que as inventaram, está a serviço de poucos, transforma-se em força para subjugar a vida, os povos, o planeta.

Nesse intento de pôr ordem nas ideias não há coisas novas, porque todos convivem com essa realidade. O problema que aqui nos importa não é a novidade das ideias, mas sua reiteração para que se avance no significado ambíguo do que devam ser as universidades tecnológicas brasileiras.

Universidade tecnológica é uma contradição em termos a universidade especializada.[5] Se é uma instituição que pretende abrigar a universalidade ou a rica diversidade dos saberes produzidos pela humanidade, não pode abrigar apenas os saberes tecnológicos, nem mesmo apenas os saberes científicos das ciências da natureza, da física, da química, da matemática, etc., que dão sustentação às tecnologias.

Mas se é uma contradição em termos, é, também, uma realidade social, historicamente admitida e desenvolvida em muitos países, nos mais avançados que nos servem de modelo. Não estamos inventando a universidade tecnológica. Estamos aspirando a ter um sistema de produção do conhecimento científico-tecnológico comparável aos países do capitalismo central.[6]

A quem servem as universidades tecnológicas, a que se destinam, que modelos educativos desenvolvem, quem se apropria do conhecimento produzido e da capacitação oferecida, quem se apropria da extraordinária produção de bens e serviços? Essa é a nossa questão e não é segredo para ninguém que toda a riqueza produzida é apropriada por grupos cada vez mais reduzidos e poderosos, em detrimento da distribuição mais equitativa de renda, das necessidades de populações famintas, doentes, degradadas pelo desemprego e os vículos precários de trabalho em todo mundo, produzindo o "horror econômico" de que nos fala Forrester (1997), e a "corrosão do caráter" (Sennett, 2001).

As universidades tecnológicas, em que pesem suas possíveis boas intenções, não podem deixar de considerar que nosso tempo é o da produção capitalista. Nossas escolas são parte do sistema, nossas universidades são instrumentos de produzir objetos e pessoas conformados à desigualdade social, à ideologia da competição, ao desamparo social dos mais fracos, dos menos "competentes" para essa luta desenfreada em que nos movemos. De um lado, o avanço tecnológico que, apoiado nos meios de comunicação, no som e na sedução da imagem, amplia o acesso das populações a novos medicamentos, a tecnologias para o consumo de massa (televisão, eletrodomésticos, telefone celular, etc.). De outro, amplia-se a reprodução do capital, do poder do dinheiro, desarticulando os projetos das nações de ter poder para decidir seus rumos econômicos, políticos, culturais

Como as atuais e as futuras universidades tecnológicas vão lidar com a produção a serviço dessa civilização sedutora e perversa na sua insensibilidade aos valores mais caros da formação humana? A ciência e a tecnologia, hoje, são parte do deslumbramento de uns e do desprezo de outros que preveem a destruição do planeta. O que significa ser uma instituição universitária tecnológica pública em um país de capitalismo dependente[7] dos centros hegemônicos como o nosso? Que diretrizes de produção do conhecimento e de valores ético-educativos vão ser observados?

AS POLÍTICAS PÚBLICAS DE EDUCAÇÃO E OS INSTITUTOS FEDERAIS

Desde os anos de 1990, as políticas educacionais ganharam maior aproximação com os objetivos econômicos e político-ideológicos de um movimento mundial do capitalismo monopolista para ajustar os países periféricos ao capitalismo dos países centrais. No Brasil, fica visível a inserção subordinada a essas diretrizes expressas, particularmente, nos acordos internacionais com o Banco Mundial, o Banco Interamericano de Desenvolvimento, o Fundo Monetário Internacional. Implementa-se um padrão de desenvolvimento voltado para fora, que privilegia a entrada do capital financeiro, as políticas que facilitam a desregulamentação das relações de trabalho; políticas compensatórias, focalizadas nos grupos desfavorecidos; a utilização da ciência e da tecnologia produzidas pelos países de capitalismo avançado.

É expressiva a declaração do economista Paulo Renato de Souza, Ministro da Educação durante os oito anos do governo F. H. Cardoso, em uma conferência proferida para empresários, logo no início de sua gestão, sobre a direção política de seu governo quanto ao desenvolvimento tecnológico.[8] A síntese de seu pensamento "expressa de forma cabal o pensamento e a cultura política da classe dominante brasileira na sua vocação de subalternidade e de associação consentida" (Frigotto, 2006, p. 261).

Na prática, as principais expressões desse processo foram o "ajuste econômico", o fim da reserva de mercado de informática, a privatização das grandes empresas estatais e, progressivamente, dos serviços (previdência, saúde, educação) que convergem para o ideário neoliberal do "Estado mínimo" e os grandes interesses da Organização Mundial do Comércio (Frigotto e Ciavatta, 2003; Neves, s.d.).

Podemos acrescentar a crise financeira dos Estados Unidos que tomou forma progressivamente com financeirização da economia e o descontrole do mercado, e veio a lume no último ano, com desdobramentos na União Europeia, Japão e, de formas diferenciadas, nos demais países, entre os quais o Brasil. O fato de ter vindo a público abertamente, no segundo semestre de 2008, não altera, de modo substantivo, a relação entre o sistema econômico vigente no Brasil e a direção das políticas públicas de educação, salvo se houver grandes perdas orçamentárias

Do ponto de vista da história político-econômica do Brasil, não se pode estranhar que às políticas públicas de educação no Brasil faltem a universalização, a consistência de meios e fins em benefício de toda a população, assim como continuidade para resgatar a grande maioria da secular situação de desamparo, senão de abandono. Os programas de governo engendram soluções pontuais, focalizadas nos grupos mais desfavorecidos. Mas programas assistencialistas são contingências decorrentes da injustiça social e da extrema desigualdade social em que vivemos. Eles não podem substituir as políticas públicas, as políticas de Estado, que tenham sustentação em legislação específica, tenham base orçamentária e garantia de continuidade.

Quando se observa a passagem dos Centros Federais de Educação Tecnológica (CEFETS) para Institutos Federais de Educação, Ciência e Tecnologia (IFETS ou IFs), além do fato surpreendente de tamanha transformação das instituições em bloco, senão para o estatuto legal, mas para o *status* de universidade, estão presentes algumas questões. A primeira refere-se à ideia e à implementação de instituição universitária que tomou forma na atual Universidade Tecnológica do Paraná e nas quase quatro dezenas de institutos que ganharam o *status* de universidade. Outra questão diz respeito ao futuro do ensino médio técnico em instituições que mostram vocação para realizar o ensino superior.

DE CEFETS A INSTITUIÇÕES UNIVERSITÁRIAS

Embora este capítulo tenha como base e ponto de partida as pesquisas que temos desenvolvido sobre o ensino médio, a educação profissional, técnica e tecnológica, o tema dos institutos federais, na sua forma atual, é muito recente para resultados de pesquisa. Mas para refletir sobre a primeira questão, devemos buscar os antecedentes que ajudam a entender o desfecho na forma atual.

Campello (2005), na sua tese de doutorado sobre os CEFETS e o CEFET-RJ, reconstrói o percurso do ensino médio ao ensino superior, no fenômeno conhecido como "a cefetização das escolas técnicas federais" ou sua transformação em CEFETS. Para a autora, a direção de política educacional prende-se à "vinculação direta da educação com o mercado de trabalho, a escola formando diretamente para determinados postos de trabalho" ou o desenvolvimento de uma "educação mediatamente interessada" (op. cit., p. 68-69).[9]

Dentro do projeto de desenvolvimento capitalista que ganha expressão própria com o autoritarismo da ditadura civil-militar dos anos de 1960 ao final de 1970, outro fato marcante da época foi "a questão dos excedentes" e a mobilização de pais e alunos na demanda de vagas nos cursos superiores públicos, particularmente nas profissões de alto prestígio profissional, a Engenharia e a Medicina. O Decreto nº 57.075, de 15 de outubro de 1965, cria os cursos de Engenharia de Operação que seriam implantados nos estabelecimentos de ensino superior, dando aos jovens um encaminhamento para o trabalho técnico, alternativo à universidade tradicional. A iniciativa, no entanto, não recebe acolhida do sistema Confea (Conselho Federal de Engenharia e Arquitetura) para a concessão de seu registro profissional.

No contexto das recomendações dos Acordos MEC-Usaid, que vai presidir e pressionar as grandes reformas educacionais da época, buscam-se soluções para os cursos de Engenharia de Operação nos setores público e no privado. Campello (op. cit.) relata que "A Escola Técnica Federal do Rio de Janeiro, em convênio com a Escola de Engenharia da Universidade do Brasil, foi a primeira a desenvolver cursos de Engenharia de Operação (mecânica e eletrotécnica)." Contava com consultoria da *Oklahoma State University* e com recursos da Fundação Ford para a construção de prédios, instalações e equipamentos de oficinas e laboratórios. Firmado o Acordo MEC-Banco Internacional para a Reconstituição e o Desenvolvimento (BIRD), cria-se um programa ministerial para a execução dos cursos que, durante o governo Geisel, são instalados nas três escolas técnicas federais que se tornarão CEFETS, Rio de Janeiro, Minas Gerais e Paraná.[10] Pela Lei nº 6.545 de 30 de junho de 1978, serão instituições de ensino superior, tanto em termos administrativos como em relação aos objetivos educacionais (p. 70).

Destinavam-se a "organizar e ministrar cursos de curta duração de Engenharia de Operação" (art. 1º), como determinava o Decreto-lei nº 547/69. Com isso, os CEFETS distinguiam-se das demais escolas técnicas industriais federais, em parte ainda regidas pela Lei nº 3.552/59 (uma das chamadas Leis de Equivalência) que continuariam a ministrar cursos de aprendizagem, curso básico de quatro séries e cursos técnicos de quatro ou mais séries.

Com o estatuto legal de instituições de ensino superior e "autonomia administrativa, patrimonial, financeira, didática e disciplinar", regidas pela Lei da Reforma Universitária, (Lei nº 5.540/68), os CEFETS ampliam suas funções e promovem uma "verticalização do ensino tecnológico" (Campello, op. cit., p. 73). Passam a poder ministrar cursos de graduação e pós-graduação a para formação de engenheiros industriais e tecnólogos, licenciatura plena e curta para formar professores e especialistas para disciplinas especializadas do ensino médio e a formação de tecnólogos; formação de auxiliares e técnicos industriais de nível médio (2º grau na época); cursos de extensão, especialização e aperfeiçoamento; realizar pesquisas na área técnica industrial; cursos e serviços para a comunidade (art. 2º).

Com o projeto de Engenharia de Operação, pelo Decreto-lei nº 547/69, teria se iniciado o fenômeno que Cunha (2000, p. 51) e Campello (2005, p. 64) identificam como "a diferenciação para cima" da formação técnico-profissional. Campello observa também que "desde o primeiro momento busca-se a criação de uma rede paralela de ensino" (ibid., p. 70). Mas não devemos lembrar que essa característica dual já é parte da criação da rede das escolas técnicas, mediante Leis Orgânicas nos anos de 1940. A aproximação com o setor produtivo, a ênfase na preparação para o trabalho,[11] como destinação alternativa para os mais pobres e a formação geral que deve preparar para as carreiras universitárias, é uma constante na história de educação no Brasil como destacam vários autores (desde Fonseca, 1986, aos autores atuais, como Kuenzer, 2000).

Após os três primeiros CEFETS, as Escolas Técnicas continuaram o processo de diferenciação institucional. Em 1989, a Escola Técnica Federal do Maranhão se transforma em CEFET e, em 1993, é a vez da Escola Técnica Federal da Bahia. Em 8 de dezembro de 1994, no Governo Itamar Franco, a Lei n. 8.948 institui o Sistema Nacional de Educação Tecnológica e estabelece a transformação das demais Escolas Técnicas Federais em Centros Federais de Educação Tecnológica (CEFETS), com base na Lei nº 6.545/78 e na sua regulamentação, o Decreto nº 87.310/82. A criação dos cursos pós-médios e a formação de tecnólogos e, mais tarde, a criação da pós-graduação são parte desse processo de distinção e ascensão acadêmica, poder e recursos financeiros que já se revelavam nas antigas escolas técnicas.

Perguntamos, anteriormente, se as instituições se prepararam para serem institutos federais de nível superior universitário. Possivelmente, há um forte componente político do governo Lula em valorizar a educação profissional e, a um ano das próximas eleições presidenciais, conceder essa distinção para todos os CEFETS, escolas técnicas, agrícolas e agrotécnicas. Mas, além da questão político-ideológica e das instalações, há outros aspectos a serem reconhecidos. A rede conta com equipamentos sofisticados de tecnologia para o ensino e a pesquisa, e há evidência de que houve um esforço nesse sentido pelo número crescente de professores que fizeram mestrado e doutorado e trabalham na implementação da graduação e da pós-graduação em suas instituições de origem.

Essas características estão presentes nos planos de expansão da Rede Federal de Educação Profissional em termos de alunado e de unidades educacionais. Suas instalações são próprias às boas instituições educacionais (laboratórios, bibliotecas, estúdios, quadras de esporte, etc.), prevalência da educação profissional, técnica e tecnológica, convênios com as indústrias de modo a incorporar cursos e as iniciativas mais avançadas em termos das novas tecnologias.

Dois momentos marcam o ápice atual dessa disputa de "diferenciação para cima". O primeiro foi a transformação do CEFET-Paraná em Universidade Tecnológica Federal do Paraná (Lei nº 11.184 de 7 de outubro de 2005). E por que não os outros CEFETS? O segundo momento é a criação da atual Rede Federal de Educação Profissional, que dá a opção aos demais CEFETS e escolas de se transformarem em Institutos Federais de Educação, Ciência e Tecnologia.

No entanto, dois CEFETS, dos mais antigos, optaram em não se transformar em Institutos Federais: o CEFET-Rio de Janeiro e o CEFET-Minas Gerais. Antes de ouvir os dirigentes dessas instituições que declinaram da ascensão acadêmica de sua instituição e de ascenderem imediatamente a reitores, podemos ter algumas hipóteses de trabalho. À semelhança do CEFET-Paraná que se transformou em UTFPR, esses dois CEFETS têm 100 anos de existência, tendo tido origem na Rede de Escolas de Aprendizes Artífices, criada em 1909 pelo presidente Nilo Peçanha. Como a UTFPR, eles ascenderam à categoria CEFET em 1978. Não teriam, pois, o mesmo "direito" de se tornarem universidades? Do ponto de vista dos recursos financeiros e do poder político da rede junto ao Ministério da Educação, talvez não haja prejuízos, porque, como os demais, "permanecem entidades autárquicas vinculadas ao Ministério da Educação" (Lei nº 11.892/2009, art. 18). Mantendo-se distintos dos demais CEFETS, como foram desde o início da mudança em 1978, terão mais chance de se tornarem universidades?

Outro ponto que chama a atenção nessa transformação da rede em Institutos Federais (até por conta da penúria de pessoal, de serviços e de manutenção em que se trabalha na área de Humanas, em universidades públicas), é a questão orçamentária, o aumento de recursos necessários para cobrir os custos da expansão. Os dados divulgados no site do Ministério da Educação, sobre os IFETS, informam que devem ser abertas 190 mil vagas, com um investimento total de R$ 1,1 bilhão de 2008 a 2011 (Brasil, 2009b).

A meta é chegar a 2010 com 354 escolas em funcionamento, sendo 140 as existentes, mais 214 a serem construídas ainda no governo Lula. As vagas seriam ampliadas de 215 para 500 mil "nas diferentes modalidades de ensino médio integrado à formação superior em tecnologia" (Brasil, 2009e). "Presentes em 26 estados e no Distrito Federal, os Institutos iniciam suas atividades em 168 campi" (Brasil, 2009a).

OS INSTITUTOS FEDERAIS E O ENSINO MÉDIO

O Plano de Desenvolvimento da Educação (PDE) contempla um conjunto de ações relativas a todos os níveis de ensino, com ações, muitas das quais, parecem interligadas (MEC, 2009d). Por isso, antes de levantar algumas questões sobre os IFs e o ensino médio, queremos trazer alguns aspectos sobre um programa em curso sobre o ensino médio e profissional, paralelo e, ao que parece, articulado aos institutos.

Pelas informações disponíveis, os institutos federais e outras iniciativas de educação profissional integram o PDE, entre elas, o Brasil Profissionalizado (Decreto n. 6.302 de 12 de dezembro de 2007). O programa visa fortalecer as redes estaduais de educação profissional e tecnológica, repassando recursos para os estados e municípios, incentivando-os a retomar o ensino profissional de nível médio, gratuito em sua rede de educação pública. A assistência financeira e técnica se destinam a obras, gestão, formação de professores, práticas pedagógicas, infraestrutura, etc. "A expectativa do programa é receber, até 2011, R$ 900 milhões" (...) (Brasil, 2009c).

O programa busca "retomar a interação" com algumas entidades: com o Fórum de Gestores Estaduais de Educação Profidssional Tecnológica (EPT), com os Conselhos de Secretários Estaduais (Consed) e com os a União Nacional dos Dirigentes Municipais de Educação (Undime). Pretende que "a educação profissional seja voltada para todos os cidadãos com o propósito de prepará-los para o mundo do trabalho. De modo específico, propõe-se a "permanente elevação da escolaridade, a criação de itinerários formativos e a de ser uma forma atrativa de incentivar o retorno de jovens e adultos à escola" (Colombo, 2009, p. 6).

Reconhecemos o mérito de todos esses propósitos e iniciativas. Mas chama a atenção a presença e apoio reiterado de empresários e Organizações não governamentais (ONGs) (principalmente a Fundação Ayrton Sena), na imprensa, regularmente, defendendo o Plano de Metas Compromisso Todos pela Educação (Decreto nº 6.094 de 24 de abril de 2007) que busca atuar "em regime de colaboração, das famílias e da comunidade, em proveito da melhoria da qualidade da educação básica" (art. 1º).[12]

Se nossa interpretação é correta, primeiro, não se trata de política pública, de ensino médio obrigatório e gratuito, como é, por lei, o ensino fundamental, mas de programas com expressivo apoio do setor privado, ONGs e empresários. Seria apenas um louvável trabalho comunitário se não tivéssemos, na educação brasileira, o viés da privatização e da prevalência da formação voltada para as empresas e/ou o mercado a partir da educação profissional, em detrimento da formação geral.

Se voltarmos aos institutos federais e sua relação com o ensino médio, reconhecemos o avanço tecnológico de alguns setores produtivos que requerem formação mínima de ensino médio e além do ensino médio. Não se trata, aqui, de resolver o lugar dos técnicos na indústria, mas de pensar a formação científico-tecnológica de nível médio da massa de jovens que têm direito a uma educação pautada pelo conhecimento e pela crítica dos processos socioeconômicos em curso – e nisso, deve incluir-se, também, a expectativa sobre o *Brasil Profissionalizado*.

Sabemos que os ex-CEFETS, as escolas técnicas agrícolas e agrotécnicas federais, o Colégio Pedro II, os colégios de aplicação das universidades federais e estaduais sempre foram as escolas públicas de nível médio de melhor qualidade. Em um país onde o ensino médio foi, tradicionalmente, reserva de mercado do setor privado e as escolas particulares de qualidade servem às classes médias e altas, não se pode pensar na educação de adolescentes e jovens sem a manutenção dessas escolas públicas e de seus parâmetros educativos. Há uma exigência de ordem ética e política na sua manutenção.

No entanto, elas trazem o viés da relação íntima com a indústria e operam em dois sentidos: preparam para o trabalho produtivo, abrindo-se para o mundo do trabalho, da ciência e da tecnologia, mas tendem a reforçar a estrutura dual de educação pautada pela divisão social do trabalho, pela separação entre a formação geral e a formação profissional, entre o trabalho intelectual e o trabalho manual. Essa divisão é um traço forte da educação brasileira, que se organiza historicamente para a educação de qualidade de uma minoria, e a educação restrita e carente de recursos humanos e financeiros, frequentemente de baixa qualidade, para a maioria da população. O que tem ocorrido tanto nas redes estaduais públicas como nas escolas privadas de bairros de baixa renda. Além disso, é uma educação desprovida da compreensão política, econômica e científico-tecnológica (salvo operar computadores) do mundo em que vivemos.

Acreditamos desnecessário recordar aqui os fatos e as leis que deram forma a esse padrão de colonização interna pela educação. Basta recordar as batalhas perdidas nas lutas pela Lei de Diretrizes e Base (LDB) nos anos de 1980, a Lei nº 9.394/96 aprovada em gabinete, longe das reivindicações históricas dos movimentos sociais organizados. Regulamentada pelo Decreto nº 2.208/97, no que tange à educação profissional, promoveu a separação da formação geral de nível médio do ensino técnico, ainda hoje apenas parcialmente refeita pela proposta de educação integrada, pelo Decreto nº 5.154/ 2004,[13] em bom tempo incorporado à LDB pela Lei nº 11.741/2008. A prática das escolas revela uma divisão muito grande entre a permanência na separação operada pelo Decreto nº 2.208/97 e uma adesão tímida às possibilidades abertas pelo último decreto (Frigotto e Ciavatta, 2006).

A pergunta sobre o futuro do ensino médio tem fundamento na prática institucional dos CEFETS e, principalmente, na legislação que os normatiza. O Decreto nº 87.310/82, "ao definir as características básicas dos Centros Federais de Educação Tecnológica, limita sua atuação exclusivamente à área tecnológica e determina que desenvolvam o 'ensino superior como continuidade do ensino técnico de 2º grau e diferenciado do sistema de ensino universitário' (art. 3º). Esse decreto, portanto, corrige a Lei nº 6.545/78 e direciona a atuação dessas instituições para a formação de tecnólogos, carreiras curtas criadas na fragmentação do ensino superior" (Campello, 2005, p. 73). Há estudos sobre a educação no setor privado que evidenciam o caráter fragmentário e operacional dos cursos de tecnólogos.[14]

Claramente, há um direcionamento funcional para o conhecimento tecnológico próprio ao campo da ciência aplicada à produção. Essa afirmação deixa de ser apenas retórica se pensarmos que um país não deveria subsumir a vida intelectual de uma instituição a objetivo tão limitado. Ou se pensarmos em um projeto nacional subordinado que se antecipa em mais de uma década ao pensamento do ex-Ministro da Educação, Paulo Renato de Souza, em 1996, apoiando-se no acesso ao conhecimento que seria facilitado pela globalização, como vimos acima. Ou se pensarmos na disputa de mercado para os CEFETS, atuais institutos federais, especializando-se nos conhecimentos tecnológicos, de modo a não se sobrepor às funções científico-tecnológicas das universidades.

Uma última questão diz respeito à decisão do governo federal quanto à oferta de, no mínimo, 10% de suas vagas oferecidas, em 2005, pelos CEFETS para o Programa de Educação Profissional Integrada ao Ensino Médio na Modalidade de Educação de Jovens e Adultos – PROEJA (Decretos nº 5.478/2005 e nº 5.840/2006), destinado a jovens acima de 18 anos e adultos que tenham cursado apenas o ensino fundamental. Apresenta-se como objetivo desse programa a ampliação dos espaços públicos da educação profissional para os adultos e uma estratégia que contribui pa-ra a universalização da educação básica.[15]

Vale observar que as instituições federais, salvo algumas poucas exceções, individualmente ou como rede, não fizeram qualquer movimento significativo no sentido de integrar os ensinos médio e técnico. Ademais, com o reconhecimento dos Centros Federais de Educação Tecnológica (CEFETS) como instituições de ensino superior,[16] a prioridade tenderá a ser conferida à oferta da educação superior em detrimento do nível médio.[17] Estudos em andamento revelam que o ensino médio é entregue, preferencialmente, a professores contratados, enquanto que os professores doutores, os mais qualificados, vão para o ensino superior, a pesquisa e a pós-graduação. Podem até ser professores contratados com títulos de pós-graduação, mas seu trabalho é sem continuidade, porque ficam pouco tempo e não logram se inteirar e participar da elaboração do projeto pedagógico institucional

Do ponto de vista mais global das políticas educacionais, surpreende-nos a expansão do sistema público de universidades federais por meio da transformação dos CEFETS em institutos, nos moldes das universidades tecnológicas. Observa-se que, há mais de uma década, as universidades públicas plenas lutam para sobreviver à carência de recursos para despesas elementares de manutenção, para a continuidade de pesquisas em seus laboratórios, acesso a livros nas bibliotecas, contratação de professores por concursos plenos para atender a expansão de matrículas – em contraste com o regime precário de trabalho de professores substitutos contratados, para suprir carências emergenciais que se fizeram permanentes.

Essa aparente dissonância entre políticas de Estado e programas emergenciais nos leva a refletir sobre os interesses e sujeitos sociais envolvidos em sua definição. A educação brasileira, como um serviço à população que dela precisa para instruir-se na qualidade de cidadão e participar do mundo do trabalho, é uma série de eventos bem-sucedidos e uma sucessão de negativas aos fins a que se destina.

Sabemos que a educação de toda a população, o seu letramento ou o "desengrossamento" de milhões, como dizia o Professor Trigueiro Mendes, nunca foi um projeto efetivo de nação no Brasil. Ficou mais na palavra do que na realidade, como alertava Anísio Teixeira. Mesmo a preparação para o trabalho, que serve aos fins da produção da riqueza, foi um projeto restrito até o início dos anos de 1940 e direcionado, prioritariamente, aos interesses das indústrias. O Sistema S, com os recursos vultosos que recebe para programas funcionais ao setor produtivo, é sua mais viva expressão.

Serão a indústria e alguns de seus preparados intelectuais, os engenheiros Roberto Mange, João Luderitz, Ítalo Bologna, Francisco Montojos, Celso Suckow da Fonseca, entre outros, a iniciar a formação para o trabalho industrial, expandindo a metodologia de formação das estradas de ferro de São Paulo para vigorosas iniciativas educacionais, entre as quais as maiores e mais importantes são o SENAI, o SENAC e os atuais institutos federais.

Remetemo-nos a esses fatos apenas para lembrar que é sob a égide dos interesses industriais que se organiza o ensino profissional e técnico como um sistema dotado de instalações, oficinas, laboratórios, instrutores e professores e poder político para gerenciar o sistema. Sobre essa história da educação profissional brasileira, Celso Suckow da Fonseca (Fonseca, 1986) e, mais recentemente, Luiz Antonio Cunha (2000 e 2000a) descreveram e analisaram, detalhadamente, os meandros da gênese do ensino profissional e técnico, culminando nos atuais institutos ou universidades tecnológicas.

Diretamente ou mediante seus quadros técnicos, os industriais sempre se pronunciaram junto ao Estado sobre suas necessidades de mão de obra. Mais do que isso, promoveram e promovem ações educacionais que lhes sejam favoráveis de forma direta, a exemplo das ações de responsabilidade social, ou indiretamente, a exemplo dos programas escola de fábrica e *Formação de Jovens Empreendedores* do Serviço de Apoio às Micro e Pequenas Empresas (SEBRAE). O que move a indústria senão o conhecimento, a competição, a qualidade e o aumento da produção, a ampliação do poder econômico? Onde estão os limites entre os interesses produtivos e as necessidades educativas no interior das instituições de ensino técnico e tecnológico?

No Brasil, esses interesses estão longamente vinculados às políticas educacionais para a formação de mão de obra e a cooperação universidade-empresa. Rodrigues (1998) desenvolveu um estudo sobre as instituições educativas ligadas à Confederação Nacional da Indústria (CNI). Além do SENAI e do SESI, o Instituto Euvaldo Lodi (IEL) foi criado em 1969 e atuou "como um indutor dos interesses da burguesia industrial nas universidades brasileiras, seja pela formulação do perfil técnico-profissional (aspecto curricular), seja pelo desenvolvimento das pesquisas científicas e tecnológicas" (Rodrigues, 1998, p. 28).

Mais recentemente, em estudo sobre a Reforma Universitária em curso, Rodrigues (s.d.) parte da hipótese de que a CNI "é o mais importante órgão coletivo de representação da burguesia industrial brasileira, interlocutora tanto do Poder Executivo quanto do Legislativo, atuando sobre temas econômicos e educacionais" (p. 1). E com Leher (2004, p. 9) argumenta que se trata da "conversão da educação tecnológica em braço da ação empresarial e de regulação do acesso (e exclusão) aos empregos".

Esses são interesses legítimos das empresas do ponto de vista de suas finalidades produtivas. A questão que se coloca é como o Estado, que deveria representar os interesses de toda a população, responde a essas demandas, porque o sistema público de ensino tem finalidades que ultrapassam os interesses estritamente produtivos. Historicamente, nas sociedades capitalistas, as atividades empresariais incluem a exploração do trabalho e a negação de direitos básicos do trabalhador.[18] À educação cabe formar segundo valores e comportamentos, para o exercício da cidadania, que implica deveres e direitos, entre os quais os meios suficientes para uma vida digna.

A produção capitalista tem uma lógica própria que difere da lógica da educação. Há uma contradição entre a *lógica da produção capitalista*, que tem base no lucro, na exploração do trabalho, no tempo breve em que se deve realizar a atividade produtiva, no corte de custos, no aumento da produtividade do trabalho, na competitividade, na mercantilização de toda produção humana.

A *lógica da educação* tem a finalidade de formar o ser humano e deve pautar-se pela socialização do conhecimento, o diálogo, a discussão, o tempo médio e longo da aprendizagem, a humanização, a emancipação das amarras da opressão, o reconhecimento das necessidades do outro, o respeito à sua individualidade, a participação construtiva e a defesa dos direitos de cidadania. Em resumo, esta é a questão de fundo, o desafio que essa posto quando falamos sobre a atividade formativa na educação profissional, no ensino médio técnico e tecnológico (Ciavatta, 2006).

Há muitas ambiguidades quando se trata das universidades tecnológicas, porque a sociedade respira e abraça a ideologia da forma como produz sua existência, mesmo sentindo-se oprimida, privada dos meios de sobrevivência. Essa é a ideologia do trabalho como prevenção ao ócio e aos maus costumes, do consumo exacerbado promovido pela sedução da mídia, da aceitação dos baixos salários, do trabalho com vínculos precários, do desemprego como fruto da própria incapacidade em qualificar-se ao nível das exigências do mercado, absorvendo o mito da empregabilidade ou do empreendedorismo como responsabilidade individual.[19] Há o fascínio das tecnologias, do bem-estar, das facilidades e do conforto que elas propiciam. Mas há também a crítica da devastação da natureza e da ameaça à vida humana que a exploração sem limites está promovendo no planeta. E há ambiguidades na mística do saber universitário, no uso social da *grife* universidade na transformação da rede dos CEFETS em IFETS e/ou universidades tecnológicas.

O papel dos intelectuais, dos professores, é "pôr ordem nas ideias" mistificadoras que sob a égide da ideia de universidade, podem reduzir o conhecimento a uma ciência antiética, abstraída de suas consequências para a humanidade, ou reduzi-lo ao exercício de técnicas produtivas e a práticas que não conduzem à amplitude de visão que o conhecimento social contém. Também é seu papel pôr "ordem nas ideias" sobre a responsabilidade da sociedade em organizar-se para gerir a distribuição de renda e de conhecimento e universalizar a educação básica até o nível médio, de modo a garantir padrões humanizados de vida a toda a população.

Em recente entrevista, o escritor argelino Mehdi Charef, discutindo os recentes protestos dos jovens franceses face às políticas de legitimação do desemprego, destaca que "os países colonizados são marcados pela negação, a ignorância, o fato de que por muito tempo fomos tratados como incapazes. É muito difícil se liberar da colonização" (Charef, 2006). Guardadas as devidas diferenças históricas, essa análise nos remete a aspectos da cultura em nosso país.

No Brasil, pela proibição das manufaturas até o início do século XIX, pela ausência de uma política de educação de toda a população e o impedimento à criação de universidades até meados do século XX, postergou-se o avanço das atividades produtivas e o desenvolvimento científico e tecnológico que sucessivos governos da República não lograram reverter. Seria enfadonho desfilar aqui as desigualdades sociais e econômicas que segmentam a sociedade brasileira e as múltiplas mediações que prolongam os braços longos da opressão.

CONSIDERAÇÕES FINAIS

Levantamos, inicialmente, três questões: a ideia de universidade e as universidades tecnológicas, seu significado como parte das políticas públicas em educação e sua relação com o ensino médio.

Em primeiro lugar, cabe ter claro que universidade tecnológica é uma contradição em termos, já que o termo universidade supõe a pluralidade das áreas de saber, tanto das ciências físicas e matemáticas, como das humanas e sociais. Muito embora as universidades tecnológicas existam em vários países, por sua natureza, servem à produção científico-tecnológica para os processos avançados da economia capitalista, mais do que à diversidade do conhecimento socialmente produzido. Não são conhecimentos isentos de interesses, servem à reprodução e acumulação do capital que tem dado ao mundo descobertas admiráveis. Mas, principalmente, está conduzindo populações e países inteiros a uma situação penosa de privação dos meios de vida (desemprego, trabalho precário, etc.) e de serviços a que têm direito (saúde, educação, etc.).

A produção do conhecimento é histórica e, somente assim, deve ser compreendida e avaliada na sua relação com a sociedade. Prevalece o modelo produtivista onde a medição de benefícios individuais e sociais se faz por critérios gerenciais e de eficiência para o mercado. Não bastasse isso, a própria ciência, principalmente as ciências humanas e sociais são questionadas na sua legitimidade. A recusa ao pensamento crítico, à compreensão das mediações político-sociais acaba por alimentar a mercantilização exigida pela reprodução do capital.

No âmbito das universidades públicas no Brasil, mas não apenas, reformas, apoiadas em forte vontade política, detalhados instrumentos jurídicos produzidos pelo Executivo e recursos externos conduziram a um processo de regressão na democratização do conhecimento. Não obstante iniciativas promissoras baseadas nas novas tecnologias de base eletrônica, opera-se o desmonte progressivo da capacidade das instituições e de seus profissionais, de oferecer ensino e desenvolver a pesquisa e a extensão dentro dos padrões de qualidade que a sociedade tem o direito de exigir. Sob o signo do mercado e da privatização, compromete-se a formação crítica das novas gerações que devem constituir os quadros mais preparados do país, e reduz-se a possibilidade de um mínimo de soberania propiciada pela produção do conhecimento.

À semelhança dos CEFETS, os Institutos Federais têm uma dupla responsabilidade, o ensino, a pesquisa e a extensão como universidades e a manutenção do ensino médio de qualidade como é sua tradição. Mas as políticas públicas de educação no Brasil não têm atendido satisfatoriamente a toda a população, principalmente no que toca ao ensino médio, cuja gratuidade e obrigatoriedade não é assegurada nos termos da lei, e depende do sucesso dos programas governamentais.

Face ao movimento de "diferenciação para cima" das antigas escolas técnicas, pergunta-se se os CEFETS e demais escolas, que se transformaram em institutos federais ou em universidades tecnológicas, vão manter os atuais cursos de ensino médio técnico que são, sabidamente, os melhores cursos de educação pública oferecidos no país. Devem prestar contas se, em seus projetos, consideram que o país ainda não deu sua cota de contribuição educativa aos trabalhadores que, em condições adversas, produzem a riqueza nacional – sem falar na superexploração do trabalho que aumenta a riqueza do Primeiro Mundo. O ensino médio obrigatório, gratuito é a grande dívida nacional para com os jovens que ainda são objeto de políticas compensatórias, bem intencionadas, mas insuficientes para elevar todo o nível da população.[20]

Cabe aos senhores gestores das universidades tecnológicas e das políticas públicas governamentais e institucionais, engenheiros especializados, cientistas das áreas afins responder às questões do ensino e da pesquisa como um compromisso científico-tecnológico e ético-político. O que significa avaliar as condições de produção do conhecimento, a relação com a produção das demais universidades públicas e privadas, o risco da relação "subordinada" com a indústria e as empresas multinacionais, o fascínio do lucro fácil *versus* a pressão dos salários achatados e a busca de novas fontes de renda, a submissão à lógica da produção em detrimento da lógica da educação. Significa, ainda, empenhar-se na produção, minimamente, autônoma e soberana da ciência e da tecnologia para responder aos problemas candentes do país.

NOTAS

1 Este capítulo é uma segunda versão do tema originalmente preparado para o Simpósio "Universidades tecnológicas – Questões para debate". Brasília: Ministério da Educação e Cultura – MEC/Secretaria de Educação Profissional e Tecnólogica – SETEC, 27-28 de março de 2006. Teve por base a pesquisa "A formação do cidadão produtivo" (Frigotto e Ciavatta, 2006).
2 Ciavatta, Maria, (2003).
3 Concepção diferente da metafísica que tem por base do conhecimento a universalidade do ser, conceitos em sua máxima generalidade, fenômenos destituídos da particularidade histórica que os situa no tempo e no espaço da produção social da existência humana.
4 Não desconhecemos a visão de totalidade dos fenômenos sociais no materialismo histórico, nem as mais recentes ideias holísticas que permeiam outros enfoques teóricos. Referimo-nos aos modelos acadêmicos de organização do conhecimento que ainda faz tímidas, mas necessárias, aproximações.
5 Sobre o conceito de tecnologia, entre outros, ver Paris, 2002, Lima Filho (2005).
6 Sobre o conceito de capitalismo central e de capitalismo periférico, ver Arrigh (1997).
7 Sobre capitalismo dependente, ver, entre outros, Marini (2000); Fernandes (1972); Valência, (2008).
8 Conforme a *Revista Exame,* vol. 30, n. 15, p. 4, de 17 de julho de 1996, "Segundo o ministro, a ênfase no ensino universitário foi uma característica de um modelo de desenvolvimento autossustentado desplugado (sic) da economia internacional e hoje em estado de agonia terminal. Para mantê-lo era necessário criar uma pesquisa e tecnologia próprias, diz Paulo Renato. Com a abertura e globalização, a coisa muda de figura. O acesso ao conhecimento fica facilitado, as associações e *joint-ventures* se encarregam de prover as empresas dos países como o Brasil do *know-how* que necessitam. 'Alguns países, como a Coréia, chegaram a terceirizar a universidade', diz Paulo Renato. 'Seus melhores quadros vão estudar em escolas dos Estados Unidos e da Europa. Faz mais sentido do ponto de vista econômico" (citado por Frigotto, 2003).
9 Essa orientação de educação profissional teria, mais tarde, uma expressão polêmica. o Decreto 2.208/97, do governo F. H. Cardoso, que vai separar o ensino médio da educação profissional técnica de nível médio, aproximando-a ainda mais das demandas empresariais (sobre o tema, ver Frigotto, Ciavatta e Ramos, 2006).
10 Inicialmente, eram seis instituições: Rio de Janeiro, São Paulo, Paraná, Minas Gerais, Bahia e Pernambuco.
11 Também a reforma do ensino médio por meio da Lei nº 5.692/71 vai institucionalizar a formação profissional obrigatória, que gradativamente deixará de ser observada pelos colégios de elite, até se tornar opcional pela Lei nº 7.044/82.
12 A exemplo de: Takahaschi, Fábio. País não atinge meta em Português no ensino fundamental. São Paulo, *Folha de São Paulo,* 6ª. feira, 12/12/2008, p. C4; Ramos, Mozart Neves. Retratos da Educação: estudo mostra melhoria, mas ainda longe das metas. Rio de Janeiro, *O Globo,* O País, 6ª. feira, 12/12/2008, p. 4; Weber, Demétrio. Caminhos e descaminhos na escola. Rio de Janeiro, *O Globo,* O País, Dom., 30 de novembro de 2008, p. 3; Gerdau, Jorge. Mobilizar para avançar. *O Globo,* Opinião, 3ª. feira, 16 de dezembro de 2008, p. 7; Villlela, Milu. O presente dos nossos sonhos. São

Paulo, *Folha de São Paulo*, Opinião, 4ª. feira, 24/12/2008, p. A3; Prefeitura passa a fazer parte do projeto "Todos pela Educação", Rio de Janeiro, *O Globo*, Rio, 16 de janeiro de 2009, p. 13; Setubal, Maria Alice. A crise e os compromissos com a educação. São Paulo, *Folha de São Paulo*, 2ª. feira, 12 de janeiro de 2009, p. A3.

13 Para uma discussão do Decreto n. 5.154 e da formação integrada, ver Frigotto, Ciavatta e Ramos, 2005.

14 A exemplo do estudo de caso sobre tecnólogos em estética (Carvalho, 2006).

15 A exposição de motivos que fundamenta o decreto argumenta que, em termos quantitativos, a proposta implicaria, em 2006, a abertura de 20 mil vagas e, a partir de 2007, pelo menos mais 40 mil vagas anuais. Como pleiteavam os CEFETS, à época, para a execução do PROEJA, houve aumento no aporte orçamentário das instituições federais de educação tecnológica.

16 Como precedente da Lei nº 11.892/2008, ver o Decreto nº 6.095/2007.

17 Essas reflexões sobre o PROEJA constam de Frigotto, Ciavatta e Ramos (2005).

18 A história do trabalho registra no Brasil, primeiro a escravidão e, depois, o trabalhador "livre", sem regulamentação das relações de trabalho, com baixos salários e sem garantia de amparo social para si e para sua família (saúde, educação, habitação, segurança, previdência). Ver, entre outros, Ciavatta, 2002.

19 Sobre o mito da "empregabilidade", que retoma, com outras roupagens, a teoria do capital humano, em moda nos anos de 1970, ver, entre outros, Gentile (1999).

20 A aprovação do FUNDEB e do Fundo Nacional de Formação Técnica e Profisisonal (Funtep) são medidas positivas nesse sentido. Mas a lei ainda não garante gratuidade e obrigatoriedade do ensino médio para toda a população.

REFERÊNCIAS

ANDIFES. *Indicadores de Desempenho das IFES*, 1995-2000. Brasília, ANDIFES – Associação Nacional de Dirigentes das Instituições Federais de Ensino Superior, 2002.

ARRIGHI, G. (1997). 2ª. ed. *A ilusão do desenvolvimento*. Petrópolis, Vozes, 1997

BRASIL. MEC. O que é o Plano de Desenvolvimento da Educação. Accessível em HTTP//:portal.mec.gov.br/grupotv1.com/arquivos/pde/oquee.html Acesso em 25/01/2009d.

BRASIL. MEC. Expansão da rede federal. Accessível em: HTTP//:portal.mec.gov.br/setec/índex.php. Acesso em 27/01/2009e.

BRASIL. MEC. Lula sanciona lei dos institutos. Accessível em: HTTP//:portal.mec.gov.br/setec/índex.php. Acesso em 26/01/2009a

BRASIL. MEC. Ifet. Accessível: em HTTP//:portal.mec.gov.br/grupotv1.com/resultados_acoes/ifet.php Acesso em 25/01/2009b.

BRASIL. MEC. Brasil Profissionalizado. Accessível em: HTTP//:portal.mec.gov.br/grupotv1.com/resultados_acoes/ifet.php Acesso em 25/01/2009c.

BRASIL. MEC. *O que é o Plano de Desenvolvimento da Educação*. Accessível em HTTP//:portal.mec.gov.br/grupotv1.com/arquivos/pde/oquee.html Acesso em 25/01/2009d.

CAMPELLO, A. M. M. B. *A "cefetização" das escolas técnicas federais: um percurso do ensino médio-técnico ao ensino superior*. Niterói, 2005.Tese (Doutorado em Educação).Universidade Federal Fluminense, Niterói, 2005.

CARVALHO, C. R. F. *Estudo do perfil profissional e da formação acadêmica do tecnólogo em estética: estudo de caso*. Dissertação (Mestrado em Educação). Fundação Oswaldo Cruz, 2006. CHAREF, M. (escritor argelino). Só podemos cuidar das feridas juntos. *O Globo*, Prosa & verso, Rio de Janeiro, sáb., 25 de março de 2006, p. 2.

CIAVATTA, M. *O mundo do trabalho em imagens*. A fotografia como fonte histórica (Rio de Janeiro, 1900-1930). Rio de Janeiro: DP & A / FAPERJ, 2002.

CIAVATTA, M. Os Centros Federais de Educação Tecnológica e o ensino superior – Duas lógicas em confronto. *Educação & Sociedade*, Revista de Ciências da Educação, Campinas, v. 27, n. 96, out. 2006, p. 911-934.

CIAVATTA, M. *Produtividade científica*: Algumas questões de fundo. *Nómadas,* Instituto de Estudos Sociais Contemporâneos, Universidad Central, Bogotá, n. 22, abril de 2005, p. 231-240.

CIAVATTA, M. Universidade, pecado nativo. Carta Aberta. *Trabalho Necessário*, Revista Eletrônica do Núcleo de Estudos, Documentação e Dados sobre Trabalho e Educação – Neddate, Universidade Federal Fluminense, Niterói, RJ, no. 1, 2003. www.uff.br/trabalhonecessario.

CUNHA, L. A. *O ensino de ofícios nos primórdios da industrialzação.* São Paulo: UNESP, 2000a.

COLOMBO, I. *Brasil Profissionalizado: um programa que sistematiza na prática a educação profissional e tecnológica.* Accessível em: http//:portal.mec.gov.br/setec/arquivos/pdf Acesso em 25/01/ 2009d.

CUNHA. L. A. Ensino médio e ensino técnico na América Latina: Brasil, Argentina e Chile. *Cadernos de Pesquisa,* São Paulo, n. 111, dez., 2000, p. 47-70.

CUNHA, L. A. C. *O ensino profissional na irradiação do industrialismo.* São Paulo: UNESP, 2000a.

FERNANDES, F. *Capitalismo dependente e classes sociais na América Latina.* Rio de Janeiro: RJ Zahar Editores, 1972.

FONSECA, C. S. *História do Ensino Industrial no Brasil.* 5 vol. vol. Rio de Janeiro: SENAI/DN/DPEA, 1986.

FORRESTER, V. *O horror econômico.* São Paulo: Ed. UNESP, 1997.

FRIGOTTO, G. Fundamentos científicos e técnicos da relação trabalho e educação no Brasil de hoje. In: LIMA, J, C. F.; NEVES, L. M. W. (orgs.). *Fundamentos da educação escolar no Brasil contemporâneo.* Rio de Janeiro: Fiocruz, 2006.

FRIGOTTO, G.; e CIAVATTA, M. Educação básica no Brasil na década de 1990: subordinação ativa e consentida à lógica do mercado. *Educação e Sociedade,* CEDES, Campinas, 24 (82): 93-132, abril 2003.

FRIGOTTO, G. e CIAVATTA, M. (orgs.). *A formação do cidadão produtivo.* A cultura de mercado no ensino médio técnico. Brasília: INEP, 2006.

FRIGOTTO, G.; CIAVATTA, M. R. *A gênese do Decreto n. 5.154/ 2004: um debate no contexto controverso da democracia restrita.* In: _____ (orgs.). *A formação do cidadão produtivo.* A cultura de mercado no ensino médio técnico. Brasília: INEP, 2006.

FRIGOTTO, G., CIAVATTA, M., e RAMOS, M. (orgs.). *Ensino médio integrado.* Concepção e contradições. São Paulo: Cortez, 2005.

GENTILE, P. O conceito de empregabilidade. In: LODI, Lucia (org.). *Avaliação do PLANFOR:* uma política pública de educação profissional em debate. São Paulo: UNITRABALHO, 1999.

KUENZER, A. Z. O ensino médio agora é para a vida: entre o pretendido, o dito e o feito. *Educação & Sociedade,* Revista Quadrimestral de Ciência da Educação, Campinas, v. XXI, n. 70, abril 2000, p. 15-39.

LEHER, R. *Considerações sobre o projeto de lei da educação superior.* Rio de Janeiro, dez. 2004 (mimeo).

LIMA FILHO, D. L. A tecnologia e a educação tecnológica; elementos para uma sistematização conceitual. Educação & Tecnologia, *Revista do Centro Federal de Educação Tecnológica de Minas Gerais,* 10 (1): 19-28, jan./jun. 2005.

MARINI, R. M. *Dialética da Dependência.* Petrópolis, RJ: Vozes / Buenos Aires: CLACSO, 2000.

NEVES, L. M. W. *As reformas da educação escolar brasileira e a formação de um intelectual urbano de um novo tipo.* Niterói: UFF, s. d. (mimeo).

PARIS, C. *O animal cultural.* São Carlos: EDUFSCar, 2002.

RODRIGUES, J. Educação superior e competitividade: convergência entre as propostas da CNI e do Governo Lula para a Reforma Universitária. Niterói: UFF, s.d. (mimeo).

RODRÍGUES, J. *O moderno príncipe industrial.* O pensamento pedagógico da Confederação Nacional da Indústria, São Paulo: Cortez, 1998.

SENNET, R. *A corrosão do caráter.* Consequências pessoais do trabalho no novo capitalismo. Rio de Janeiro: Record, 2001.

VALENCIA, A. S. *Teoria da dependência e desenvolvimento do capitalismo na América Latina.* Londrina: Práxis, 2008.

Cursos superiores de tecnologia
um estudo sobre as razões de sua escolha por parte dos estudantes

10

Andréa de Faria Barros Andrade e Bernardo Kipnis

O desenvolvimento da capacidade tecnológica, por meio da compreensão, criação, produção e adaptação de insumos, produtos e serviços, fez-se notar no universo educacional. Disso surgem desafios relacionados às novas expectativas da sociedade em relação à educação superior – seus cursos e instituições – e ao mundo do trabalho, estabelecendo-se novas exigências em relação à formação, complexidade e flexibilidade dos profissionais na conjuntura de economias globalizadas, e no caso brasileiro, acentuadas num contexto de aumento expressivo dos concluintes do ensino médio e de expansão do ensino superior.

Interessa-nos, neste capítulo, no âmbito da educação superior, estudar os Cursos Superiores de Tecnologia (CST), mais especificamente as razões alegadas pelos inscritos em seus processos seletivos, tomando como fio condutor as suas características especiais, conforme o Conselho Nacional de Educação/Conselho Pleno em Resolução CNE/CP nº 03/2002 (Brasil, 2002), dentre as quais, a especialização dos seus currículos e sua curta duração são as mais difundidas.

Especialmente em relação à educação profissional e tecnológica, o expressivo crescimento de cursos e do alunado, nos últimos dez anos, impacta qualquer processo de análise, principalmente frente ao crescimento da educação superior como um todo.

A oferta de cursos superiores de tecnologia no Brasil sofreu um crescimento de cerca de 1.200% no período de 1997 a 2007. É certo que, no mesmo período, houve também crescimento significativo de toda a educação superior, mas em taxas muito menos expressivas. Entre 2004 e 2007, o crescimento anual dos cursos superiores de tecnologia foi de 22,8, 42,3, 79,6 e 58%, respectivamente, enquanto o crescimento, no total dos cursos superiores brasileiros (contabilizando os cursos de bacharelado, licenciatura e, inclusive, os de tecnologia) foi de 14,8, 18,5%, 14,3 e 13,3%, nesse mesmo período, segundo dados do Censo da Educação Superior do INEP/MEC (Brasil, 2007).

Desse fato, decorre a importância de se indagar que fatores foram responsáveis por tal expansão, que ocorre a partir de mecanismos de crescimento na demanda e na oferta por esses cursos.

Ainda que consideremos o crescimento econômico, a universalização do ensino fundamental e a reformulação do marco legal, notadamente a Lei de Diretrizes e Bases da Educação Nacional, Lei nº 9.394/96, é importante saber por que a educação tecnológica sofreu expansão tão mais expressiva do que as outras ofertas educativas ou, ainda, que fatores peculiares a essa oferta são responsáveis por tal crescimento.

Mais especificamente, busca-se saber os principais explicadores para a escolha, pelo alunado, por cursar um CST. Poderiam as características específicas dos CST influenciar fortemente a expansão ocorrida – cursos especializados e de curta duração? Seria uniforme a dinâmica de demanda por cursos superiores de tecnologia, independentemente da formação escolar dos inscritos, de sua idade e faixa de renda familiar? Esses são alguns questionamentos que este capítulo busca responder.

Os principais explicadores das razões da escolha por esses cursos, além da categorização dessa dinâmica, identificando suas principais características e diferenças, constituem o objeto deste capítulo.[1]

Nesse sentido, são propostas as seguintes hipóteses:
- a duração do CST constitui-se em forte explicador para a demanda desses cursos;
- a característica de especialização dos currículos dos CST é amplamente valorizada no processo de escolha por um CST;
- a expectativa de que a conclusão do curso amplia as possibilidades de inserção ou reinserção laboral é um dos motivadores da procura pelo ingresso num CST;
- é perceptível a valorização social do diploma tecnológico.
- os custos menores dos CST, em relação a outras graduações, propiciam maior demanda por CST;
- existe uma diferença significativa nas motivações alegadas pelos inscritos em processos seletivos de instituições públicas e privadas;
- existe uma diferença significativa nas motivações presentes no processo de escolha de curso entre adultos e jovens, assim como entre egressos do nível médio técnico e egressos de nível médio com formação geral.

Este capítulo está constituído por mais quatro seções. A seguir, apresentam-se alguns aspectos levantados pela literatura da área; posteriormente, são apresentados os procedimentos metodológicos adotados, seguidos pelos resultados obtidos e, por fim, as considerações finais.

ALGUNS ASPECTOS LEVANTADOS PELA LITERATURA NA ÁREA

O crescimento do número dos tecnólogos no Brasil propiciou o surgimento de discussões acerca da identidade dos cursos que o formam – hoje denominados cursos superiores de tecnologia. Conforme Machado (2006), os cursos de tecnólogo surgiram, no Brasil, identificados, principalmente, por sua curta duração. Essa autora destaca, ainda, que até o presente momento, prevalece uma lógica que os vincula às expectativas subjetivas e institucionais de apropriação de conhecimentos que possam ser imediatamente aplicáveis a atividades práticas específicas, a nichos emergentes do mercado de trabalho e a demandas por obtenção rápida de um título acadêmico de nível superior.

Machado (2006) caracteriza a condição de nascimento desses cursos como: filhos de diferentes pais ou de condições diversas, ou seja, originários do cruzamento de espécies que a tradição insiste em não confundir ou misturar (educação profissional e ensino superior), os quais trazem as marcas de um hibridismo ainda mal resolvido, que expressa as contradições mais profundas da divisão social do trabalho.

Tais cursos nasceram sob a égide do período desenvolvimentista do país, marcado pelos grandes planos. Percebe-se, nesse período, a preocupação de envolver a educação no processo de desenvolvimento. As teorias do capital humano, educação produtiva e a organização de cursos estritamente para as necessidades do mercado de trabalho – foram as ideias ventiladas nessa época, e muitas ações governamentais vieram sedimentar tais princípios básicos (Bastos, 1997a).

Quanto à duração desses cursos, Machado (2006) entende ser essa um dos fatores responsáveis pela sua expansão e pelas transformações recentes na estrutura do ensino superior brasileiro. Para essa autora, esse seria também o motivo da atribuição dos estigmas preconceituosos da educação profissional a esses cursos, caracterizando-os como de segunda classe, com baixo prestígio. Ainda em seu entendimento, esse conceito está, também, associado à incompreensão acerca da importância da formação tecnológica no mundo do trabalho atual e da necessidade de uma mudança no paradigma de sua oferta, refutando a concepção tecnicista que insiste em considerar que educação profissional e tecnológica se faz com um mínimo de conteúdos culturais e científicos.

Prado (2006) destaca que a caracterização e a diferenciação desses cursos em relação às demais possibilidades de oferta de cursos superiores – bacharelados e licenciaturas – residem na formação para o mundo do trabalho, sendo mais focados, específicos e com a duração suficiente e adequada para preparar profissionais para o mercado de trabalho local/regional. Aponta, ainda, que o diferencial desses cursos em relação aos demais são suas características voltadas para a realidade tecnológica do trabalho.

O presente aspecto remete-nos à expectativa relacionada com a inserção ou reinserção laboral decorrente da formação superior, constituindo-se numa das categorias desta análise. Nesse sentido, os desenvolvimentos teóricos na área de escolha vocacional apontam consistentemente para uma associação positiva entre o rendimento financeiro obtido pelos profissionais de uma determinada formação e o número de inscritos no vestibular para essa carreira (Bartalotti; Menezes-Filho, 2007). Dessa forma, seria o crescimento experimentado na demanda por CST revelador da expectativa de um satisfatório retorno financeiro obtido de seus egressos, fato que seria perceptível por parte do alunado? Ou, alternativamente, existiria uma compreensão pelo alunado de que o mundo do trabalho está valorizando carreiras tecnológicas –, ou suas características especiais – o que se traduziria em novas oportunidades de trabalho ou em estratégias para manter-se competitivo?

Ademais, o ingresso no ensino superior é visto, por muitos, como o passaporte para a maioridade efetiva, representando o ingresso no mundo do trabalho. Visto assim, tal momento é povoado de expectativas relativas à inserção ou reinserção laboral. Tais expectativas parecem ecoar os fundamentos da teoria do capital humano e referem-se à ampliação da empregabilidade como algo a ser almejado.

Ramon (2004), entretanto, alerta que a tendência geral de aumento do tempo médio de escolarização não se explica apenas, nem principalmente, pelo hipotético aumento das exigências de qualificação dos postos de trabalho disponíveis – visto que a maioria dos empregos disponíveis não requer qualificação elevada; deve-se em, maior grau, ao crescimento das demandas como instrumento competitivo entre os próprios trabalhadores. Percepção reforçada pelas taxas de desemprego 30% menores para graduados no ensino superior do que para qualquer outro nível (Castro 2003).

A esse respeito, Gentilli (1995) afirma que o valor de troca associado à educação é socialmente relativo, importando não a quantidade absoluta desse bem, e sim o fato de possuir mais do que outros, independentemente de quanto ou de quão pouco é exigido para colocar nessa posição favorável de troca. Sendo assim, somam-se às expectativas em torno da inserção laboral a ampliação das estratégias competitivas associadas ao valor de troca do diploma, outra importância analisada.

Com relação à idade do estudante, Bartalotti e Menezes-Filho (2007) a correlacionam com a escolha do nível ótimo de educação e, por conseguinte, a demanda por educação superior. Segundo esses autores, a idade influencia de maneira importante a escolha educacional. Os jovens têm perspectiva de usufruir os benefícios da educação adquirida por mais tempo. Além disso, usualmente o custo de oportunidade da permanência fora do mercado de trabalho dos jovens é menor relativamente aos mais velhos, que têm maiores ganhos de experiência e maturidade profissional.

Fatores mais subjetivos também influenciam as escolhas de carreira entre pessoas. O *status* que um diploma de graduação proporciona pode ser desejado por muitos ingressantes no curso superior, significando o alcance de um importante lastro educacional, por isso convém estudar em que medida a escolha por um CST significou fundamentalmente a tentativa apenas pelo alcance desse patamar educacional.

O processo de escolha do curso superior, na sua aparência imediata, afirma Nogueira (2009), pode ser visto como definido pelos próprios indivíduos, em função de suas percepções, valores e interesses particulares. No discurso dos alunos, ao apresentarem suas razões pela escolha de um determinado curso, é comum o argumento de predileção pela área escolhida, de crença de que possuem as habilidades apropriadas ao exercício da profissão, ou mesmo, de realização de um sonho antigo em se formar naquela área.

Ainda quando não é expresso um gosto declarado pelo curso ou área profissional associada, o processo de decisão é orientado pelas percepções, valores e interesses individuais. Um aluno que visa, por meio do diploma, apenas a obter um novo enquadramento dentro da hierarquia profissional da empresa onde já trabalha e que escolhe, para isso, o curso de acesso mais fácil ou menos oneroso ou exigente academicamente, guia-se, igualmente, por um conjunto particular de representações sobre o sistema de ensino, o mercado de trabalho, sua capacidade intelectual e seu futuro profissional (Nogueira, 2007).

Além disso, Kovaleski e colaboradores (2005) advogam que a escolha de um curso superior não se faz na solidão; ela se faz, por exemplo, em estreita ligação com as esperanças familiares, organizadas, elas mesmas, pelas ideias, crenças e preconceitos. Num contexto em que os jovens se acham de fato privados de uma orientação institucional para a entrada no mercado de trabalho parecem predominar as estratégias individuais e familiares: o posto de trabalho é procurado envolvendo a retícula das solidariedades primárias e as ligações fortes do vínculo de amizade e de parentesco (Chiesi, Martinelli, 1997).

Por fim, a expansão experimentada pelos CST sugere que, para além de sua articulação com o mundo do trabalho, tais cursos constituíram um mercado *per se*, no qual a diversificação da oferta de cursos constituiria uma importante estratégia competitiva dentre os ofertantes. Assim sendo, os custos praticados seriam uma importante estratégia de atração do alunado. Segundo Giolo (2006), a expansão da oferta desses cursos esteve no horizonte de muitas instituições de ensino superior, buscando contemplar cursos relativamente mais baratos àqueles que vivem do trabalho prático. Como uma alternativa de sobrevivência num mercado educacional, a estratégia seria incorporar o maior número possível de pessoas à sua esfera de atividades, especialmente os segmentos populares, ainda não incorporados ao sistema de educação superior. Seria o *status* socioeconômico dos seus alunos também um elemento identificador dos cursos superiores de tecnologia?

Importa colocar em perspectiva o contexto dessas "escolhas", seus determinantes e condicionantes. Bastos (2005b) destaca que os fatores macro – políticos, sociais e econômicos – continuam sendo determinantes das trajetórias dos sujeitos, principalmente aqueles pertencentes às classes subalternas, para os quais o termo "escolha" deve ser sempre relativizado. Por isso, é preciso considerar que as trajetórias educacionais e profissionais não resultam unicamente de escolhas subjetivamente realizadas de acordo com projetos de vida e aspirações pessoais. Ressalvando que as determinações econômicas estabelecem severos limites às escolhas dos candidatos, não sendo o indivíduo o único responsável por sua trajetória, este capítulo também pretende abordar as razões determinantes, alegadas pelos alunos, ao escolher ingressar num CST.

PROCEDIMENTOS METODOLÓGICOS

Em atendimento ao objetivo da pesquisa, foi utilizada como população a totalidade dos inscritos em processos seletivos de faculdades de tecnologia e de centros de educação tecnológica. Optou-se, ainda, pela utilização de uma amostra estratificada conforme a região brasileira e por dependência administrativa das Instituições de Educação Superior (IES), com um erro amostral de 4% para a amostra integral, resultando na quantidade de 1.128 formulários aplicados em 10 IES, sendo cinco públicas e cinco privadas, duas por cada região brasileira.

O formulário utilizado apresentava para a livre seleção por parte dos respondentes um conjunto de 14 alternativas indicativas das razões para a escolha por ingressar num CST. Visando estruturar o estudo dos resultados, foram definidas seis categorias de análise, aqui apresentadas juntamente com as opções de seleção constantes no formulário de pesquisa:

- custos: "O custo é menor se comparado com outros cursos superiores";
- duração: "A duração deste curso possibilita que eu me forme mais rápido";
- características do CST: "É um curso especializado"; "É um curso focado em conhecimentos aplicados, gosto mais da prática";
- influência externa: "Foi uma indicação de amigos"; "Foi uma indicação de minha família"; "Foi uma indicação da empresa na qual trabalho";

- perspectiva de inserção laboral: "É um curso focado em área com boas chances de emprego"; "Preciso me manter atualizado na área do curso"; "Tenho perspectiva de promoção no trabalho se fizer esse curso"; "Considero importante me requalificar em outra área de atuação profissional";
- valorização social do diploma: "Já tenho experiência na área do curso e agora pretendo me diplomar"; "Preciso de um diploma de curso superior em qualquer área"; "O mercado de trabalho está valorizando o diploma de curso superior tecnológico".

RESULTADOS OBTIDOS

Perfil da amostra

A amostra obtida está assim caracterizada: a maioria dos alunos é do sexo masculino (58%); a escolaridade predominante de seus pais é o ensino médio; 58% dos respondentes têm de 18 a 23 anos e somente 13% com 30 anos ou mais; e são ainda, em sua maioria, solteiros (85%).

Em relação ao trabalho, 25% da amostra trabalha na área do curso ou em área correlata, enquanto 21% afirmam estar trabalhando, mas fora da área do curso. Também foi possível verificar que 16% não trabalham atualmente, mas já trabalharam, e que 38% nunca trabalharam.

Com relação à escolaridade, constatou-se que 56% têm ensino médio, 20% concluíram curso técnico, 20% têm ensino superior incompleto, e 4% têm curso superior completo.

Quanto à renda familiar, 38% da amostra estão na faixa de um a três salários-mínimos, 32% de três a cinco salários-mínimos 25%, com mais de cinco salários e 5% na faixa de até um salário.

Perfil da amostra em IES públicas e privadas

Segmentando-se quanto à dependência administrativa das IES (pública e privada), obtivemos os seguintes diferenciais no perfil dos inscritos. Os candidatos inscritos na rede privada possuem renda familiar superior aos inscritos na rede pública, 74% possuem renda acima de três salários-mínimos contra 50% na rede pública. Quanto à idade, similarmente, os inscritos na rede pública e privada são na sua maioria jovens entre 18 e 23 anos, no entanto, o percentual de inscritos acima de 24 anos é bem superior na rede privada (40%) do que na rede pública (28%). Por fim, quanto à escolaridade, surpreendentemente, os percentuais de técnicos, inscritos nas redes públicas e privadas, foram muito próximos, 21 e 20% respectivamente, diferenciando-se quanto aos inscritos com curso superior completo ou incompleto, maioria na rede privada (34%) contra 20% na rede pública.

Razões para escolha por CST

O Gráfico 10.1 ilustra os resultados obtidos com relação à motivação na escolha dos cursos superiores de tecnologia pelo alunado, considerando o total da amostra.

O motivo: "É um curso focado numa área com boas chances de emprego", aparece como a razão mais selecionada pelos participantes desta pesquisa. Agrupando-se pelas categorias de análise, observamos que a perspectiva de inserção laboral alcançou, além da 1ª colocação, a sétima, bem como figurou com duas alternativas na 8ª posição. A valorização social do diploma esteve presente nas respostas que obtiveram respectivamente as 2ª, 5ª e 9ª colocações. As características dos CST foram as 3ª e 4ª razões mais citadas nesta pesquisa, seguidas pela

Razões para escolha de CST pelo alunado

Razão	%
É um curso focado em uma área com boas chances de emprego	46%
O mercado está valorizando o diploma de curso superior tecnológico	42%
É um curso especializado	35%
É um curso focado em conhecimentos aplicados, gosto mais da prática	23%
Já possuo experiência na área do curso e agora pretendo me diplomar	22%
A duração deste curso possibilita que eu me forme mais rápido	22%
O curso é uma maneira de me manter atualizado	17%
Tenho perspectiva de promoção no trabalho ao concluir o curso	12%
Considero importante me requalificar em outra área de atuação	12%
Foi uma indicação de amigos	7%
O custo é menor se comparado com outros cursos superiores	6%
Foi uma indicação da minha família	6%
Preciso de um diploma de curso superior em qualquer área	6%
Foi uma indicação da empresa em que trabalho	2%

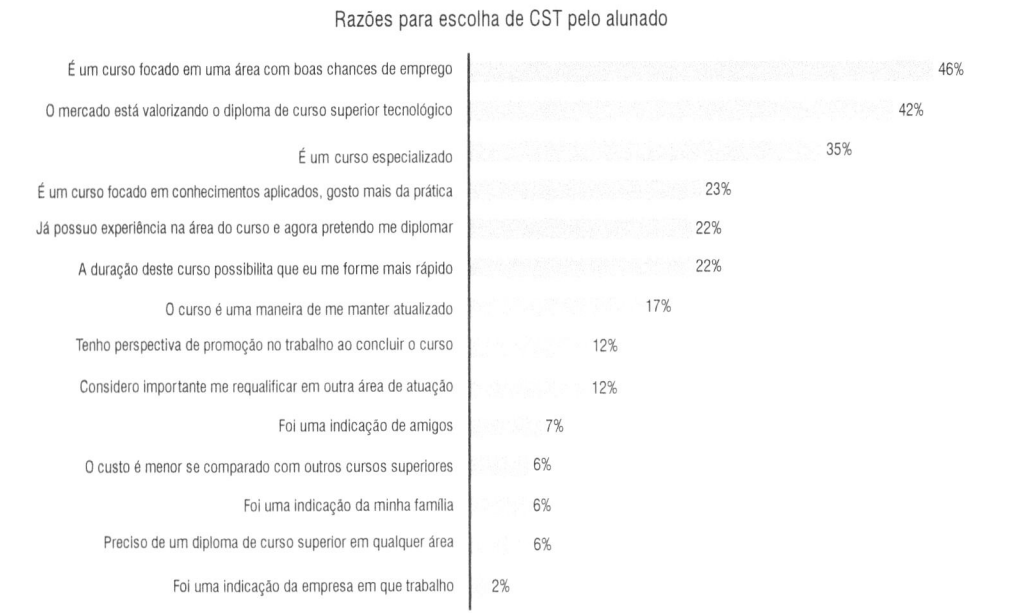

Gráfico 10.1 Percentuais, no total da amostra, de seleção das alternativas do formulário de pesquisa, cujo enunciado era: "Escolhi esse curso porque".

duração dos cursos que foi a 5ª razão. A questão dos custos ocupou apenas a 9ª posição com percentuais muito próximos aos alcançados pelas alternativas relacionadas à influência externa.

A seguir, serão discutidos outros dados, obtidos na pesquisa, relativos à amostra integral, bem como às suas segmentações em idade, sexo, escolaridade e dependência administrativa.

Custos

Apenas 6% do total dos respondentes afirmaram que a questão dos custos associados ao curso constitui a razão para a escolha do CST. Porém, como era de se esperar, o percentual maior de seleção dessa razão está na faixa de renda familiar de até um salário mínimo (11%), além de pouca diferença entre instituições públicas e privadas.

Duração

Destaque-se que, nas hipóteses iniciais deste capítulo, a curta duração dos CST deveria explicar fortemente sua demanda. Entretanto, a partir dos dados obtidos, não foi possível corroborar essa hipótese. Nos resultados, percebe-se que a duração do curso importa principalmente a alguns grupos, sejam eles: alunos da rede privada e alunos com faixa etária superior a 30 anos. Mas no total da amostra, apenas 17% afirmaram ter sido relevante tal característica no seu processo de escolha, em contraposição com outras razões que alcançaram índices de seleção bem superiores.

Observa-se, ainda, a existência de uma associação significativa entre o aumento da faixa etária do respondente e a escolha do curso pela sua duração, o que sugere que a demanda por uma formação rápida cresce conforme se amplia a idade. Em contraponto, apenas 5% dos respondentes de idade inferior a 18 anos revelaram essa preocupação.

Além disso, observa-se que dentre aqueles que têm a maior faixa etária e a maior faixa de renda familiar, e que, portanto, tem a maior probabilidade de que estejam trabalhando no momento, o percentual de escolha dessa opção é superior aos demais grupamentos da amostra, o que é sugestivo de que, nesse grupo, estudar significaria uma jornada a mais, além daquela de trabalho, justificando a escolha motivada pela duração do curso.

Percebe-se, ademais, que o percentual dos que apontam a duração como um dos motivos para a escolha por um CST é bem superior na rede privada do que na pública, 34 e 10%, respectivamente, o que pode ter sido influenciado pela idade dos alunos, visto que, na rede privada, estão os maiores percentuais de inscritos acima dos 30 anos.

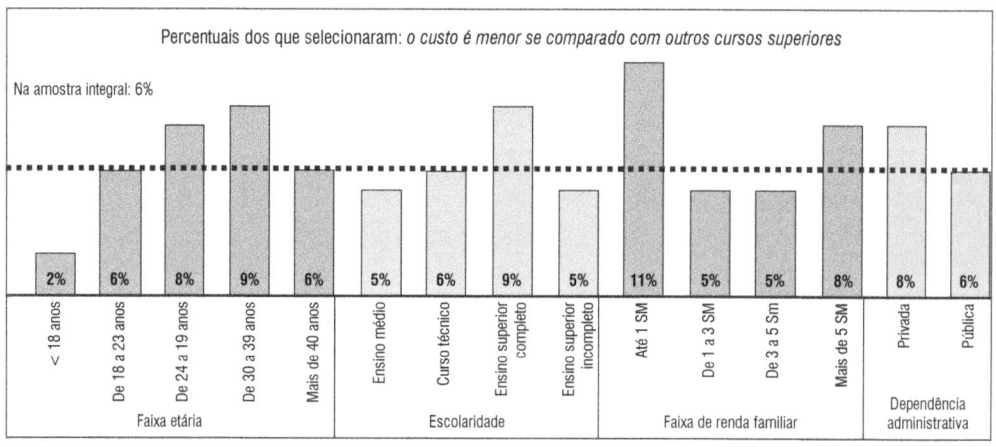

Gráfico 10.2 Percentuais de seleção da alternativa: "O custo é menor se comparado com outros cursos superiores". No total da amostra e em seus segmentos.

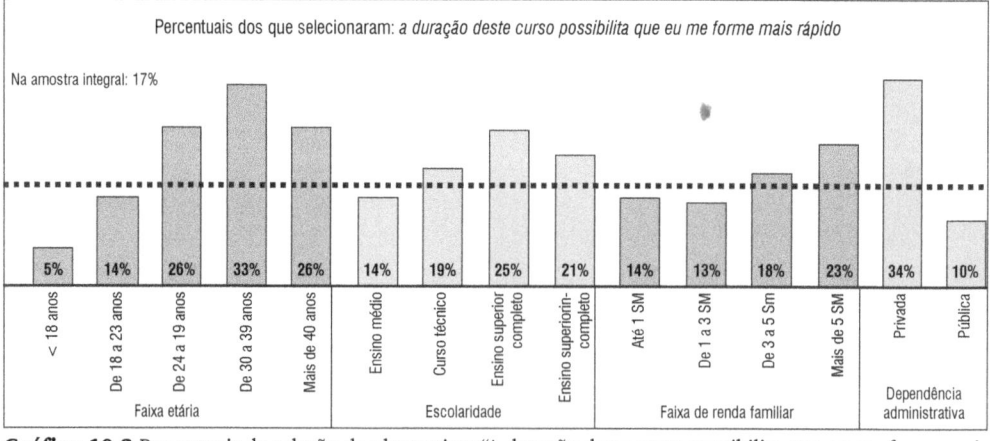

Gráfico 10.3 Percentuais de seleção da alternativa: "A duração deste curso possibilita que eu me forme mais rápido". No total da amostra e em seus segmentos.

Características do CST

A especialização dos currículos dos CST é, sem dúvida, uma de suas principais características, ocupando o 3º lugar dentre as razões mais citadas no total da amostra.

Observa-se, ainda, a existência de uma associação entre o aumento da faixa etária dos respondentes e a escolha do curso pela sua especialização, a exemplo do que ocorreu com a duração do curso. Da mesma forma, quanto maior a renda familiar do respondente, maior a probabilidade de seleção dessa alternativa.

Percebe-se, também, que o percentual de seleção dessa razão é maior nos respondentes inscritos em processos seletivos da rede privada do que na pública, 48 *versus* 30% respectivamente.

Outra característica dos CST, diz respeito ao seu caráter mais prático na formação. No total da amostra, 23% afirmam ser essa uma das razões para o ingresso nesses cursos, chamando atenção para o percentual alcançado pelos respondentes com curso superior incompleto: 31%.

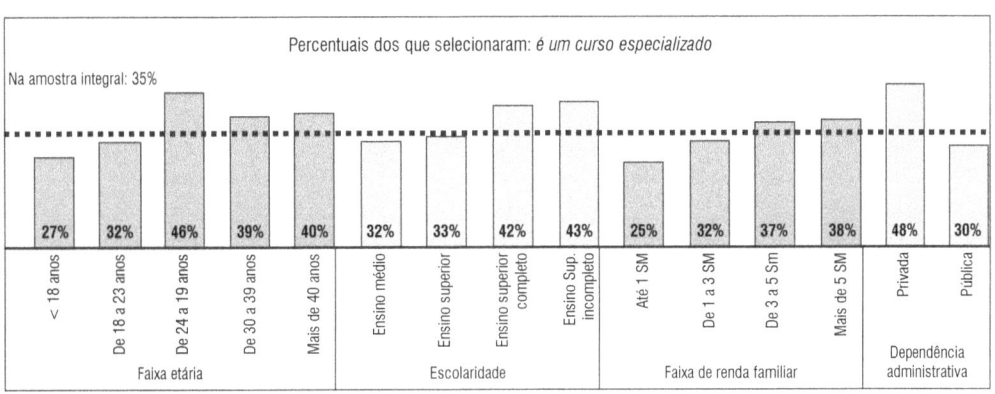

Gráfico 10.4 Percentuais de seleção da alternativa: "É um curso especializado". No total da amostra e em seus segmentos.

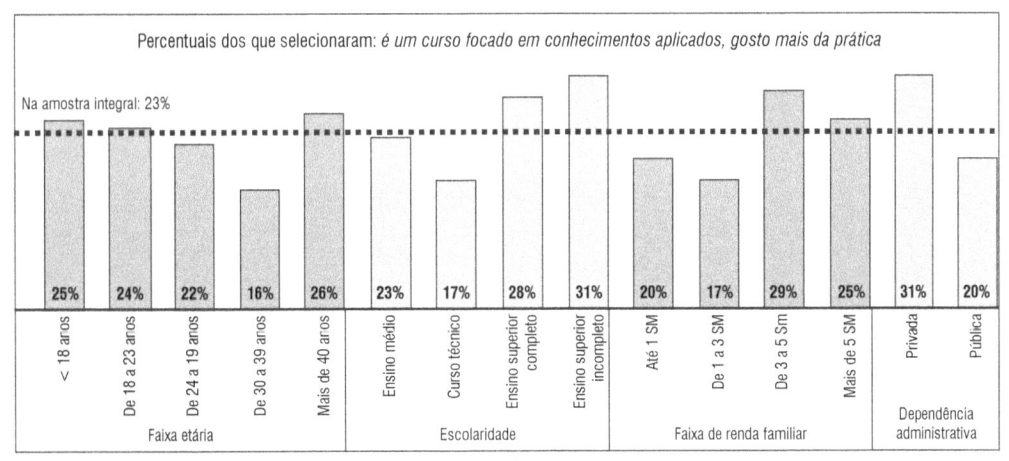

Gráfico 10.5 Percentuais de seleção da alternativa: "É um curso focado em conhecimentos aplicados, gosto mais da prática". No total da amostra e em seus segmentos.

Influência externa

A exemplo de outras pesquisas internacionais (Vico, 1999) sobre as razões para a demanda por cursos superiores, o percentual de incerteza na escolha ou, dito de outra forma, o percentual daqueles que revelam uma influência externa dos seus grupos sociais (amigos e familiares), ficou abaixo dos 10% dos participantes.

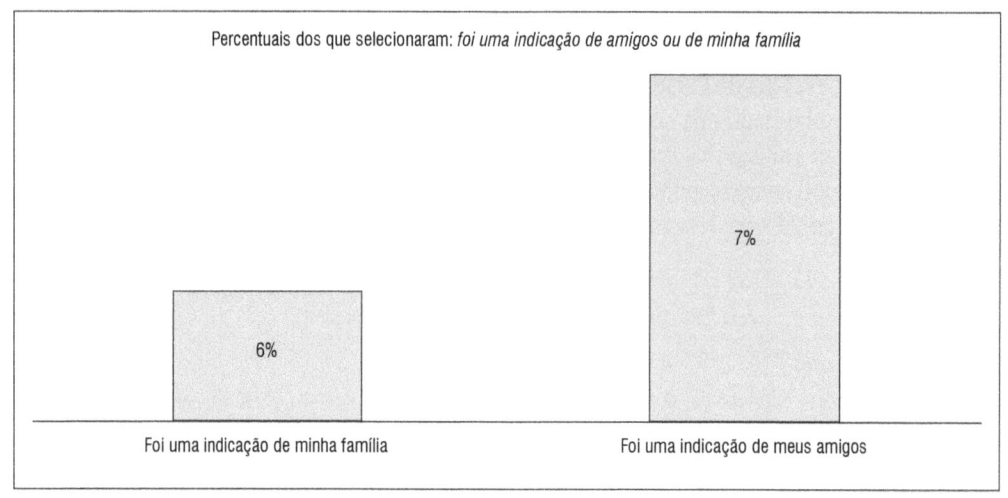

Gráfico 10.6 Percentuais de seleção das alternativas: "Foi uma indicação de meus amigos" e "Foi uma indicação de minha família". No total da amostra e em seus segmentos.

Contrariamente, as expectativas de que o mercado de trabalho por meio das empresas seriam demandantes diretos pela formação em CST, os dados desta pesquisa demonstram um baixíssimo índice de seleção da alternativa *indicação da empresa em que trabalho* como razão da escolha de um CST, apenas 2% do total da amostra.

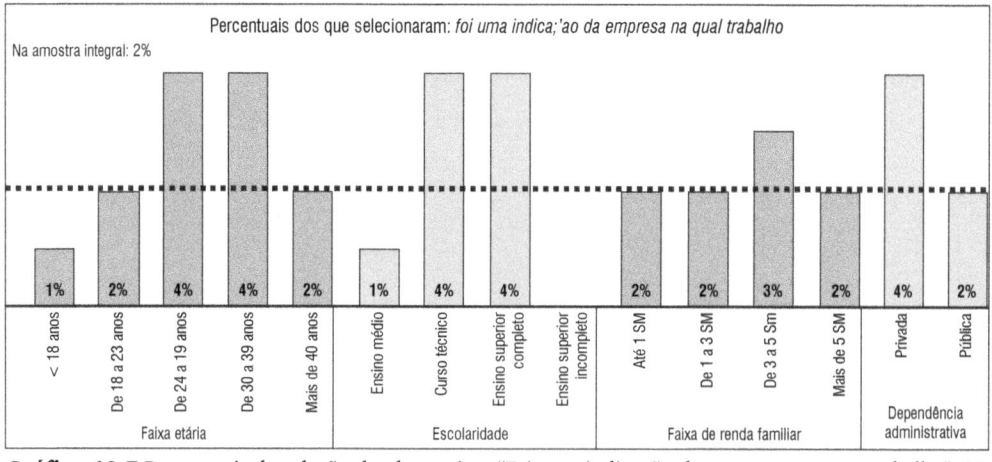

Gráfico 10.7 Percentuais de seleção da alternativa: "Foi uma indicação da empresa em que trabalho". No total da amostra e em seus segmentos.

Perspectiva de inserção laboral

Essa alternativa engloba a característica da especialização dos currículos (*é um curso focado*) e a expectativa por uma inserção laboral a partir da formação ("*com boas chances de emprego*). Foi a mais escolhida pelo total da amostra – 46%. Assim, pode-se dizer, a partir dos resultados obtidos, a conjunção da especialização do currículo juntamente com a expectativa de inserção laboral é a razão mais comumente alegada dentre os respondentes.

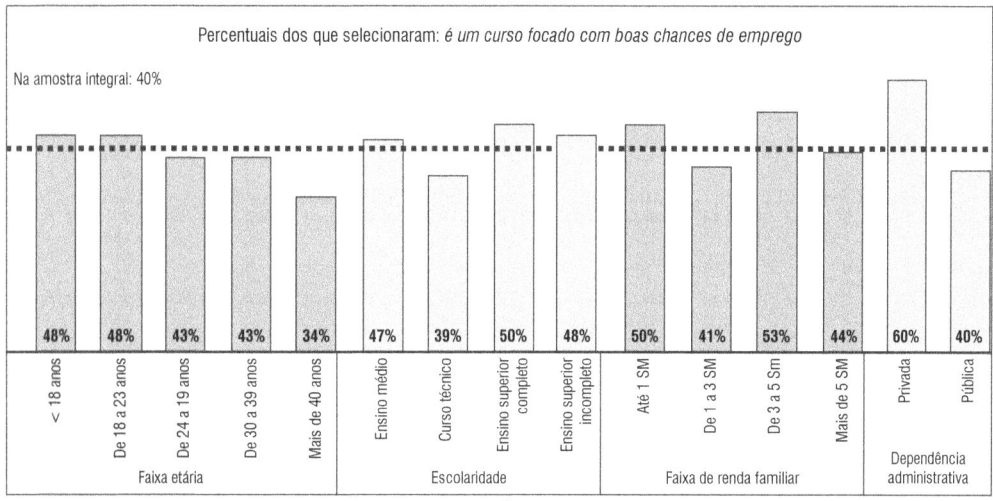

Gráfico 10.8 Percentuais de seleção da alternativa: "É um curso focado com boas chances de emprego". No total da amostra e em seus segmentos.

Em todas as estratificações da amostra, percebe-se um percentual elevado de seleção dessa razão, com exceção dos respondentes acima dos 40 anos, com 34%, talvez indicativo de que, nesse grupo social, os respondentes já estivessem empregados.

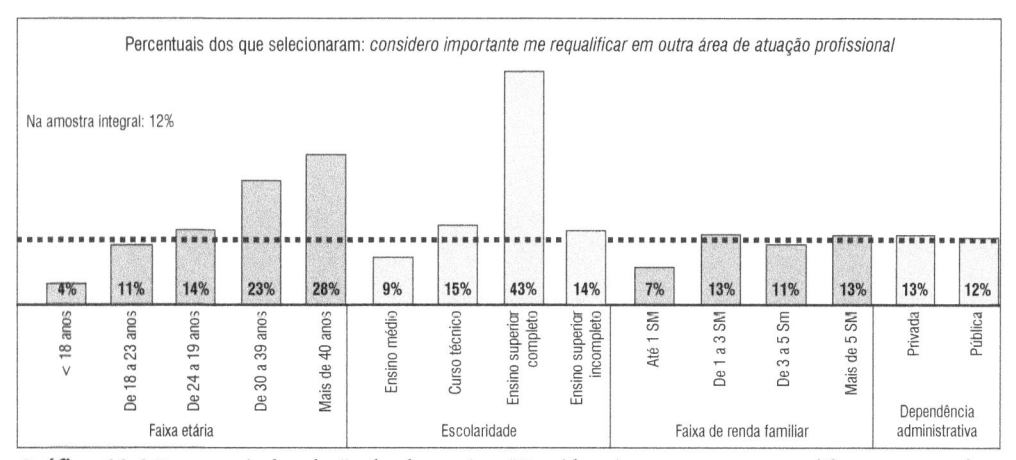

Gráfico 10.9 Percentuais de seleção da alternativa: "Considero importante me re-qualificar em outra área de atuação profissional". No total da amostra e em seus segmentos.

Ainda com relação às expectativas de inserção e reinserção laboral, 12% dos participantes elegeram como razão para escolha do curso a necessidade de requalificação profissional. Examinando os agrupamentos da amostra, percebe-se que, como era esperado, o percentual aumenta conforme cresce a faixa etária. Afinal, com mais idade é mais provável que já ocorra a inserção laboral e dela decorra a possível necessidade de requalificação.

Destaque-se que na menor faixa de renda familiar e dentre os menores de 18 anos, foram encontrados os menores percentuais dessa seleção, sugerindo que nesses grupos sociais ocorre a necessidade de uma qualificação profissional inicial e não de uma requalificação.

Já dentre aqueles que possuem curso superior concluído, o percentual de seleção foi de 43%, bem superior ao da amostra. Tais percentuais parecem apontar uma tendência de busca pelo ingresso nos CST, similarmente ao que ocorre na procura por especialização *lato sensu*.

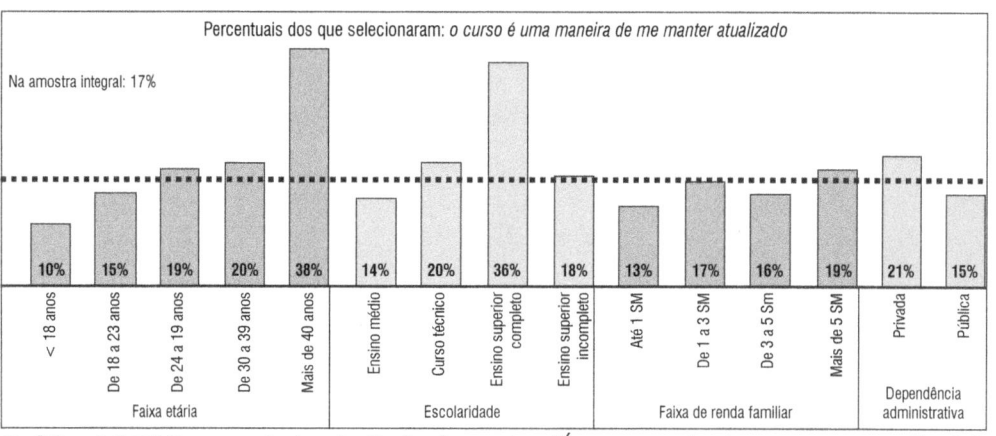

Gráfico 10.10 Percentuais de seleção da alternativa: "É uma maneira de me manter atualizado". No total da amostra e em seus segmentos.

Outra razão de escolha por CST apontada por 17% do total da amostra refere-se à necessidade de manter-se atualizado. Essa alternativa alcançou os maiores percentuais de escolha dentre os maiores de 40 anos e dentre aqueles que já possuem curso superior. Confirmando a tendência apontada no gráfico anterior, ou seja, a busca no CST de uma especialização, uma segunda graduação.

Outra observação diz respeito à diferença de percentuais obtidas nessa alternativa em relação com os egressos do ensino médio e os egressos de cursos técnicos, respectivamente 14 e 20%, o que aponta para um interessante objeto de estudo: os técnicos de nível médio procurariam os CST para uma atualização na mesma área de sua formação técnica?

Quanto à alternativa de seleção (Gráfico 10.11), ela traz à tona, novamente, a percepção do alunado sobre a valorização e possíveis decorrências (promoção no trabalho) que podem advir com a conclusão do curso. Dentre os respondentes, 12% a selecionaram.

Entretanto, outra vez, faz-se necessário examinar os agrupamentos da amostra. Observe-se que ocorre associação das escolhas com a idade do respondente. E com relação aos egressos do ensino médio e de cursos

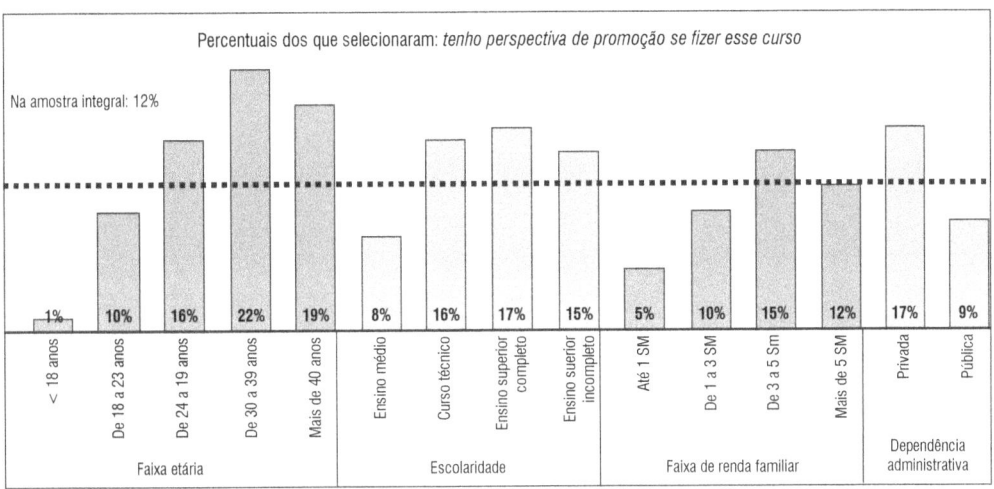

Gráfico 10.11 Percentuais de seleção da alternativa: "Tenho perspectiva de promoção no trabalho se fizer esse curso". No total da amostra e em seus segmentos.

técnicos, observa-se que exatamente o dobro dos técnicos de nível médio tem a expectativa de promoção no trabalho após a conclusão do curso. Tal dado, associado com outros já apresentados, sugere que os técnicos buscariam um CST como forma de continuidade nos estudos, além do desejo por ampliarem suas estratégias competitivas no mercado.

Valorização social do diploma

Na amostra, 22% apontaram a necessidade de uma diplomação na área onde já possuem experiência. A partir da associação dessa opção com a faixa etária do respondente, observamos que, quanto maior a faixa etária, maior a probabilidade de seleção desta questão. Tais dados sugerem a procura do ensino superior como forma de reconhecimento dos saberes práticos daqueles que estiveram ou estão inseridos produtivamente na área do curso.

Sendo assim, além do desafio de alunos com faixas etárias diferentes, é provável que, numa mesma sala de aula de um CST convivam adultos com experiência prática na área do curso e jovens advindos diretamente do ensino médio sem nenhuma experiência laboral.

Fazendo, ainda, a associação dessa opção com a escolaridade, percebe-se o maior percentual de eleição dessa razão dentre os técnicos de nível médio, 37%, *versus* apenas 13% nos egressos do ensino médio. Isso parece revelar que os técnicos de nível médio, em comparação com os egressos do ensino médio, estão numa proporção bem superior, inseridos no mundo do trabalho e buscam, no ensino superior, a continuidade de sua formação na área.

Com relação à necessidade de diplomação independente de área do curso, apenas 6% dos respondentes a selecionaram, expondo, assim, um desencanto com as finalidades do ensino superior.

Ainda que, no geral, essa razão tenha obtido um percentual muito pequeno, observando a estratificação da amostra, percebem-se os maiores percentuais na escolha dessa opção na faixa de renda familiar

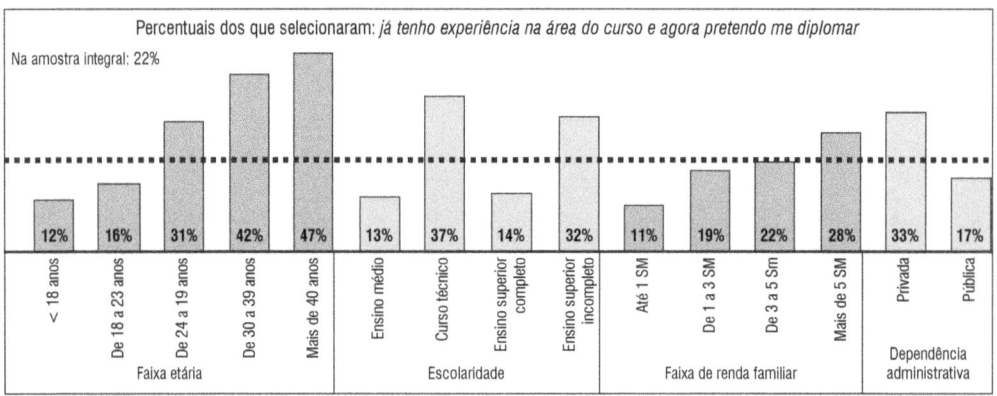

Gráfico 10.12 Percentuais de seleção da alternativa: "Já tenho experiência na área do curso e agora pretendo me diplomar". No total da amostra e em seus segmentos.

de até um salário mínimo (14%) e nos respondentes na faixa etária de 30 a 39 anos (16%), revelando que nesses grupos sociais a probabilidade de guiar-se por um certo "pragmatismo" relacionado ao ensino superior é bem maior. Dentre os graduados, não foi computada uma única seleção dessa alternativa, o que se explica pelo fato deles já possuírem curso superior completo.

Por fim, a valorização do diploma de curso superior tecnológico foi apontada por 42% do total da amostra. Ressalte-se que o patamar de seleção dessa opção foi alto em todos os segmentos, a exceção daqueles que já possuem curso superior completo (28%), o que talvez se justifique pelo fato de serem detentores de outros diplomas de graduação.

Obter como achado desta pesquisa a percepção de valorização do curso superior tecnológico surpreende, pois esses cursos costumam ser desconhecidos da maioria da população e, às vezes, referenciados como cursos para pobres ou de segunda categoria. Entretanto, a despeito dessas considerações, esta pesquisa revelou que os inscritos em seus processos seletivos têm a leitura de que o mercado de trabalho os valoriza.

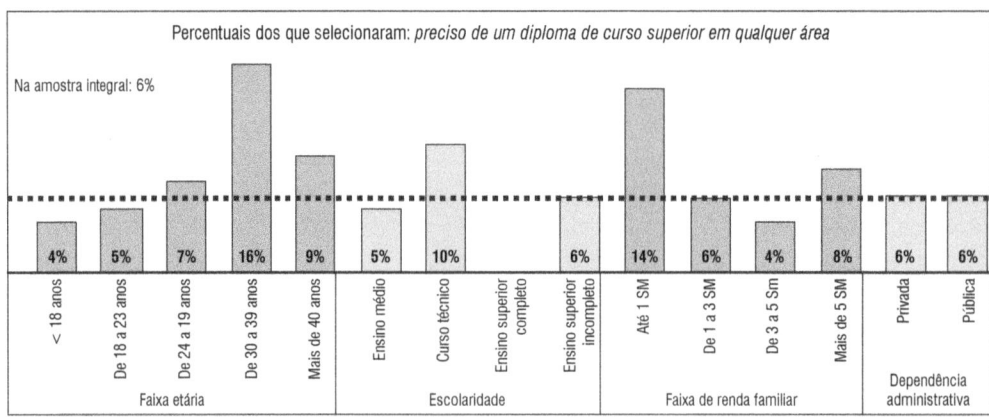

Gráfico 10.13 Percentuais de seleção da alternativa: "Preciso do diploma de curso superior em qualquer área". No total da amostra e em seus segmentos.

Observa-se, ainda, um aumento na percepção de valorização conforme aumenta a faixa etária, o que sugere influência da experiência laboral dos indivíduos nessa compreensão.

CONSIDERAÇÕES FINAIS

Apesar do avanço no campo de pesquisa ligado à demanda por educação, os determinantes da escolha por uma carreira específica continuam relativamente pouco conhecidos. Este capítulo objetivou conhecer as razões presentes no processo de escolha, não de uma carreira específica e sim de uma modalidade de educação superior que vivenciou recentemente um expressivo aumento de sua oferta: os cursos superiores de tecnologia.

A partir da aplicação de um questionário numa amostra estratificada dos inscritos nos processos seletivos desses cursos, foi possível conhecer as razões determinantes na efetivação dessas escolhas educacionais, bem como as variantes relacionadas à faixa etária, trajetória educacional e profissional, dentre outros, dos respondentes da amostra.

Os resultados da pesquisa indicam as três razões mais fortes na escolha por um CST, nesta ordem: perspectiva de inserção laboral após a conclusão do curso, valorização social do diploma tecnológico e valorização de suas características de especialização do currículo e de formação mais prática. O conjunto dos principais explicadores para a escolha por CST indica uma compreensão por parte dos respondentes de uma leitura muito positiva dessa formação pelo mercado de trabalho, apontando na mesma direção dos estudos de Bartalotti e Menezes-Filho (2007), que correlacionam significativamente o aumento da procura por um curso com a valorização deste refletida, principalmente, na sua inserção laboral.

Na seleção geral, a questão dos custos dessa formação foi muito pouco valorada pelos respondentes, visto que a pergunta no questionário fazia comparação dos custos do CST com os de outras graduações, parecendo residir aí o motivo de sua baixa seleção. Atualmente, diante da expressiva concorrência, os preços das mensalidades na iniciativa privada têm caído bastante, chegando a ocorrer certo nivelamento entre eles. Nesse cenário, importa conhecer sobre as motivações associadas à duração do curso, o que, indiretamente, apontaria para os custos associados a essa formação.

Quanto à duração dos CST, a pesquisa apontou apenas como a 5ª razão mais escolhida pelos respondentes, sendo necessária sua estratificação para identificar em quais grupos tal aspecto foi mais significativamente referenciado, a saber: os de maior idade, com menores faixas de renda familiar e inscritos na rede privada. Assim, pode-se concluir que a duração da formação importa, mais fortemente, a alguns grupos sociais e que foi selecionada pelos segmentos onde se esperava a menção aos custos, o que aponta para seu posicionamento como indicativo indireto da questão dos custos da formação.

Esta pesquisa corrobora os resultados apresentados por Bartalotti e Menezes-Filho (2007) com relação ao fato de que a idade é um determinante considerável no processo de escolha de um curso superior – em praticamente todas as opções de seleção, a idade representou alterações significativas nas respostas – e, ademais, acrescenta que a escolaridade também representa uma variante considerável na obtenção dos resultados. Na atual pesquisa, é possível identificar diferenças significativas na escolha por um CST entre aqueles advindos do ensino médio e aqueles que possuem curso técnico. Os técnicos parecem buscar um CST interessados na diplomação em área onde já detém competências, visando a uma promoção em seus empregos e, em alguns casos, indicados por seus empregadores. Por sua vez, os já graduados parecem buscar os CST interessados no caráter prático dessa formação, em sua especialização, como forma de manterem-se atualizados ou numa oportunidade de requalificação profissional, o que é sugestivo de que busquem ampliar e manter suas vantagens competitivas no mercado de trabalho.

Com relação às possíveis diferenças nas motivações dos inscritos na rede pública e privada, estas não foram percebidas como significativas pelo contrário, foram encontradas similaridades em diversas questões. Nas questões em que houve diferença nos resultados quanto à dependência administrativa, acredita-se ocorrem influência de outros fatores do tipo, idade, renda familiar e escolaridade, em virtude do perfil da amostra dos inscritos na rede pública e privada. Tal fato permite-nos sugerir que as diferenças de idade, faixa de renda familiar e escolaridade, estas sim, são as relevantes para a obtenção de resultados diferentes quanto às razões da escolha em CST.

De forma mais empírica, a pesquisa traz importantes elementos que, por um lado, retiram a ênfase da argumentação calcada nos custos e no tempo de duração e caminha mais na direção que reforça aspectos trazidos, também, por diversos autores que atribuem à profissionalização e à ampliação de estratégias competitivas no mercado de trabalho como requisitos relevantes na compreensão da escolha por um curso de educação superior, principalmente aqueles de natureza tecnológica e com vocação aplicada.

NOTAS

1 Neste artigo, apenas uma sinopse dos resultados será apresentada. Os resultados integrais deste estudo, obtidos no interior de uma pesquisa mais ampla, encontram-se na dissertação de mestrado em Educação de um dos autores, a ser defendida na Universidade de Brasília.

REFERÊNCIAS

BARTALOTTI, O.; MENEZES-FILHO, N. A relação entre o desempenho da carreira no mercado de trabalho e a escolha profissional dos jovens. *Economia Aplicada*. Ribeirão Preto, v. 11, n. 4, Dec. 2007.

BASTOS, J. A. S. L. *A educação tecnológica – conceitos, características e perspectivas*. Tecnologia & Educação. Coletânea Educação e Tecnologia: publicação do programa de pós-graduação em tecnologia. Curitiba: PPGTEL, CEFET – PR, 1997.

BASTOS, J. C. Efetivação de escolhas profissionais de jovens oriundos do ensino público: um olhar sobre suas trajetórias. *Revista Brasileira de Orientação Profissional*, Ribeirão Preto, v.6, no.2, p. 31-43, dez. 2005.

BRASIL. Conselho Nacional de Educação. *Resolução CNE/CP n 03, de 18 de dezembro de 2002*. Brasília, DF, 2002.

BRASIL. Instituto Nacional de Pesquisas e Estatísticas Educacionais Anísio Teixeira. *Censo da Educação Superior 2007*. Brasília, DF, 2007.

CASTRO, C. M. Entre a universidade de fingidinho e a diversificação não assumida. In: MORH, L. (Org.). *Universidade em Questão*. Brasília: Universidade de Brasília, 2003. p. 487-501.

CASTRO, R. P. Escola e mercado: a escola face à institucionalização do desemprego e da precariedade na sociedade colocada ao serviço da economia. *Perspectiva*, Florianópolis, v. 22, p. 79-82, dez. 2004.

CHIESI, A.; MARTINELLI, A. O trabalho como escolha e oportunidade. Juventude e Contemporaneidade. *Revista Brasileira de Educação*. Caxambu, v.5, p.110-125, mai-dez.1997.

GENTILI, P. Exclusión y desigualdad en el acceso a la educación superior brasilera. El desafío de las políticas de acción afirmativa. *Boletín de Foro Latinoamericano de Políticas Educativas*, Barcelona, v. 20, p. 20, 2006.

GIOLO, J. A educação tecnológica superior no Brasil: os números de sua expansão. In: *Universidade e mundo do trabalho*, Coleção Educação Superior em Debate, Brasília: INEP, 2006. p. 109-134.

KOVALESKI, N. V. J.; PILATTI, L. A.; CORTES, L. C. As escolhas de curso de tecnologia pelas mulheres: qual formação para quais papéis sociais? O caso das estudantes do CEFET do Paraná. In: XI SEMINÁRIO LATINO-AMERICANO DE GESTIÓN TECNOLÓGICA. Salvador, 2005. *Anais eletrônicos*. Disponível em: <http://www.pg.cefetpr.br/ppgep/Ebook/ARTIGOS2005/E-book%202006_rtigo%2080.pdf>. Acesso em: 20 dez.2008.

MACHADO, L. R. *O Profissional Tecnólogo e sua Formação*. (mimeo). 2006.

NOGUEIRA, C. M. M.. O processo de escolha do curso superior: análise sociológica de um momento crucial das trajetórias escolares. In: 30ª REUNIÃO ANUAL DA ANPED, 2007, Caxambu. *ANPED: 30 anos de pesquisa e compromisso social*, 2007.

PRADO, F. *Os novos cursos de graduação tecnológica: histórico, legislação, currículo, organização curricular e didática*. Curitiba: Editora OPET, p. 130-169, 2006.

VICO, A.M.(org.) *Análisis y evaluación de la demanda de enseñanza superior em la Universidad de Jaén*. Jaén: Universidad de Jaén, 1999.

Parte III

Atores sociais da Educação Profissional e Tecnológica (EPT) Contemporânea

As redes estaduais de ensino e a construção de uma política nacional de educação profissional

11

Édna Corrêa Batistolli, Geraldo Grossi Junior e Sandra Regina de Oliveira Garcia

Os Estados em sua estrutura organizacional possuem um órgão gestor que atua com a educação profissional. Esses órgãos gestores são constituídos por equipes de profissionais que fazem a gestão da área dentro de toda a rede de ensino, assumindo a composição de uma política estadual que visa à implantação, ao desenvolvimento e à consolidação de ações que integram a política estadual sustentada em propostas estratégicas de formação do cidadão e sua inter-relação com o mundo do trabalho.

Os gestores desses órgãos estaduais de educação profissional, historicamente, têm tido a responsabilidade de representar seus Estados, interna e externamente, no que se refere à área. Essa representação se articula com políticas públicas vinculadas ao desenvolvimento de ações educacionais, de formação geral e específica, de melhoria da qualidade da educação profissional, nas esferas estadual e federal e de implementação de oferta de cursos de formação profissional do jovem e do adulto trabalhador.

A dinâmica estabelecida pelo governo federal no sentido de chamar diferentes atores a participarem de eventos ligados à educação profissional e tecnológica possibilitou que os gestores estaduais de educação profissional se organizassem de forma a constituir um Fórum permanente de discussão sobre a temática.

O processo de organização do Fórum foi uma iniciativa dos próprios gestores. No decorrer de seminários e encontros promovidos pelo Ministério da Educação e Cultura (MEC), abriam-se espaços paralelos e concomitantes aos eventos e realizavam-se reuniões, chamando o ministério para discutir e apresentar as demandas efetivas e almejadas pelos Estados, para além do objeto ali proposto.

Os gestores estaduais, em um primeiro momento, buscavam, de forma independente e particularizada, solucionar questões de ordem técnica e financeira, as quais se repetiam sistematicamente nos Estados. Identificado esse processo, o grupo de gestores assumiu o papel que institucionalmente lhes cabe e que socialmente é delegado a todos aqueles que assumem funções de gestão pública, ou seja, ser o mobilizador e executor de iniciativas que beneficiem a sociedade em geral, sem olhar barreiras geográficas, teóricas, econômicas e conjunturais.

Essa visão sustentou a definição de políticas públicas para a educação profissional e o seu efetivo estabelecimento em todos os Estados, respeitado o direito constitucional da autonomia. Tais princípios que o *Fórum Nacional de Gestores Estaduais de Educação Profissional* necessitaria buscar, desde a sua constituição, e que, em um processo coletivo, veio sendo construído e materializado.

Propomos-nos a apresentar neste capítulo o processo vivenciado pelo grupo de gestores, no período de 2004 a 2008, na conquista de uma identidade renovada para a educação profissional pública do país e da construção de uma política nacional para a área.

A NECESSIDADE DE ARTICULAÇÃO DAS REDES ESTADUAIS DE EDUCAÇÃO PROFISSIONAL

A educação profissional nos Estados brasileiros vem sendo construída num processo histórico que possui aproximações e diferenças nas dimensões que envolvem a própria concepção, a normatização e questões de ordem técnica-administrativa.

As Redes Estaduais de Educação Profissional compõem o segmento público da educação brasileira, com capacidade de instituir uma vasta capilaridade, considerando sua distribuição nas 26 Unidades Federadas e Distrito Federal. São organizadas por um conjunto de relações, internas e externas, compostas por categorias que envolvem:
- escolas, órgãos gestores, trabalhadores da educação, professores, estudantes, formação inicial e continuada, governantes, setores diversos da sociedade civil, política;
- currículos, propostas pedagógicas, aulas práticas e teóricas, normas, regimentos, cadastros;
- edificações, laboratórios, áreas físicas, equipamentos, assim como parcos recursos financeiros e outros itens que estruturam e regem essa modalidade de ensino.

Todas, sem distinção, fundamentam-se nos marcos legais estabelecidos constitucionalmente, e pelas normatizações advindas das mesmas, sejam nacional ou estadual, assim como, das entidades que regulam as profissões.

Em cada uma, existe a marca do próprio Estado, com suas peculiaridades, com sua regionalização, com suas convicções e ideologias, com a diversidade que lhe é própria, de forma autônoma e independente. Saviani explicita essa ideia quando diz:

> [...] unidade de diversidade, um todo que se articula uma variedade de elementos que, ao se integrarem ao todo, nem por isso perdem a própria identidade. [...] participam do todo, integram o sistema, na forma das respectivas especificidades (2001, p. 206).

Este é um preâmbulo da realidade brasileira da Educação Profissional da Rede Pública Estadual. São diferentes sim, mas, pelo *Fórum Nacional de Gestores Estaduais de Educação Profissional*, assumem a unidade e com isso fazem parte de uma identidade construída coletivamente, visando ao estabelecimento de uma política pública de Estado que oriente e defina caminhos para o setor responsável por prover o cidadão de possibilidades de profissionalização. Profissionalizar num sentido de promoção do ser humano, sob uma visão crítica dos processos de produção, sustentado nos conceitos de ciência, tecnologia, cultura e trabalho.

A identidade que aqui tratamos é de uma rede de escolas e órgãos gestores que atuam em todos os estados do Brasil, oferecendo a jovens e adultos, condições de reconhecer-se como cidadão trabalhador, por meio de cursos de formação inicial e qualificação profissional, de educação profissional técnica de nível médio, nas suas diferentes formas de oferta ou, em cursos de especialização técnica de nível médio e cursos superiores de tecnologia, por meio de experiências educacionais instaladas, em muitos Estados, já há muitas décadas.

Nesse contexto, a Educação Profissional da Rede Pública Estadual atenta ao princípio que lhe é maior, o de fortalecer, renovar e publicizar a própria identidade frente à sociedade brasileira, lançou-se em um projeto que amplia suas funções. Os embates às necessidades individuais e coletivas demonstraram que somente um trabalho fundado numa perspectiva macro poderia impulsionar mudanças significativas para uma área educacional imprescindível na atual conjuntura sociopolítica e econômica nacional.

Criou-se então o *Fórum Nacional de Gestores Estaduais de Educação Profissional* com a finalidade de promover o diálogo entre Estados, estreitar a relação com o Ministério da Educação e demais ministérios que desenvolvem ações de formação profissional, assim como abrir vias de discussão com o meio político para o fortalecimento de todos os agentes que são responsáveis por uma educação profissional pública, especificamente, da Rede Pública Estadual.

Em síntese, o fórum se estabeleceu tendo como princípio de ação desencadear políticas públicas para a área, até então inexistentes, pois esteve sempre atrelada a programas compensatórios e assistenciais. A integração de esforços para transformar o cenário atual da educação profissional e tecnológica está entre seus objetivos e estratégias, a partir do reconhecimento educacional, social e histórico que lhe é devido, assim como promover o fortalecimento de sua representação dentro do Ministério da Educação, explicitando o quanto essa representação vai além de uma única rede, pois estamos tratando de educação profissional pública para toda a população brasileira.

A CRIAÇÃO DO FÓRUM NACIONAL DE GESTORES ESTADUAIS COMO FORMA DE ARTICULAÇÃO NACIONAL

O *Fórum Nacional de Gestores Estaduais de Educação Profissional* materializa uma ideia e uma necessidade do grupo dos então gestores de Educação Profissional das Redes Estaduais de Ensino. A iniciativa foi criar um espaço público de discussões, de encaminhamentos e, principalmente, de reconhecimento das redes estaduais como instâncias efetivas de formação profissional.

Estabeleceu-se, assim, mais que um espaço de encontro de pares, os quais vivenciam situações similares. Os objetivos de seus integrantes se inter-relacionam, buscam construir soluções para desafios equivalentes, sem, contudo, distanciar-se do que é local, numa perspectiva que tem a intencionalidade e a consciência de quais são as necessidades apresentadas por todas as unidades federadas, ou seja, o princípio da coletividade como sustentação da proposta.

A constituição do fórum teve como significado o exercício pleno e legítimo da cidadania, pois implicou em fazer opções, em tomada de atitudes e participação na política pública nacional de educação. Criou-se um fato que pode resultar em mudanças, de médio e longo prazo, nas diretrizes atuais e futuras para a modalidade de educação profissional e tecnológica, assim como para as propostas de formação profissional realizada pelos diferentes segmentos, principalmente para as redes públicas de ensino.

O governo federal se apresenta como gestor público que tem como princípio constitucional a democracia, e que assumindo o compromisso de participação efetiva dos mais diferentes setores sociais, a criação do Fórum de Gestores retrata a materialidade objetiva desse fundamento. Quando os gestores, nos seus primeiros movimentos de organização, em novembro de 2005, apresentaram a proposta à Secretaria de Educação Profissional e Tecnológica SETEC, do Ministério da Educação, da constituição de um Fórum, esta Secretaria reconheceu o potencial de um processo como esse, abrindo um canal de negociação, incentivando e disponibilizando recursos para a sua concretização.

Os Estados, por sua vez, por meio de suas secretarias estaduais, apoiaram a iniciativa de seus gestores, autorizando-os a participarem das reuniões ordinárias, assim como do envolvimento em outras atividades demandadas a partir das finalidades do Fórum e do próprio Ministério da Educação.

O *Fórum Nacional de Gestores Estaduais de Educação Profissional* se configura numa "associação sem fins lucrativos, que tem por finalidade promover a integração dos órgãos gestores estaduais de educação profissional. Visa ao fortalecimento dessa modalidade de educação na vida nacional e busca condições adequadas para seu desenvolvimento e consolidação" (Fórum Nacional, 2005).

Está constituído por gestores de educação profissional das Redes Públicas Estaduais de Ensino, sendo representantes autorizados pelas Secretarias de Educação, Secretarias de Ciência e Tecnologia e Secretaria de Desenvolvimento, das 26 Unidades Federadas e Distrito Federal.

As finalidades a que esse Fórum se propõe estão intimamente relacionadas às necessidades da educação profissional, pois as representações trazem a realidade da escola pública em diferentes contextos socioeconômicos e culturais de todo o país. Estão balizados por uma visão crítica da atual conjuntura, definindo que a atuação do fórum ocorre até o presente, no sentido de:

– participar da formulação, implementação e avaliação da política nacional de educação profissional;
– coordenar e articular ações de interesse comum dos Órgãos Gestores Estaduais de Educação Profissional;
– promover o intercâmbio de informações e de experiências nacionais e internacionais;
– articular e apoiar a realização de seminários, conferências, cursos e outros eventos;
– articular-se com instâncias do governo federal e da sociedade civil no desenvolvimento de projetos comuns.

Essas finalidades representam anseios colocados por todos os integrantes, os quais são porta-vozes da realidade local, reafirmando as necessidades apresentadas pelas regiões que representam e políticas traçadas por seus governos, mas, contudo, sob a perspectiva de amplificar e implementar numa ótica nacional.

O fórum vem desenvolvendo ações distintas de cunho técnico-político e pedagógico, integradas aos Estados e articuladas a programas do Ministério da Educação.

Junto ao MEC, foi chamado a participar

de estudos e desenvolvimento de propostas com grupos de trabalho, com o objetivo de elaborar documentos norteadores para a educação profissional e tecnológica do país, assim como, integrando-se em diferentes atividades no sentido de buscar a consolidação de uma política pública, de qualidade e gratuita para a educação profissional brasileira, fortalecendo o segmento público de ensino. Dentre os vários estudos e ações desenvolvidas, citamos:

a) Grupo de Trabalho para análise e proposições da Legislação em Educação Profissional e Tecnológica (EPT) – Portaria SETEC nº 8, de 6/03/2006. O objetivo foi, juntamente com profissionais de várias instituições, como o *Fórum Nacional de Gestores Estaduais de Educação Profissional*, o Fórum Nacional dos Conselhos Estaduais de Educação, os Conselhos de Escolas Federais, Serviço Nacional de Aprendizagem Institucional (SENAI), Serviço Nacional de Aprendizagem Comercial (SENAC), universidades e instituições de ensino superior, analisar a normatização vigente no país, referente à educação profissional e tecnológica e recomendar modificações com vistas à coerência interna decorrente de uma perspectiva politécnica e universalizante.

b) Grupo de Trabalho Ensino Médio Integrado à Educação Profissional e Tecnológica (EMIEPeT). Teve por finalidade elaborar um Documento Referencial para o debate nacional sobre o EMIEPeT.

c) Grupo de Trabalho PROEJA Indigena, 2006. O principal objetivo desse grupo foi a proposição de diretrizes de elevação da escolaridade com formação profissional para a realidade indígena.

d) Comissão de Altos Estudos da Câmara dos Deputados. Dentre as finalidades da participação, estavam a criação de um Fundo de Financiamento para o Desenvolvimento da Educação Profissional e Tecnológica do país, e a que foi analisar a viabilidade da implantação de Centros Vocacionais Tecnológicos em parceria com instituições públicas de ensino profissional e tecnológico.

e) Comissão Organizadora da Conferência Nacional de Educação Profissional e Tecnológica. Portaria MEC nº 704, de 20/03/2006. Teve por objetivos organizar e realizar a 1ª Conferência Nacional de Educação Profissional e Tecnológico (CONFETEC).

f) Missão Internacional aos Estados Unidos, de 03 a 17/04/2007. O objetivo foi desenvolver projetos de cooperação a partir da elaboração de estudo comparativo entre os sistemas de educação profissional e elaboração de ensaios demonstrativos temáticos regionais por meio de visitas técnicas realizadas em diferentes *Community Colleges* distribuídos em estados distintos, assim como *High School* e universidades.

Todas essas atividades desdobraram-se em outras que possuíam um calendário de trabalho, tanto de encontros quanto de produções, sendo que resultaram em referência para as Secretarias Estaduais de todo o país, assim como para o governo federal. Como resultado dos mais profícuos por essa articulação, foi criado em 2008, o Programa Brasil Profissionalizado. Direcionado às Redes Estaduais e Municipais de Educação, o programa dispões de financiamento e assistência técnica para a ampliação e qualificação da oferta da educação profissional e tecnológica de nível médio. Os princípios do programa, antes mesmo de sua criação, foram amplamente debatidos a partir de reuniões internas do fórum, com equipes do MEC e com o Fundo Nacional de Desenvolvimento da Educação (FNDE), audiência com o ministro da Educação, audiências públicas e debates com o meio político, tanto da Câmara dos Deputados quanto do Senado. O gabinete do Ministro da Educação frente a suas prerrogativas de Política Nacional apresentou a configuração final do Programa. Há que se registrar que o fórum considerou uma vitória, mas defende que haja uma linha de financiamento próprio que integre uma política para a área, não ficando refém de projetos e programas temporários.

O fórum, a partir de seus integrantes, também desenvolve ações estratégicas que dizem respeito à integração entre os Estados, promovendo assessoramentos relativos a diferentes atividades, seja presencial ou a distância, e participações em eventos promovidos nos próprios Estados, relacionados à implantação e consolidação de políticas para a educação profissional. Outro espaço de grande relevância está na articulação com o Conselho Nacional de Educação e seus Conselhos Estaduais, pois estes normatizam as ações a serem executadas dentro dos Sistemas Estaduais de Ensino.

No sentido de promover a educação profissional e colocar em pauta de discussão nacional, tanto no meio político e educacional, quanto nos setores que fazem a gestão da área, o Fórum atuou em ações de articulação e aprofundamento de temas pertinentes, buscando maior clareza quando da tomada de decisões e apresentação de propostas, como o fez no desenvolvimento do Catálogo Nacional dos Cursos Técnicos; preparo das Jornadas Científicas de Tecnologia, assim como presença marcante em eventos estaduais destinados à área.

Aqui estão apresentadas algumas das iniciativas do fórum, todas fazem parte de uma proposta que coloca a Educação Profissional da Rede Pública de Ensino, mais especificamente a Rede Estadual, em espaços que veiculam ideias e propostas de ordem política quanto de fomento a novas metodologias e tecnologias. Busca-se explicitar que a educação profissional deste país é realizada pelas Redes Estaduais de Ensino de forma competente, dentro de limites impostos pela própria estrutura, mas que prima por uma educação inclusiva, "formadora de sujeitos autônomos e protagonistas da emancipação humana" (Frigotto, 2002, p. 26). O embate se dá na conquista de manter, expandir e consolidar o processo, pois as políticas instaladas anteriormente no Brasil foram direcionadas ao desmantelamento dessas redes, considerando a privatização como plano estratégico de redução de custos para o Estado e consequente enfraquecimento do setor público.

A educação profissional almejada é aquela que propõe sua implementação e desenvolvimento, assumindo como meta uma formação profissional de qualidade, relacionada ao mundo produtivo com compreensão crítica da realidade, sustentada no trabalho como princípio educativo. A educação profissional técnica de nível médio está fortemente presente na Rede Pública Estadual, não apenas pelas condições estruturais de que dispõe, mas principalmente por analisar a função socioeducativa que exerce, considerando a necessidade premente da população e das demandas do mundo do trabalho. Não podemos desconsiderar esse tipo de oferta, pois corremos o risco de criar um novo vácuo entre o ensino fundamental e o ensino superior. Entendemos a educação profissional técnica de nível médio como vocação maior dos Estados, ancoradas numa educação de base tecnológica sem, contudo, excluir as demais possibilidades.

Temos conhecimento da necessidade de ampliação do quadro de vagas, dos cursos a serem implantados, assim como da permanente melhoria da qualidade dos cursos oferecidos pela Rede Estadual. Essas são questões estruturantes para o fortalecimento do próprio fórum, pois entendemos a importância de uma ação nacional, que conceba a educação profissional como uma proposta de educação pública estratégica de desenvolvimento nacional, ancorada nos seguintes princípios ético-políticos apontados por Ribeiro (2006):

> compromisso com a soberania e o fortalecimento da organização social, popular e comunitária de base; compromisso com um desenvolvimento humano e autossustentável que rompa com a condição de economia periférica, passando a usar todo o seu potencial e que se ancore em estratégias econômicas socialmente justas, ecologicamente viáveis e economicamente solidárias; compromisso com a democracia ampliada, geradora de laboralidade, renda, cidadania, dignidade humana, ética social e comunitária, cultura e organização social.

Esses são princípios que dão sustentação ao espaço educacional público, fornecendo elementos necessários para a compreensão e intervenção da realidade. A melhoria da qualidade da educação pública é, portanto, pressuposto, considerando que a educação profissional e tecnológica deve estar voltada para a população brasileira, principalmente, aquela que está à margem dos processos socioeducacionais e econômicos e, dessa forma, impedida de exercer sua cidadania plena.

O *Fórum Nacional de Gestores Estaduais de Educação Profissional* se estabeleceu por meio de uma parceria com a Secretaria de Educação Profissional e Tecnológica, que é vinculada ao Ministério da Educação. O apoio se deu tanto financeira quanto estruturalmente, dispondo das condições operacionais necessárias, fator que, para o Ministério, está contemplado dentro de sua capacidade técnica e competência política. Essa parceria corroborou para explicitar a própria função social do fórum, além de fortalecer a sua identidade perante diferentes instituições e entidades. Temos convicção de que essa Secretaria, dentre várias justificativas, atua como parceira por acreditar nessa iniciativa como materialização de fundamentos democráticos, assim como, por identificar no Fórum um agente social atuante, com grande capacidade de inserção na sociedade, que cria novas formas de abrangência de suas ações e de aproximação entre governo federal e a população brasileira. Fato evidenciado na realização das Conferências/Etapas Estaduais de Educação Profissional e Tecnológica, quando sua estrutura ficou amplificada em todos os Estados e Distrito Federal. As conferências ocorreram na sua totalidade, num prazo exíguo e isso deu condições de se realizar a Conferência Nacional, com a presença de 779 delegados eleitos e homologados pelas Conferências, com uma participação de mais de 10 mil interessados no processo como um todo. A I Confetec traduziu "o sentimento dos participantes em relação aos desafios da educação profissional e tecnológica numa perspectiva de uma educação pública de qualidade para todos e todas" (I Conferência Nacional de Educação Profissional – Anais e deliberações, 2006).

Atualmente, o Fórum vem mantendo a articulação entre os diferentes Estados, pois esse é o princípio de maior relevância, realizando estudos, objetivando autonomia e sustentabilidade que permita sua continuidade como expressão viva da democracia.

O PAPEL QUE AS REDES ESTADUAIS DE EDUCAÇÃO PROFISSIONAL VÊM ASSUMINDO A PARTIR DAS MUDANÇAS ESTABELECIDAS

A educação profissional das redes estaduais de ensino passam, historicamente, por ciclos e processos de transição. Os marcos legais assumem papel indicativo e preponderante nessas mudanças, pois dão diretrizes e criam mecanismos para o estabelecimento de políticas e programas em âmbito nacional, estadual e municipal. Os Estados organizam suas ações pautadas na visão política majoritária que está implantada naquela unidade federada. Significa dizer que, dentro da autonomia que lhe é conferida, assume as políticas propostas nacionalmente, de acordo com limites e direcionamento enunciado como seu projeto de governo.

Essas indicações mobilizam disputas e contradições na implantação de qualquer política dentro dos próprios sistemas educacionais, pois representam concepções de homem, sociedade e de educação.

A educação brasileira especificamente e a sociedade em geral têm instalado culturalmente uma visão dicotômica entre educação profissional e formação geral. Construção histórica marcada por um aprofundamento da dualidade entre a escola que reserva o conhecimento a uma elite, aos dirigentes, e aquela que promove a instrução de ofícios para a maioria da população.

Essa concepção foi fortalecida quando das reformas educacionais dos anos de 1990, o que promoveu significativos reflexos nas Redes Estaduais de Ensino, tais como: fechamento de escolas, descaracterização das redes, transferências para diferentes secretarias, que não da Educação.

Quanto à legislação, tivemos como instrumento legítimo de mudança a revogação do Decreto nº 2.208/1997 e a aprovação do Decreto nº 5.154/2004. Representou um processo que envolveu uma vontade e uma necessidade social, como aponta Gaudêncio Frigotto[1], um sentido simbólico e ético-político do embate entre projetos societários e projeto educativo mais amplo.

O Decreto nº 5.154/2004 não explicitou claramente qual era a política da educação profissional e tecnológica do governo federal, mas orientou de forma implícita os caminhos desta modalidade de ensino, enfatizando a articulação entre a educação profissional técnica de nível médio e o ensino médio, em três tipos de oferta: integrada, concomitante e subsequente.

As Redes Estaduais, orientadas pela política do MEC/SETEC, muitas delas com oferta da educação profissional quase extintas, iniciaram um processo de discussão nacional que vem impulsionando a elaboração de políticas públicas estaduais para o fortalecimento dessa modalidade de ensino.

Tal processo tem se fortalecido ainda mais com a aprovação da Lei nº 11.741/2008, que altera dispositivos da Lei nº 9.394, de 20 de dezembro de 1996, e estabelece diretrizes e bases da educação nacional, para redimensionar, institucionalizar e integrar as ações da educação profissional técnica de nível médio, da educação de jovens e adultos e da educação profissional e tecnológica.

É preciso reafirmar que, como fórum, defende-se uma educação profissional vinculada ao mundo do trabalho, que dialoga com o setor produtivo, analisando as reais necessidades dos trabalhadores com a preocupação central no sujeito e sua formação integral.

Defender uma escola dessa natureza significa o resgate da dimensão política da educação, incluindo a dimensão cidadã, com direito à qualificação para o trabalho compatível com a natureza técnico-científica e política do trabalho no mundo contemporâneo.

Uma educação profissional no qual trabalho, ciência, tecnologia e cultura são dimensões indissociáveis e que constituem os fundamentos sobre os quais os conhecimentos escolares devem ser assegurados, na perspectiva de uma escola unitária que supere a dualidade da escola e principalmente do conhecimento.

O trabalho do fórum está, também, em fortalecer os gestores estaduais na tomada de consciência desse processo e de assumir posições frente à transição em curso. Tais mudanças são colocadas como objeto de análise, buscando a compreensão das inter-relações que as mesmas produzem nas diferentes instâncias e segmentos sociais. Esse posicionamento, portanto, deixa para trás visões alienadas de receber propostas e assumi-las como verdades absolutas. A análise crítica é o principal instrumento dos representantes dos Estados, considerando que, a partir da compreensão, da análise crítica dos fatos e propostas e de seu aprofundamento, possamos interferir em processos decisórios que instalam novas políticas, programas e projetos.

AS POSSIBILIDADES E OS DESAFIOS DA CONSOLIDAÇÃO DAS REDES ESTADUAIS E SUA RELAÇÃO COM A POLÍTICA NACIONAL DE EDUCAÇÃO PROFISSIONAL E TECNOLÓGICA

O Ministério da Educação tem em sua estrutura uma secretaria, que é a SETEC, destinada ao desenvolvimento da educação profissional e tecnológica. É entendida pelos Estados como o órgão responsável, no meio educacional nacional, por desencadear, promover e articular políticas para a área em questão, em especial para a educação pública.

Sua forma de atuação vem sendo realizada por meio da implantação de programas e projetos, articulados com outros ministérios e secretarias. A essência de sua proposta está no

> resgate de concepções e princípios gerais baseados no compromisso com a redução das desigualdades sociais, o desenvolvimento socioeconômico, a vinculação com a educação básica e uma escola pública de qualidade. [...] Além dos princípios acima referidos, essa educação está alicerçada em alguns pressupostos como: integração ao mundo do trabalho, interação com outras políticas públicas, recuperação do poder normativo da LDB, reestruturação do sistema público de ensino médio técnico e compromisso com a formação e valorização dos profissionais de educação profissional e tecnológica" (MEC/SETEC, 2004).

Tais concepções e princípios do Ministério frente aos dos Estados, não se sobrepõem, nem são subservientes, pois fundamentam-se em bases que compreendem a educação profissional e tecnológica como estrutura de um plano estratégico nacional para o desenvolvimento e a inclusão social.

A maioria dos Estados promove a educação profissional em suas Redes de Ensino, num processo que compõe a história educacional do país. O início se deu nas principais capitais com escolas, como o Instituto Comercial do Rio de Janeiro, Casas de Educandos e Artífices, em Belém do Pará, Escolas Comerciais, em São Paulo, os colégios agrícolas dispersos em quase todo o território nacional. Seguiu as determinações que incorporavam as políticas governamentais implantadas e estendidas aos diferentes setores. Atualmente, a educação profissional está posta em todos os Estados, dentro das Secretarias de Educação, de Ciência e Tecnologia e do Desenvolvimento, integrando a administração direta, ou então em modelos de autarquias e organizações sociais.

Reiteramos que a principal preocupação e motivação dos gestores é a consolidação de uma Política Nacional para a Educação Profissional e Tecnológica, que seja fortalecida como pública e gratuita, e que respeite a notoriedade da história produzida ao longo de muitas décadas de um trabalho educacional realizado pelos Estados, mediante as redes estaduais de ensino. A direção definida a toda educação profissional está fundamentada por uma compreensão de formação do cidadão, com características humanísticas e científico-tecnológicas que transcendem a formação do cidadão mínimo, e que busca a formação integral de todos os sujeitos inseridos num processo de formação.

O reconhecimento da educação profissional e tecnológica como meio para a universalização da educação básica, nas suas formas de oferta, possibilitam que a sociedade implante diferentes propostas para diferentes contextos, sob as orientações legais a que todos estão dispostos. Para que essa se torne uma política pública efetiva, o financiamento é condição *sine qua non*, traduzida pela Recomendação nº 150 da Organização Internacional do Trabalho (OIT) (Genebra, 23/06/1975), que trata sobre a orientação e formação profissional no desenvolvimento dos recursos humanos e que explicita o financiamento público como possibilidades objetivas de formação profissional, incluindo os recursos disponíveis nas empresas para facilitar programas de formação continuada.

Esse é um processo em permanente transição e construção, que, por ser nosso objetivo maior – definir uma política pública da EPeT –, necessitamos assumir posições de "participação ativa de processos decisórios sobre os destinos coletivos" (Sander, 2005, p. 40). Significa dizer e reafirmar que a educação profissional e tecnológica é política pública estratégica, portanto, uma área que deve promover a formação profissional articulada com as políticas de inclusão social, necessitando seu financiamento permanente.

É importante ressaltar que o financiamento da educação profissional e tecnológica integra as finalidades do fórum, por entender que sendo uma Política de Estado e não de governos, os recursos serão destinados considerando que a implantação, expansão e manutenção de escolas públicas é de responsabilidade do Estado. O planejamento estratégico é a forma de fortalecer e sustentar um processo que necessita ser ininterrupto, tanto na esfera nacional quanto nas estaduais, sob o princípio da descentralização e da autonomia.

Para que esse processo torne-se efetivo e contínuo, é imprescindível a legitimação, dentro do próprio Ministério da Educação, como instância que tem a responsabilidade de articular e congregar todos os projetos que dizem respeito à formação profissional nos diferentes segmentos e setores organizacionais do país e, assim, responder pela área.

Os Estados se colocam como agentes públicos engajados num processo que consideram importante, como diz Saviani (2001), "[...] não apenas indicar os rumos para onde se quer caminhar, mas organizar a forma, isto é, os meios pelos quais os fins serão atingidos" (p. 207). Significa a intencionalidade no participar da organização dos meios para que venhamos a atingir os fins educacionais preconizados em âmbito nacional.

A abertura para a participação de setores e órgãos distintos no processo de constituição de políticas para a educação e, especificamente, para a educação profissional e tecnológica do país fortalece o papel estratégico que desempenha e apresenta a importância da produção de conhecimentos científicos e tecnológicos direcionados para a emancipação humana.

O desafio dos gestores da educação profissional é o de se fortalecer como interlocutores legítimos da educação profissional das Redes Estaduais, principalmente junto ao Ministério da Educação, com autonomia política, visão crítica e plural, pois o mesmo é constituído de gestores das mais diversas posições ideológicas, mas que em comum têm a defesa de uma educação profissional que vá além da formação imediata para o mercado de trabalho.

> [...] a escola profissional não deve tornar-se uma incubadora de pequenos monstros aridamente instruídos num ofício, sem ideias gerais, sem cultura geral, sem alma, mas apenas com olhos infalíveis e uma mão firme [...] é também através da cultura profissional que se pode fazer com que do menino brote o homem, desde que essa seja cultura. (Gramsci, 1998, p. 118)

Buscamos, portanto, uma educação profissional que supere o imediatismo do mercado, onde o conhecimento é um instrumento de emancipação e não de doutrinamento dos trabalhadores.

Registramos aqui uma parte da história construída da modalidade de educação profissional, assim como do próprio *Fórum Nacional de Gestores de Educação Profissional*, que, no decorrer desse período, assumiu um papel de relevância, pois havia um descomprometimento, quase que nacional, com relação à área. A chamada de atenção tornou a educação profissional e tecnológica matéria de análise e de política, demonstrando que a mesma compõe o Sistema de Ensino da Nação Brasileira. Assim, é função dos governos e suas representações e da própria academia atentarem para a mesma, reconhecendo seu significado como função educacional e política, analisando e dando parâmetros para a sua consolidação e caracterizando-se, acima de tudo, como educação.

NOTAS

1 A análise do Decreto nº 5.154/2004 pode ser aprofundada no texto de Frigotto, Ciavatta, Ramos – A gênese do Decreto nº 5.154/04; um debate no contexto controverso da democracia restrita.

REFERÊNCIAS

CIAVATA, M. (Orgs.) *A experiência do trabalho e a educação básica*. Rio de Janeiro: DP&A, 2002.

CONFERÊNCIA NACIONAL DE EDUCAÇÃO PROFISSIONAL E TECNOLÓGICA. *Anais e deliberações da I Conferência Nacional de Educação Profissional e Tecnológica*. Brasília: Ministério da Educação, Secretaria de Educação Profissional e tecnológica, 2007.

FÓRUM NACIONAL DE GESTORES ESTADUAIS DE EDUCAÇÃO PROFISSIONAL. *Regimento interno*. Brasília: 2005. mimeo.

FRIGOTTO, G., CIAVATTA, M.; RAMOS, M. (Orgs.). *Ensino médio integrado*: concepções e contradições. São Paulo: Cortez, 2005.

FRIGOTTO, G. *A dupla face do trabalho: criação e destruição da vida*. In: FRIGOTTO, G. e CIAVATTA, M. (Orgs.). *A organização do trabalho e a educação básica*. Rio de Janeiro: DP&A, 2005.

GRAMSCI, A. *Os Intelectuais e a Organização da Cultura*. 9ª ed.Trad. de Carlos Nelson Coutinho.Rio de Janeiro: Civilização Brasileira, 1995.

KUENZER, A. Z,; GRABOWSK, G. *A gestão democrática da educação profissional:* desafios para a sua construção. Brasília, DF, 2005 (prelo)

MINISTÉRIO DA EDUCAÇÃO. SECRETARIA DE EDUCAÇÃO PROFISSIONAL E TECNOLÓGICA. *Proposta em discussão: políticas públicas para a educação profissional e tecnológica.* Brasília, DF, 2004.

QUARTIERO, E. M. e BIANCHETTI, L. (Orgs). *Educação corporativa – mundo do trabalho e do conhecimento: aproximações.* Santa Cruz do Sul: EDUNISC; São Paulo: CORTEZ, 2005.

PARANÁ. Secretaria de Estado da Educação. *Fundamentos políticos e pedagógicos da Educação Profissional.* Curitiba, 2005.

RIBEIRO, J. A. R. *Legislação da educação profissional, montantes investidos e resultados obtidos.* Novo Hamburgo, RS, 2006 (mimeo).

SANDER, B. *Políticas públicas e gestão democrática de educação.* Brasília: Líber Livro Editora, 2005.

SANTA CATARINA, Secretaria de Estado da Educação, Ciência e Tecnologia. *Proposta curricular de Santa Catarina: estudos temáticos.* Florianópolis: IOESC, 2005.

SAVIANI, D. *A nova lei da educação: trajetória, limites e perspectivas.* 7ª. ed., Campinas, SP: Autores Associados, 2001.

Escolas técnicas vinculadas às universidades federais: uma breve história

12

Genival Alves de Azeredo e Icléia Honorato Silva Carvalho

As escolas técnicas vinculadas às universidades federais, em número de 32, oferecem a educação profissional e tecnológica nas mais diversas áreas do conhecimento, do setor primário ao terciário. Ofertam 134 cursos técnicos de nível médio, sempre de acordo com a vocação da região onde está inserida, do compromisso social das Instituições Federais de Ensino Superior (IFES) que as mantêm e das demandas requeridas por cursos nos mais diversos níveis.

São instituições respeitadas e reconhecidas pela comunidade pelo papel que desempenham, pelos cursos que ministram nos mais variados níveis, desde o técnico de nível médio, passando pela graduação e pós-graduação. Também apresentam uma forte presença em programas de extensão, na qualificação de trabalhadores, no oferecimento do Programa Nacional de Integração da Educação Profissional com a Educação Básica na Modalidade Educação de Jovens e Adultos (PROEJA-EJA) Profissional em vários níveis, além do engajamento em programas como o Programa Nacional de Educação para a Reforma Agrária (PRONERA), Saberes da Terra, PROJOVEM e até na oferta de curso médio propedêutico, como única alternativa para que estudantes das mais diversas regiões possam estudar em uma escola pública e de qualidade.

Pela necessidade das escolas e de seus dirigentes de ter um órgão representativo, que defendesse os interesses dessas instituições junto às organizações governamentais que administram a política educacional do país, notadamente o ensino técnico de nível médio, foi criado em 3 de abril de 1991, o Conselho Nacional de Dirigentes das Escolas Técnicas Vinculadas às Universidades Federais (CONDETUF). Logo após a sua criação foi dado o conhecimento oficial à Secretaria Nacional de Ensino Tecnológico (SENETE) (atualmente, SETEC) e a Secretaria de Ensino Superior (SESU).

Para surpresa dos dirigentes das escolas técnicas vinculadas às universidades, não houve a receptividade desejada por parte das respectivas secretarias. A SESU, na época, propôs, em audiência com os dirigentes do conselho, a retirada das escolas técnicas de ensino médio das respectivas universidades e vinculando-as aos Estados e municípios, enquanto a SENETE não reconheceu as escolas vinculadas às IFES como instituições legalizadas para a formação de técnicos de nível médio.

Tendo em vista o impasse gerado e preocupados com o futuro das escolas, que já sofriam discriminação nas próprias universidades, que as consideravam um peso financeiro muito alto para a sua manutenção, considerando a falta de docentes, de recursos financeiros e a falta de uma política nacional ou das IFES para o ensino técnico de nível médio nessas escolas e, finalmente, a urgente necessidade de recuperar as suas instalações físicas (algumas com mais de 80 anos) que se encontravam em estado precário de funcionamento, o conselho enviou correspondência ao Ministro da Educação, denominada "Carta de Brasília", onde se relatava todo o ocorrido e solicitava um aporte financeiro para as escolas técnicas vinculadas às IFES (CONDETUF, 1994).

Todavia, somente em 1995, em uma audiência com o Ministro da Educação, o CONDETUF obteve o seu reconhecimento, ao mesmo tempo em que autorizou o MEC a liberar recursos orçamentários para o ano de 1996, e para os anos subsequentes. A partir de 1997, os recursos orçamentários são liberados em rubricas específicas e o CONDETUF, de forma democrática com os dirigentes das escolas, faz a sua distribuição para cada instituição. Para tanto, foi criada uma matriz orçamentária para essa distribuição dos referidos recursos, que continua até a presente data. Essa matriz, ao longo dos anos, vem sofrendo pequenas modificações e/ou adaptações necessárias com aprovação do Conselho Pleno do CONDETUF.

Com o objetivo de traçar o itinerário histórico de nossas escolas, iniciaremos pelas que originalmente apresentavam um perfil agropecuário (atualmente, apesar do nome, a maioria dessas escolas agrotécnicas ofertam cursos nas mais diversas áreas profissionais), que, na sua maioria, surgiram mediante a então urgente necessidade de receber crianças pobres e desvalidas, órfãos e meninos de rua, com a missão de tentar reintegrá-las na sociedade pela qualificação como futuros agricultores.

Em seguida, trataremos sobre as escolas mais antigas, na área de comércio; posteriormente, da área industrial e finalizando com as escolas de saúde e arte. Para concluir este capítulo, relatamos o que fazemos, os paradoxos que vivemos e alguns comentários acerca dos últimos acontecimentos, como a aprovação, pelo Congresso Nacional e a sanção presidencial da Lei nº 11.892 de 29 de dezembro de 2008, que cria os Institutos Federais de Educação, Ciência e Tecnologia (IFETS) (Brasil, 2008). Juntamente com a Universidade Tecnológica Federal do Paraná, os CEFETS remanescentes do Rio de Janeiro e Minas Gerais e as escolas técnicas vinculadas às universidades federais, esse novo ente constituirá a Rede Federal de Educação Profissional, Científica e Tecnológica, do Sistema Federal de Ensino.

Essa relação das escolas técnicas vinculadas às universidades federais, e à Rede Federal de Educação Profissional, Científica e Tecnológica, aumenta as suas responsabilidades socioeducacionais que, aliadas ao nível de trabalho desenvolvido, caracterizam o papel desempenhado por essas escolas como instituições públicas comprometidas com o projeto de país.

ESCOLAS TÉCNICAS VINCULADAS DA ÁREA AGRÁRIA

Na sua criação, elas foram denominadas de Patronato Agrícola e ficaram sob responsabilidade do governo federal, apoiado pela sociedade, com a finalidade de atender a um duplo objetivo, pois, ao receber o público-alvo citado (meninos pobres, desvalidos, órfãos, etc.), evitavam-se incômodos à sociedade, ao mesmo tempo em que, qualificando-os como profissionais da agricultura e da pecuária, fornecia-se mão de obra ao país, preparando-os para o trabalho em órgãos públicos e privados. Para se ter uma ideia da urgência que se tinha na época da criação dessas instituições, relatamos brevemente os fatos que antecederam a publicação do Decreto nº 12.893, de 20 de fevereiro de 1918, autorizando o Ministério de Agricultura, Indústria e Comércio a criar Patronatos Agrícolas em postos zootécnicos, fazenda-modelo de criação, núcleos coloniais e em outros estabelecimentos de ambiente e responsabilidade federal (Brasil, 1918).

Antes dessa publicação, o Ministério da Justiça e Negócios do Brasil avaliou que a situação problemática da infância desvalida não podia mais ser adiada, pois os menores abandonados seriam, num futuro próximo, os hóspedes das prisões, para o que, além de um castigo imposto às vítimas, a culpa seria da omissão da sociedade civil. O relatório do Ministério da Justiça atesta o destino que se reservava aos menores pelo relato do então Ministro, indignado com a situação dos menores no Brasil, principalmente no Rio de Janeiro, Distrito Federal na época: "Horroriza-me em pensar que menores iriam partir para a colônia correcional, junto aos gatunos e vagabundos da metrópole fluminense" (Brasil, 1917).

O Senador Alcindo Guanabara, no Congresso Nacional, segundo Silva (2004), em uma de suas defesas sobre o menor, assim falou:

> As gerações futuras exigirão contas dos que não apontaram outros rumos para a sociedade desvalida, senão os que conduzem à prisão e todo cidadão deve ser socorrido pela coletividade de quem faz parte. Esse dever social decorre, naturalmente, do fato social". "Se fechardes o coração à piedade, haveis ao menos, ao abrir dos olhos ao interesse, facilmente verificarmos o prejuízo que todos os anos temos com o abandono das crianças, vos faz escrever na contabilidade do Estado pelo número de criminosos que se deve sustentar, pelo número de miseráveis que se deve manter e ao número de vadios que se deve alimentar. Cumpre-nos agir inadiavelmente. (Brasil, 1917)

Graças a todos esses manifestos em prol da situação dos menores abandonados de então, o diretor do Serviço de Povoamento do Ministério da Agricultura, Indústria e Comércio, Dulphe Pinheiro Machado, fez e encaminhou a esse ministério o Ofício nº 379, de 27/11/1917, onde pormenorizava toda situação do menor desamparado, inclusive sobre um "tal depósito de menores" para onde, posteriormente, eles seriam trasladados: a Escola de Correção ou de Recuperação no campo (Brasil, 1917).

Em atendimento a esse Ofício e aos demais depoimentos anteriormente relatados, em 1918 foi publicado o decreto que autorizou ao Ministério da Agricultura, Indústria e Comércio criar os Patronatos Agrícolas, com a finalidade de suprir as demandas sociais existentes (Brasil, 1918).

Com a publicação e homologação do decreto, a responsabilidade pela criação desses estabelecimentos ficou a cargo da Diretoria-geral de Serviços de Povoamento do Ministério da Agricultura, Indústria e Comércio. A partir daí, a Diretoria-geral de Povoamento iniciou suas atividades que objetivavam a criação de Unidades Agrícolas dentro dos padrões estabelecidos e de acordo com a necessidade de cada região. As primeiras construções foram feitas em Minas Gerais, com o Patronato

Agrícola Pereira Lima, ainda no governo de Wenceslau Braz. Depois, veio o do Rio de Janeiro, de São Paulo e o de Santa Catarina, já no governo de Epitácio Pessoa e Artur Bernardes. Mas, em 1912, antes mesmo do decreto que autorizou a construção desses Patronatos, o mesmo Serviço de Povoamento do Ministério da Agricultura já havia construído o Patronato Agrícola Floriano Peixoto, na cidade de Satuba-AL (Silva, 2004).

Dos patronatos que passaram para a responsabilidade das universidades, dando origem às escolas técnicas vinculadas, são dois os pioneiros: O Visconde da Graça na cidade de Pelotas/RS, em 1923, e o Vidal de Negreiros na cidade de Bananeiras/PB, em 1924.

O Patronato Agrícola Visconde da Graça foi fundado na década de 1920, em terras doadas pelo município de Pelotas, com o apoio do Ministro da Agricultura, o pelotense Ildefonso Simões Lopes, ficando subordinado ao Ministério da Agricultura. Recebeu esse nome em homenagem a João Simões Lopes Filho – o Visconde da Graça. Na década de 1930, foi transformado em Aprendizado Agrícola Visconde da Graça e, em 1947, passou a se chamar escola Agrotécnica Visconde da Graça. No ano de 1961, a escola vinculou-se ao Ministério da Educação e Cultura e, em 1969, ao incorporar o Colégio de Economia Doméstica, a Escola Agrotécnica foi integrada à Universidade Federal de Pelotas (UFPel), ano em que foi assinado convênio com a República Federal da Alemanha, levando modernização ao Setor de Avicultura e à Indústria de Alimentos, seguindo a filosofia de ter a "produção como meio de ensino".[1]

No ano de 1975, além de formar técnicos em nível de segundo grau nas áreas de Agropecuária e de Economia Doméstica, a escola implantou o Curso Técnico em Alimentos e ganhou a denominação "Conjunto Agrotécnico Visconde da Graça" (CAVG).

O Patronato Agrícola de Bananeiras (PB) foi um dos projetos pioneiros instalados no Nordeste, por iniciativa de Dulphe Pinheiro Machado e decisão do então presidente Wenceslau Braz (Brasil, 1920). As obras foram iniciadas em 1920, mas a inauguração só aconteceu em 1924. Em 1930, o Patronato de Bananeiras sofreu mudanças administrativas, quando se desvinculou da Diretoria de Povoamento e passou para o Estado, mas, no mesmo ano, em dezembro, retomou a administração federal, sob a responsabilidade do Ministério da Agricultura, pelo Decreto nº 19.481, de 12 de dezembro de 1930. Subordinada diretamente à Superintendência de Ensino Agrícola e Veterinário (SEAV), em 1947, foi denominada de Escola Agrotécnica Vidal de Negreiros e autorizada a ministrar cursos de Iniciação Agrícola, com duração de 2 anos, que conferia o diploma de Operário Agrícola. Com mais 2 anos de escolaridade, o aluno recebia o diploma de Mestre Agrícola e após cursar mais 3 anos, no chamado segundo ciclo, recebia o diploma de Técnico Agrícola ou Técnico em Zootecnia.

Em 1968, já com a denominação de Colégio Agrícola Vidal de Negreiros, passou para a responsabilidade do Ministério de Educação, sob a administração da Universidade Federal da Paraíba (UFPB), mediante Decreto nº 62173 de 25 de janeiro de 1968. Atualmente, o Colégio Agrícola Vidal de Negreiros oferece três cursos técnicos: em Agropecuária, em Agroindústria e em Aquicultura. Desde 1998, trabalha com os Movimentos Sociais da Reforma Agrária e com o PROEJA-EJA Profissional, ministrando, este ano, o curso de especialização para qualificar professores para o PROEJA.

Em 1937, foi criado o Patronato Nilo Peçanha, na cidade de Pinheiral (RJ), passando para a responsabilidade da SEAV em 1941, e desde 1968, passou para a administração da Universidade Federal Fluminense (UFF)[2].

Em 26 de abril de 1939, no governo de Benedito Valadares, foi inaugurada a Fazenda Escola de Florestal, que se destinava à formação de capatazes e administradores de fazendas, além de ministrar cursos rápidos para fazendeiros. A partir de 1943, foi dada outra finalidade ao estabelecimento, que, subordinado ao Departamento de Ensino Técnico da Secretaria da Agricultura, passou a abrigar menores, para ministrar-lhes ensino primário e profissional-agrícola. O Decreto nº 2.740 de 26 de maio de 1948, transformou a Fazenda-Escola em Escola Média de Agricultura (EMAF). Por meio Decreto-Lei nº 2.931 de 13 de novembro de 1948, a EMAF foi regulamentada, iniciando suas atividades em abril de 1949. Em 1955, pela Lei nº 1.360 de 5 de dezembro de 1955, a EMAF foi incorporada à Universidade Estadual de Minas Gerais (UEMG). Em 1956, o Decreto nº 5.012/56 deu-lhe nova regulamentação e em 1969, por intermédio do Decreto Federal nº 64.825 de 15 de julho de 1969, a EMAF foi incorporada à Universidade Federal de Viçosa (UFV). A partir de 1981, a instituição, antes Escola Média de Agricultura de Florestal, passou a ser denominada Central de Ensino e Desenvolvimento Agrário de Florestal (CEDAF).[3]

Na cidade de Camboriú (SC), foi criado, em 1953, o Colégio de mesma denominação, para oferecer Cursos de Operário Agrícola e Mestre Agrícola, sendo, a partir de 1968, vinculado à Universidade Federal de Santa Catarina (UFSC), passando a oferecer o curso Técnico Agrícola.[4]

O Colégio Agrícola Senador Carlos Gomes de Oliveira, localizado no município de Araquari, Estado de Santa Catarina, na Rodovia BR-280 – Km 27, foi inicialmente denominado Escola de Iniciação Agrícola Senador Gomes de Oliveira, fundada em 26 de fevereiro de 1954, por acordo celebrado entre a União e o Estado de Santa Catarina, conforme publicação no Diário Oficial nº 63, de 18 de março de 1954. Vinculada ao Ministério da Agricultura, somente em 1959 iniciou suas atividades, cujo objetivo maior era formar operários agrícolas, oportunizando a educação para jovens de famílias de baixa renda. Em 1968, denominado de Ginásio Agrícola Senador Gomes de Oliveira, foi transferido para a Universidade Federal de Santa Catarina, por força do Decreto nº 62.178, de 25 de Janeiro de 1968, publicado no Diário Oficial de 26 de Janeiro de 1968, estando hoje integrado ao Sistema Federal de Ensino, na condição de Colégio Agrícola Senador Gomes de Oliveira, com a finalidade de formar técnicos agrícolas em nível médio.[5]

Em 1954, foi criado pelo Governo Estadual o Colégio Agrícola de Jundiaí (RN), originalmente Escola Prática de Agricultura, que, posteriormente, passou a ser administrada pelo Ministério da Agricultura, e, em 1967, pela Universidade Federal do Rio Grande do Norte (UFRN).[6]

Fundado pelo Governo Estadual de Pernambuco, temos o Colégio Agrícola Dom Agostinho Ikas, que já funcionou como patronato e como Aprendizado em locais diferentes, como o Vale do Tapacurá, inundado pela barragem de mesmo nome para evitar inundações na cidade do Recife-PE. Posteriormente, foi transferido para Vitória de Santo Antão-PE e, em 1958, para São Lourenço da Mata (PE), onde está localizado atualmente, e tem como mantenedora a Universidade Federal Rural de Pernambuco (UFRPE).[7]

ESCOLAS TÉCNICAS VINCULADAS DA ÁREA COMERCIAL

As duas escolas mais antigas do CONDETUF são da área comercial: a Escola Técnica da Universidade Federal do Paraná, criada em

1869, que pertencia à Colônia Alemã de Curitiba, e a Escola Técnica da Universidade Federal do Rio Grande do Sul, fundada em 1906, como Escola de Comércio de Porto Alegre.

A Escola Técnica da Universidade Federal do Paraná foi fundada por Gottlieb Mueller e Augusto Gaertner, sócios do *Verien Deutsche Shule*, renomada entidade de ensino alemã que foi mantenedora da antiga escola e que, de certa forma, ainda mantém traços que marcaram a história e a trajetória desta centenária instituição.

Em 22 de janeiro de 1974, o Conselho Universitário da Universidade Federal do Paraná (UFPR) decidiu integrá-la à universidade como órgão suplementar e, a partir de 1986, ela passou a ser denominada Escola Técnica de Comércio da Universidade Federal do Paraná. A partir de 14 de dezembro de 1990, ao aprovar a reorganização administrativa da UFPR, o Conselho Universitário alterou a sua denominação para "Escola Técnica da Universidade Federal do Paraná", vinculando-a à Pró-Reitoria de Graduação, e, em novembro de 1997, por decisão do mesmo conselho, foi reconhecida como uma Unidade da UFPR, alcançando, assim, o *status* de Setor da Universidade, responsável pelo ensino médio e profissionalizante da universidade, com todos os direitos, prerrogativas e deveres inerentes a essa condição.[8]

Atualmente, a Escola Técnica da UFPR está abrigada no Complexo Tecnológico Riad Salamuni, localizado no *campus* do Centro Politécnico, onde mantém o ensino médio, ensino técnico-integrado ao ensino médio, PROEJA, técnico pós-médio, tecnológico e especialização de nível técnico.

A Escola Técnica da Universidade Federal do Rio Grande do Sul teve a sua origem no curso geral da Escola de Comércio de Porto Alegre, anexa à Faculdade Livre de Direito de Porto Alegre. A nova Escola de Comércio resolveu que seu ensino seria essencialmente prático, adotando o plano fixado pelo Decreto Federal nº 1.339, de 09 de fevereiro de 1905, já seguido pelas Academias de Comércio de São Paulo e do Rio de Janeiro.[9]

Em 1916, o Decreto nº 3.169, de 4 de outubro do mesmo ano, aprovado pelo Congresso Nacional e sancionado pelo presidente Wenceslau Braz, declarou, juntamente com a Escola de Comércio do Rio de Janeiro, a Escola de Comércio de Porto Alegre como instituição de utilidade pública.

Até 1931, foi conservada, com poucas alterações, a estrutura da escola. Porém, em 30 de junho de 1931, o Decreto nº 20.158 estabeleceu um novo regime para os cursos comerciais no Brasil. Em 1933, a escola criou o curso propedêutico de 3 anos de duração.

Em 1934, com a criação da Universidade de Porto Alegre, a Faculdade de Direito e sua Escola de Comércio foram integradas à nova Universidade, passando a ser custeada pelo Estado do Rio Grande do Sul.

Em 1950, a Faculdade de Economia e Administração foi integrada ao sistema federal de ensino, e a Escola Técnica de Comércio, anexa àquela Faculdade, também passou a fazer parte da Universidade Federal do Rio Grande do Sul, sendo agora mantida pelo governo federal, o que deu início a uma fase de prosperidade para a escola.

Em 1954, é criado o curso Técnico de Administração, no período noturno e, em 1958, o Técnico de Secretariado, a funcionar no turno da manhã. De 1954 a 1963, dentro de um período de intensa atividade na Escola Técnica de Comércio, foram ministrados vários "cursos especiais para os servidores públicos", em nível médio, como: Administração de Pessoal; Material; Organização de Fundos; Psicotécnica e Técnica Orçamentária, para servidores indicados pelas várias repartições estaduais, federais e municipais.

ESCOLAS TÉCNICAS VINCULADAS DA ÁREA INDUSTRIAL

Em Minas Gerais, foi inaugurado o Colégio Técnico (COLTEC) em 1969, criado pelo convênio celebrado entre o Conselho Britânico, a Universidade Federal de Minas Gerais (UFMG), o Conselho Nacional de Pesquisa (atualmente Conselho Nacional de Desenvolvimento Científico e Tecnológico – CNPq) e o Ministério da Educação e Cultura (MEC). A finalidade é a de formar técnicos de nível médio altamente qualificados para atender à demanda de instituições de pesquisa, indústrias avançadas e organizações da área de saúde.

Tendo sempre a Universidade Federal de Minas Gerais (UFMG) como mantenedora, o COLTEC, que oferece os cursos técnicos de Eletrônica, Instrumentação Industrial, Química e Patologia Clínica, objetivava ser um campo de experimentação para a formação de licenciados no ensino superior, constituindo-se em um local de produção teórica e metodológica sobre as questões referentes aos níveis de ensino básico e profissional, para possibilitar efetiva interação no sentido de transformação desses sistemas de ensino básico e profissional.

Em Santa Maria (RS), o Colégio Técnico Industrial de Santa Maria, mantido pela Universidade Federal de Santa Maria (CTISM), foi criado por meio da Resolução nº 01/67, de 11 de outubro de 1967, do reitor substituto, com autorização do Egrégio Conselho Universitário. Iniciou suas atividades em 4 de abril de 1967, com o objetivo de oferecer ensino técnico profissionalizante para formar técnicos de nível médio, para serem o elo que integra a parte de Engenharia e os setores de produção e para realizarem projetos e executá-los, dentro de sua área de formação, assumindo a responsabilidade técnica conforme previsto em Lei. O reconhecimento de seus primeiros cursos – Eletrotécnica e Mecânica – deu-se pelo Parecer nº 825/79 do Conselho Federal de Educação, e da Portaria nº 60, de 3 de outubro de 1979, da Secretaria de 1º e 2º Graus.[10]

O Colégio Técnico Industrial da UFSM foi uma das primeiras instituições de ensino, no âmbito nacional, a criar cursos sequenciais noturnos: em 1978, o curso de Eletrotécnica e, em 1987, o curso de Mecânica.

No ano de 1992, foi criado o curso técnico de Segurança no Trabalho, e, em 1994, o de Eletromecânica, ofertado até o ano de 2000. Esse curso voltou a ser oferecido a partir de março de 2006.

Em março de 2004, foi implantado o curso de Automação Industrial, que sinalizou o avanço tecnológico e propiciou uma possibilidade de qualificação importante para a comunidade de Santa Maria (RS) e região.

ESCOLAS TÉCNICAS VINCULADAS NA ÁREA DE SAÚDE

Das Escolas Técnicas Vinculadas às Universidades Federais, cinco são de formação de Recursos Humanos em Saúde, citadas a seguir, de acordo com a data de sua criação:

1934 – Escola de Enfermagem de Natal – UFRN, em Natal (RN).

1953 – Escola Técnica de Saúde da UFPB, em João Pessoa (PB).

1973 – Escola Técnica de Saúde da Universidade Federal de Uberlândia (UFU) em Uberlândia (MG).

1990 – Centro de Formação Especial em Saúde/Universidade Federal do Triângulo Mineiro, em Uberaba (MG).

1996 – Escola Técnica de Saúde de Cajazeiras / Universidade Federal de Campina Grande (UFCG), em Cajazeiras (PB).

Essas escolas estão organizadas e possuem estrutura acadêmico-administrativa e meios necessários para desempenhar todas as atividades e exercer funções essenciais ao desenvolvimento do ensino, pesquisa e extensão, na área de educação profissional, considerando que são vinculadas às IFES e acompanham o tripé de suas atividades principais.

Todas elas foram criadas mediante a necessidade de atender situações emergenciais de saúde da população local, com o objetivo de suprir a demanda do setor de saúde, carente de profissionais especializados para a assistência à saúde da população.

Também considerou-se o perfil nosológico de saúde da população brasileira, com predominância das doenças da modernidade, sem, contudo, ter-se libertado da elevada taxa de morbidade por doenças do subdesenvolvimento.

Como agravante, persiste e/ou aumenta a taxa de morbidade por doenças transmissíveis (tuberculose, sífilis, cólera, rubéola, varíola, sarampo, difteria, meningite, dengue e outras), enquanto a violência expande-se avidamente nos centros urbanos, elevando o índice de mortalidade, particularmente por homicídios entre os jovens.

Acrescidos a esses fatores, o aumento populacional nas últimas décadas fez crescer o número de hospitais, o de internações e o de unidades ambulatoriais, além dos programas de saúde criados pelo governo federal.

Do conjunto de fatores demográficos, econômicos e sociais, o envelhecimento populacional chama a atenção, por sua ocorrência de modo acelerado, aumentando a probabilidade de extensão das doenças crônicas não transmissíveis que, geralmente, manifestam-se em idade avançada, propiciando a multiplicidade dessas doenças, muitas vezes incapacitantes em uma mesma pessoa.

Considerando todos esses fatores, verificou-se a necessidade de recursos humanos qualificados para as atividades assistenciais hospitalares e em saúde coletiva, especificamente de enfermagem, para atender as demandas das unidades de centro-cirúrgico, terapia intensiva, emergência, unidade de queimados, doenças transmissíveis, oncologia, nefrologia, entre outras.

Também são exigidos profissionais de saúde qualificados que atendam a essas novas necessidades, a partir do desenvolvimento de ações intersetoriais na assistência social, na família e no meio ambiente, realizando atividades de promoção, prevenção, recuperação e reabilitação em saúde. Essa forma a dimensão profissional que exige domínio do processo de trabalho, a dimensão social capaz de analisar criticamente a sua prática e a dimensão de cidadania, que o torna parte de uma coletividade, apontando para a inclusão social e para a melhoria da qualidade de respostas do setor saúde às demandas da população.

As escolas de saúde do CONDETUF também integram o Sistema Federal de Ensino ligado ao Ministério de Educação, por meio da Secretaria de Educação Tecnológica (SETEC). Todas, envolvidas na reforma da educação profissional, construíram os seus projetos pedagógicos, possibilitando a elaboração de uma proposta pedagógica para cada curso técnico, atendendo a LDB nº 9.394/96 e os seus atos regulamentares.

No contexto atual das mudanças ocorridas no mundo do trabalho, na educação e nos processos de trabalho em saúde, as escolas estão conscientes de que a sociedade exige um novo trabalhador, com iniciativa e senso crítico-reflexivo. Isso requer formar um profissional cidadão para exercer suas funções não apenas de acordo com a lei, mas para compreender o contexto e a concepção de saúde que têm como referência a Reforma Sanitária e como estratégia o Sistema Único de Saúde (SUS).

Os cursos técnicos oferecidos pelas escolas de saúde são: Enfermagem, Prótese Dentária, Higiene Dental, Biodiagnóstico, Patologia Clínica, Radiologia, Farmácia, Agente Comunitário de Saúde, Nutrição e Dietética.

Nesse cenário, as escolas, a partir dos seus projetos pedagógicos, assumem, na proposta curricular de cada curso, o compromisso de concretizar, na prática-técnica, social, ética e política, novos fundamentos para a práxis em saúde, o cuidar integralmente para que a vida plena e digna seja um direito de todos.

As ações dos docentes do passado pioneiro e da trajetória de inovações aparecem como duas vertentes que se entrelaçam na busca das transformações na educação e na prática em saúde.

A trajetória de mais de 50 anos dessas escolas lhes confere legitimidade na educação profissional e assegura respeitabilidade frente às entidades de classe e instituições de saúde, oportunizando parcerias com os Núcleos de Saúde Coletiva, Hospitais Universitários, Departamentos de Cursos de Graduação, Secretarias Municipais e Estaduais de Saúde, Associação Brasileira de Enfermagem, Secretarias de Estado do Trabalho, da Justiça e da Cidadania, Ministério da Saúde, Ministério do Desenvolvimento Agrário/Instituto Nacional de Colonização e Reforma Agrária (INCRA/PRONERA).

Com certeza, essas escolas favorecem uma melhor inserção e desempenho no exercício do trabalho e, consequentemente, a melhoria da qualidade de vida da população, o fortalecimento do SUS, a gestão das políticas públicas de saúde e o exercício do controle da sociedade sobre o setor saúde.

ESCOLAS TÉCNICAS NA ÁREA DE ARTES

Nas áreas ligadas às artes, temos a consolidação do Ensino Musical na Universidade Federal do Pará (UFPA), que aconteceu a partir de 1973, na gestão do professor Altino Pimenta, incluindo grupo coreográfico, Orquestra Profissional, Madrigal, Orquestra Juvenil, passando a denominar-se de Serviço de Atividades Musicais, com a estrutura de Ensino-Intercâmbio e Extensão. Pelo Enarte – Encontro de Arte de Belém –, evento que congrega as áreas de arte: música, teatro, dança, literatura e artes visuais e que acontece há 33 anos, ininterruptamente, mostrando a produção desenvolvida na escola, assim como artistas e professores locais, nacionais e internacionais, para atualização da comunidade musical (estudantes e professores). Em 2001, na gestão do professor Ms. Celson Gomes, passou a ser Escola Técnica Profissionalizante, vinculada à Universidade Federal do Pará.

A Universidade Federal do Pará – com a Escola de Teatro e Dança e a Universidade Federal de Alagoas (UFAL) com o curso de atores, demonstram a importância das escolas técnicas vinculadas na formação profissional de pessoas para as artes.

A Universidade Federal do Rio Grande do Norte também desenvolve um importante papel na formação de músicos para a região Nordeste, por meio da sua Escola de Música, referência nessa modalidade para todo o Brasil.

CONSIDERAÇÕES FINAIS

Integrado à Rede Federal de Educação Profissional Tecnológica, ligado ao Ministério da Educação, pela Secretaria de Educação Profissional e Tecnológica, o Conselho Nacional de Dirigentes das Escolas Técnicas Vinculadas às Universidades Federais – pelas Escolas Técnicas que representa – está envolvido na política de educação profissional do país, construindo seus projetos pedagógicos de acordo com a Lei nº 9.394/96 (LDB), com foco no Decreto nº 5.154 de 23 de julho de 2004, que regulamenta os dispositivos da LDB referentes à educação profissional. Além disso, procura garantir a formação qualificada de técnicos de nível médio, com o desafio de atualização permanente desses profissionais lançados no mercado de trabalho, por meio de cursos de aperfeiçoamento e especialização, de modo a assegurar a manutenção dos técnicos de nível médio no mundo do trabalho com a qualidade desejada e esperada pela sociedade.

No contexto atual das mudanças ocorridas no mundo contemporâneo, na educação e nos processos de trabalho, estamos conscientes e preparados para as exigências da sociedade que procura um novo trabalhador, com espírito coletivo, iniciativa e senso crítico reflexivo. Isso requer tornar um profissional-cidadão capaz para exercer suas funções não apenas de acordo com a Lei, mas para compreender o contexto e a concepção de seu trabalho, tendo como referência a ética e a responsabilidade social.

Essas 32 escolas técnicas vinculadas às universidades federais ministram 134 cursos técnicos de nível médio, nas mais diversas áreas: agropecuária, agroindústria, indústria, saúde, serviços, e artes.

A abrangência dos cursos oferecidos permeia do setor primário ao terciário, sempre de acordo com a vocação da região onde a escola está inserida e do compromisso social das IFES com as demandas requeridas por cursos técnicos de nível médio.

Inscrevem-se em uma experiência histórica de prática coletiva e como ente público que pertence à sociedade, uma vez que, como tentáculo das IFES, em regiões mais diversas do país e atuando em áreas heterogêneas do conhecimento, as escolas têm seu trabalho reconhecido como instituições preocupadas com a construção do conhecimento associado com a defesa de uma sociedade mais justa e inclusiva. Particularmente, neste momento da vida do país, apresenta-se a nós os desafios cotidianos e a responsabilidade histórica de participar na construção de um novo projeto da nação.

Percebe-se, então, que elas muito têm contribuído para a manutenção e expansão da rede federal de ensino, assim como para o fortalecimento nacional das políticas de inclusão social, com foco nas realidades regionais e melhoria da competitividade do país na economia global.

Incorporam, também, na estrutura pedagógica dos seus cursos, os princípios da metodologia de ensino da problematização, que buscam aproximar o ensino-serviço à teoria-prática, por meio de sucessivas aproximações da realidade, gerando a construção de um conhecimento baseado na ação-reflexão-ação.

A realidade da educação profissional brasileira, sempre desafiadora, é tão complexa quanto diversa. O CONDETUF abriga instituições de elevado nível no que se refere à capacitação docente, à pesquisa, à extensão e ao ensino, e outras, que apresentam condições precárias do ponto de vista da infraestrutura, de materiais para as atividades do próprio ensino e de função administrativa. Com relação a essa última questão, a maioria de nossas escolas não consegue estabelecer um organograma administrativo compatível com a sua função, pois os dirigentes das mesmas não são gratificados por meio de cargos de direção (CD) e nem sequer com função gratificada (FG). Daí pode-se inferir e concluir sobre as condições dos demais cargos ou funções existentes nas mesmas.

Na prática, enfrentamos uma realidade contraditória com a qual nos deparamos, na qual enxergamos "ilhas de riquezas" cercadas por pobrezas. Similar à desigualdade que é nosso compromisso combater, a realidade das escolas técnicas vinculadas às universidades federais equilibra-se no desenvolvimento de um trabalho, para o qual recebem proporcionalmente muito menos recursos financeiros para outros custeios e nenhuma (para muitas) e quase nenhuma (para outras) condições de infraestrutura administrativa para funcionamento. Por outro lado, as escolas autárquicas desenvolvem o mesmo trabalho, mediante condições muito mais favoráveis. Recebem todas as condições materiais e de recursos financeiros para as suas manutenções, além de cargos CD e FG que permitem uma estrutura mínima de delegação de poderes e descentralização de atividade administrativa.

Muito embora essa situação contraditória já tenha sido colocada para a Associação Nacional de Dirigentes das Instituições Federais de Ensino Superior (Andifes) e para a Secretaria Nacional de Educação Profissional e Tecnológica (SETEC), ainda estamos à espera de respostas concretas efetivadas por ações. Ultimamente, mais precisamente no mês de dezembro de 2008, a SETEC acenou com a possibilidade de atender minimamente cada escola vinculada em 2009, com uma função comissionada e algumas funções gratificadas. Mas, apesar dessas contradições, todas as escolas vinculadas continuam a desempenhar com denodo a função que lhes cabem para o desenvolvimento do país.

Apesar de muitas condições adversas, as escolas técnicas vinculadas às universidades federais perseguem os objetivos firmados no compromisso do dever: o de promover uma formação profissional de qualidade e cidadã, pela sistematização e transmissão de conhecimentos, visando ao desenvolvimento dos indivíduos e à formação de competências para prática do compromisso com a sociedade. Ressaltamos como parte desse processo a integração escola-empresa-comunidade por meio do ensino, pesquisa e extensão, com foco na formação do homem cidadão para o exercício profissional ampliado e aprofundado, tentando estimular a construção de uma sociedade democrática e justa. Vale salientar que a relação com outros setores da economia e da sociedade é relevante, pois favorece o aprimoramento de técnicas de trabalho requeridas no processo de produção; e, finalmente oportuniza o acesso à educação profissional técnica de nível médio para a cidadania, sob uma visão responsável, participativa e de inclusão social. Entendendo que a educação profissional é uma modalidade de articular a transmissão da cultura e da tecnologia com o desenvolvimento econômico e social, sempre na busca de formar um profissional capaz de identificar situações novas, de auto-organizar-se, de tomar decisões, de interferir no processo de trabalho, de trabalhar em equipe multiprofissional, dentro de um modelo de atenção voltado para a melhoria da qualidade de vida, mas sem perder de vistas as questões éticas e a sensibilidade humana.

Recentemente, com a criação dos Institutos Federais de Educação, Ciência e Tecnologia (IFETS), mediante a Lei 11.892/08, aprovada pelo Congresso Nacional e sancionada pelo presidente Lula, o panorama das escolas técnicas vinculadas às universidades federais, que já não era dos melhores, mudou. Aliás, mudou desde o instante em que foi lançada a chamada pública MEC/SETEC nº 002/2007, destinada a colher propostas de constituição dos referidos institutos e regulamentada pelo Decreto nº 6.095, de 24 de abril de 2007, que estabelece as diretrizes para o processo de integração de Instituições Federais de Educação Tecnológica para os IFETS, no âmbito da Rede Federal de Educação Tecnológica.

Lançada a chamada pública, o que nos pegou de surpresa (pois no ano anterior, 2006, houve a conferência Nacional sobre Educação Profissional e Tecnológica e nenhuma linha ou artigo foi escrito ou debatido sobre esse novo ente), todas as escolas técnicas vinculadas às universidades federais começaram a debater o assunto internamente. Sem entrar no mérito das questões internas das nossas escolas e depois de amplo debate com as comunidades, docente, discente e técnico-administrativa, além de consultas aos reitores, 24 escolas decidiram democraticamente pela permanência nas respectivas universidades federais. Todavia, utilizando dos mesmos mecanismos anteriormente citados, oito escolas, voluntariamente, optaram por sair de suas universidades para constituírem com outras instituições federais de educação profissional e tecnológica, institutos federais, de acordo com a delimitação da base territorial em que atuará o novo ente, compreendidas na dimensão geográfica de um Estado, do Distrito Federal ou de uma ou mais mesorregiões dentro de um mesmo Estado, conforme preceitua a chamada pública.

Portanto, tendo em vista a situação e a realidade das escolas vinculadas que já mereciam uma atenção especial, considerando a questão financeira (sempre recebendo menos, proporcionalmente às escolas autárquicas), sem uma política clara de distribuição de vagas docentes e de técnico-administrativas, aliados a uma carência sem fim de cargos de direção e funções gratificadas que possibilitem uma estrutura administrativa mínima, continuaram a ser tratadas de forma diferente (para menos) das escolas autárquicas (Escolas Agrotécnicas Federais – EAFs e Centro Federal de Educação Tecnológica – CEFETS). E agora muito mais, pois as oito escolas (antes vinculadas) que optaram por constituir os IFETS, igualmente às escolas autárquicas, passaram a receber tratamento diferenciado (para mais) pela SETEC/MEC. Na nossa avaliação, um retrocesso, já que as diferenças existentes ao longo dos anos vinham diminuindo de forma significativa.

Também o ensino da educação profissional e tecnológica, defendemos, é competente e não merece ser tratado pela SETEC-SESU/MEC como algo que não lhes pertence. Parece que a falta de uma política clara para as escolas técnicas vinculadas se deve à não adesão aos IFETS, fato que independe das mesmas que optaram por permanecer nas suas respectivas IFES e, também, pela falta de compromisso efetivo da SESU, SETEC e das próprias universidades que as mantém.

A partir de agora as 24 escolas técnicas que permaneceram vinculadas às IFES se reestruturarão em torno do novo CONDETUF, cuja nova diretoria já foi empossada na última reunião do conselho que se realizou em Brasília (DF), no período de 16 a 18 de dezembro de 2008.

Quanto ao futuro dessas instituições, dependerá das ações que o conselho envidará em parceria com a Andifes junto à SESU-SETEC/MEC, procurando minimizar as possíveis perdas oriundas da decisão democrática de continuarem nas IFES, uma vez que, na lei que cria os Institutos Federais (Lei nº 11.892/08), consta em seu artigo primeiro, inciso IV, a presença das escolas técnicas vinculadas às universidades federais como parte integrante da Rede Federal de Educação Profissional, Científica e Tecnológica e por conseguinte do Sistema Federal de Ensino.

NOTAS

1. Dados fornecidos pela direção do Conjunto Agrotécnico Visconde da Graça – UFPel.
2. Dados fornecidos pela direção do Colégio Agrotécnico Nilo Peçanha – UFF.
3. Dados fornecidos pela direção da Central de Ensino e Desenvolvimento Agrário de Florestal (UFV).
4. Dados fornecidos pela direção do Colégio Agrícola de Camboriú (UFSC).
5. Dados fornecidos pela direção do Colégio Agrícola Senador Gomes de Oliveira (UFSC).
6. Dados fornecidos pela direção da Escola Agrotécnica de Jundiaí (UFRN).
7. Dados fornecidos pela direção do Colégio Agrícola Dom Agostinho Ikas (UFRPE).
8. Dados fornecidos pela direção da Escola Técnica da Universidade Federal do Paraná (UFPR).
9. Dados fornecidos pela direção da Escola Técnica de Comércio (UFRGS).
10. Dados fornecidos pela direção do Colégio Técnico Industrial de Santa Maria (UFSM).

REFERÊNCIAS

BRASIL, *Lei nº 9.394*, de 26 de dezembro de 1996. Regula as diretrizes e bases da educação nacional. In:SENADO FEDERAL. Legislação Republicana Brasileira. Brasília, 1996. Disponível em: http://senado.gov.br/sf/ legislação. Acesso em: 23 nov. 2008.

BRASIL, Conselho Federal de Educação. Secretaria de 1º e 2º graus. *Portaria nº 60* – de 03 de outubro de 1979. Brasília, 1979.

BRASIL, Congresso Nacional. *Lei nº 11.892, de 29 de dezembro de 2008*. Cria os Institutos Federais de Educação, Ciência e Tecnologia. Brasília, 2008.

_____, Congresso Nacional. *Lei nº 1360*, de 05 de dezembro de 1955. Brasília, 1995.

_____, Ministério Justiça e Negócios Interiores. *Relatório*. Rio de Janeiro, Imprensa Nacional, 1917. 253p.

_____, Ministério da Agricultura, Indústria e Comércio. *Decreto nº 12.893* – de 28 de fevereiro de 1918. Rio de Janeiro, 1918.

_____, Ministério da Agricultura. *Decreto nº 9.613* – de 20 de agosto de 1946. Lei Orgânica do Ensino Agrícola. Rio de Janeiro, 1946.

BRASIL, Senado Federal. *Decreto nº 1.339* – de 9 de fevereiro de 1905.

_____, Senado Federal. *Decreto nº 3.169* – de 04 de outubro de 1916

_____, Senado Federal. *Decreto nº 13.706* – de 25 de julho de 1919.

_____, Senado Federal. *Decreto nº 14.118* – de 27 de março de 1920.

_____, Senado Federal. *Decreto nº 19.481* – de 12 de dezembro de 1930.

_____, Senado Federal. *Decreto nº 20.158* – de 30 de junho de 1931.

_____, Senado Federal. *Decreto nº 2740* – de 26 de maio de 1948.

_____, Senado Federal. *Decreto nº 2931* – de 13 de novembro de 1948.

_____, Senado Federal. *Decreto nº 52.666* – de 11 de outubro de 1963.

_____, Senado Federal. *Decreto nº 53.558* – de 13 de fevereiro de 1964.

_____, Senado Federal. *Decreto nº 62.173* – de 25 de janeiro de 1968.

_____, Senado Federal. *Decreto nº 62.178* – de 25 de Janeiro de 1968.

_____, Senado Federal. *Decreto nº 64.825* – de 15 de julho de 1969.

_____, Senado Federal. *Decreto nº 2.208* – de 17 de abril de 1997.

_____, Senado Federal. *Decreto nº 5154* – de 23 de julho de 2004.

_____, Senado Federal. *Decreto nº 6.095* – de 24 de abril de 2007.

_____, Serviços de Povoamento do Ministério da Agricultura, Indústria e Comércio. *Ofício nº 379* – de 27 de novembro de 1917.

BRASIL, Senado Federal. *Resolução nº 01* – de 11 de outubro de 1967.

CONDETUF, Conselho Nacional de Dirigentes das Escolas Técnicas Vinculadas às Universidades Federais. Carta de Brasília – *Relatório*. Sobre as escolas técnicas vinculadas. 1994, 4p.

SILVA, M. L. *Reminiscências: De patronato a colégio agrícola* – 80 anos de história. Ed. Universitária/UFPB. João Pessoa, 2004. 207p.

13 A construção da identidade nas escolas agrotécnicas federais
a trajetória da COAGRI ao CONEAF

Cláudio Koller e Francisco Sobral

O objetivo deste capítulo é apresentar uma análise sobre a construção histórica e política do CONDAF/CONEAF no contexto da educação profissional e tecnológica desde a sua origem em 1987 até a tramitação e aprovação do Projeto de Lei nº 177/2008, que transforma as autarquias – Escolas Agrotécnicas Federais em campi dos Institutos Federais de Educação, Ciência e Tecnologia (IFETS).

O CONDAF teve sua origem determinada pela extinção da Coordenadoria Nacional do Ensino Agrícola (COAGRI). Para compreender melhor esse contexto, faz-se necessário resgatar um pouco a história do ensino agrícola, bem como relatar as condições e necessidades que levaram à criação da COAGRI.

A formação técnica no Brasil foi requerida juntamente com a emergência da industrialização no país, ou seja, nas primeiras décadas do século XX. O processo produtivo industrial, naquela época, passou a demandar uma força de trabalho intermediária entre a concepção e a execução. A organização da fábrica, a partir dos princípios da divisão técnica do trabalho e do controle hierárquico da execução, necessitou de uma camada média de emprego representada pelos profissionais técnicos de nível médio. Assim, é possível indicar o período compreendido pelas décadas de 1920 e 1930 como referência para o ensino técnico no Brasil. Nesse período, ocorreu a criação de muitas escolas técnicas, principalmente em regiões onde a produção industrial se destacava. O ensino técnico industrial começou a fazer parte dos debates nacionais como elemento importante da defesa da indústria brasileira, que começava a se consolidar.

Entretanto, nesse mesmo período, a formação profissional, voltada para a agropecuária, estava a cargo de poucas universidades que formavam profissionais de nível superior – agrônomos e veterinários, atendendo uma pequena demanda agrícola. No meio rural, de maneira geral, a formação escolar básica ainda era ignorada pelas políticas oficiais, salvo pelo movimento conhecido como "ruralismo pedagógico" protagonizado por políticos e educadores que se manifestavam num mesmo sentido: a necessidade de conter a crescente migração rural-urbana, em função da industrialização e a tentativa de fixação do homem ao campo, por meio da educação.

Interessa lembrar que, enquanto o sentido de qualificação profissional dos trabalhadores era usado na formação técnico-profissional urbana, no meio rural a proposta de qualificação não foi entendida da mesma forma. A produção agropecuária, naquele momento histórico, não demandava a formação de técnicos de nível médio, não obstante a necessidade de maior demanda por alimentos básicos para a população nas cidades.

Desde o início, as políticas educacionais voltadas para a educação rural apresentaram uma intencionalidade clara de fixação do homem no campo. A lógica de contenção da migração campo-cidade, principalmente para a população mais jovem, veio permeando praticamente todas essas políticas educacionais, voltadas para o meio rural. Entretanto, o modelo da época previa e desejava a liberação de forma gradual de parcelas da população rural para os centros urbanos, principalmente como forma de obter mão-de-obra barata.

A análise da história do ensino agrícola no Brasil evidencia alguns problemas advindos da introdução do ensino técnico agrícola numa cultura ainda marcada, com grande ênfase, numa certa tradição bacharelesca, remontando à época colonial e à formação social baseada em relações de trabalho escravista, em que o fazer era desqualificado e não digno para pessoas livres e cultas. Nesse sentido, qualquer modalidade de formação agrícola de nível médio veio carregando, ao longo de sua evolução, uma característica marginal (mesmo quando a economia se baseava na agricultura), pois sendo o trabalho desenvolvido na agricultura predominantemente braçal, revestiu-se de preconceito e de certa discriminação.

Assim, a história do ensino técnico se diferencia do agrotécnico quanto à sua origem, pois, enquanto a formação técnica urbana foi requerida juntamente com a industrialização no Brasil, a agrotécnica teve a sua emergência a partir das décadas de 1950-60.

Foi a partir desse período que inúmeros fatores revolucionaram o ensino agrícola no Brasil. A modernização na agricultura, a transformação tecnológica no meio rural, a tecnificação crescente dos produtores familiares ligados às agroindústrias, a teoria do capital humano e a "Revolução Verde" foram condicionantes para que o capital agroindustrial demandasse um profissional que desse conta de promover uma nova extensão rural: o técnico em agropecuária.

A "Revolução Verde" estabeleceu um novo padrão tecnológico no campo, apropriado à etapa oligopolista do capitalismo agrário.[1] Esse padrão produtivo demandava uma difusão de novas técnicas, novas formas de relações de produção, novas culturas, enfim, uma nova forma de produção agropecuária. Dessa forma, o profissional técnico em agropecuária passou a ser requerido tanto no meio privado como no público, como agente de difusão de tecnologia.

Esse novo padrão tecnológico aproximou ainda mais a agropecuária brasileira ao modelo de produção industrial urbano, principalmente após a explosão tecnológica ocorrida no campo na década de 1950. A modernização agrícola, de fato, alterou o processo produtivo, tanto do grande como do pequeno produtor rural, contudo foi a emergência da integração agroindustrial que causou maior impacto nas novas relações de produção que começaram a ser estabelecidas e, por consequência, nas novas relações sociais.

A incorporação de um conjunto de tecnologias "modernas" na agricultura, em substituição das práticas denominadas de "tradicionais", aumentou consideravelmente a produtividade na agropecuária. Contudo, a incorporação dessas tecnologias ocorreu de forma inadequada à realidade do meio rural brasileiro, seja pela maneira como se deu essa implantação, seja pela natureza mesma das tecnologias introduzidas. A prevalência de práticas e métodos que se tornaram convencionais à época revelaram na verdade, problemas de relação homem-meio físico com consequências ambientais e principalmente sociais.

A modernização da agricultura não pode ser dissociada das transformações capitalistas ocorridas no Brasil a partir da década de 1960. A intensificação do uso de máquinas e insumos estava associada à constituição de um importante setor industrial fabricante de meios de produção para a agricultura e à montagem (em nível da política de Estado) de um conjunto de instrumentos capazes de viabilizar a sua adoção por parte dos agricultores.

Fato relevante foi a adoção do ideário da teoria do capital humano que, nesse período, foi significativo tanto na elaboração de políticas educacionais, principalmente voltadas para a orientação do tecnicismo educacional, como para nortear a proposta de modernização da agricultura. A concepção sobre a modernização tecnológica na agricultura tinha como pressuposto as ideias de Schultz que orientava o aporte de fatores externos como sendo a única maneira de aumentar a eficiência produtiva na agricultura, substituindo os insumos tradicionais por insumos modernos, oferecidos a custos baixos ao agricultor, mediante créditos subsidiados, acompanhados de assistência técnica.

Assim, a transformação tecnológica ocorrida na agricultura brasileira originou determinados impactos que se revelaram como responsáveis pela mudança na natureza da agricultura.

No período conhecido como "Revolução Verde", que coincide com o auge da transformação tecnológica na agricultura, ocorreu um aumento considerável no grau de mecanização de nossas lavouras, ou seja, aumento de quase quatro vezes na relação área de lavoura/número de tratores, criando uma forma de produção assentada num novo padrão tecnológico.

Isso se revelou diretamente sobre a necessidade de mão de obra na agricultura, ou seja, a partir daquele momento se evidencia, por um lado, a liberação em grandes proporções do trabalho vivo no setor agrícola. Por outro, a emergência de grandes indústrias processadoras de produtos agropecuários, fazendo surgir o conceito de complexo agroindustrial, que demandou uma produção agrícola mais tecnificada e integrada diretamente ao capital agroindustrial.

Ainda, como resultantes da transformação tecnológica, principalmente na agricultura familiar do país, houve o aumento considerável tanto no êxodo rural como no êxodo agrícola, avanço da mecanização na lavoura, um maior aporte tecnológico beneficiando as culturas de exportação, uma maior dependência, principalmente do pequeno produtor rural para com o capital agroindustrial, concentração agrária e urbanização dos espaços rurais, masculinização do campo, envelhecimento da população camponesa e recrudescimento da problemática educacional no campo.

Nessa perspectiva, percebe-se que os impactos da transformação tecnológica atingiram a agricultura familiar, potencializando a estratificação social entre os pequenos produtores rurais. Assim, após a criação do sistema de integração na produção agroindustrial, proposto pelo agronegócio, entendido como grandes capitais agrícolas, surgem duas categorias de pequenos produtores, os integrados à agroindústria e os não integrados.

O sistema de integração pressupõe que haja a subordinação e a dependência direta entre os pequenos produtores rurais e a agroindústria. Os integrados gozam de algumas garantias na relação com a agroindústria, entretanto, perdem autonomia como produtores rurais.

Com a elevação do padrão técnico de produção, ocorrido a partir da década de 1960, o sistema de produção ficou mais complexo, necessitando de um aporte maior no condicionante técnico. Ocorreu a necessidade de se aumentar a produtividade do integrado, sendo que para isso, fez-se necessária a adoção de novas tecnologias na produção agropecuária. É nesse contexto que surgiram as Escolas Agrotécnicas Federais.

O grande capital agroindustrial, a partir de 1960, passou a contar com a formação de mão de obra especializada por meio das escolas agrotécnicas federais. O técnico em agropecuária, num primeiro momento, pela assistência técnica, atua na mediação entre agroindústria e integrado e também junto aos órgãos oficiais de extensão rural. Dessa forma, a adoção de novas tecnologias por parte do pequeno produtor rural se deu pela atuação de um agente difusor, o técnico em agropecuária.

Contextualizando o período histórico em que ocorreu maior demanda por técnicos em agropecuária no Brasil, podemos apontar o processo de transformação tecnológica no campo, ocorrido a partir das décadas de 1950-60, como responsável pela criação da maioria das escolas agrotécnicas federais no país, ou seja, diferentemente da história da formação técnica industrial, foi só a partir desse momento que a formação técnica de nível médio para o campo se consolidou.

A partir de uma diretriz condizente com a proposta da "Revolução Verde", ou seja, da substituição dos insumos "tradicionais" por insumos ditos "modernos ou de síntese industrial", é que a Rede Federal de Ensino Agrícola articulou sua proposta de formação técnica. O projeto político-pedagógico das escolas e sua estrutura curricular, na área agrícola, orientavam-se no sentido de atender o padrão tecnológico vigente na época.

A formação de extencionistas, proposta nesse período, voltava-se para a criação e a difusão de uma ideologia modernizante, que serviu para implantar e justificar as modificações nas bases tecnológicas e nas relações sociais de produção, garantindo ao homem rural e sua família entrarem no ritmo e na dinâmica da sociedade industrial. Em outras palavras, a introdução do capitalismo no meio agrícola nacional.

Nesse sentido, haveria a necessidade de preparar pessoal técnico e integrá-lo à estrutura de produção para desempenhar uma assistência técnica com certa missão educativa na industrialização agroindustrial, atendendo a preocupação de reproduzir a ordem econômica.

A extensão rural, considerada como um instrumento necessário para efetivação das políticas de modernização no campo, apresentava, principalmente, a "intervenção técnica" como responsável por mudanças na sociedade rural.

Por outro lado havia a percepção estratégica de que jovens oriundos do meio agrícola, com raízes na agricultura e com a mesma formação cultural das populações rurais, possuíam maiores possibilidades de êxito na difusão das novas práticas agrícolas. Nesse sentido, as escolas agrotécnicas federais passam a ter uma importante função na formação de agentes da extensão rural no país.

Com essa forma de ação, a extensão rural conseguiu criar, em determinadas parcelas de produtores rurais, uma cultura de produção agroindustrial mais próxima das estratégias de produção urbano-industrial, transformando a agricultura familiar.

A partir de 1964, auge da modernização do país e da ênfase em sua participação na economia internacional, quando se discutiam as questões que embasaram o desenvolvimentismo, tanto o poder público como o setor privado assumem a função de preparar recursos humanos para serem absorvidos pelo mercado de trabalho. De início, aqueles que tiveram maior acesso aos postos de trabalho ainda foram aqueles formados em nível superior, entretanto, a situação de dificuldades instalada nas universidades que não conseguiam absorver a demanda, além dos interesses mais imediatistas do mercado, provocaram o privilegiamento de uma educação profissional de nível médio.

Assim, o ensino técnico assume uma maior importância no sentido de contribuir com as funções político-econômicas do país.

Nesse sentido, Massuquetti e Silva (2002) identificam ações concretas do governo federal (1967-1973) que buscavam estimular o processo de modernização da base técnica da agricultura brasileira, pois, à época, era necessário que o setor agrícola acompanhasse o processo de modernização da economia. Dentro dessas ações, citadas pelos autores, destacaremos, como principais mecanismos, o crédito rural, o estabelecimento de preços mínimos, a pesquisa e a extensão rural. Com o conjunto dessas ações, verificou-se a real modernização da estrutura produtiva da agricultura brasileira.

Com efeito, a partir desse momento, o ensino agrícola, em especial o técnico profissionalizante, passou a se expandir pelo país.

Entre o final da década de 1960 e início da década de 1970, o Brasil passou por amplo processo de mudança dos padrões vigentes na produção, que tinha como principal característica a fabricação em massa de bens e serviços nos setores econômicos clássicos, ou seja, na agricultura, na indústria e nos serviços.

Com o advento da Reforma Administrativa dos Ministérios, ocorrida em 1967 e legitimada pelo Decreto-lei nº 200/67, promoveu-se a absorção do Ensino Agrícola pelo Ministério da Educação e Cultura (MEC). Em consequência, o órgão responsável, a Superintendência do Ensino Agrícola e Veterinário, também foi transferida ao MEC, pelo Decreto nº 60.731, de 19 de maio de 1967, sob a denominação de Diretoria de Ensino Agrícola (DEA), inserindo-se no Departamento de Ensino Médio (DEM), daquele ministério, que absorveu as Diretorias do Ensino Agrícola, Industrial, Comercial e Secundário.

Quando o MEC assumiu o ensino agrícola por meio da Diretoria de Ensino Agrícola (DEA), determinadas políticas foram marcantes para a época no sentido de reformular a filosofia do ensino agrícola, sendo implantada, então, a metodologia do sistema "escola-fazenda", que se baseou no princípio "aprender a fazer e fazer para aprender".[2]

O sistema escola-fazenda foi introduzido no Brasil em 1966, como consequência da implantação do Programa do Conselho Técnico-Administrativo da Aliança para o Progresso (Contap II) (Convênio Técnico da Aliança para o Progresso, MA/USAID para suporte do ensino agrícola de grau médio).

Tal sistema tinha por objetivo proporcionar condições para a efetividade do processo ensino/produção, bem como patrocinar a vivência da realidade social e econômica da comunidade rural, fazendo do trabalho um elemento integrante do processo ensino-aprendizagem, visando conciliar educação-trabalho e produção.

Em 1970, por intermédio do Ministério da Educação e Cultura, realiza-se a expansão desse sistema em toda a rede federal de ensino agrícola.

O ensino agrícola passou por inúmeras mudanças até a década de 1970. A "descontinuidade administrativa", conforme analisa Maduro (1979), acarretada pelas mudanças na administração federal, representou um aspecto negativo para o ensino agrícola, que já não contava com o mesmo respaldo administrativo e financeiro correspondente aos setores de ensino industrial e comercial. Vale lembrar que o desenvolvimento do ensino industrial e comercial processou-se isento da descontinuidade administrativa que caracterizou a administração do ensino agrícola. As escolas técnicas tornaram-se autarquias, através da Lei nº 3552/59.

Com base na Lei nº 5.692/71, define-se uma nova política para o ensino técnico agrícola. Pelo Decreto nº 72.434, de 9 de julho de 1973, é criada a Coordenadoria Nacional do Ensino Agrícola (COAGRI), com a finalidade de "proporcionar, nos termos desse decreto, assistência técnica e financeira a estabelecimentos especializados em ensino agrícola" do MEC.

O referido decreto, em seu artigo 2º, assegura autonomia administrativa e financeira à COAGRI, criando um fundo de natureza contábil, fato que permitiu um avanço considerável nas escolas, uma vez que os recursos advindos da comercialização de produtos agropecuários produzidos pelas escolas[3] passaram a ser reaplicados e não mais recolhidos ao Tesouro Nacional.

Sem dúvida, a criação da COAGRI, para o Sistema de Ensino Agrícola Federal, possibilitou uma revitalização do ensino agropecuário, representando um marco na história das Escolas Agrícolas Federais pois, tendo iniciado suas atividades em 1976, como órgão autônomo da administração direta, proporcionou profundas transformações na administração e manutenção de uma rede de 33 Escolas Agrícolas Federais.

> [...] a COAGRI ampliou e/ou reformou seus prédios e instalações; equipou as escolas com laboratórios, salas-ambiente, unidades educativas de produção, quadras para esporte, bibliotecas e acervos; regularizou as terras, num total de 13.345 hectares; implantou os serviços de orientação educacional e de supervisão educacional; implementou e consolidou o sistema escola-fazenda; consolidou as cooperativas-escola; vem oferecendo cursos para habilitar seu corpo docente, e promovendo concursos públicos para a admissão de servidores técnicos e administrativos, bem como aperfeiçoando e reciclando diretores, professores, técnicos e pessoal administrativo. (Brasil – MEC, 1994:21)

Nesse período, as escolas agrícolas federais receberam um forte incremento no que diz respeito à formação de recursos humanos específicos para essa modalidade de ensino.

> Os profissionais contratados, tanto professores quanto funcionários, estão mais qualificados, pois foram sendo proporcionados pela COAGRI, ao longo desses anos, cursos de Esquema I e II, Aperfeiçoamento e Especialização, além de treinamentos. Isso ocorreu principalmente na década de 1980. (Brasil MEC/Secretaria Nacional de Educação Tecnológica – SENETE, 1990:43)

Durante boa parte de seu período de atuação, a contribuição da COAGRI na execução da política para a educação agrícola, foi sintonizada com as prioridades econômicas e sociais estabelecidas no III Plano Nacional de Desenvolvimento 1980-1985 (PND) e com as diretrizes estabelecidas no III Plano Setorial de Educação, Cultura e Desporto 1980-1985 (PSECD).[4]

Como bem mostra Franco (1994), as linhas norteadoras de ensino agrícola de 2º grau estabelecidas pela COAGRI, expressam certo compromisso da escola não apenas com a formação técnica especializada, mas também com uma tentativa de se propor uma formação integral do adolescente.

A política para o ensino agrícola, implantada no período da COAGRI, foi responsável por sistematizar e garantir uma identidade, não construída até então, para essa modalidade de ensino, conferindo-lhe uma metodologia adequada.

Na tentativa de se compreender a política da COAGRI, explicitada pelas suas linhas norteadoras que, de certa forma, expressavam uma política progressista para a época, vale contextualizar o momento político-econômico pelo qual o país passava.

Durante o regime militar, como bem mostra Germano (1985), a elaboração de políticas educacionais se configura por meio de dois momentos relacionados à forma ou à metodologia de ação do Estado. O primeiro período (1964-1974) corresponde à adoção de uma forma "propositiva-racional ou tecnocrática", em que a formulação das políticas é considerada atribuição de cientistas, técnicos e especialistas, e as questões sociais e políticas são reduzidas a questões "técnicas". Nesse período, as reformas educacionais foram "formuladas e deflagradas" (Reforma Universitária – 1968 e a Reforma do Ensino de 1º e 2º Graus – 1971).

Essa política justificava as reformas propostas, como meio de equalização social, por intermédio de um discurso de valorização da educação, visando a propiciar a todos uma igualdade de oportunidades perante o mercado de trabalho. Sob tal perspectiva, a política educacional vai se pautar na chamada teoria do capital humano.

O segundo período (1975-1985) caracteriza-se por uma mudança na lógica de produção de políticas em que o Estado passa a adotar uma forma de caráter "consensual" e "participacionista", buscando, assim, legitimar-se mediante um discurso que apoiasse as classes menos favorecidas.

Tal mudança não ocorreu ao acaso, pois coincide com um momento de crise econômica, crise política e de legitimidade do regime, que conduziria ao declínio e ao esgotamento do regime militar.

> Nesse contexto, é introduzida uma modificação na metodologia de ação do Estado, no que se refere à sua relação com as classes subalternas e, por conseguinte, a uma mudança na forma das políticas sociais, inclusive a política educacional... absorvendo interpelações populares na formulação de tais políticas. (Germano, 1985, p. 49)

A crítica à teoria do capital humano parte do próprio MEC, quando Pedro Demo, então assessor especial do ministro da Educação e Cultura (1979) Eduardo Portella, "um professor universitário e escritor, pouco identificado com o regime", critica a mesma. Para ele:

> [...] a visão tradicional de educação como preparadora de recursos humanos é uma visão bastante difícil, hoje em dia, de ser sustentada [...] porque como preparadora de recursos, ela simplesmente é muito mais um negócio para os empregadores do que para o educando. (Germano, 1985, p. 59)

Em 4 de setembro de 1979, pelo Decreto nº 83.935, as escolas agrícolas passaram a ter a denominação de Escolas Agrotécnicas Federais, acompanhadas do nome do município onde se encontram localizadas. O Decreto nº 93.613, de 21 de novembro de 1986, extingue a COAGRI, ficando o Ensino Agrotécnico de 2º Grau diretamente sudordinado a Secretaria de Ensino de Segundo Grau (SESG).

Em 12 de abril de 1990, o ensino agrotécnico passou a ser subordinado à SENETE, que passa a "estabelecer políticas, normas, diretrizes, bem como prestar assistência técnico-pedagógica às instituições que oferecem a educação tecnológica, no âmbito de todos os sistemas de ensino" (Brasil-MEC/

SENETE, 1990, p. 9), segundo a Lei nº 8.028. Posteriormente, passa a ser a Secretaria de Educação Média e Tecnológica – SEMTEC e hoje Secretaria de Educação Profissional e Tecnológica (SETEC).

Com a extinção da COAGRI os dirigentes das Escolas Agrotécnicas sentiram necessidade de construir um instrumento político que pudesse garantir alguns avanços conquistados durante os anos de COAGRI. Nesse contexto, é criado o CONDAF, que não veio substituir aquela Coordenadoria de Ensino, mas se constituiu numa instituição política com características de representação do ensino agrícola no interior do Ministério da Educação.

Determinados pareceres e políticas educacionais foram construídos a partir de discussões no interior do CONDAF. Entretanto, por ser um conselho representado por diretores de escolas agrotécnicas, predominava, em muito, interesses dos próprios gestores e das suas relações políticas individuais.

É importante ressaltar que, apesar da identidade que a COAGRI imprimiu para o ensino agrícola, sendo criada durante o regime militar, institui nas escolas uma cultura educacional pouco crítica e direcionou para a escola-fazenda uma matriz produtiva voltada para o agronegócio. Nesse sentido, as ações dos gestores no interior das escolas seguia a mesma lógica construída pela COAGRI.

Dessa forma, a gestão das escolas estava fundamentada em práticas identificadas com as da COAGRI, onde era comum um diretor manter-se no cargo por décadas. De fato, a escolha dos dirigentes era orientada por aspectos políticos-partidários extremamente conservadores, o que dificultava a construção de ações democráticas e gerava descontentamentos e atrasos do ponto de vista da inovação e adequação aos novos desafios da agricultura e da sociedade.

O ingresso de novos profissionais por concurso público (a partir de 1990), o crescimento e a nova organização sindical e a abertura política no país contribuíram significativamente para a democratização nas escolas agrícolas federais.

As eleições presidências de 2001 e a vitória do Partido dos Trabalhadores resultaram em significativas mudanças administrativas e operacionais na rede federal e nas escolas agrícolas federais. No ensino agrícola, uma das primeiras mudanças foi a emissão, em 2004, de Portaria do Ministro da Educação Cristóvão Buarque, a qual instituía novas normas para eleições de diretor-geral, que, pela primeira vez, garantia a participação direta dos três segmentos escolares (alunos, professores e servidores técnico-administrativos) na escolha de seus dirigentes.

Esse fato foi marcante, pois os novos diretores democraticamente eleitos passaram a ter um compromisso político direto com a comunidade escolar e as suas ações necessariamente deveriam ter a aprovação interna.

Por outro lado, a SETEC/MEC atribuiu novas demandas aos Conselhos no sentido de tornar mais participativa a construção e as decisões sobre o futuro da educação profissional no país.

Nesse contexto, a discussão sobre o CONDAF, sua forma de atuação e representação são questionados. Havia a necessidade da democratização do conselho, que ainda mantinha a mesma prática administrativa dos tempos da COAGRI e não era mais compatível com as novas práticas eleitorais e de gestão das escolas. Assim, debates sobre a quem o conselho servia, quais interesses representava e, principalmente, a necessidade de uma participação maior de todas as escolas nas decisões do conselho foram surgindo no interior das escolas e do próprio CONDAF.

Assim, em 2006, é criado o CONEAF, com a missão de responder às novas expectativas e demandas do ensino agrícola brasileiro.

O CONEAF passou a atuar buscando a construção participativa, e para tal realizou várias reuniões no intuito de planejar as ações e o futuro do ensino agrícola federal no país. A mais significativa aconteceu em 2005, em São Luis, no Maranhão, onde foi realizado o planejamento estratégico do conselho e dentre as principais resoluções houve a decisão de um gradativo processo de transformação das Escolas Agrotécnicas Federais em Centros Federais de Educação Tecnológica (CEFET). Essa decisão fundamentava-se principalmente pelo aumento da autonomia pedagógica e principalmente pela ampliação das possibilidades de quadros de pessoal e recursos financeiros, o que, à época, limitava a ação e o crescimento das escolas agrotécnicas federais.

A partir de 2007, 12 das 36, ou seja, 33% das escolas agrotécnicas apresentaram ao MEC/SETEC projeto para transformarem-se em CEFET (processo de cefetização) e, na sequência, as demais fariam o mesmo caminho.

Em dezembro de 2007, esse processo foi interrompido por iniciativa do Ministério da Educação, quando o mesmo apresentou aos diretores gerais da rede federal minuta de decreto com o qual pretendia transformar o CEFET-SP em Instituto Federal.

Essa ação inesperada advinha, para alguns, para atender às demandas do plano de governo das eleições presidenciais e provocou uma ampla mobilização no conjunto das escolas agrotécnicas federais, escolas técnicas vinculadas às universidades federais e CEFETS, no sentido da construção de uma nova minuta de decreto que garantisse as conquistas e características históricas da rede e oportunizasse condições de resposta aos novos desafios apresentados pela sociedade brasileira.

Assim sendo, a partir de junho de 2008, um projeto de lei com proposta de reordenamento da rede federal inicia sua tramitação no Congresso Nacional com a intenção de criar 38 institutos federais de educação, ciência e tecnologia, transformando todos os CEFETS e escolas agrotécnicas federais e oito escolas técnicas vinculadas em *campi* desse novo ente jurídico.

As discussões acerca do novo projeto assumem papel central nas ações do CONEAF, que passa a participar do processo de construção e tramitação do projeto de lei. Essa ação, aliada às novas características institucionais e operacionais dos futuros institutos, bem como a definição das fusões e integrações de diversas autarquias, consumiria praticamente todos os trabalhos dos conselhos (Conselho dos Dirigentes dos CEFETS – CONCEFET, Conselho de Dirigentes das Escolas Técnicas vinculadas às Universidades Federais – CONDETUF e CONEAF) em 2008.

Em 29 de dezembro de 2008, o presidente da República sancionou a Lei de criação dos Institutos Federais de Educação, Ciência e Tecnologia.

Por ocasião da aprovação da nova estrutura da educação profissional e tecnológica, e pelo entendimento da necessidade de ocupação de espaços políticos e de defesa dos interesses do ensino agrícola e das escolas que compunham a base de apoio a educação profissional e tecnológica, os gestores entenderam como prudente a manutenção do CONEAF após a reestruturação das escolas agrotécnicas.

Assim, os gestores entenderam necessário e desejável a transformação do Conselho das Escolas Agrotécnicas Federais (CONEAF) em Conselho Nacional do Ensino Agrícola Federal (CONEAF), para representar e garantir espaço político das mesmas frente aos novos desafios, permitindo uma transição segura e democrática para a construção de um novo conselho ou associação que represente e garanta a defesa dos interesses do ensino agrícola junto ao Ministério da Educação e demais setores do governo e da sociedade brasileira.

Por certo, muitas dificuldades ainda se farão sentir nessa nova construção política institucional. No entanto, o futuro do CONEAF estará focado na construção de um novo Projeto Político Pedagógico para o ensino agrícola brasileiro, buscando identificar, aplicar e difundir novas tecnologias de produção de alimentos com menores impactos ambientais, menores custos energéticos e que, principalmente, promovam melhorias nas condições de vida e de reprodução social das populações atendidas.

NOTAS

1   A etapa se refere ao domínio de grandes empresas agrícolas, que surgiram e passaram a dominar o mercado agropecuário durante a "Revolução Verde".
2   MEC/COAGRI. *Lema do ensino agrícola*. DF, 1985.
3   Pelo sistema escola-fazenda, os alunos desenvolvem projetos agropecuários nas Unidades Educativas de Produção (UEPs), sendo que os produtos advindos destas são comercializados pela cooperativa-escola.
4   As prioridades estabelecidas pelo III PSECD são introduzidas num período conhecido como distensão e abertura do regime, em função de um processo de crise econômica e política que conduziria ao declínio e ao esgotamento da ditadura militar. Essas prioridades alteraram a forma das políticas sociais, inclusive da política educacional, pois o Estado, na busca incessante de legitimação, absorve interpelações populares na formulação de tais políticas.

REFERÊNCIAS

BRASIL. MEC/SENETE. *Diretrizes de funcionamento das escolas agrotécnicas*. Brasília, 1990.

_____. MEC/COAGRI. *Lema do ensino agrícola*. Brasília, 1985.

_____. MEC/SEMTEC. *Educação média e tecnológica*: fundamentos, diretrizes e linhas de ação. Brasília, 1994.

FRANCO, M. L. *Ensino médio*: desafios e reflexões. Campinas, Papirus, 1994.

GERMANO, J. W. Regime militar: política e planejamento educacional no Brasil: 1964-1985. In: *Cadernos CEDES,* nº 34, Campinas: Papirus, 1985.

MADURO, C. P. *O sistema escola-fazenda*: um estudo avaliativo. Tese (mestrado) Brasília: Universidade de Brasília, Julho de 1979.

MASSUQUETTI, A.; SILVA, L. X. O setor agrícola brasileiro no contexto do programa de ação econômica do governo (1964-1966), do milagre brasileiro (1967-1973) e da desaceleração da economia (1974-1979). In: *Estudos do CEPE* - Centro de Estudos e Pesquisas Econômicas n. 15/16 – Jan/Dez 2002. Santa Cruz do Sul: UNISC, 2002.

SCHULTZ, T. *A transformação da agricultura tradicional*. Rio de Janeiro: Zahar, 1965.

14 O CONCETEF frente ao atual momento da educação profissional e tecnológica

Paulo César Pereira

O Conselho de Dirigentes dos Centros Federais de Educação Tecnológica (CONCEFET), uma entidade de direito privado, sem fins lucrativos, que congrega os Dirigentes dos CEFETS, foi criado em 21 de junho de 1982, por ocasião da edição do Decreto nº 87.310, assinado pelo então Ministro da Educação Rubem Ludwig, no governo de João Figueiredo, como forma de dar força e voz às primeiras Escolas Técnicas transformadas em Centros Federais de Educação Tecnológica. No artigo 8º desse decreto, inscreve-se:

> Art 8º Fica criado o Conselho de Diretores Gerais dos Centros Federais de Educação Tecnológica, com atribuições fixadas pelo ministro de Estado da Educação e Cultura, em Regimento próprio.

O crescimento do CONCEFET foi gradativo. O formato que apresenta tem uma relação direta com a transformação progressiva das escolas técnicas e agrotécnicas em centros federais, realidade que traz a referência de três dispositivos legais: a Lei nº 6.542, que foi modificada pela Lei nº 8.711, de 28 de setembro de 1993, e a Lei nº 8.948, de 20 de dezembro de 1994.

O Conselho de Dirigentes é composto hoje pelos dirigentes máximos dos 33 CEFETS, 7 Escolas Técnicas Federais (ETFs), o Colégio Pedro II e a Universidade Tecnológica Federal do Paraná (UTFPR).

Compreender a importância do CONCEFET exige que se recupere, de alguma forma a trajetória das escolas técnicas, a transformação das cinco primeiras escolas em Centros Federais, e, por último, buscar a leitura mais aproximada do que representou, para a educação profissional no Brasil, a complexa reforma dos anos de 1990, com as imposições e ameaças que pairaram sobre o trabalho das escolas da Rede Federal[1], como, por exemplo, as mudanças decorrentes das alterações da legislação a partir de 1996 e 1997, que provocaram a separação do ensino médio e técnico, o movimento do governo em favor das determinações dos organismos internacionais no que diz respeito à formação profissional, dentre outros pontos.

Se, por aproximadamente duas décadas, a composição desse conselho era de poucos membros, pois os centros federais somavam apenas cinco, o processo de transformação das Escolas Técnicas em Centros Federais, desencadeado nos anos de 1998 a 2001, ampliou e fortaleceu significativamente esse fórum de dirigentes, tornando a sua atuação cada vez mais destacada no sentido de reafirmar a importância da Rede Federal de Educação Profissional no país, ganhando espaço junto ao Ministério da Educação no que se refere à discussão das políticas públicas destinadas a um amplo universo quando se trata da formação para o trabalho.

Numa análise de conjuntura, poder-se-ia hoje afirmar que as investidas comandadas pelo Ministério da Educação, capitaneadas pelo então Ministro Paulo Renato de Souza com imposições fecundadas por um caráter privatizante e de política liberais para o Estado brasileiro, ao contrário do que se pretendia, deram maior visibilidade e força para a luta em defesa da educação pública. Foi exatamente no período que consideramos mais crítico e ameaçador que aconteceu um movimento intenso das escolas para sua transformação em CEFETS (a princípio, seis tiveram aprovados seus projetos políticos, exigência para galgar tal situação, e, posteriormente, nos embates políticos, as demais) e, em meio a todo imbróglio, face a tantos e diversos desafios, a intervenção do Conselho dos Dirigentes[2] fortaleceu-se e ganhou maior representatividade.

Não teria sentido, pois, apresentar metas, desafios e perspectivas para um Conselho de Dirigentes neste novo milênio sem compreender a razão de sua existência como porta-voz de instituições quase centenárias que muito contribuíram para tecer a história de formação profissional dos brasileiros, daí uma de suas principais referências.

OS CENTROS FEDERAIS DE EDUCAÇÃO PROFISSIONAL E TECNOLÓGICA, SEU PAPEL E A ATUAÇÃO DO CONSELHO DOS DIRIGENTES COMO SUA EXPRESSÃO HISTÓRICA

Os Centro Federais de Educação Tecnológica se estabeleceram em nosso país com a transformação da Escola Técnica Federal do Paraná, da Escola Técnica Federal de Minas Gerais e da Escola Técnica Federal Celso Suckow da Fonseca (RJ) pela Lei nº 6.545, de 30 de junho de 1978 (governo Geisel), respectivamente em CEFET-PR, CEFET-MG e CEFET-RJ.

A lei que transformou as três primeiras Escolas Técnicas Federais em Centros Federais de Educação Tecnológica estabeleceu, logo no primeiro artigo, que, como Centros, as instituições ficariam autorizadas a organizar e a ministrar cursos de curta duração[3] em Engenharia de Operação. No artigo 2º, no entanto, elenca entre os objetivos dessas instituições o de ministrar cursos visando à formação de tecnólogos e engenheiros industriais. Na realidade, com a transformação em Centros Federais, as Escolas Técnicas ingressam com autonomia na formação em nível superior, ainda que, à época, apenas nos cursos de curta duração para o setor industrial (a referência industrial significava estar voltada para o setor industrial e não uma modalidade que estava associada ao termo operacional).

A Lei também estende as atribuições dos Centros Federais de Educação Tecnológica à formação de professores para as disciplinas especializadas no ensino de 2º grau e de formação de tecnólogos, à pesquisa técnica industrial e à promoção de cursos de extensão, aperfeiçoamento e atualização profissional na área técnica industrial.

O processo de transformação das Escolas Técnicas Federais em Centros Federais de Educação Tecnológica prossegue e, em 31 de outubro de 1989 (governo José Sarney), pela Lei nº 7.863, a Escola Técnica Federal do Maranhão torna-se CEFET-MA. Em 28 de setembro de 1993 (governo Itamar Franco), a Lei nº 8.711 transforma a Escola Técnica Federal da Bahia em Centro Federal de Educação Tecnológica da Bahia, CEFET-BA.

A Lei nº 8.711 cita explicitamente como atribuição dos Centros Federais a formação de técnicos em nível de 2º grau, ausente na Lei nº 6.545/78, o que pode não ter sido um simples lapso; ao contrário, mesmo que não tenha havido a interrupção da oferta da formação técnica de nível médio no âmbito dos CEFETS do Paraná, de Minas Gerais, do Rio de Janeiro e do Maranhão, parece que o objetivo era mesmo dotar a Rede Federal de instituições que se ocupassem mais, ou quem sabe exclusivamente, da formação de técnicos em nível superior, da formação de professores para as disciplinas do currículo profissionalizante (espaço muito restrito historicamente), da pesquisa e da extensão.

É bem verdade que, com relação à atribuição de formar técnicos de 2º grau, em 23 de junho de 1982, por meio do Decreto nº 87.310, que regulamentou a Lei nº 6.545/78, aparece o ensino técnico de 2º grau e, mesmo assim, a referência não parece alterar a situação. Ela continuou dúbia, pois o texto diz no artigo 2º que entre as características básicas dos centros inclui-se a "integração do ensino técnico de 2º grau ao ensino superior". Outro aspecto que chama a atenção no Decreto nº 87.310/82 é que a denominação tecnológica deixa de ser apenas uma referência que compõe o nome da instituição e passa a fazer parte do corpo de características básicas dos centros; também no artigo se lê "atuação exclusiva na área tecnológica", o que sugere uma nova dimensão formativa e mesmo pedagógica.

> O Centro de Educação Tecnológica prende-se, evidentemente, aos conceitos específicos de sua expressão, mas na sua interação e integração diz respeito ou à formação do indivíduo para viver na era tecnológica, de uma forma mais crítica e mais humana, ou à aquisição de conhecimentos necessários à formação profissional (tanto uma formação geral como específica), assim como as questões mais gerais da tecnologia, envolvendo tanto a invenção como a inovação tecnológica. (Grinspun, 1999, p. 57)

Apesar da criação do Sistema Nacional de Educação Tecnológica em 1994, a autorização para que Escolas Técnicas Federais até então existentes funcionassem como Centros Federais de Educação Tecnológica só ocorre a partir de 1999. A transformação das Escolas Técnicas Federais transcorre no período 1999/2002.

No ano de 1999, há a transformação de 13 escolas em Centros Federais: Alagoas, Campos, Ceará, Espírito Santo, Goiás, Pará, Paraíba, Pelotas, Pernambuco, Piauí, Química, Rio Grande do Norte e São Paulo.

Em 2001, a transformação da Escola Técnica do Amazonas e da primeira Escola Agrotécnica Federal em Centro Federal de Educação Tecnológica, o CEFET-Petrolina; no ano de 2002, as Escolas Técnicas Federais de Mato Grosso, Ouro Preto, Roraima, Santa Catarina, Sergipe e as Escolas Agrotécnicas Federais de Bento Gonçalves-RS, São Vicente do Sul-RS, Bambuí-MG, Januária-MG, Rio Pomba-MG, Uberaba-MG, Rio Verde-GO, Urutaí-GO e Cuiabá-MT são transformadas em Centros Federais.

E em 2003, no governo do presidente Luiz Inácio Lula da Silva, é implantada a Escola Técnica Federal de Palmas, no Estado de Tocantins, e aprovada a Lei nº 11.534, em 25 de outubro de 2007, que cria nove autarquias com a criação de seis Escolas Técnicas Federais (Acre, Amapá, Mato Grosso do Sul, Brasília, Canoas e Rondônia, esta última mediante a transformação da Escola Técnica Federal de Porto Velho em ETF-Rondônia) e três Escolas Agrotécnicas Federais (Marabá-PA, Nova Andradina-MS e São Raimundo das Mangabeiras-MA). São criadas ainda 205 novas Unidades de Ensino Descentralizadas (UNEDS) – unidades de ensino não autárquicas vinculadas aos CEFETS, às ETFs ou à UTFPR).

Se, com os três primeiros CEFETS, a decisão do governo, à época, podia ser compreendida como bastante clara no sentido de atender às exigências da indústria no Brasil, que crescia e se modificava, o que implicava a necessidade de um profissional com formação mais elevada, essa realidade não pode ser lida da mesma forma, quando da transformação das Escolas Técnicas em Centros Federais no governo a partir de 1999.

O governo Fernando Henrique talvez tenha sido dos mais críticos e conturbados para a educação brasileira e, em especial, para a educação profissional técnica e tecnológica. Instalado num período de crise com evidente acumulação do capital e de desemprego acentuado, o governo cuidou de acelerar a mercantilização da educação e o atrelamento da política a interesses econômicos. Os aspectos mais decisivos para essa política estão vinculados à mundialização econômica, à reestruturação produtiva e à acumulação flexível que delineiam o modo de produção capitalista hegemônico no mundo.

Aquele governo expressou o distanciamento do governo federal em relação à educação profissional e tecnológica (EPT) – ruptura histórica – com a aprovação da Lei nº 9.649/98, que proibiu a expansão do Sistema Federal de Educação Profissional. Diz essa lei, no art. 47:

> § 5º A expansão da oferta de educação profissional, mediante a criação de novas unidades de ensino por parte da União, somente poderá ocorrer em parceria com Estados, Municípios, Distrito Federal, setor produtivo ou organizações não governamentais, que serão responsáveis pela manutenção e gestão dos estabelecimentos de ensino.

É no Programa de Expansão da Educação Profissional (PROEP) que estão definidas as políticas desse período, para a educação profissional e tecnológica. Esse programa encontra reação significativa por parte das instituições e de organismos que lutam pelos direitos sociais dos brasileiros e aí se inclui o caráter público e de qualidade da educação para o país. Se a defesa da educação pública é sempre bandeira dos países, esse direito, em se tratando do Brasil, tem sido desconsiderado por séculos. Cumpre apontar que a população brasileira, que já superou 180 milhões de pessoas, ainda apresenta elevado índice de analfabetismo para a população de 15 anos de idade ou mais, e se a estes se somam os brasileiros com menos de quatro anos de estudos, alcança-se uma população superior a 30 milhões.

Em relação ao estudo do Departamento Intersindical de Estatística e Estudos Sócio-Econômicos (DIEESE), sobre o ano de 2005, destaca-se que o desemprego atinge fortemente os jovens: pessoas entre 16 e 24 anos somam 45,5% dos que estão sem trabalho nos grandes centros. Nesse universo de Brasil em que educação e trabalho se entrelaçam, é cada vez mais estratégico o papel das instituições públicas de ensino.

Sem sombra de dúvidas, no âmbito da formação profissional, a Rede Federal ocupa posição de destaque, pois é convocada a trazer sempre a sua contribuição ao desenvolvimento do país. É, por conseguinte, um desafio para a Rede Federal de Educação Profissional e Tecnológica pensar e gerir a educação profissional para este tempo presente em que a eliminação de postos de trabalho e a criação de outros estão sempre presentes. E, portanto, a ameaça de desemprego é agressiva, a exigência é cada vez mais severa pela capacitação profissional (e bem se sabe que emprego de maior qualidade torna-se uma possibilidade crescente das economias com a capacidade de investir em novas tecnologias).

Nesse sentido, é fundamental que esteja posicionada na defesa de uma educação profissional em caráter mais amplo, não exclusivista, que atenda não apenas às demandas de setores da produção mais elaborados, mas que pense uma educação verdadeiramente humanizadora.

É também um desafio para o Conselho de Dirigentes dos Centros Federais de Educação Tecnológica pensar e participar da gestão dessa educação profissional e tecnológica, uma vez que se reconhece, pois, como um organismo que expressa uma luta intermitente: a defesa da Rede Federal de educação tecnológica por uma educação pública e de qualidade para os brasileiros que constroem este país; a defesa de uma formação profissional em vários níveis e modalidades de ensino; a defesa de uma educação que pense o local e o regional e construa formas de intervenção na realidade; a defesa de uma educação tecnológica que ultrapasse a dicotomia ciência e tecnologia e a supremacia da técnica em detrimento do homem.

O UNIVERSO EDUCACIONAL DE ATUAÇÃO DO CONCEFET

Vinculado apenas às instituições da Rede Federal de Ensino, o foco da discussão educacional do CONCEFET é extremamente amplo, pois representa instituições (Universidade Tecnológica, Centros de Educação Tecnológica, Escolas Técnicas e Colégio Pedro II) que possuem um caráter singular em termos de estrutura organizacional. De um modo geral, atuam em todo o universo da educação profissional e tecnológica: formação inicial e continuada do trabalhador, técnico de nível médio e superior, educação de jovens e adultos, cursos superiores de tecnologia, licenciaturas, engenharias, pós-graduação *lato* e *stricto sensu*, além do desenvolvimento da pesquisa e de projetos sociais e culturais.

Em toda essa gama de atuação, há que se firmarem pilares de sustentação que hoje dão luz própria a esse conselho, podendo-se definir como avanços e conquistas na defesa de uma formação mais justa e humanitária neste novo século.

Compreender a essência do trabalho do CONCEFET é compreender princípios e valores que ele defende e a que ele dá visibilidade. Assim é que seus objetivos estão sempre pautados pela defesa da democratização do conhecimento e da valorização do caráter público das instituições. À guisa de melhor compreensão, elegemos três de seus postulados que podem ser traduzidos nas bandeiras levantadas por esse conselho, por serem bastante abrangentes:

> promover medidas que visem à organização, funcionamento e aperfeiçoamento da Rede Federal de Educação Tecnológica no país;
> auxiliar órgãos setoriais do Ministério da Educação, quando solicitado ou designado, na resolução de questões ligadas à educação profissional em todos os seus níveis, no tocante a programas, projetos, novos cursos e demais assuntos estruturais pertinentes;
> manter coerência e unidade dos princípios norteadores do bom desempenho das instituições filiadas, buscando a melhoria da

qualidade do ensino, da pesquisa e da extensão, na forma da lei.

Possível sim, mas não seria necessário elencar um grande número de ações ao alcance da atuação do CONCEFET nesse campo. O destaque que damos a algumas ações se deve ao valor social que a elas agregamos, compreendendo-se a formação profissional na perspectiva da emancipação, na perspectiva de mecanismo capaz de concorrer para a transformação da estrutura social. Nesse sentido, destacamos:

- *Ensino Técnico Integrado*: para o CONCEFET, a recuperação e formação técnica de nível médio em currículos integrados representam o restabelecimento do direito dos segmentos que precisam antecipar a inserção no trabalho, o direito de fazê-lo a partir de uma perspectiva humanista e cidadã.
- *O Programa de Educação de Jovens e Adultos Integrada à Formação Profissional Técnica (PROEJA)*: instituído pelo Decreto nº 5.478, o programa simboliza um olhar de reconhecimento à educação para jovens e adultos, entendendo-se aí a *formação profissional com elevação de escolaridade* sem barateamento ou subtração na formação desse cidadão brasileiro. Isso significa dizer que estamos vivendo a defesa de uma formação profissional não subordinada exclusivamente à funcionalidade do conhecimento, mas busca-se um trabalho capaz de conciliar a perspectiva transformadora da estrutura social com as necessidades prementes da população; a defesa de uma formação profissional a partir de referenciais mais amplos, socialmente universais, como contraposição à sua vinculação apenas aos interesses de segmentos específicos.

O Decreto nº 5.478, já modificado pelo Decreto nº 5.480, dá visibilidade e reafirma direitos de um número expressivo da população brasileira que, por razões diversas, mas quase sempre relacionadas à pobreza, não conseguiu, no tempo estimado em lei, completar a sua escolaridade básica. Essa é uma realidade no Brasil que necessita ser compreendida e modificada, e isso só acontece com políticas públicas vigorosas. Esses jovens e adultos com baixa escolaridade, em geral excluídos do emprego, precisam resgatar sua cidadania, daí a luta para que esse programa se reconfigure e assuma a dimensão de política de governo.

O momento que o mundo vive, de exigência de mais qualificação e capacitação, tem seduzido ou até mesmo forçado a que muitos brasileiros procurem voltar à escola para completar sua escolaridade básica e até mesmo continuar estudos em nível superior, configurando, assim, uma realidade diferente para a educação brasileira. Entretanto, essa iniciativa é observada em uma pequena parcela da população, incapaz de alterar o quadro do país. Estatisticamente, apresentados pelo Instituto Nacional de Estudos e Pequisas Eudcaionais (INEP), são 11,9% de analfabetos com 15 anos ou mais, 32 milhões de brasileiros com menos de quatro anos de escolaridade e uma nação com apenas 35% de seus jovens entre 15 e 17 anos matriculados no ensino médio.

- *A defesa da expansão da Rede Federal de Educação Profissional e Tecnológica*. Também pelo reconhecimento de que um país só pode ser considerado soberano quanto mais consumir tecnologia e as produzir, o CONCEFET nunca deixou esquecida em sua pauta a defesa da expansão da esfera de atuação da instituição pública de educação. Esse fator tem recebido maior aceitação por parte do governo federal e ganha concretude quando da criação de novas unidades de ensino, o que representa o fortalecimento da educação técnica e tecnológica. Pelo Programa de Expansão, foi possível, a partir do Projeto de Lei Complementar (PLC nº 70/2005), prover regiões, há tempo excluídas do mapa das políticas públicas, de unidades da Rede Federal de Educação Profissional e Tecnológica.

- *A valorização crescente dos Cursos Superiores de Tecnologia* se coaduna com a tese apontada anteriormente. É importante mencionar a relevância de medidas como a que estabelece o Catálogo Nacional dos Cursos Superiores de Tecnologia, retirando a formação do Tecnólogo da perversa lógica que tornou esses cursos alvo fácil das instituições que fazem da educação uma mercadoria. Sem sombra de dúvidas, as possibilidades que se descortinaram para a população brasileira trabalhadora com os cursos de tecnologia ofertados principalmente pela Rede Federal, a curto prazo estimamos, estará consolidando um projeto de educação tecnológica e concorrendo para alterar positivamente a bagagem intelectual dos intelectuais trabalhadores, colocando o país em outro patamar, no que se refere à ciência e tecnologia.
- A defesa da *verticalização do ensino* se irmana a essa linha de raciocínio e representa outro instrumento de viabilização de luta pela elevação do nível de conhecimento, de quebra de barreiras, de democratização do saber.
- *A democratização das instituições da Rede Federal no que se refere à eleição de seus dirigentes.* Uma luta histórica que o CONCEFET abraçou de época antiga, em tempos do então Conselho de Diretores das Escolas Técnicas Federais (CONDITEC). Com o Decreto nº 4.877/2003, fica assegurada às comunidades a prerrogativa de eleger os seus dirigentes, conferindo definitivamente a autonomia, também, nesse âmbito, às instituições da rede.
- *A necessidade de definição de uma fonte permanente de financiamento que vincule essa modalidade de educação – quando pública – aos orçamentos públicos.* A educação profissional e tecnológica pública fica na dependência das nuances que caracterizam o debate em torno dos orçamentos a cada ano e, via de regra, o que se destina a ela mal atende normalmente ao custeio das instituições, e muito pouco é permitido a título de investimentos que assegurem a manutenção de infraestrutura minimamente necessária às exigências de um processo pautado na qualidade. Os investimentos em infraestrutura e modernização tecnológica na Rede Federal de Educação Tecnológica de maior vulto, ao longo de sua existência, vêm sendo sujeitos a programas específicos, emendas parlamentares, convênios (a maioria com a participação de organismos multilaterais), etc. A aprovação do Fundo de Financiamento da Educação Profissional (FUNDEP), proposto pelo Senador Paulo Paim, representa conquista fundamental para a Rede Pública de Educação Profissional e Tecnológica.
- *O CONCEFET e a luta pela recuperação da institucionalidade dos CEFETS – a implantação de Cursos de Licenciaturas* nos Centros Federais, como forma de resgate de sua identidade. Por ocasião da instituição dos primeiros CEFETS pela Lei nº 6.545, de 30 de junho de 1978, no governo Ernesto Geisel, essas instituições ganharam atribuições

amplas no ensino superior, incluindo-se aí a formação docente. O artigo 2º da referida lei define:

Art. 2º – Os Centros Federais de Educação Tecnológica de que trata o artigo anterior têm os seguintes objetivos:
I – ministrar ensino em grau superior;
a. de graduação e pós-graduação, visando à formação de profissionais em engenharia industrial e tecnólogos;
b. de licenciatura plena e curta, com vistas à formação de professores especializados para as disciplinas especializadas no ensino de 2º grau e dos cursos de formação de tecnólogos;
II – promover cursos de extensão, aperfeiçoamento e especialização, objetivando a atualização profissional na área técnica industrial.

Essa prerrogativa não se firmou como deveria no decorrer dos anos, tendo mesmo sido afastada das atribuições dos CEFETS por dispositivos legais. A partir de 2001, surge a possibilidade de os Centros Federais implantarem as licenciaturas de disciplinas de formação geral em que a vertente tecnológica fosse expressiva. Se esse dispositivo causou estranheza a alguns, para as instituições não foi difícil adaptar metodologicamente seu parque tecnológico às necessidades desses cursos e reunir profissionais de seu quadro que se dispusessem a enfrentar essa nova realidade, talvez por sua história, que já demonstrara vínculo com as licenciaturas.

O desafio premente hoje é criar licenciaturas voltadas para os conteúdos específicos da EPT como medida urgente. Ao longo da história, os docentes, para os conteúdos específicos da EPT, têm saído dos bacharelados ou de programas emergenciais (com rala complementação técnica e/ou pedagógica – Esquemas II e I). Nesse sentido, é impossível pensar no crescimento e desenvolvimento da EPT sem a implementação de licenciaturas regulares. O CONCEFET endossa essa luta e toma a decisão de encaminhar um amplo debate a fim de se estabelecerem as licenciaturas para a educação profissional e tecnológica.

A recuperação da identidade e o restabelecimento de prerrogativas dos Centros Federais de Educação Tecnológica como Instituições de Ensino Superior, pelo Decreto nº 5.224/04, revogado pelo Decreto nº 5.773/06, de certa maneira, recompõe o projeto original que consta do ato de criação (Lei 6.545/78) destes Centros. Aqui é importante elencar a instituição da primeira Universidade Tecnológica em nosso país, a partir da transformação do CEFET-PR, medida que confere sentido à evolução institucional como ato contínuo e necessário para o progresso da EPT.

O convênio firmado com a Coordenação de Aperfeiçoamento de Pessoal de Nível Superior (CAPES), sob a responsabilidade da Secretaria de Educação Profissional e Tecnológica (SETEC), para a concessão de bolsas de mestrado e doutorado aos professores das instituições federais de educação tecnológica e o apoio à organização de programas de mestrados e doutorados interinstitucionais, somado aos firmados com a Universidade de Brasília e com a Universidade Federal Rural do Rio de Janeiro para a oferta de cursos de mestrados para professores da Rede Federal, vem, nesse contexto, como a tradução categórica do comprometimento do MEC com a valorização da formação docente.

- *A criação dos Institutos Federais de Educação, Ciência e Tecnologia*

No início do ano de 2007, o Ministério da Educação, por meio da SETEC, apresenta a proposta de criação dos Institutos de Educação Tecnológica (denominação inicial). Naquele momento, o que se pretendia era a implementação de uma experiência – projeto-piloto – direcionada ao Centro Federal de Educação Tecnológica de São Paulo, o que, de certa forma, respondia à mobilização da Rede de CEFETS na direção de uma nova institucionalidade, representada pela universidade tecnológica. Resultado de uma luta intensa, o CEFET Paraná-PR transformou-se em universidade tecnológica em 7 de outubro de 2005, fato que endossava a luta pela transformação de outros CEFETS naquele modelo de universidade, gerando reações contraditórias por diversas instâncias do poder. A oposição à criação de novas universidades tecnológicas por parte dos representantes do Ministério da Educação se justificava, especialmente pela ameaça de a Rede Federal, na condição de universidade, distanciar-se da oferta dos cursos técnicos de nível médio; por outro lado, porém, reconhecia-se a importância de aprofundar as políticas de valorização da Rede Federal de Educação Tecnológica.

A medida que entra em pauta, como proposta governamental, foi a da criação dos Institutos Federais como uma nova institucionalidade. O CONCEFET entra imediatamente em cena com questionamentos ao MEC/SETEC em relação às mudanças que se delineavam. Em destaque, a posição contrária ao expediente legal (decreto), a defesa de um debate que pudesse resultar em medida de caráter mais amplo e algumas restrições a respeito das atribuições dos institutos. A resposta positiva do Ministro da Educação e do secretário da SETEC às arguições do CONCEFET e a disposição para o diálogo foram decisivas para a instalação do debate, envolvendo diferentes representações da Rede Federal de EPT e da sociedade brasileira. Na ampliação da temática, questões pertinentes foram aprofundadas como a concepção de EPT, o papel social da Rede Federal, a importância de sua reorganização territorial, a estrutura de funcionamento dos institutos, a carreira de seus servidores, a denominação mais apropriada ao perfil dessas instituições, dentre outras. Assim, foi possível dar maior legitimidade à proposta e aperfeiçoá-la sob o ponto de vista conceitual e estrutural: surgem, então, os Institutos Federais de Educação, Ciência e Tecnologia (IFETS), por definição, instituições de educação superior, básica e profissional, pluricurriculares e *multicampi*, especializadas na oferta de educação profissional e tecnológica nas diferentes modalidades de ensino. Além da oferta dos cursos de qualificação profissional em nível básico e técnico, ministrarão cursos superiores (graduação e pós-graduação) e desenvolverão pesquisas visando a atender, principalmente, às demandas das comunidades de seu entorno.

- *O surgimento dos Institutos Federais pauta-se na valorização da educação pública e no reconhecimento do estratégico papel para o país da educação profissional e tecnológica.*

Ao estabelecer que todas as unidades vinculadas aos Institutos Federais terão elevado e isonômico grau de autonomia, afirma-se também ser o território, compreendido como "território usado", o destino essencial de sua função, ao mesmo tempo em que se insere em sua pauta regimental o compromisso com um desenvolvimento socioeconômico que perceba antes o seu *locus*. Isso implica uma atuação permanentemente articulada, contextualizada e sistêmica com a sua região de abrangência.

A autonomia dos *campi* dos Institutos Federais responde, assim, à necessidade de se forjar e fomentar o desenvolvimento de uma educação profissional e tecnológica a partir de uma demanda que seja socialmente plena, que considere as diversas representações sociais, desde as oriundas da chamada produção elaborada, os médios e pequenos empreendimentos e os movimentos sociais, traduzindo-se, assim, em ações que resultem do efetivo diálogo com o local e o regional, em uma perspectiva que assegure a sintonia com o global.

O desenvolvimento local também pode ser entendido como a forma concreta com que os atores sociais tentam construir a efetivação de seus interesses, formas essas sobredeterminadas por fatores macro que são indispensáveis em sua construção (determinantes em nível global e nacional, por excelência), mas que concretamente aparecem como visão de mundo dos grupos sociais em ação. Os Institutos Federais deverão ter a agilidade para conhecer a região em que estão inseridos e responder mais efetivamente aos anseios dessa sociedade, mas com a temperança quando da definição de suas políticas para que seja verdadeiramente alavancadora do desenvolvimento social e econômico, tornando-se efetivamente um "espaço do acontecer solidário", expressão que retomamos de Milton Santos.

Enfim, ao lado da ampliação da estrutura física da Rede Federal, com a criação dos Institutos Federais, afirmou-se uma concepção de educação profissional e tecnológica cujo papel precípuo é o desenvolvimento de uma formação profissional que coloque em seu cerne a humanização e a democratização do progresso. Num mundo em que se vivencia um crescente esfacelamento do homem e de valores, a educação tecnológica pode concorrer para a transformação social à medida que dá centralidade ao indivíduo e à formação de sua consciência crítica para se reconhecer como ser social mergulhado e comprometido com seu tempo e lugar, e, dentro dessa dimensão, a ciência e a tecnologia são consideradas em sua função primordial de se posicionarem a serviço da humanidade.

Face à criação dos institutos, outra questão se impõe: a representação de seus dirigentes máximos, agora não mais diretores-gerais, mas reitores. Essa condição se constitui em um grande desafio, qual seja, a recriação do CONCEFET (e também dos conselhos que representam as escolas agrotécnicas – CONEAF e os colégios técnicos vinculados – CONDETUF), na perspectiva de uma representação unificada como Rede de Educação Tecnológica, item fundamental mediante a nova realidade e da expressão e importância política ainda maior que adquirem as Instituições Federais de Educação Tecnológica.

CONSIDERAÇÕES FINAIS

As escolas de educação profissional e tecnológica da Rede Federal vão comemorar um século de existência. Ao revisitar sua história, seria possível perceber, em seu cotidiano, não só um vínculo estreito com o mundo do trabalho, bem como elementos que marcam toda a sua trajetória no sentido da construção da cidadania.

Criadas num contexto que traduzia o pensamento das elites políticas e econômicas em relação à educação profissional e sob um manto de caráter moral-assistencialista e/ou econômico-funcionalista, a formação profissional foi implantada nas primeiras décadas do Brasil republicano como expediente para contenção do que considerava "desordem social", o que, na verdade, eram sinais eloquentes de um cenário dinâmico e em transição, moldado fortemente pelo processo de urbanização, e vai acompanhando a dinâmica do país na direção da implantação do modelo industrial. Mais tarde, a opção definitiva do Estado brasileiro pelo desenvolvimento ancorado nesse modelo industrial reflete de imediato a identidade e a concepção da "escola técnica brasileira", que se coloca a serviço da manutenção do *status quo*.

Analisando por outro prisma, entretanto, sabemos que, no interior de uma instituição escolar, existe uma margem de superação desse seu caráter mantenedor, num trabalho em favor do ser humano como ser político e social, agente da sua trajetória histórica. Por esse prisma, a educação pode ser analisada em seu incessante movimento da correlação de forças, o que, em se tratando da educação profissional e tecnológica, seria traduzida pela tensa luta entre a opção por uma formação em estreita relação com as imposições do capital e uma outra concepção, fundamentada no conhecimento científico e tecnológico que deve embasar uma formação ampla e humana do cidadão produtivo como um direito inalienável.

A educação voltada para o trabalho (profissional e tecnológica), a princípio, vem estabelecida de modo inerente ao seu espaço operacional (espaço do trabalho), cujas perspectivas têm-se constituído em elementos de intenso debate nas últimas décadas. Esse espaço, conformado por uma nova base técnica, a eletroeletrônica, (re)define modos de gestão, qualidade e conteúdos dos postos de trabalho, oportunidades de ingresso e reinserção de profissionais, e, neste atual cenário, elevam-se os requisitos para a formação do trabalhador. Paradoxalmente, a coexistência de novos e velhos processos (uma vez que a base eletromecânica ainda se faz presente em larga escala) marca o cenário brasileiro, conferindo, pois, sentido às políticas pautadas na simplificação e na visão utilitarista da formação para o trabalho, presente em período não muito remoto na educação brasileira, modelo que deveria estar superado.

Tratando-se de processos de produção no estágio atual do capitalismo, a geração de trabalho tem relação intensa com componentes estruturais e, com relação ao país, vem associada ao seu padrão de desenvolvimento. Portanto, o avanço da educação em geral é insuficiente para vencer as dificuldades do mercado de trabalho que depende de fatores mais amplos como o crescimento econômico, do investimento nas mais diversas áreas; entretanto não se questiona o papel libertador da educação, em especial a importância de seu caráter público.

A compreensão do CONCEFET é a de que o desafio que continuará a permear a educação profissional e tecnológica no Brasil será o de dimensioná-la, ainda por muito tempo, a partir do reconhecimento de demandas que resultam da exclusão dos processos de formação básica de milhares de brasileiros, sem iludir essas pessoas com pressupostos e projeções irreais. Em contrapartida, ela deve progredir em níveis cada vez mais avançados do conhecimento científico e tecnológico, e estar voltada para a formação humana em nível mais elevado e elaborado. Nessa outra ponta, ressaltamos a dimensão estratégica que pode e deve caracterizar essa modalidade de Educação Profissional e Tecnológica (a educação para o trabalho) no sentido de fortalecer a luta que o país vem empreendendo na perspectiva de ocupar lugar central no mundo do conhecimento, e isso só é possível com políticas de investimentos na pesquisa e produção de novos saberes, de modo a possibilitar ao país a superação de sua condição de mero consumidor e tornar-se produtor de ciência e tecnologia. As instituições de educação profissional e tecnológica, e em especial os Institutos Federais, têm importante papel a desempenhar como espaços de produção de conhecimento que reúnem ensino-pesquisa-extensão, ultrapassando a tradição brasileira, nessa área, de legitimar apenas as ações do *locus* acadêmico.

A articulação entre as ações no campo da EPT é outro dispositivo urgente que o CONCEFET procura articular e dar visibilidade nacional. O país soma um volume representativo de iniciativas voltadas para a qualificação de mão-de-obra. Isso acontece sob responsabilidade de diversas instâncias do país, de forma dispersa e desarticulada. Há políticas e ações ocupando lugar em vários ministérios, são inúmeros programas em ação que não se coordenam e outros sem continuidade. Não se defende a centralização dessas políticas, pois, em um país como o nosso, cuja estimativa aponta para 65 milhões de pessoas analfabetas ou com baixa escolaridade, elevar em escala quantitativa e qualitativa medidas no campo da EPT é extremamente importante. É necessário, todavia, a racionalidade como medida que vai ao encontro do interesse público.

De uma maneira geral, as políticas públicas para a EPT devem ser balizadas no compromisso com a formação para o trabalho que não subordine o conhecimento apenas à funcionalidade da produção, mas sejam implantadas de modo a conciliar as necessidades imediatas da população e ao compromisso com a transformação de nossa estrutura social, reduzindo as distâncias, destruindo as desigualdades; os programas de formação inicial e continuada dos trabalhadores, por exemplo, devem se colocar na real perspectiva da integração social. Para tanto, a autonomia das instituições precisa ser preservada.

A autonomia que se atribui aos *campi* dos Institutos Federais, em especial, reforçará a concepção de que as instituições de EPT devem balizar as suas políticas de atuação na oferta de diferentes níveis da educação profissional e tecnológica, tomando para si as diversas possibilidades de escolarização a partir de efetiva integração dos eixos cultura, ciência, tecnologia e trabalho, e de forma a efetivar o seu compromisso com todos, sem deixar de privilegiar a formação inicial e continuada do trabalhador e dos futuros trabalhadores. Essa perspectiva de atuação se configura no compromisso com o desenvolvimento local e regional, compreendido como a forma concreta que as políticas públicas assumem em determinadas regiões, setores da população ou até mesmo em determinadas atividades, pois nada mais se pretende que a análise real de como determinadas políticas evoluem, a compreensão dos interesses e conflitos nelas envolvidos e que cenários e perspectivas elas possibilitam. O desenvolvimento local também entendido como a forma concreta com que os atores sociais tentam construir a efetivação de seus interesses, formas essas sobredeterminadas por fatores macro que são indispensáveis em sua construção (determinantes em nível global e nacional, por excelência), mas que concretamente aparecem como visão de mundo dos grupos sociais em ação. As instituições de EPT devem, pois, ter a agilidade para conhecer a região em que estão inseridas, dialogar com outras esferas públicas na perspectiva de desenhar um novo traçado para a região e responder mais efetivamente aos anseios dessa sociedade; contudo, ter temperança durante a definição de suas políticas para que seja verdadeiramente alavancadora de desenvolvimento, tornando-se cogestoras do destino da população local e regional em que a humanização do progresso esteja no cerne de todo o processo.

Para esse novo momento que as instituições enfrentam, desenvolver estudos e pesquisas, diagnósticos e prospecções tecnológicas de interesse para o processo de desenvolvimento econômico local se faz pertinente e necessário. A valorização da pesquisa reafirma a posição estratégica que a Rede Federal representa na sociedade contemporânea, marcada pelas mudanças acelerada e pela transitoriedade, características que evidenciam criação, utilização e apropriação da ciência e principalmente da tecnologia. E, mais que isso, à medida que a educação profissional e tecnológica traz para a centralidade de seu trabalho a preocupação com a formação da consciência crítica do indivíduo, para se reconhecer como ser social, mergulhado e comprometido com seu tempo, a produção e uso da ciência e da tecnologia passam a ser reconhecidas como de propriedade não somente de um grupo dominante, mas da humanidade.

Sem esquecer que o papel do CONCEFET é "assumir, nos termos regimentais ou quando for solicitado, a representação das instituições a ele filiadas, junto aos órgãos públicos, governamentais e da iniciativa privada", o que se pode perceber em relação à disposição de seus membros, e seu horizonte de luta, de uma forma macro, pode traduzir-se, nas palavras do brasileiro Celso Furtado, quando afirma que o desafio para o século XXI

> é nada menos do que mudar o curso da civilização, deslocar o seu eixo da lógica dos meios a serviço da acumulação, num curto horizonte de tempo, para uma lógica dos fins em função do bem-estar social, do exercício da liberdade e da cooperação entre os povos.

NOTAS

1 Cabe lembrar a luta das escolas federais no sentido de afastar a ameaça da "estadualização" no início do governo FHC, que desejava transferir para o âmbito estadual o nível médio de ensino, intenção respaldada pela Lei de Diretrizes e Bases da Educação (Lei 9.394/96), em que o CONCEFET mobilizou-se politicamente, empenhou esforços e a Rede Federal saiu vitoriosa, mantendo-se na esfera federal.
2 O conselho que reunia os diretores das Escolas Técnicas Federais, denominado até então CONDITEC, foi absorvido gradativamente pelo CONCEFET.

REFERÊNCIAS

BAER, W. *A Economia Brasileira*. São Paulo: Nobel, 1996.

BRASIL. Congresso Nacional, *Lei nº 9.394, de 20 de dezembro de 1996. Estabelece as diretrizes e bases da educação nacional*. Diário Oficial da República Federativa do Brasil, Brasília, DF, nº 248, página 27.833, 23 de dezembro de 1996, seção I.

BRASIL, Secretaria de Educação Média e Tecnológica. *Educação Tecnológica; legislação básica* / MEC/SEMTEC – Brasília: SEMTEC, 1994. 52p.

BRASIL, MEC/SEMTEC/PROEP. *Publicação referente a Relatório do ano IV do Programa de Expansão da Educação Profissional*. Brasília, DF, 2001.

BREJON, M. In: CUNHA, L. A. *O Ensino Industrial na Irradiação do Industrialismo*, São Paulo: Editora UNESP, Brasília, DF: Flacso, 2000.

CUNHA, L. A. *O Ensino de Ofícios Artesanais e Manufatureiros no Brasil Escravocrata*. São Paulo: Editora UNESP, Brasília, DF: Flacso, 2000.

_____. *O Ensino de Ofícios nos Primórdios da Industrialização*. São Paulo: Editora UNESP, Brasília, DF: Flacso, 2000.

_____. *O Ensino Industrial-Manufatureiro no Brasil*: Origem e Desenvolvimento, Coleção Políticas Públicas de Trabalho, Emprego e Geração de Renda. Brasília, DF: Flacso, 1999.

FONSECA, C. S. *História do Ensino Industrial no Brasil*. V.1. Rio de Janeiro: SENAI/DN/DPEA, 1961.

FURTADO, C. *Formação Econômica do Brasil*. São Paulo: Companhia Editora Nacional, 1979.

GRINSPUN, M. P. S. Z. *Educação tecnológica: desafios e perspectivas*. São Paulo: Cortez, 1999.

POCHMANN, M. *e-trabalho*. São Paulo: Publisher Brasil, 2002.

PEREIRA, L. A. C. *Educação Profissional e Desenvolvimento Local*. 2003. Dissertação (Mestrado em Desenvolvimento Regional e Gestão de Cidades). Universidade Cândido Mendes. Campos dos Goytacazes, RJ: 2003.

RUMMERT, S. M. *Educação e Identidade dos Trabalhadores:* As Concepções do Capital e do Trabalho. Niterói, RJ: Intertexto, 2000.

SAVIANI, D. *A nova lei da educação* – LDB. Trajetória, limites e perspectivas. São Paulo: Campinas, 1997.

SINGER, P. *A crise do milagre*. Interpretação crítica da economia brasileira. Rio de Janeiro: Editora Paz e Terra, 1976. Dados sobre emprego e desemprego. Disponível em: <http://www.dieese.org.br>. Acesso em: 5 set. 2006.

INSTITUTO BRASILEIRO DE GEOGRAFIA E ESTATÍSTICA. Dados estatísticos referentes à escolaridade da população brasileira. Disponível em: <http://www.ibge.gov.br>. Acesso em: 3 set. 2006.

INSTITUTO NACIONAL DE ESTUDOS E PESQUISAS EDUCACIONAIS ANÍSIO TEIXEIRA. Dados referentes à escolaridade básica da população brasileira. Disponível em: <http://www.inep.gov.br>. Acesso em: 12 ago. 2006.

BRASIL. MEC. Dados referentes às instituições federais de educação tecnológica. Disponível em: <http://www.mec.gov.br>. Acesso em: 8 ago. 2006.

_____. Dados referentes aos Institutos Federais de Educação, Ciência e Tecnologia. Disponível em: <http://www.me.gov.br>. Acesso em: 24 set. 2008.

15 As políticas de educação tecnológica para o Brasil do século XXI
reflexões e considerações do Sinasefe

Maurício Guimarães e Maria Cristina Madeira da Silva

A necessidade de formação de um novo tipo de trabalhador e de homem, requerida também pelo novo padrão neoliberal de desenvolvimento mundial e nacional, exigiam mudanças nos papéis sociais da educação e, consequentemente, na natureza e na organização do sistema educacional brasileiro neste final de século (Neves, 1999, p. 134).

Um vasto conjunto de medidas compostas por leis, decretos, resoluções e pareceres, ao lado de uma série de programas governamentais, passaram a regular e coordenar a execução das políticas públicas para a educação brasileira e, em particular, para a educação profissional e tecnológica.

A partir da década de 1990, no contexto da hegemonia das políticas neoliberais e afinada à política de redução das funções e do papel do Estado, inicia-se a reforma da educação profissional e tecnológica no Brasil.

Os estudos realizados pelo Instituto de Pesquisa Ecômica Aplicada (IPEA), financiados pelo Programa das Nações Unidas para o Desenvolvimento (PNUD) e Programa de Gerenciamento do Setor Público (GESEP/ Banco Internacional para a Reconstrução e o Desenvolvimento (BIRD) (*Modernização tecnológica e formação técnico-profissional no Brasil: impasses e desafio*, 1993) apresentam um quadro geral para a formulação de políticas públicas na área de formação técnico-profissional e reafirmam a boa qualidade estrutural e de ensino das Escolas Técnicas Federais e dos Centros Federais de Educação Tecnológica, se comparada com as escolas das redes estaduais, municipais e privadas.

Essa excelência no ensino apoiava-se, ao mesmo tempo, na manutenção de infraestrutura física e condições de trabalho docente que asseguravam uma base de qualidade, tais como plano de carreira estável para seus professores, isonomia com as universidades federais e oportunidades de aperfeiçoamento profissional. Por outro lado, a manutenção dessas instituições nesse patamar de qualidade exigia uma dotação orçamentária incompatível com as diretrizes estabelecidas pelas orientações técnico-econômicas do BIRD para a educação nos países emergentes (Grupo de Trabalho em Políticas Educacionais – GTPE/Sindicato dos Docentes em

Centro Federal de Educação Teconológica – SINDOCEFET-PR: 2005).

Nessa lógica, o documento do IPEA (1993) elegeu como modelo a ser seguido para a educação profissional o *Sistema S*, composto por SENAI, SESI, SENAC, SESC, SENAR, SENAT, SEST, SEBRAE e SESCOOP, por ter uma estrutura considerada ágil e flexível e que poderia responder e se submeter rapidamente às reconversões e adaptações dos novos paradigmas de mudança social e econômica. Esse documento critica o Sistema Federal de Ensino que, ao contrário do Sistema S, é considerado excessivamente burocratizado e normatizado e, portanto, deveria ser revisto. Sugere, por fim, que as escolas técnicas deveriam oferecer cursos de qualificação/treinamento de operários, revertendo a tendência então vigente de oferecer, cada vez mais, cursos de nível secundário, superior e, às vezes, de pós-graduação; essa reversão na oferta, segundo os consultores, ajudaria e melhoraria o diálogo com os setores produtivos.

Nessa linha, constata-se que as diretrizes do Banco Mundial foram plenamente assumidas pelo MEC no documento *Planejamento Político-Estratégico* 1995/1998, apresentado nos meses iniciais do governo de Fernando Henrique Cardoso. Dentre as quatro ações básicas recomendadas pelo documento do MEC, uma se refere especificamente à rede federal de educação profissional e tecnológica: *redefinir a estratégia de gestão da rede federal de educação tecnológica para*: a) separar, do ponto de vista conceitual e operacional, a parte profissional da parte acadêmica; b) dar maior flexibilidade aos currículos das escolas técnicas de forma a facilitar a adaptação do ensino às mudanças no mercado de trabalho; c) promover a aproximação dos núcleos profissionalizantes das escolas técnicas com o mundo empresarial, aumentando o fluxo de serviços entre empresas e escolas; d) progressivamente, encontrar formas jurídicas apropriadas para o funcionamento autônomo e responsável das escolas técnicas e CEFETS e, ao mesmo tempo, estimular parcerias para financiamento e gestão e; e) estabelecer mecanismos específicos de avaliação das escolas técnicas para promover a diversificação dos cursos e a integração com o mercado de trabalho (Brasil MEC, 1995, p. 22).

Seguindo as orientações do Banco Mundial, assumidas no *Planejamento Político-Estratégico* 1995/1998, em março de 1996, o governo Fernando Henrique Cardoso apresentou o Projeto de Lei nº 1.603/96, que define as bases conceituais e operacionais da política de educação profissional implementada no país nos anos de 1990. Esse projeto de lei desvinculava o ensino médio do ensino profissional.

O movimento sindical liderou, junto à comunidade acadêmica e a sociedade em geral, uma reação contrária à proposta contida no Projeto de Lei nº 1603/96, levando os parlamentares a apresentarem diversas emendas ao projeto, descaracterizando, dessa maneira, a sua concepção original.

A insatisfação gerada, a partir da aprovação do conjunto de medidas que modificavam a educação brasileira e das mudanças nas regras do jogo na tramitação da nova LDB, foi canalizada para a realização do I Congresso Nacional de Educação (I CONED), congregando majoritariamente as entidades sindicais que estiveram juntas na elaboração da proposta educacional de massas para a Constituição de 1988 e para a nova LDB. O I CONED se consubstanciou nos anos de 1990 na primeira tentativa de, coletivamente, superar o debate educacional corporativo por segmentos profissionais e/ou níveis e modalidades de ensino. Aí, o conjunto dos profissionais em educação estabeleceu suas próprias metas para a escolarização do século XXI, tais como: o acesso e permanência à educação pública, gratuita e de qualidade para todos; universalização da educação básica (infantil, fundamental e média); garantia de autonomia universitária; a regulamentação (normatização e fiscalização) do setor privado de ensino como conexão do poder público e a garantia de salários dignos aos profissionais da educação (Neves, 1999, p. 139).

Contrariamente ao movimento dos educadores, o governo Fernando Henrique Cardoso apressa a promulgação da nova LDB, não mais a partir do projeto de lei que vinha sendo discutido, mas que incorporava todas as medidas já aprovadas fragmentariamente nos dois primeiros anos do governo (ver Demerval Saviani, *Da Nova LDB: Trajetórias, limites e perspectivas*. Campinas: Autores Associados, 1997; Demerval Saviani, *Da nova LDB ao novo Plano Nacional de Educação: por uma outra política educacional*, Campinas: Autores Associados, 1998).

No âmbito da educação profissional, sob o argumento de regulamentar a LDB (Lei nº 9394/96, aprovada em 20/12/1996), em abril de 1997, o governo edita o Decreto nº 2.208/97, atribuindo ao ensino técnico e profissional uma organização própria e independente do ensino médio.

Nesse contexto, as instituições aderem ao Programa de Reforma da Educação Profissional (PROEP), que se traduz em recursos oriundos do Banco Mundial para financiar essa modalidade de ensino, desde que algumas exigências fossem cumpridas pelo governo brasileiro e que estavam contempladas no Decreto nº 2.208/97. Assim, enquanto os grupos gestores das instituições elaboravam as propostas para a Reforma da Educação Profissional, seguindo na íntegra as diretrizes do governo e dos agentes financeiros internacionais, o movimento sindical se manteve contrário aos pressupostos da reforma. Além das manifestações de protesto, O Sinasefe apresentou ao Poder Legislativo Federal uma proposta de Projeto de Lei substitutivo ao Decreto nº 2.208/97 (GTPE- Sinasefe, 2003).

Paralelamente aos movimentos contrários ao Decreto nº 2.208/97, a Câmara de Educação Básica do Conselho Nacional de Educação elabora as Diretrizes Curriculares Nacionais para a Educação Profissional, 1999.

Essa reforma induziu e incentivou a constituição de um mercado privado de educação profissional, contando inclusive com recursos públicos, ao tempo em que, na esfera educacional pública, verificaram-se processos complexos e diversificados de mudanças e redução na oferta.

Ainda durante o governo de Fernando Henrique Cardoso, o Sinasefe combateu tenazmente a política neoliberal na educação de um modo geral e na educação profissional. Com a conquista do governo federal pelo PT, não sem luta, conseguiu-se revogar o Decreto nº 2.208/97 com a edição do Decreto nº 5.154/2004, que abriu oportunidade para a volta do curso integrado na modalidade de educação profissional. No entanto, não foi tudo que o Sinasefe queria, pois da forma como ficou consideramos que é um curso integrado, é paralelo, ou seja, ao lado do ensino médio está a formação profissional, isso porque o Decreto, nº 5.154 em seu art. 7º, parágrafo único diz:

> Para a obtenção do diploma de técnico de nível médio, o aluno deverá concluir seus estudos de educação profissional técnica de nível médio e de ensino médio.

A única diferença é que o aluno tem somente uma matrícula e na forma concomitante duas matrículas.

O Sinasefe defende a posição de que para um curso integrado não há necessidade do parágrafo único do artigo 7°, ou seja, sendo integrado a obtenção do diploma não precisaria da observação.

O Sinasefe, entidade sindical que se propõe instância aglutinadora, propositiva e defensora dos interesses, expectativas e necessidades do quadro de pessoal que compõe a gestão administrativa técnica e pedagógica da Rede de Escolas Técnicas, Agrotécnicas, Centros Federais de Educação Tecnológica, Unidades de Ensino Descentralizadas e Colégio Pedro II do Rio de Janeiro, a ele filiados, sente-se com a missão de sistematicamente fundamentar e qualificar sua atuação junto aos seus sindicalizados. O sindicato procura cumprir essa função assegurando a defesa de todos os direitos, o cumprimento de deveres, bem como a garantia de remuneração justa, carreiras dignas, concretização de adequadas condições de trabalho, pautando-se pela defesa de uma educação pública, gratuita, laica e de qualidade como referência social. (Sinasefe/Consultoria, Investigação e Assessoria nas Áreas Social e Humanas – CIASH, 2003).

Para garantir uma participação política dentro dos vários níveis de gestão que envolve os interesses de seus sindicalizados e, como consequência, da sociedade, o Sinasefe entende que terá de assegurar o domínio do conhecimento que envolve os rumos dados a essa Rede de Ensino, que lhe possibilite a realização de avaliações que tenham como pressuposto uma determinada concepção de processo formativo, de política pública de educação tecnológica no Brasil, que lhe permita a qualificação de seus quadros e a permanência dos mesmos em condições de realização de uma práxis política emancipatória. (Sinasefe/CIASHI, 2003).

CONCEPÇÕES GERAIS DA EDUCAÇÃO TECNOLÓGICA: SUBSÍDIOS DOS SEMINÁRIOS DE EDUCAÇÃO DO SINASEFE

Princípios básicos

A concepção de educação defendida está vinculada diretamente às concepções de homem, mundo, sociedade, democracia, escola, autonomia, entre outras (referenciadas no PNE da sociedade/1997), que são distintas daquelas que os setores sociais, hoje hegemônicos, utilizam-se para manter o seu *status quo*. Dessa forma o Sinasefe assume as seguintes concepções de educação:

> a) Educação como instrumento de formação ampla, de luta pelos direitos da cidadania e pela emancipação social, preparando as pessoas e a sociedade para a responsabilidade de construir, coletivamente, um projeto de inclusão e de qualidade social para o país;
> b) A educação assim entendida tem como consequência a inclusão social, por meio da qual todos os brasileiros se tornem aptos ao questionamento, a problematização, à tomada de decisões buscando as ações coletivas e necessárias ao encaminhamento dos problemas de cada um e da comunidade onde vivem e trabalham. (Plano Nacional de Educação – PNE, 1997)

Nessa perspectiva, situamos a educação tecnológica como potencializadora da construção de uma formação emancipatória da classe trabalhadora. Entendemos que essa modalidade de ensino não pode ser somente direcionada para uma formação pontual, exclusivamente ligada ao mercado de trabalho, mas, sim, que tome o trabalho como princípio educativo, direcionando o ser humano como agente de construção de sua história, bem como do coletivo. Assim:

A educação tecnológica formal e não formal, enquanto parte de um projeto educacional global e de uma política de desenvolvimento nacional e regional deverá integrar-se ao sistema regular de ensino e articular-se na luta por uma educação pública laica e de qualidade para todos.

A ação formativa que interessa às classes trabalhadoras é aquela que lhes confere o atributo do livre pensar e o refletir, permitindo que abstraiam, analisem, sintetizem e desenvolvam a sua cultura em comunicação, possibilitando sua autonomia e sua consciência individual e coletiva. Essa educação pressupõe uma sólida formação básica e uma estreita articulação entre a cultura geral e tecnológica. Trabalhar a educação tecnológica integrada à formação geral é a única maneira de modificar substancialmente o estatuto dos conhecimentos técnicos a eles agregados. Desse modo, tanto a formação inicial como a continuada deverão orientar-se pelos mesmos princípios, pois a educação continuada do trabalhador e o seu reingresso no mundo do trabalho exigem uma formação integral.

Devemos também dar atenção à educação de jovens e adultos, e de pessoas com necessidades especiais, que requerem montagem de matrizes curriculares adequadas às suas necessidades, o que lhes permitirá assumir de maneira mais efetiva a cidadania, inclusive no que se refere à possibilidade de inserção no mundo do trabalho.

Nesse sentido, entendemos que o termo educação profissional deve ser alterado, visto que, primeiro, qualquer habilitação capacita para o mundo do trabalho, ou seja, é profissionalizante; segundo, porque tal terminologia só se justifica no sentido de apartar a educação para o fazer da educação para o saber, contendo uma lógica de diferenciação da educação ofertada para a classe trabalhadora daquela ofertada para as elites. A educação profissional pressupõe a formação apenas para o trabalho, já a educação tecnológica pressupõe a formação integral do ser humano com características humanísticas, científicas e tecnológicas.

Nesses termos, propomos uma nova estrutura educacional, com a modalidade de educação tecnológica integrada e articulada com a educação formal nos três níveis a saber: Educação Tecnológica de Nível Fundamental; Educação Tecnológica de Nível Médio e Educação Tecnológica de Nível Superior.

Diretrizes para a educação tecnológica

a) Seguindo os princípios da politecnia (Gramsci, citado por Secco, 2002). A educação tecnológica obrigatoriamente deve ser ministrada de forma integrada e articulada à educação formal, nos três níveis (fundamental – para EJA, médio e superior).

b) Os cursos de educação tecnológica de nível fundamental obrigatoriamente devem ser ministrados de forma integrada com o ensino fundamental, com elevação do nível de escolarização de jovens e adultos.

c) Os cursos de educação tecnológica de nível médio devem ser integrados com o ensino médio. Tal integração pressupõe a elaboração de cursos com um currículo único e articulado entre as áreas de formação geral e tecnológica, garantindo as especificidades regionais. No caso de cursos técnicos pós-médio, estes deverão prever em sua estrutura curricular a articulação entre os conhecimentos

da formação geral com as especificidades das áreas tecnológicas.
d) Poderão ser oferecidos cursos de capacitação tecnológica para técnicos e graduados.
e) Os cursos de educação tecnológica de nível superior terão equivalência legal aos cursos de graduação e pós-graduação correspondentes, segundo a carga horária e os conhecimentos de formação geral e tecnológicos desenvolvidos. As instituições que ministrarem esses cursos deverão obrigatoriamente vincular ensino, pesquisa e extensão nos vários níveis de ensino.
f) Os cursos de educação tecnológica vinculados à área rural deverão estar adaptados à realidade regional da instituição de ensino, sendo permitido o uso de calendário escolar diferenciado e desvinculado do ano civil, além de garantir a possibilidade de utilização de dias letivos para estágios não presenciais, permitindo assim o não afastamento do educando de suas atividades no campo, resguardados os princípios do Estatuto da Criança e do Adolescente.
g) O Sinasefe é contrário à modularização do conhecimento e, portanto, não recomenda a organização de cursos por meio de módulos.
h) O Sinasefe não recomenda o sistema de avaliação por habilidades e competências.
i) O Sinasefe é contrário aos cursos técnicos concomitantes ao ensino médio.
j) O Sinasefe não recomenda a utilização dos CEFETS para ministrar cursos de licenciatura que não possuam vinculação com a área de saber específico, sendo que estes não devem ser a base de sua função social e nem atender a interesses particulares dos docentes da instituição.
k) Os(as) professores(as) da educação tecnológica devem ter, obrigatoriamente, formação pedagógica de nível superior. Tais cursos deverão ser ofertados pelas instituições de ensino superior. A responsabilidade desta formação é da instituição de ensino, que deverá garantir a formação do professor a ela vinculada, devendo ser cria-da legislação específica para definir prazos para a implementação.
l) Deve-se discutir a criação de cursos de licenciatura plena regulares, para alunos oriundos de cursos técnicos de nível médio, com duração mínima de quatro anos, contendo disciplinas técnicas e de formação pedagógica, conforme legislação vigente.

REFERÊNCIAS

BRASIL, MEC. *Planejamento Político-Estratégico 1995-1998*. Brasília. 1995.

BRASIL, MEC/SETEC. *Educação Profissional e Tecnológica: Legislação Básica*. Brasília, 2005.

BRASIL. *Decreto Nº 2.208, de 17/04/97*. Brasília, 1997.

BRASIL. *Decreto Nº 5.154, de 23/08/04*. Brasília, 2004.

BRASIL. *Lei 9394, de 20 de dezembro de 1996. Lei de Diretrizes e Bases da Educação Nacional*, Brasília, 1996.

GTPE – SINDOCEFET – PR. *Políticas Públicas para a Educação Profissional e Tecnológica: uma análise crítica*. Caderno de Debates do SINDOCEFET. Curitiba, 2005.

II CONGRESSO NACIONAL DE EDUCAÇÃO. PNE – Plano Nacional de Educação: Proposta da Sociedade Brasileira. Belo Horizonte, 1997.

KISCHNER, T. C., CUNHA, C. da., DEFFUNE, D. & MEHDEF, G. N. *Modernização Tecnológica e Formação Técnico Profissional no Brasil: impasses e desafios*. IPEA, Brasília, 1993, 68p. tabs.

NEVES, L. M. W. Educação: um caminhar para o mesmo lugar. In: LESBAUPIN, I (org.). *O desmonte da nação*. Petrópolis, RJ : Vozes, 1999, p. 133-152.

SAVIANI, D. *Da Nova LDB ao novo Plano Nacional de Educação: por uma outra política educacional*. Campinas: autores associados, 1998.

SAVIANI, D. *Da Nova LDB: Trajetórias, limites e perspectivas*. Campinas: autores associados, 1997.

SECCO, L. *Gramsci e o Brasil:* recepção e difusão de suas idéias. São Paulo, Cortez, 2002.

SINASEFE. *Reflexões sobre o processo de implantação da reforma da Educação Profissional*. Caderno nº 2. Brasília, 2003.

Parte IV

Políticas, financiamento, técnica e tecnologia: aspectos históricos e conceituais

As políticas de educação profissional
uma reflexão necessária

16

Acacia Zeneida Kuenzer

Este capítulo[1] tem como objeto as políticas de educação profissional que vêm sendo formuladas no período compreendido entre 1995 e 2005, portanto, no segundo governo do Presidente Fernando Henrique Cardoso e no governo do Presidente Luiz Inácio Lula da Silva, tendo em vista fornecer elementos para, a partir da análise das suas possibilidades e limites, subsidiar a formulação de propostas que atendam às necessidades dos que vivem do trabalho.

Tem-se como hipótese, a partir dos estudos que temos desenvolvido ao longo dos anos, que essas políticas de educação profissional, formuladas a partir da Lei de Diretrizes e Bases da Educação Nacional,[2] embora pautadas pelo discurso da inclusão dos trabalhadores no mundo do trabalho por meio da qualificação profissional, não só não surtiram o efeito anunciado como ainda tornaram mais precarizadas as ofertas educativas.

A tese que orienta esta análise, que resume, do nosso ponto de vista, a pedagogia do trabalho na acumulação flexível,[3] é que, pelo ângulo do mercado, ocorre um processo de exclusão da força de trabalho dos postos reestruturados, para incluí-la de forma precarizada em outros pontos da cadeia produtiva. Já pelo lado da educação, estabelece-se um movimento contrário, dialeticamente integrado ao primeiro: por força das condições materiais que regem o capitalismo e de políticas públicas "professadas", mas não materializadas, na direção da democratização, tem aumentado a inclusão nas diversas modalidades de educação disponibilizada para os que vivem do trabalho, mas precarizam-se os processos educativos, que resultam em mera oportunidade de certificação, o que apenas favorece inclusão subordinada ao longo das cadeias produtivas. Em resumo, do lado do mercado, um processo de exclusão includente, que tem garantido diferenciais de competitividade para os setores reestruturados a partir da combinação entre integração produtiva, investimento em tecnologia intensiva de capital e de gestão e consumo precarizado da força de trabalho. Do lado do sistema educacional e de educação profissional, um processo de inclusão que, dada a sua desqualificação, é excludente. Portanto, para que se possa proceder à análise, torna-se necessário explicitar a concepção de inclusão que orienta nossos estudos.

NO MODO DE PRODUÇÃO CAPITALISTA, A INCLUSÃO É SEMPRE SUBORDINADA

O termo exclusão, e, por consequência o seu par categorial, a inclusão, passou a ocupar espaços crescentes na literatura social, especialmente na área de políticas públicas, embora esteja fortemente presente em todas as áreas. O resultado dessa disseminação, segundo Oliveira, foi o uso indiscriminado e indefinido dessas categorias, que passaram a ser empregadas *por quase todo o mundo para designar quase todo o mundo* (Oliveira, 2004, p. 16-17).

No caso específico das políticas de educação profissional, exclusão passou a designar desempregados e populações em situação de risco social. Em todos os textos analisados neste estudo, a inclusão social, como objetivo das políticas públicas de educação profissional, está presente, o que determina a necessidade de precisar o significado dessa categoria tal como a estamos utilizando.

Concordando com Oliveira, que faz um estudo rigoroso dessa categoria nas obras de Marx, partimos do pressuposto de que, no modo de produção capitalista, todas as formas de inclusão são sempre subordinadas, concedidas, porque atendem às demandas do processo de acumulação. Ou, como afirma o autor, *o círculo entre exclusão e inclusão subordinada é condição de possibilidade dos processos e produção e reprodução do capital,* sendo *constitutivo lógico necessário das sociedades capitalistas modernas.* Ou seja, são faces inseparáveis da mesma moeda: (Oliveira, 2004, p. 23). Em decorrência, a sobrevivência do modo de produção capitalista, e em particular no regime de acumulação flexível, depende da relação entre exclusão e inclusão subordinada, observando-se que essa reinclusão se dá sob uma outra perspectiva ontológica, para o que se torna necessária a destruição de subjetividades orgânicas aos regimes anteriores, aliada à formação de novas subjetividades, que se ajustem à instabilidade, à flexibilização, à desqualificação. Como afirma Oliveira,

> o preço pago para que o princípio de síntese do capital seja capaz de abranger toda a realidade é torná-la disponível à sua lógica, ou seja, é preciso antes despojá-la de sua condição de complexidade e reduzi-la à simplicidade das determinações quantitativas da economia. (Oliveira, 2004, p. 23)

Essa forma de compreender o par categorial exclusão/inclusão, como relação constitutiva do modo de produção capitalista, conduz a duas ordens de considerações, tendo em vista as finalidades deste capítulo.

A primeira, referente à lógica das relações mercantis, permite compreender que a competitividade dos setores dinâmicos no mercado mundial depende do que se pode chamar de exclusão includente dos setores precarizados.

Pode-se compreender, assim, como um ramo ou parte dele, como, por exemplo, o metalúrgico, pode permanecer orgânico à acumulação flexível utilizando máquinas antigas, tecnologicamente superadas, já descartadas por setores mais complexos, porém readquiridas, porque respondem às necessidades de produção de serviços ou produtos finais em pequena escala, que atendem demandas específicas dos setores dinâmicos, as quais, por sua particularidade e pequeno número, não suportam processos tecnologicamente complexos que resultariam em aumento do custo final do produto da cadeia (Kuenzer, Barcelos e Invernizzi, 2005) Contraditoriamente, a precarização ao longo das cadeias, combinada com a intensificação decorrente das estratégias de flexibilização da produção, é condição para a complexificação na ponta mais dinâmica, e, nesse sentido, para a manutenção da lógica da acumulação flexível.

Com relação aos trabalhadores, o processo é o mesmo; no plano das realidades que precisam ser excluídas para que o capital possa confirmar-se como princípio abrangente de síntese, os trabalhadores também devem passar por um processo de redução ontológica. Assim é com tudo o que não possa ser completamente abrangido pela lógica capitalista: primeiro, precisa ser excluído, em seguida reduzido à dimensão meramente econômica para, depois, ser incluído sob outro estatuto ontológico, processo que se dá, não individualmente, mas no bojo das relações sociais e produtivas ao longo da história.

Um exemplo dessa afirmação é a jornada domiciliar na fabricação de calçados; embora clássica nessa cadeia, a reestruturação produtiva a recria de modo a ampliar a margem de extração de mais-valia. Verificou-se, na cadeia pesquisada, um processo que interpõe, entre a fábrica e o trabalhador domiciliar, mais um ou dois níveis, caracterizando um processo que poderia ser chamado de *quinterização*, o qual responde à redução ontológica de uma classe trabalhadora sindicalizada, historicamente defensora de seus direitos e, em sua maioria, formalmente empregada.

Em síntese, pode-se afirmar que, por um lado, verifica-se a maior exigência de escolaridade e/ou educação profissional à medida que a cadeia se complexifica tecnológica e administrativamente, pela adoção de novos processos, equipamentos, materiais e formas de organização e gestão; por outro lado, a desmobilização de trabalhadores qualificados, que passam a ser incorporados em pontos da cadeia onde o trabalho é mais precarizado e intensificado.

Esse processo de redução da classe trabalhadora a uma identidade que permita inclui-la no processo de trabalho, por meio de formas predatórias, se dá pelos processos de flexibilização e conta com a contribuição de processos pedagógicos, que ocorrem no âmbito das relações sociais e produtivas e pela escola e da formação profissional, quando essas oportunidades estão disponíveis. No caso dos trabalhos feitos fora das firmas, a flexibilização demanda uma subjetividade que se ajuste à sazonalidade, à intensificação, à variabilidade de ocupações, à necessidade de adaptar-se a novas tarefas, enfim, uma força de trabalho com mobilidade e plasticidade para ajustar-se de modo permanente ao novo, que, no caso, corresponde ao trabalho precário, que demanda pouca qualificação, predominantemente de natureza psicofísica e tácita, para o que a escolarização pouco contribui; uma força de trabalho com as características daquela demandada pelo modo taylorista/fordista, porém sem os benefícios da estabilidade e do vínculo formal.

Já nas firmas reestruturadas que compõem as cadeias, em que a formação teórico-prática se evidencia como necessária, a flexibilização assume o significado da polivalência, da capacidade de aprender permanentemente e de ajustar-se à dinamicidade de uma planta que se adapta continuamente para atender às demandas do mercado.

Nessas duas situações, as pesquisas mostraram que o processo de redução ontológica conta com mais uma importante estratégia educativa voltada para a formação de subjetividades que se adaptem à flexibilização e, ao mesmo tempo, justifiquem o insucesso a partir dos sujeitos: as propostas de educação para o empreendedorismo, sobre o que há necessidade de desenvolver estudos mais aprofundados.

AS POLÍTICAS E PROGRAMAS DE EDUCAÇÃO PROFISSIONAL ENTRE 1995 E 2006

No plano da formulação das políticas, no período analisado, tem-se dois documentos que explicitam as concepções e propostas de educação profissional dos dois últimos governos: o Plano Nacional de Qualificação do Trabalhador (PLANFOR) e o Plano Nacional de Qualificação.

O PLANFOR, implementado a partir de 1995 pelo Ministério do Trabalho e Emprego por dois quadriênios de vigência (1995-1998 e 1999-2002), teve como proposta articular as Políticas Públicas de Emprego, Trabalho e Renda, tendo como principal fonte de financiamento o Fundo de Amparo ao Trabalhador (FAT).

O suporte jurídico a esse e a outros programas de educação profissional do governo do presidente Fernando Henrique Cardoso foi conferido pelo Decreto 2208/97. Além de fornecer os fundamentos para o PLANFOR, esse Decreto apresentou as concepções e normas sobre as quais se desenvolveu o Programa de Expansão da Educação Profissional (PROEP), vinculado ao Ministério da Educação. É sempre bom lembrar que esse decreto, atendendo ao acordo realizado entre o MEC e o Banco Mundial, teve como principal proposta a separação entre o ensino médio e a educação profissional, que, a partir de então, passaram a percorrer trajetórias separadas e não equivalentes; e que foi por meio dele que se criaram as condições para a negociação e implementação do PROEP, em atenção às exigências do Banco Mundial.[4]

Com relação à gestão, a grande novidade trazida pelo PLANFOR foi o tripartismo, que estabeleceu a participação dos trabalhadores, dos empresários e do Estado nas decisões e no controle das ações relativas à educação profissional nos âmbitos da União, das Unidades Federadas e dos Municípios por meio dos Conselhos do Trabalho. Os resultados dessa prática já foram objeto de estudos que apontaram seus limites em sociedades organizadas pelo modo capitalista de produção, com destaque para o trabalho de Fidalgo (1999, p. 232)

No âmbito do PLANFOR foi criado o Serviço Civil Voluntário, a partir do qual se estruturou o Juventude Cidadã no governo Lula, o qual será objeto de análise mais adiante.

Ainda nesse período de governo, deu-se a criação do Programa Nacional de Educação na Reforma Agrária (PRONERA), como política do Ministério do Desenvolvimento Agrário, a partir da mobilização dos trabalhadores do campo em articulação com universidades na I Conferência Nacional: por uma educação básica do campo, realizada em Luziânia (GO) em 1997.

Esse programa, que se efetiva a partir de propostas dos movimentos dos trabalhadores, tem como objetivo a ampliação dos níveis de escolarização formal dos trabalhadores rurais assentados, atuando como instrumento de democratização do conhecimento no campo*.

As avaliações externas mostraram que o PLANFOR, além do mau uso dos recursos públicos, caracterizou-se pela baixa qualidade e baixa efetividade social, resultante da precária articulação com as políticas de geração de emprego e renda, desarticulação das políticas de educação, reduzidos mecanismos de controle social e de participação no planejamento e na gestão dos programas e ênfase em cursos de curta duração focados no desenvolvimento de habilidades específicas.[5]

A partir da avaliação do PLANFOR, o governo do presidente Lula apresentou nova

---

* N. de R. Para detalhes, acesse o site: www.pronera.gov.br

proposta de política pública de educação profissional, expressa no Plano Nacional de Qualificação (PNQ), para o período 2003/2007, com três grandes objetivos: inclusão social e redução das desigualdades sociais; crescimento com geração de trabalho, emprego e renda, ambientalmente sustentável e redutor das desigualdades regionais; e promoção e expansão da cidadania e fortalecimento da democracia. (PNQ 2003/2007, p. 17)

A nova proposta fundamenta-se em seis dimensões principais: política, ética, conceitual, institucional, pedagógica e operacional, cujas concepções são, em síntese: o reconhecimento da educação profissional como direito, como política pública e como espaço de negociação política; exigência de integração entre educação básica e profissional, para o que a duração média dos cursos passa a ser estendida para 200 horas; reconhecimento dos saberes socialmente produzidos pelos trabalhadores; exigência de formulação e implementação de projetos pedagógicos pelas agências contratadas; garantia de investimentos na formação de gestores e formadores; a implantação de um sistema integrado de planejamento, monitoramento, avaliação e acompanhamento dos egressos; a integração das Políticas Públicas de Emprego, Trabalho e Renda entre si e destas em relação às Políticas Publicas de Educação e Desenvolvimento: transparência e controle no uso dos recursos públicos (PNQ 2003/2007, p. 20-21).

Para fins de análise, pode-se identificar três linhas programáticas que, a partir do PNQ, propõem-se a operacionalizar as políticas de educação profissional do governo do Presidente Luiz Inácio Lula da Silva: a primeira, que se constitui na proposta reformulada do PLANFOR, continua financiando ações que integram o Conselho Deliberativo do Fundo de Amparo ao Trabalhador (Codefat) e as Comissões Estaduais e Municipais do Trabalho, com recursos, cada vez mais exíguos, do FAT; a segunda, que congrega os programas que apresentam efetiva vinculação com a educação básica, e a terceira, que congrega as ações que têm sua origem no Programa Nacional de Estímulo ao Primeiro Emprego (PNPE).

Com relação às ações do primeiro grupo, o que se tem como novidade é a extensão da duração dos cursos, devido à exigência de 200 horas em média, que articulem educação básica e profissional, obedecendo ao planejamento pedagógico integrado a ser implementado pela entidade executora, incluindo conteúdos que discutam cidadania, organização e gestão do trabalho e saúde e segurança,

A análise do Plano Nacional de Qualificação (PNQ) evidencia avanço conceitual significativo em relação ao PLANFOR, no que diz respeito às categorias relativas às relações entre trabalho e educação, a partir da ótica dos trabalhadores. O que a prática tem mostrado, contudo, na opinião de gestores públicos e membros do Conselho Estadual do Trabalho (PR) entrevistados, é a dificuldade de efetivação dessas políticas a partir de vários fatores, com destaque para a perda de interesse das agências formadoras, que não consideram atrativo o investimento para cursos mais extensos e que integrem conhecimentos básicos, o que não tem feito parte de sua experiência; e para o desinteresse do público-alvo, que busca alternativas que viabilizem inclusão em curto prazo, com o que é difícil integralizar turmas. Embora não se tenha dados exaustivos, os casos analisados evidenciam a dificuldade de usar os recursos disponíveis, embora reduzidos, os quais acabam por vezes não sendo investidos na sua totalidade.

A articulação com a Educação Básica por meio de convênios com as Secretarias Estaduais de Educação também não tem sido viabilizada, por entraves burocráticos, particularmente no tocante ao uso dos recursos financeiros. De todo o modo, dado o seu período curto de implantação (o PNQ começou a ser implantado em 2004), ainda não se tem dados disponíveis para uma avaliação mais consistente.

No segundo grupo, tem-se a continuidade do Programa Nacional de Educação e Reforma Agrária (PRONERA) e do PROEP, neste momento em fase de negociação com o Banco Mundial, tendo em vista sua renovação; o Programa Nacional de Inclusão de Jovens: Educação, Qualificação e Ação Comunitária PROJOVEM e o Programa Nacional de Integração da Educação Básica na Modalidade de Educação de Jovens e Adultos (PROEJA), ambos criados no governo Lula.

O PROJOVEM foi criado pela Medida Provisória 238, de fevereiro de 2005, tendo por objetivo elevar o grau de escolaridade pela conclusão do ensino fundamental articulado à qualificação profissional e à ação comunitária, tendo em vista a *inserção cidadã*. (art. 1º) Destina-se a jovens com idade entre 18 e 24 anos, que tenham concluído até a 4ª série do ensino fundamental, não tenham vínculo empregatício e apresentem marcas de discriminação étnico-racial, de gênero, de geração e de religião, os quais receberão um auxílio financeiro de R$ 100,00, enquanto durar o curso, por um período máximo de 12 meses. A sua gestão, por intermédio de um comitê gestor, está a cargo da Secretaria Geral da Presidência da República, mediante a Secretaria Nacional da Juventude, compartilhada com os Ministérios da Educação, do Trabalho e Emprego e do Desenvolvimento Social e Combate à Fome. A sua operacionalização dar-se-á em cooperação com os Municípios, com o Distrito Federal e com organizações da sociedade civil sem fins lucrativos, que celebrarão convênio com a União; os Municípios, por sua vez, usarão o mesmo procedimento, repassando recursos mediante convênio para entidades executoras. Esse programa abrange as 26 capitais, o Distrito Federal e as cidades das regiões metropolitanas com mais de 200 mil habitantes. A formação, em até 12 meses, deve totalizar 1.600 horas, assim distribuídas: 800 horas de formação escolar em nível de 5ª a 8ª série, 350 horas de qualificação profissional, 50 horas de atividades de Ação Comunitária e 400 horas de atividades não presenciais com tutoria.

O PROJOVEM, como outros programas que serão analisados em seguida, organiza-se em redes sociais, sendo esta uma característica dos programas do governo Lula. As redes sociais, como uma das estratégias de gestão demandadas pelas parcerias público-privadas, têm como proposta assegurar, ao mesmo tempo, unidade programática e autonomia de execução, pelas unidades consorciadas. Nesse caso, a menor unidade são os núcleos, que articulam as turmas; esses núcleos vinculam-se a Estações Juventude, que se ligam às Coordenações Municipais, articuladas com a Coordenação Nacional. As Estações Juventude concentram uma equipe de gestão administrativa e pedagógica e professores de qualificação profissional inicial, para atender a todos os núcleos que lhe são subordinados (8 núcleos por estação). As estações também concentram as ações de estudo e pesquisa e as atividades esportivas, culturais e de lazer, de modo a favorecer o encontro e o processo formativo e a participação comunitária. Dessa forma, as redes sociais propõem-se a racionalizar o uso dos recursos disponíveis.

Embora o PROJOVEM confira certificação escolar, ela está condicionada, para além da avaliação durante o processo, à aprovação em Exame Final Nacional Externo, que poderá ser refeito em caso de insucesso, após processo de recuperação; é importante lembrar que o auxílio financeiro será concedido no máximo por 12 meses. Uma explicação possível para a contradição entre a concepção de avaliação ao longo do processo apresentada pelo PROJOVEM e a exigência dos Exames Finais Nacionais é a regulação da qualidade via controle do produto, em decorrência da ausência, e mesmo impossibilidade, de controle durante o processo, dada a quantidade, qualidade, natureza diferenciada e dispersão espacial das unidades executoras.

Esse programa foi autorizado pelo Conselho Nacional de Educação como projeto experimental, sendo objeto do Parecer CNE/CEB nº 2/2005; a partir das experiências já realizadas, está em tramitação no CNE uma nova proposta de diretrizes (Parecer CNE/CEB 37/2006). Dentre os programas analisados, o PROJOVEM diferencia-se pela sua institucionalização e estratégia de regulação a partir do Estado.

O PROEJA, objeto do Decreto nº 5.840 de julho de 2006, regulamenta a formação de jovens e adultos trabalhadores em nível inicial e continuado e em nível de educação profissional técnica de nível médio, integrada ou concomitante. Embora instituído no âmbito federal, compreendido pela rede federal de educação profissional, poderá ser adotado pelas instituições públicas dos sistemas de ensino estaduais e municipais e pelo Sistema S, desde que se assegure a construção prévia de um projeto pedagógico integrado único.

Os cursos do PROEJA destinados à formação inicial e continuada de trabalhadores terão carga horária mínima de 1.400 horas, sendo 1.200 horas destinadas à formação geral e 200 horas para a educação profissional. Os de educação profissional técnica de nível médio terão a duração mínima de 2.400 horas, sendo 1.200 horas destinadas à formação geral e a carga horária mínima estabelecida para a respectiva habilitação profissional, observando as normas e diretrizes do Conselho Nacional de Educação (CNE) para a educação profissional de nível técnico, para o ensino médio e para a educação de jovens e adultos. A novidade desse projeto, ainda em fase inicial de implantação, é a proposta de integração, institucionalizada em um único percurso pedagógico, de formação básica e educação profissional, com certificação.

Esses programas são sustentados juridicamente, pela Lei nº 9.394/96, pelo Decreto nº 5.154, de julho de 2004, que revogou o Decreto nº 2.208/97 e restabeleceu o ensino médio integrado como modalidade. Como já se afirmou anteriormente, esses programas têm como característica a vinculação formal ao Sistema Nacional de Educação. Contudo, essa vinculação não se constitui em efetiva integração entre educação básica e profissional, não ultrapassando o nível formal, uma vez que, como já apontaram Frigotto, Ciavatta e Ramos (2005, p. 1093-1094), o CNE, ao ratificar as diretrizes curriculares para o ensino médio e para a educação profissional anteriores ao Decreto nº 5154/04, referendou a independência entre formação média e profissional, que podem ser ministradas como partes autônomas, embora integrantes do mesmo curso. Essa diretriz põe por terra a possibilidade de integração, embora se mantenha a vinculação formal com direito à certificação nos casos do PROJOVEM e do PROEJA, o que, em comparação com os demais projetos apontados a seguir, faz dessas alternativas um pouco menos precárias.

No terceiro grupo, tem-se as ações abrangidas pelo Programa Nacional de Estímulo ao Primeiro Emprego (PNPE), gerenciado pelo Ministério do Trabalho e Emprego, o principal programa do governo Lula voltado para a inclusão dos jovens em situação de vulnerabilidade social, cujo objetivo é

> combater a pobreza e a exclusão social através da integração entre as políticas de emprego e renda a uma política de investimentos públicos e privados geradora de mais e melhores oportunidades. (MTB/PNPE, 2006)

Esse programa foi concebido para atender ao contingente mais vulnerável da juventude brasileira, os jovens desempregados de baixa renda e baixa escolaridade, sem experiência profissional prévia, com o

> objetivo de transformar as expectativas de jovens em situação mais crítica de pobreza em possibilidades sustentáveis de um futuro decente, por meio do acesso e permanência no mercado do trabalho, em sua nova configuração e exigências.

Implementado pelo governo federal, mediante a Lei nº 10.748, de 22 de outubro de 2003, o PNPE articula várias ações, que se desenvolvem por meio de duas linhas: a da *qualificação social e profissional* e a da *inserção imediata no mercado de trabalho*. Essas ações, diferentemente das anteriormente descritas, embora assumam a articulação com a educação básica como princípio, não se vinculam ao Sistema Nacional de Educação; ao contrário, essa articulação, estimulada, fica por conta do aluno, que deverá comprovar sua matrícula e frequência ao Sistema Escolar, sem que haja vinculação explícita entre a escolarização e a formação oferecida pelo projeto.

Dentre as ações que se propõem primeiro a qualificar e depois a inserir, vinculadas ao Ministério do Trabalho e Emprego (MTE), estão os projetos "Consórcios Sociais da Juventude" "Empreendedorismo Juvenil" e Soldado Cidadão". Esse se diferencia dos demais por destinar-se a capacitar profissionalmente jovens que prestam o Serviço Militar Obrigatório para que encontrem uma ocupação ao deixarem as Forças Armadas. Esse projeto, realizado com o Ministério da Defesa, Fundação Cultural do Exército e "Sistema S", capacita 30 mil soldados por ano.

Vinculado à Secretaria Geral da Presidência da República por meio da Secretaria Especial de Direitos Humanos e articulado ao Ministério do Trabalho e Emprego, está o projeto Juventude Cidadã, que substituiu o Serviço Civil Voluntário. Vinculado ao MEC, está o projeto Escola de Fábrica.[6]

Dentre os projetos que objetivam a captação de vagas no mercado formal, com contratações subsidiadas pelo governo ou não, e a inclusão em ações alternativas de geração de renda, como empreendedorismo, cooperativismo e associativismo, estão o *Jovem Empreendedor*, realizado em parceria com o Serviço Brasileiro de Apoio às Micro e Pequenas Empresas (SEBRAE), e os contratos especiais de trabalho nas linhas da *Aprendizagem* e estágio.[7]

De modo geral, os projetos que se originam no mesmo programa, o PNPE, apresentam as mesmas características: o público-alvo, jovens de 16 a 24 anos, sem experiência prévia no mercado de trabalho formal, que possuam renda familiar *per capita* de até meio salário-mínimo, que estejam cursando ou tenham completado o ensino fundamental ou médio, com destaque para focos de discriminação social.

Quanto à proposta pedagógica, de modo geral a formação tem 600 horas de duração, distribuídas com pequenas variações conforme a especificidade de cada projeto, tendo em vista o desenvolvimento do jovem como pessoa, cidadão e trabalhador. Para tanto, a carga horária comporta as seguintes dimensões: estímulo e apoio efetivo à elevação da escolaridade; formação em cidadania e direitos humanos; qualificação social e profissional definida a partir de uma listagem de temas sugeridos pelo Ministério do Trabalho, selecionados a partir das demandas de desenvolvimento regional e com base na Classificação Brasileira de Ocupações; prestação de serviços voluntários à comunidade, com vistas ao desenvolvimento de competências relativas ao protagonismo juvenil.

Todos os projetos preveem o compromisso da entidade conveniada com a inclusão de no mínimo 30% dos participantes por meio de contratação formal, autoemprego, iniciativas de cooperativismo, associativismo e economia solidária, dentre outras formas possíveis; no projeto Escola de Fábrica, eleva-se para 50% o compromisso com a inclusão no mundo do trabalho.

As entrevistas realizadas no decorrer da pesquisa no setor coureiro-calçadista, com intelectuais que participam do desenvolvimento do Consórcio Social da Juventude, evidenciaram a extrema dificuldade para essa inserção, dada a inexistência de oportunidades de emprego formal ou de atividades informais. Nesse caso estudado, a dificuldade se agrava por duas razões: a crise pela qual o setor vem passando em decorrência da queda do dólar e da concorrência da China, e a falta de aderência entre qualificação oferecida e as demandas regionais; outro fator, apontado pelos entrevistados, foi a baixa escolaridade e a pobreza dos jovens participantes do projeto, que não atendem aos requisitos exigidos pelas empresas, quer em termos de domínio das linguagens e de trabalho intelectual, ou até mesmo de aparência.

Uma possibilidade de inserção admitida pelo projeto e que se tem constituído em opção para o atendimento da meta de inclusão de 30% dos egressos tem sido o ingresso dos jovens no projeto Aprendizagem, realizado pelo Sistema S, ou no projeto Jovem Empreendedor, realizado pelo SEBRAE.

Contudo, segundo os entrevistados, dadas as características de precarização cultural desses jovens, é muito difícil a sua permanência nos cursos, por conta das suas exigências.

Cumpre-se, portanto, *apenas formalmente* a meta; infelizmente, não há pesquisa de acompanhamento de egressos no projeto visitado, o que não permite uma melhor análise de sua efetividade. É importante que se registre, entretanto, que foi esse o único projeto dessa natureza identificado na região pesquisada, o que reforça a argumentação anteriormente desenvolvida: praticamente inexiste oferta pública para jovens em situação de vulnerabilidade em uma área duramente castigada pelos efeitos da globalização.

Outra forma de inserção no mundo do trabalho se dá pela Auto-gestão ou Economia Popular Solidária, incluindo o egresso em atividades ou em grupos de natureza cooperativa, que tenham iniciativa de desenvolver projetos coletivos. Não há, contudo, dados que permitam uma análise mais aprofundada dessa e das demais formas de inserção.

Todos os projetos propõem o financiamento das atividades especificamente pedagógicas desenvolvidas pelas entidades, correspondendo em geral a 200 horas de qualificação profissional e a 100 horas de formação em cidadania e direitos humanos, a partir do pagamento de um valor por hora/aluno. As demais 300 horas correspondem à contrapartida da entidade, realizada pelos serviços prestados ao projeto nas seguintes atividades: supervisão das ações de prestação de serviços voluntários à comunidade; ações de estímulo e apoio à elevação de escolaridade; ações de inserção dos educandos no mundo do trabalho.

Ou seja, um projeto de 600 horas inclui, na realidade, 300 horas específicas de atividades de formação, mais as horas dedicadas à prestação de serviços voluntários, que variam entre 50 e 100 horas; as demais 300 horas correspondem às atividades da entidade conveniada. No caso do Juventude Cidadã, observa-se que para o *planejamento e supervisão* da prestação de serviços voluntários, a entidade tem previstas 125 horas por aluno; já para a atuação do aluno são previstas apenas 75 horas (MTE, Juventude Cidadã, Proposta, p. 14).

De novo, caracteriza-se uma extensão *apenas formal* da proposta de formação para jovens em situação de vulnerabilidade, embora os entrevistados tenham problematizado essa questão, apontando que a longa duração é um desestímulo "a quem tem pressa de se inserir". Essa dimensão, a par da exigência de estar cursando a escola ou ter escolaridade fundamental ou básica completa, também tem se constituído em significativo entrave para a composição de turmas que tornem viável financeiramente o projeto para a entidade executora; no caso pesquisado, o projeto deve ter pelo menos 100 participantes.

Com relação à frequência à escola, o que ocorre no projeto analisado certamente se repetirá em outros: os alunos se matriculam em ofertas regulares ou supletivas para entrar e manter-se no programa, abandonando a escola em seguida; de novo, mais uma medida bem-intencionada que vira formalidade.

Com relação à concepção de qualificação profissional, observa-se que a adjetivação *social* corresponde à concepção que privilegia a *aprendizagem pela experiência,* entendendo que

> a formação de saberes necessários à inserção do jovem no mercado de trabalho e à vida em sociedade se dá, principalmente, por meio do seu engajamento efetivo na prestação de serviços comunitários, precedido, complementado e articulado com o desenvolvimento de conhecimentos (os previstos nas 300h de formação). (Mte, Juventude Cidadã, Proposta, p. 4)

Outra característica desses projetos é a concessão de auxílio financeiro tendo em vista assegurar a permanência no curso; os valores variam entre R$ 120,00 e R$ 150,00 por mês, enquanto durar o curso, o que varia entre quatro meses e um ano, no caso do projeto Escola de Fábrica.

Com relação a esse auxílio, o que se observou na região pesquisada foi a resistência manifestada por jovens a ingressar nos projetos em face do valor considerado baixo, o que os leva a preferir ou a continuar na contravenção, ou no trabalho explorado.

Com relação ao financiamento, o Projeto Jovem Empreendedor, realizado em parceria com o SEBRAE, apresenta uma peculiaridade: está implantando em todo o país, três modalidades de crédito para jovens empreendedores: autoemprego, com financiamento de até R$ 10 mil, com prazo de 60 meses para pagamento e 12 meses de carência; micro e pequenas empresas, com limite de crédito de até R$ 50 mil, com 84 meses para o pagamento e 18 meses de carência; cooperativas ou associações, com teto para empréstimo de R$ 5 mil por beneficiário e de R$ 100 mil por cooperativa e prazo de 84 meses para o pagamento, com carência de 18 meses.[8]

A gestão dos programas inclui conselhos especialmente criados para esse fim, compostos por representantes dos ministérios, secretarias e outras instituições responsáveis pela implementação, e conta com a intermediação de um órgão público que seleciona entidades executoras diretamente, ou entidades-âncora ou gestoras, que, por sua vez, selecionam, qualificam e acompanham as executoras, uma espécie de franquia social que terceiriza o anteriormente terceirizado. Como não há ainda estudos sobre essa forma de gestão, seria interessante pesquisar quanto dos recursos alocados para cada projeto se destina à realização da atividade-fim, contrariando a lógica da racionalização de recursos professada pelas redes e franquias sociais. A existência de tantos níveis intermediários permite inferir que parte significativa dos recursos alimentem a própria organização, constituindo-se a criação de entidades em oportunidade lucrativa de negócio, transfigurando-se a atividade-meio em atividade-fim.

O DISCURSO SOBRE A PUBLICIZAÇÃO ESCONDE A OPÇÃO PELA OFERTA PRIVADA

As políticas e propostas contidas nos decretos e planos acima referenciados, nos dois governos, originaram um conjunto de programas e projetos que tiveram por objetivo a sua implementação. Os programas e projetos, tanto no governo Fernando Henrique quanto no governo Lula, não se diferenciam no que diz respeito à concepção das relações entre Estado e sociedade civil, que passam a se dar pelas parcerias entre o setor público e o setor privado.

Essas relações supõem o repasse de parte das funções do Estado para a sociedade civil, acompanhado do repasse de recursos, que, realizados sob o ordenamento jurídico privado, fogem aos controles públicos da União. Em decorrência dessa concepção, a prestação de contas dos contratos se dá pela realização do produto acordado, ficando a entidade executora obrigada a fornecer comprovações, não havendo controle do processo, inclusive sob o ponto de vista contábil. Como já se apontou, a natureza do produto – jovens qualificados – dentre os quais 30% devem ser inseridos no mundo do trabalho ou em outras alternativas de formação, presta-se a relatórios meramente formais, sem que se tenha indicadores de qualidade e efetividade social; e, por consequência, do bom uso dos recursos públicos.

Os dados anteriormente apresentados, embora parciais, já são suficientes para indicar a continuidade de uma realidade que se generalizou no governo anterior, e que, embora negada no plano do discurso, cada vez mais se fortalece no governo Lula: o crescente repasse de recursos públicos para o setor privado, mediante as parcerias justificadas pela "impossibilidade" do Estado em cumprir com suas funções.

A compreensão dessa afirmação fica facilitada pela análise do ordenamento jurídico sobre a educação profissional, que tem dado suporte a essa concepção: o Decreto nº 2.208/97, do governo anterior, e o Decreto nº 5.154/2004, do atual governo.

Ao analisar o novo decreto, em texto que, embora tivesse circulado, não foi publicado, indagou-se acerca da sua verdadeira intenção, uma vez que, não obstante revogue formalmente o Decreto nº 2.208/97, na prática não o faz, porque, não obstante recrie os cursos médios integrados, o que, na prática, não seria necessário por estarem eles contemplados no parágrafo segundo do art. 36 da Lei nº 9.394/96, incorpora todas as modalidades de educação profissional por ele propostas, com pequenas mudanças de denominação (Kuenzer, 2003).

A hipótese que se levantou à época em que ainda circulavam diferentes versões sobre o que depois seria o Decreto nº 5.154/04, facilmente comprovável hoje pelas informações disponíveis nos diferentes sistemas de controle, inclusive do Tribunal de Contas da União, é a da manutenção do verdadeiro balcão de negócios em que se transformaram as instituições públicas e privadas de educação profissional, a partir do Decreto nº 2.208/97. Assim, o Decreto nº 5.154/04 ampliou o leque de alternativas com o médio integrado sem que nenhuma das possibilidades anteriores, que favoreceram ações privadas de formação precarizada com recursos públicos, fosse revogada.

O novo decreto, portanto, longe de reafirmar a primazia da oferta pública, viabilizando-a a partir de políticas públicas, representou uma acomodação conservadora que atendeu a todos os interesses em jogo: do governo, que *cumpriu* um dos compromissos de campanha com a *revogação* do Decreto nº 2.208/97, das instituições públicas; que passaram a vender cursos para o próprio governo, e gostaram de fazê-lo, renunciando, em parte, a sua função, e das instituições privadas que passaram a preencher, com vantagens, o vácuo criado pela extinção das ofertas públicas.

O ensino médio integrado, que seria uma alternativa para a oferta pública de educação profissional de qualidade integrada à educação básica, ainda não teve, desde a edição do Decreto nº 5.154/04, alocação de recursos para o seu financiamento. Os três Estados que se disponibilizaram a realizar uma experiência-piloto em 2004 tiveram como alternativa o financiamento próprio, como fez o Paraná.[9]

Em resumo, o que se está afirmando é que, uma vez procedido o desmonte da oferta pública de educação profissional pelo Decreto nº 2.208/97, e estabelecido o balcão de negócios, dificilmente esse processo será revertido. A resistência das agências formadoras às exigências do PNQ mostra, entre outros fatos, que o *negócio* deixou de ser interessante; como resultado, tem-se menos oferta gratuita oferecida pelo setor privado com recursos públicos e se tem reduzida oferta pública. Ao mesmo tempo, a profusão de programas criados com a finalidade de operacionalizar o PNPE, mostra que foram abertos muitos outros canais de repasse de recursos para o setor privado, sob a coordenação de diferentes Ministérios e da Secretaria Geral da Presidência da República. Causa, no mínimo, estranheza a criação de programas praticamente idênticos, mas sob a coordenação política de diferentes ministérios e/ou Secretaria Geral da Presidência da República, como é o caso dos Consórcios Sociais da Juventude e do Juventude Cidadã.

Do ponto de vista do repasse de recursos públicos para a iniciativa privada, no governo Lula não houve avanços no sentido da publicização, permanecendo, e de modo mais intenso, a mesma lógica: o repasse de parte das funções do Estado, e dos recursos para a sua execução, para o setor privado sob a alegação da *eficácia e da ampliação da capacidade de atendimento,* segundo a concepção do público não estatal a ser operacionalizada pelas parcerias com instituições privadas.

Estudos realizados por Grabowski mostram que aproximadamente dois terços dos recursos do PROEP foram destinados a projetos apresentados por instituições comunitárias ou privadas, muitas das quais não cumpriram com os termos contratuais, não concluindo as obras e/ou não implementando os cursos por razões que vão desde o inadequado planejamento, para cuja execução os recursos não eram suficientes, à impossibilidade de contratar professores e técnicos necessários ao funcionamento da escola até a falta de alunos em face da inadequação da oferta, como se observa no Relatório de Auditoria, Acórdão nº 956 /2004 – 2ª Câmara – Tribunal de Contas da União (TCU). (Grabowski, 2004, e Grabowski, Ribeiro e Silva, 2003)

Há, portanto, uma profusão de dados que enunciam o mau uso dos recursos públicos a partir de uma concepção que, implementada no governo anterior, foi assumida e estimulada no governo Lula, e que esconde, sob a defesa do caráter público das ações, a sua realização pelo setor privado sem que haja elementos que permitam comprovar sua qualidade e efetividade social.

O que os dados revelam é que, sob o discurso da parceria entre o Estado, a sociedade civil e o setor empresarial, a partir do entendimento que *as organizações da sociedade civil tendem a obter melhores resultados junto ao público jovem em situação de maior vulnerabilidade social, e que estas instituições são capazes de chegar em lugares onde o Estado não chega*,[10] foram e estão sendo carreados vultosos recursos para o chamado setor comunitário realizar a função do Estado no tocante à educação profissional, sem que haja indicações, pelas avaliações consequentes, de que os projetos atingem suas finalidades. De modo geral, a oferta gratuita, pelos setores público e comunitário, é quantitativamente insignificante e pouco aderente às demandas dos excluídos, cujos resultados não evidenciam outra possibilidade de inclusão senão pela realização de trabalhos precarizados e predominantemente eventuais, segundo a lógica da inclusão subordinada, tal como se vem discutindo.

A ausência de políticas públicas

Além da concepção de ação *pública nã estatal* que justificou o repasse de recursos públicos para instituições privadas, os programas referenciados se caracterizaram pela desarticulação e pela fragmentação das ações a que deram origem, por uma profusão de projetos similares espalhados por diferentes unidades gestoras, particularmente no governo do Presidente Lula.

Em resumo, são três programas que continuam, com modificações: o PRONERA, o PNQ e o PROEP; mais dois que se vinculam explicitamente ao Sistema Nacional de Educação: o PROJOVEM e o PROEJA. E mais sete projetos distribuídos entre ministérios, secretarias, secretarias especiais, alguns deles com seus respectivos conselhos, todos vinculados ao Plano Nacional do Primeiro Emprego. No total, tem-se 12 propostas em andamento, sem considerar o ensino médio integrado, ainda bastante incipiente.

Com o objetivo de viabilizar cada um desses projetos, são estabelecidas parcerias entre a Secretaria Geral da República, os ministérios citados, os governos estaduais, municipais e outros órgãos federais, entidades da sociedade civil, empresas públicas e privadas, sempre prevalecendo a primazia do repasse dos recursos ao setor privado, como se analisou anteriormente, pelas redes ou franquias sociais. E de modo geral, eles são muito parecidos, com pequenas especificidades que não justificam tamanha fragmentação de ações e pulverização de recursos. Como resultado, reproduzem-se estruturas, espaços e recursos, financeiros e humanos, para os mesmos fins, configurando-se uma clara estratégia populista de eficácia discutível.

É interessante observar que, no mesmo relatório citado, o TCU aponta a necessidade de uma maior integração entre os Ministérios da Educação e do Trabalho e Emprego, bem como o aproveitamento dos Planos Estaduais de Educação Profissional (PEPs), como referência para a análise e seleção de carta-consulta relativas a projetos escolares do segmento comunitário, avaliando a necessidade de atualização desse planos.

Não é de estranhar, portanto, a reivindicação feita pelos gestores públicos da educação profissional, para que esses inúmeros projetos que fragmentam as ações e os recursos, atribuindo a execução ao setor privado, sejam substituídos por uma *política de Estado* que contemple, de forma orgânica, o financiamento e a gestão públicos comprometidos com o bom uso dos recursos públicos, a ser assegurado pelos controles públicos da União, posto que a pesquisa levada a efeito, ainda que preliminar, permite questionar fortemente a falta de efetividade social dos programas que vêm sendo desenvolvidos, os quais se revestem de caráter fragmentado, assistencialista e compensatório, sem que se configurem de fato como política pública.

Como já se afirmou em outro texto,

> a razão fundamental para que essa política seja de Estado é o reconhecimento do papel estratégico que desempenham a educação e a produção do conhecimento científico-tecnológico e sócio-histórico no processo de construção de uma sociedade de novo tipo, fundada na justiça social a partir da participação de todos na produção, na fruição do que foi produzido, na cultura e no poder, o que demanda processos educativos que articulem formação humana e sociedade na perspectiva da autonomia crítica, ética e estética. (Kuenzer e Grabowski, 2006).

O DISCURSO DA ARTICULAÇÃO ENTRE EDUCAÇÃO BÁSICA E PROFISSIONAL OCULTA A ÊNFASE NO CONHECIMENTO TÁCITO, COMO EXPRESSÃO DA NOVA EPISTEMOLOGIA DA PRÁTICA

As propostas de educação profissional que vêm sendo analisadas, cotejadas com os dados disponibilizados pelas pesquisas de campo que temos realizado nos últimos anos, evidenciam que, embora as mudanças ocorridas no mundo do trabalho passem a exigir ampliação da educação básica com qualidade, à qual se integre formação profissional de natureza tecnológica, fundada no domínio intelectual da técnica como relação entre conhecimentos e competências cognitivas complexas, o que se vem oferecendo aos que vivem do trabalho se resume, basicamente, à reprodução do conhecimento tácito, não passando de discurso a integração entre educação básica e profissional.

Assim é que os projetos contemplam um amálgama de qualificação social entendida como ação comunitária, aprendizagem de fragmentos do trabalho no espaço produtivo como conhecimento científico-tecnológico, domínio de algumas ferramentas da informática e das linguagens como capacidade de trabalho intelectual, discussão sobre algumas dimensões da cidadania como capacidade de intervenção social, levando a entender que o resultado desse conjunto configura-se como educação para a inclusão social. Embora esses elementos sejam fundamentais para a educação dos que vivem do trabalho, a forma superficial e aligeirada, na maioria das vezes descolada da educação básica de qualidade, reveste as propostas de caráter formalista e demagógico a reforçar o consumo predatório da força de trabalho ao longo das cadeias produtivas.

Não há, nos projetos, referência e condições concretas, dadas às suas características, para a implementação de procedimentos pedagógicos que assegurem o desenvolvimento das competências complexas que caracterizam o trabalho intelectual. Em particular às que assegurem o exercício da crítica, da criação, da participação política ou acesso aos conhecimentos necessários para enfrentar os desafios de uma sociedade cada vez mais excludente, para o que o domínio de conhecimentos científicos, tecnológicos, e sócio-históricos com vistas à formação de um profissional com autonomia intelectual e ética, são fundamentais. Ao contrário, vários dos projetos analisados, embora sutilmente, negam essa necessidade.

Como afirma Contreras (2002),

> a ideia básica que fundamenta propostas desse tipo é que a prática profissional consiste na solução instrumental de problemas mediante a aplicação de um conhecimento

previamente disponível. É instrumental, porque supõe a aplicação de técnicas e procedimentos que se justificam por sua capacidade para conseguir os efeitos ou resultados desejados. (p. 90-91)

Ou, como afirma Schön, conhecer e refletir, na ação, o que implica em um tipo de inteligência tácita e espontânea que é incapaz de se tornar verbalmente explícita (Schön, 2000, p. 33).

Kuenzer, ao analisar as novas demandas de educação profissional derivadas das mudanças na base técnica com a crescente utilização da base microeletrônica, que demandam cada vez mais domínio das categorias referentes ao trabalho intelectual em contraposição à centralidade do conhecimento tácito típica do taylorismo/fordismo, afirma que

> [...] causa espanto [...] ao tempo em que as pesquisas levem a estas constatações, que as políticas públicas em vigor para todos os níveis de ensino proponham como tarefa à escola o desenvolvimento de competências entendidas como capacidades de realizar tarefas práticas, desvalorizando, e mesmo declarando desnecessário, o conhecimento científico. (Kuenzer, 2002)

Retrocede-se, afirma a autora, ao princípio educativo do taylorismo/fordismo, onde

> o melhor instrutor era o "Tonicão", que embora não conhecesse a ciência do seu trabalho, tinha virtuosidade nas práticas laborais, desenvolvida ao longo do tempo através de sua experiência. Ele também não sabia ensinar, porque conhecimento tácito não se sistematiza, e portanto, não se explica; mas tinha imensa boa vontade em se deixar observar e em mostrar como fazer, pois ele "sabia na prática". (Kuenzer, 2004)

Diga-se de passagem que o Escola de Fábrica assim se pronuncia sobre o perfil dos instrutores que as empresas devem disponibilizar: *"colaboradores internos que sabem fazer para saber ensinar os temas específicos e profissionais do curso"* (www.mec.gov/educaçãoprofissionaletecnológica/escoladefábrica)

A pedagogia do trabalho, assim compreendida, resume-se a observar e repetir até memorizar as "boas práticas" dos trabalhadores mais experientes, bastando inserir, desde logo, o futuro trabalhador na situação concreta de trabalho, mesmo sem que ele se aproprie de categorias teórico-metodológicas, permitindo-lhe analisá-la e compreendê-la para poder intervir com competência.

Restaria perguntar, portanto, a quem interessa reduzir a formação ao conhecimento tácito por uma epistemologia na qual a prática se constrói pela reflexão sobre si mesma, sem a mediação da teoria, desqualificando-se os espaços onde os que vivem do trabalho poderiam ter acesso ao conhecimento científico, tecnológico e sócio-histórico, como produto do pensamento humano, mas também enquanto como para aprender a conhecer. Conclui-se, da análise levada a efeito até aqui, que, embora o PNQ apresente avanço conceitual, os programas e projetos que dele se derivaram propõem outra concepção epistemológica, privilegiando a prática em detrimento da teoria, as relações sociais sobre as práticas educativas intencionais e sistematizadas, o relativismo sobre o realismo.

A FORMAÇÃO PRECARIZADA PARA TRABALHADORES PRECARIZADOS CONTINUA SENDO O EIXO DAS POLÍTICAS DE EDUCAÇÃO PROFISSIONAL

A análise levada a efeito, mais do que abranger toda a temática, indica um extenso programa de investigação a ser levado a efeito por aqueles intelectuais que professam compromisso com os que vivem do trabalho, tendo em vista a avaliação do que lhes tem sido ofertado sob o discurso de sua inclusão, e a proposição coletiva de projetos de outra natureza. E mostra que os princípios que orientaram a educação profissional no governo Fernado Henrique não foram superados no governo Lula, alguns deles, inclusive, tendo sido fortalecidos.

Alguns elementos de realidade permitem fazer afirmações e indicar hipóteses para a continuidade dos estudos, sustentadas por indicadores que apontam seu potencial explicativo: a destruição progressiva das ofertas públicas e o fortalecimento crescente do setor privado, que cada vez recebe mais recursos para realizar funções que são do Estado; a enunciação apenas formal, na maioria dos projetos, da integração da educação profissional à educação básica; o caráter genérico, descomprometido com o efetivo acesso ao conhecimento sobre o trabalho da maioria dos projetos de educação profissional; a ênfase no conhecimento tácito em detrimento do acesso ao conhecimento científico-tecnológico e sócio-histórico, negado em nome de seu pretenso caráter racionalista; a pulverização de ações e a duplicação de recursos que respondem a uma proposta populista, em substituição a uma proposta orgânica e consistente, de política de Estado.

Como resultado, é possível indicar a continuidade de propostas precárias de educação profissional para legitimar a inclusão em trabalhos precarizados, de modo a alimentar o consumo predatório da força de trabalho, para o que a redução epistemológica, a partir da formação de subjetividades flexíveis, polivalentes e empreendedoras, realiza-se pelas bases materiais e das dimensões pedagógicas dos processos sociais aos quais se articulam políticas e práticas educativas de caráter privado, populistas e fragmentadas, que expressam as estratégias de disciplinamento necessárias ao novo regime de acumulação, para o que a nova epistemologia da prática fornece os fundamentos.

Ao se refletir sobre, percebe-se que, na sociedade capitalista, onde se produzem relações sociais e produtivas com a finalidade precípua de valorização do capital, não há inclusão que não atenda a essa lógica, como não há possibilidade de existência de práticas pedagógicas autônomas; apenas contraditórias, cuja direção depende das opções políticas que definem os projetos, seus financiamentos e suas formas de gestão. O desafio que se expõe é o rompimento desse círculo, o que demanda novas leituras, propostas e práticas a partir da ampliação da participação dos trabalhadores na formulação das políticas e na gestão dos processos, capazes de interferir positivamente no atendimento às necessidades dos que vivem do trabalho, tendo sempre em mente que não é possível fazê-lo sem criar oportunidades dignas de trabalho. Ou seja, não há como professar uma crença mecânica no poder das contradições, como se fosse possível resolver o problema da inclusão por meio da qualificação precarizada para uma inserção consentida, que apenas atende às demandas da acumulação flexível, com restritas possibilidades de desenvolver uma consciência de classe.

NOTAS

1 Este capítulo, de forma mais completa, foi publicado no periódico Educação e sociedade, v.27, n.96-Especial, p. 637-640, out 2006 (Kuenzer, 2006).

2 Brasil. Lei nº 9.394, de 20 de dezembro de 1996. *Diário Oficial da União*, Brasília, 23,

dez. 1996. Estabelece as Diretrizes e Bases da Educação Nacional.

3 Acumulação flexível é uma categoria formulada por Harvey, que assim a sistematiza: [...] *é marcada por um confronto direto com a rigidez do fordismo. Ela se apóia na flexibilidade dos processos de trabalho, dos mercados de trabalho, dos produtos e padrões de consumo* [...] *surgimento de setores de produção inteiramente novos, novas maneiras de fornecimento de serviços financeiros, novos mercados e, sobretudo, taxas altamente intensificadas de inovação comercial, tecnológica e organizacional.* (Harvey, 1998, p. 140).

4 Para mais informações sobre esta negociação, ver Kuenzer, 1997.

5 Ver os textos organizados por Lodi, 1999.

6 A Escola de Fábrica propõe-se a incluir jovens de baixa renda no mercado de trabalho pela iniciação profissional em unidades de trabalho. O Juventude Cidadã adota uma estratégia de qualificação social e profissional que privilegia a aprendizagem pela experiência, por meio do seu engajamento efetivo na prestação de serviços comunitários, articulado com o desenvolvimento de conhecimentos.
A descrição detalhada desses projetos pode ser encontrada nos seguintes *sites*: www.mtegov.br; www.mec.gov.br; www.sgpr.gov.br.

7 Para informações sobre esses projetos, consultar o site do Ministério do Trabalho e Emprego: www.mtegov.br

8 Ver, para maiores informações, o projeto em www.mtegov.br.

9 Os Estados que assinaram convênio em 2004 com o MEC, para o desenvolvimento de experiências-piloto na modalidade médio integrado foram Paraná, Santa Catarina e Espírito Santo; os recursos financeiros nunca foram liberados, e o Paraná vem desenvolvendo o projeto com recursos do seu orçamento. Ver Ferreira e Garcia (2005).

10 Ver os termos de referência dos Projetos Consócio Social da Juventude e Escola de Fábrica, nos *sites* do MEC e do Ministério do Trabalho e do Emprego: www.mec.gov.br e www.mtegov.br.

REFERÊNCIAS

FERREIRA, E; GARCIA, S. O ensino médio integrado à educação profissional: um projeto em construção nos estados do Espírito Santo e do Paraná. In: FRIGOTTO, G.; CIAVATTA, M.; RAMOS,M. (org). *Ensino médio integrado*: concepção e contradições. São Paulo: Cortez, 2005, p. 148-174.

FIDALGO, F. *A formação profissional negociada*: França e Brasil, anos 90. São Paulo: Ed Anita Garibaldi, 1999, 232 p.

FIDALGO, F e FIDALGO, N. Negociação da educação e da educação profissional. In: TEIXEIRA, LADOSKI E DOMINGUES (org). *Negociação e contratação coletiva da qualificação socioprofissional nas relações capital-trabalho.* São Paulo:CUT, 2005, 251 p.

FRIGOTTO, G.; CIAVATTA, M. *Ensino médio*: ciência, cultura e trabalho. Brasília: MEC, SEMTEC, 2004, 338 p.

_____. A política de educação profissional no Governo Lula: um percurso histórico controvertido. *Educação & Sociedade,* Campinas, vol. 26, n. 92, p. 1087-1113, Especial-Out.2005

GRABOWSKI, G. *Outra educação profissional é (impossível)?* . Porto Alegre, PPGE/UFRGS, 2004, dissertação de mestrado.

GRABOWSKI, G, RIBEIRO, J.; SILVA, D. *Formulação de políticas de financiamento da educação profissional no Brasil.* Brasília, PROEP/SEMTEC/MEC, 2003.

KUENZER, A. A educação profissional nos anos 2000: a dimensão subordinada das políticas de inclusão. *Educação e Sociedade*, Campinas, v.27, n.96-Especial, p. 637-640, out 2006.

KUENZER, A *As propostas de decreto para a regulamentação do ensino médio e da educação profissional*: uma análise crítica. Curitiba: 2003. Disponível em: www.anped.org.br/representacoesanped2004.pdf>Acesso:2006.

KUENZER, A. *Ensino médio e profissional*: as políticas do estado neoliberal. São Paulo, Cortez, 1997.

KUENZER, A. Exclusão includente e inclusão excludente: a nova forma de dualidade estrutural que objetiva as novas relações entre educação e trabalho. In: LOMBARDI, J.; SAVIANI, D; SANFELICCE, J. (org). *Capitalismo, trabalho e educação*. 3.ed. Ed Autores Associados, 2005. p. 77-96.

_____ Conhecimento e competências no trabalho e na escola. Boletim técnico do SENAC. Rio de Janeiro: , v.28, n.2, p.03 - 11, 2002.

_____. Competência como Práxis: os dilemas da relação entre teoria e prática na educação dos trabalhadores. *Boletim técnico do SENAC*. Rio de Janeiro: , v.30, p.81 - 93,2004.

KUENZER, BARCELOS E INVERNIZZI. Educação, saúde e trabalho: avanço desigual no contexto da reestruturação produtiva na Região Metropolitana de Curitiba.

KUENZER e GRABOWSKI. Educação Profissional: pressupostos para a construção de um projeto para os que vivem do trabalho. *Perspectiva*. Florianópolis, UFSC 2006.

LODI, L.H. *Avaliação do PLANFOR*: uma política pública de educação profissional em debate. São Paulo: UNITRABALHO, 1999, 142 p.

HARVEY, D. *A condição pós-moderna*. 7. ed. São Paulo: Ed. Loyola, 349 p.

MARX, K e ENGELS, F. *Manifesto Comunista*. São Paulo: Boitempo Editorial, 1998, 255 p.

OLIVEIRA, A. *Marx e a exclusão*. Pelotas: Seiva, 2004.

SGUISSARDI, V. Educação superior: restrição do público e expansão do privado. Traços marcantes de uma reforma em curso. In: QUARTIERO, M; BIANCHETTI, L. *Educação corporativa*: mundo do trabalho e do conhecimento:aproximações. São Paulo: Cortez, 2005, p. 274-287.

17 Reforma, legislação e financiamento da educação profissional no Brasil

Gabriel Grabowski e Jorge Alberto Rosa Ribeiro

A reflexão sobre a educação profissional (EP), em seus variados matizes, quer sua finalidade, seu público, sua organização, sua pedagogia, seu financiamento, sua legislação e sua efetividade como política de inserção é objeto de constantes investigações em várias universidades brasileiras, constituindo uma importante literatura capaz de subsidiar as políticas públicas em todas as esferas da federação.

Desde 1990, a educação profissional no Brasil tem ocupado um lugar de destaque na agenda neoliberal, decorrente das transformações no campo da economia e do trabalho. As políticas, programas e ações governamentais têm alardeado que a qualificação profissional e a formação técnico-profissional são estratégicas para a inserção do país no grupo de nações denominadas desenvolvidas, além de constituir-se condição para o trabalhador participar das novas relações sociais de produção.

Nessa perspectiva, a partir de 1996, implementou-se uma reforma da educação profissional (Decreto Federal nº 2.208/97), com novo arcabouço normativo e legal, novas estratégias de organização e financiamento, diversificação em níveis e modalidades de ensino profissional, com o pretexto de que a nova ordem econômica mundial requer uma nova educação e, consequentemente, um novo perfil de trabalhador.

Mais recentemente, em 2004, o Decreto Federal nº 5.154/2004 reforma a reforma anterior, mantendo a estrutura da educação profissional e introduzindo novas formas de sua oferta e tentando propor não mais uma educação profissional submetida ao mercado, mas que se fundamentasse em uma proposta educacional que articulasse a ciência, a cultura e o trabalho.

Este capítulo irá explicitar o processo da reforma e suas implicações, sejam conceituais ou políticas, refletir sobre o novo marco regulatório advindo desses processos e abordar as fontes de financiamento da educação profissional e tecnológica, o papel desempenhado pelo Sistema S e a recente constituição dos Institutos Federais Superiores de Tecnologia (IFETS).

A REFORMA DA EDUCAÇÃO PROFISSIONAL – VERSÃO NEOLIBERAL

A educação profissional foi, sem dúvida, a modalidade mais radicalmente afetada pela reforma educativa proposta na nova LDBEN (art. 39 a 42), aprovada pelo Congresso Nacional em 1996, e nas regulamentações que se seguiram dadas pelos Decretos nº 2.208/97 e n° 5.154/04 do Executivo Federal, respectivamente, gestão Fernando Henrique Cardoso e gestão Luis Inácio Lula da Silva. Na Lei de Diretrizes e Bases da Educação Nacional de 1996 (Lei n° 9.394/96), a educação profissional foi definida como modalidade de educação e ensino que conduz ao permanente desenvolvimento de aptidões para a vida produtiva, ao estar integrada às diferentes formas de educação, ao trabalho, à ciência e à tecnologia. Além disso, a lei salientou a sua articulação ao ensino regular e às estratégias de educação continuada, ao promover essa modalidade de educação em instituições especializadas ou no ambiente de trabalho.

Tão logo essa lei foi editada, o governo tratou de regulamentá-la por meio do PL 1.603/96, que, apesar de todos os esforços, não conseguiu fazer aprovar no Congresso, optando, dessa forma, pelo Decreto nº 2.208/97. A partir do decreto governamental, que traduziu o entendimento das forças políticas, naquele contexto, representativas do governo FHC, promoveu-se a reforma da educação profissional. Os elementos da reforma foram variados. Destacaram-se: a separação da educação profissional da educação básica abandonou qualquer pretensão de universalidade da educação profissional, como fora "a profissionalização universal e compulsória para o ensino secundário" pela Lei 5.692/71, e restabeleceu a dualidade estrutural, em dose dupla. *Dualidade legal* ao tratar da educação profissional separada da básica, sendo que esta é que possibilita o acesso e continuidade dos estudos naquela, a tal ponto que o decreto estabelecia que o diploma de nível técnico fosse emitido quando estivesse concluído o ensino médio da educação básica. E a reforma acentuou a *dualidade social* internalizada na educação profissional por meio de cursos especiais (Art. 42 da LDB) e programas de formação inicial para qualquer trabalhador, independentes da escolaridade do mesmo. Essa modalidade concentrava mais de 80% das matrículas do cômputo geral da oferta de educação profissional. Enquanto isso nos níveis técnico e tecnológico ocorria um movimento de elitização do acesso. Esses dois níveis foram articulados com o nível médio e superior, exigindo maior tempo de formação do técnico e do tecnólogo (parte-se de, no mínimo, 12 anos de formação).

A população escolar que conclui o ensino médio no país vem crescendo significativamente, mas ainda é pequena a parcela da população escolar que chega à educação profissional de nível técnico. Ao redor de 7% de matriculados no ensino médio (em torno de 10 milhões) encontram-se matriculados na EP de nível técnico (700 mil). A reforma estimulou a educação superior em nível de tecnólogo por meio de cursos superiores de tecnologia, com funcionamento nos centros de educação tecnológica, universidades, centros universitários e faculdades (algumas exclusivamente Faculdades de Tecnologia – Fatecs). Sem se constituir em sistema à parte, deixou em aberto as formas de financiamento dessa modalidade educativa, e, ao fazê-lo, sinalizou forte privatização da sua oferta com riscos sérios à gratuidade. A reforma introduziu, principalmente por meio dos cursos de formação inicial, a privatização de seus custos (ensino pago) e o ingresso de uma figura funcional estranha nas escolas – o instrutor ou monitor contratado por tarefa. E ainda, talvez se aproximando das 12 milhões de matrículas, os cursos e programas de formação inicial de trabalhadores são os mais difundidos e os que preservaram um tipo de treinamento pontual e específico de poucas horas de duração e de discutível qualidade de formação. O Sistema S (atualmente composto pelo SENAC, SENAI, SESC, SESI, SESCOOP, SEBRAE, SEST, SENAR E SENAT) ainda domina a oferta desses cursos de capacitação e de nível inicial. De maneira perversa, os defensores da reforma argumentaram que o restabelecimento da dualidade legal seria um mecanismo de justiça social e de combate ao dualismo social por retirar da educação profissional os estudantes provenientes das elites e que estavam nela em virtude de serem excelentes escolas para o ingresso no nível superior. Dessa forma, possibilitaria o ingresso dos pobres na educação profissional. A reforma ainda propunha que o conhecimento adquirido, inclusive no trabalho, ou seja, fora da escola, pudesse ser avaliado, reconhecido e certificado para prosseguimento ou conclusão de estudos. Além disso, definiu novas áreas profissionais (20 áreas), um novo ordenamento curricular (por competências, numa matriz de funções e habilidades), nova organização dos estudos (por módulos e etapas), exigência de avaliação para certificação de competências e o possível ingresso de novos agentes educativos (instrutores e monitores) no lugar dos professores.

Parece existir hoje um consenso na explicação da gênese do novo cenário da educação profissional, associando-o às mudanças da economia (globalização), do mundo do trabalho e do mercado de trabalho. Imersa nessas mudanças, foi elaborada a Reforma da Educação Profissional no Brasil, na sua primeira versão, expressa pelo Decreto nº 2.208/97.

As mudanças do mundo do trabalho, ao que tudo indica, vieram associadas às transformações ocorridas com o advento da terceira revolução industrial. Nessa nova etapa, foi revolucionada a produção industrial com introdução das novas tecnologias da informação (tecnologias da automação, informática, telemática, robotização, etc.), que projetaram a sociedade fundada no conhecimento. O conhecimento científico e tecnológico (CCT) passou a ser elemento central para o funcionamento e desenvolvimento das sociedades contemporâneas. Conforme vários analistas, esse conhecimento assumiu uma posição estratégica e representa hoje o principal capital das organizações. Foi ele (CCT) que tornou possível o aumento dos ganhos do setor industrial, sem que estes implicassem, necessariamente, a redução da jornada de trabalho ou a elevação dos salários. Foi com esse conhecimento que se promoveu a reestruturação produtiva de variados setores e atividades. A aplicação da reestruturação destruiu postos de trabalho e contribuiu para que a ameaça de desemprego colocasse na defensiva o movimento dos trabalhadores, o que gerou alterações no mercado de trabalho.

Nesses últimos 20 anos, o mercado de trabalho tem se caracterizado por fortes mudanças nas relações de emprego, de trabalho e nas condições do exercício desse trabalho. Para se ter uma ideia, o trabalho informal no Brasil, na década de 1980, representava em torno de 40% da População Economicamente Ativa (PEA); na década de 1990, já envolvia 55% da PEA. Uma boa parte da explicação desse fenômeno estava associado ao crescimento significativo do desemprego e à incapacidade crônica da economia brasileira em gerar 1 milhão e meio de empregos necessários para atender a população que se apresenta anualmente nos mais distintos mercados de trabalho. Para isso, necessitaríamos crescer a taxas superiores aos 5%, o que só agora está ocorrendo.

Dessa maneira, o novo regime de formação profissional, em respeito ao momento em que foi projetado, deveria atender os pressupostos de flexibilidade funcional e numérica em voga naquela conjuntura. Enquanto a flexibilidade funcional estava associada à aplicação da polivalência – aptidão para executar mais de uma função, englobando vários postos de trabalho, e tendo como resultado a redução do número de trabalhadores –, a numérica era resultado da concentração estratégica da empresa no seu produto/negócio fundamental, o que estimulava a demissão de trabalhadores que não participavam na produção desse produto ou do negócio fundamental. Ambas geravam expressivas dispensas de trabalhadores. Observava-se que, nos processos de reinserção no mercado de trabalho, predominavam situações negativas e prejudiciais aos interesses dos trabalhadores. Formas terceirizadas de contratação dos trabalhadores e precarização do trabalho, por meio de contratos de trabalho temporário ou que não observavam direitos já conquistados, proliferaram como efeito da flexibilização.

A avaliação desse cenário, conjugado pela orientação sobressalente da reforma na primeira versão (Decreto nº 2.208/97), produzia questionamentos que requeriam respostas:

> A relação dialética entre qualificação e competência suscita questões. É possível retomar a qualificação profissional fora do contexto em que foi construída ou imprimir conteúdo social à competência em um contexto de fragilidade dos movimentos sindicais? Se optássemos pela primeira alternativa, a de retomada da luta pela qualificação, teríamos alguma chance de trazer de volta o Estado social? E quanto a conferir um conteúdo social às competências, seria possível conquistar uma regulação das relações de trabalho dentro do Estado neoliberal? Como projetar o novo na relação Trabalho-Educação a partir de movimentos sociais populares? (Ribeiro, 2005, p. 107).

A REFORMA DA EDUCAÇÃO PROFISSIONAL – VERSÃO DESMONTE NEOLIBERAL?

Após expressivo tempo de indefinição, no qual foi mantida a regulamentação dada pelo governo que terminara, o novo governo revogou o Decreto 2.208/97 e editou novo Decreto em julho de 2004, de número 5.154, que alterou vários conceitos da Educação Profissinal e Tecnológica (EPT), e a relação desta com a educação básica. Ao implicar a educação profissional de formação inicial à elevação da escolaridade de caráter público e gratuito (PROEJA), exigindo e contribuindo à universalização do ensino fundamental para os jovens e adultos. Convém lembrar que, da maneira como o art. 42 da LDB e o Decreto nº 2.208/97 definiam o oferecimento desses cursos, constituía flagrante descumprimento das funções do Estado com relação ao direito à educação, tal como está previsto na Constituição. Outra alteração foi defender e estimular formas integradas de ensino médio e técnico na perspectiva da ciência e da tecnologia, apontando para uma solução que não fizesse vingar a dualidade legal e social. Para isso, retomava o investimento e os gastos federais na expansão de escolas, centros e institutos de educação profissional, sem recorrer ao Banco Mundial (BIRD) para isso, o que sinalizava o interesse público-estatal nesse processo. Nessa temática, a nova orientação da EPT implicava questionar o financiamento público do Sistema S e propunha a constituição de um fundo de desenvolvimento da educação profissional como mecanismo de expansão da oferta gratuita dessa modalidade de educação. Gradativamente deslocava a noção de competência pela de formação integral (omnilateral, geral e específica e como práxis formativa), deixando aquela noção de ter a centralidade pedagógica orientadora da formatação curricular dos cursos e das atividades de educação profissional. Não obstante, no tocante à estrutura curricular, nos cursos técnicos foi mantida a orientação da organização modular e/ou por etapas.

No nível organizativo da EPT, promoveu-se a I Conferência Nacional da Educação Profissional e Tecnológica,[1] contando com representações estaduais e das mais distintas mantenedoras públicas e privadas. A conferência representou um espaço de discussão e reflexão dos resultados da reforma da EPT, considerando a orientação dada a ela por cada um dos decretos já citados. Apoiou o entendimento de a educação profissional como um sistema a ser integrado à educação básica, prevendo modificar os quatro capítulos que a instituem pela LDB (Lei nº 9.394/96).

Há que admitir que o novo cenário que foi sendo construído estava associado às mudanças conjunturais no mundo do trabalho. Voltou a crescer o emprego formal, reduziu-se o desemprego, elevou-se o crédito, aumentou a disponibilidade de investimento, especialmente, público. Paralelamente a essas mudanças, novas exigências e novas tensões formativas ganharam maior expressão. Exemplificam-se nos debates: estimular a formação de generalistas ou especialistas; contribuir para uma forte atuação individual ou dar força ao trabalho em grupo; valorizar a demonstração de indignação e de responsabilidade com compromisso social ou vestir a camiseta da empresa. Sob o ponto de vista da inserção profissional, a educação profissional de nível técnico e tecnológico é eficaz, embora os salários de ingresso sejam baixos e as promoções pouco expressivas. A nova conjuntura de crescimento econômico tem sido um bom teste para verificar repercussões salariais, o acerto do financiamento público-estatal da expansão dessa modalidade educativa, o reconhecimento do título superior de tecnólogo, a efetiva elaboração da perspectiva formação integral, aliada da verificação da positividade das experiências integradas, em nível médio, e de elevação de escolaridade, no nível inicial.

No atual momento, ainda está em gestação a explicação da gênese do novo cenário da educação profissional, referenciado ao Decreto nº 5.154/04. Enguita (2004, p. 14) já nos alertou que "a chave [explicativa do caráter reprodutivo ou transformador da educação] não está na escola, mas na sociedade em torno dela". Nesse sentido, destacamos as transformações conjunturais, políticas e sociais, que de forma mais sensível fizeram refluir as orientações liberais e neoliberais, ao dar margem a medidas desenvolvimentistas em distintas regiões. Evidenciam transformações que se encontram alicerçadas em movimentos sociais dos mais variados matizes que reivindicam mudanças no país, na América Latina, nas relações internacionais.

Associado às mudanças do mundo do trabalho e do mercado de trabalho, à mudança de conjuntura política, notadamente na América Latina, a EPT tem apresentado a necessidade de negociação das condições que proporciona sua subordinação econômica. Da dívida externa ao debate sobre o valor da sua economia de exportação em um mercado internacional que subsidia vantagens a regiões produtoras centrais, entre outros temas decisivos, espera-se que a EPT cumpra um papel na configuração do novo cenário.

No tocante à educação profissional, dois movimentos são sugestivos. O dos profissionais e dirigentes, participantes na primeira conferência de EPT no país. Por meio das escolas técnicas e centros de formação, eles têm buscado ressignificar as inovações legais introduzidas na primeira e na segunda versão da reforma. Paralelo a este, o movimento dos intelectuais, pesquisadores e articuladores que vivem do estudo da educação profissional. A título de exemplo do exercício de ressignificação realizado por esses movimentos, a temática da EPT é tratada em um conjunto de teses e dissertações defendidas, bem como de outros estudos, como as investigações apresentadas no GT Trabalho e Educação da Associação Nacional de Pós-Graduação e Pesquisa em Educação (ANPED) e a investigação do estado da arte da produção dessa temática feita por Ribeiro (2005). Todos exemplificam a preocupação na compreensão, com sua devida implicação política, dos temas que envolvem as políticas públicas na área, na formação de professores e no alerta da sua precarização, no financiamento e na denúncia do risco da sua fragmentação da EPT em programas variados, superpostos e ineficientes. Para concluir, Kuenzer (2003) manifestou a síntese que transcrevemos a seguir:

> o que precisamos com urgência, é que o *governo defina políticas afirmativas de educação profissional integradas a políticas de educação básica de qualidade para todas as faixas etárias, ambas integradas a políticas de geração de emprego e renda*, de modo a superar as dimensões de precarização desenvolvidas pelo governo anterior, principalmente com os recursos do FAT. E que se definam formas permanentes de financiamento que permitam a oferta de programas públicos de qualidade, com a perspectiva de integração acima anunciada, de modo a criar efetivas oportunidades de inclusão para os que vivem do trabalho". (Kuenzer, 2003, grifo meu)

O PROBLEMA DO FINANCIAMENTO

O financiamento da educação como campo de estudo é indispensável para uma boa gestão das redes de ensino, razão pela qual é área de investigação bastante recente. Nos países centrais, nos anos de 1960, desenvolveu-se a disciplina de Economia da Educação abordando as produções sobre o financiamento.[2] "A consolidação das pesquisas sobre financiamento da educação, na literatura internacional, data dessa década e da seguinte" (Velloso, 2001, p. 63) e, no Brasil, as investigações aumentam a partir de 1980 e 1990.

Os estudos brasileiros estão concentrados em questões do financiamento do ensino fundamental, ensino superior e, alguns poucos, sobre a educação básica. Enquanto na literatura internacional, o financiamento é abordado pela ótica das fontes de recursos, das receitas ou da captação quanto pela perspectiva da destinação (alocação) das verbas ou da aplicação dos gastos, no Brasil, devido à vinculação constitucional dos recursos vigentes, predominam investigações sobre o ensino público, privatização do ensino, privatização do ensino por meio do financiamento, do Fundo de Manutenção e Desenvolvimento da Ensino Fundamental (FUNDEF), o papel das Agências internacionais de financiamento[3] e o tema da manutenção e desenvolvimento de ensino. A educação profissional é quase ausente nas investigações, exceção para recentes dissertações e teses em torno da rede pública federal e programas governamentais.[4]

A partir desse contexto, situamos os principais desafios históricos da educação profissional e tecnológica (EPT) neste país, entre os quais destacamos três de caráter estrutural: a EPT tem servido a que finalidade? Pode superar a dualidade social e educacional e apresentar condições de modificar a natureza de seu financiamento? Falar em *desafios* significa levar em consideração a materialidade histórica da oferta da educação profissional e *apostar* na possibilidade e potencialidade de fazer diferente, aprendendo com os equívocos praticados e superando-os com propostas e políticas impregnadas de novos sentidos, concepções, prioridades e estratégias de Estado.

De uma forma geral, a educação profissional tem servido para preparar mão de obra (qualificação da força de trabalho) para as relações de produção capitalistas vigentes no Brasil. Predominou, ao longo da história, uma finalidade instrumental, operacional, qual seja, que o trabalhador fosse capaz de executar as funções reservadas para ele de forma mecânica e tecnicista. Essa função delegada ao então denominado ensino profissionalizante (ensino técnico) é resultado de uma sociedade estruturada de forma dual: proprietários dos meios de produção, detentores do capital e, trabalhadores, donos de sua força de trabalho a ser transformada em mercadoria de venda e produção.

A dualidade da sociedade brasileira resultou, segundo palavras do educador Anísio Teixeira, num fato dominante na educação brasileira,

> a expansão e fusão gradual de dois sistemas escolares, que serviram ao país em seu dualismo orgânico de duas sociedades, primeiro de senhores e escravos, depois de senhores e povo, e que iriam se integrar progressivamente na sociedade de classe média em processo. (1999, p. 120)

Refletiu-se na educação esse dualismo substancial, com a manutenção, desde a independência, de dois sistemas escolares:

> um destinado para a elite, compreendendo a escola secundária e as escolas superiores, mantido sempre sob o controle do governo central, [...] e outro, destinado ao povo e, na realidade, à classe média emergente, compreendendo escolas primárias e escolas vocacionais, sob o controle, desde 1834, dos governos provinciais e locais. (Teixeira,1999, p. 120)[5]

Quando a I *Conferência Nacional de Educação Profissional e Tecnológica*: "Educação Profissional como estratégia de desenvolvimento e a inclusão social", pautou a questão do *financiamento* como um dos seus eixos centrais, ela indicava o valor que tal reflexão ocupa no debate. Ao abordar a sustentabilidade financeira da educação profissional na perspectiva de uma "estratégia de desenvolvimento e de inclusão social", está-se enfrentando os três desafios colocados inicialmente, pois a *finalidade* está reposicionada (educação profissional como estratégia de desenvolvimento) e uma nova concepção está sendo indicada (educação profissional como fator de inclusão social).

Uma política da magnitude e relevância social como é a educação profissional, seja pela sua demanda, seja pela sua amplitude no cenário da educação brasileira ou mesmo pela expectativa que ocupa no imaginário popular, requer uma política de financiamento sistemática, perene, organizada e com recursos correspondentes à função que lhe é atribuída e/ou esperada.

A história da legislação da educação brasileira que, desde a Constituição de 1934, tem vinculado e previsto recursos para o financiamento da educação nacional, como, também, o fez a CF de 1988 ao fixar 18% da arrecadação de impostos por parte da União e, 25% nos Estados, Distrito Federal e Municípios destinados à educação. No entanto, *deixou a educação profissional sem garantias explícitas e legais de recursos,*[6] pois as menções existentes restringem-se ao ensino fundamental, médio e superior.

Considerando que a discussão sobre o financiamento da educação no Brasil exige necessariamente que se posicione sobre, no mínimo, três aspectos, "a necessidade de mais recursos financeiros para a educação, a política de vinculação de recursos e a política de fundos" (Arelaro e Gil, 2005, p. 53), torna-se necessário discutir o financiamento da educação profissional a partir desse contexto e na lógica que organiza os fundos públicos para a área social.

Os fundos públicos, o financiamento e o orçamento da educação são reveladores das prioridades que o capital induz o Estado a implementar e permitem refletirmos sobre a natureza, a finalidade e as prioridades estabelecidas pelos agentes de implementação de políticas e programas sociais e educativos.

> O financiamento é uma questão crucial no quadro das mudanças de relações entre Estado e as instituições educacionais, especialmente as públicas. As novas formas de financiamento apresentam algumas características específicas e tão importantes que acabam dando o tom aos conteúdos das reformas" (Dias Sobrinho, 2002, p. 172).

Mas breves levantamentos demonstraram que cifras enormes financiam programas e sistemas de educação profissional e tecnológica no Brasil, como, por exemplo: a) no Sistema S, discutem-se valores anuais na ordem de R$ 8 a 11 bilhões; b) no Fundo Universal Sobre Serviços de Telecomunicações (FUST), estão "paralisados" (espécie da contingenciamento) mais de R$ 10 bilhões de reais, dos quais 18% deveriam estar sendo investidos em educação; c) no orçamento anual da União, em 2007, estava previsto R$ 1 bilhão para programas com a juventude, além dos recursos espalhados em mais de 18 ministérios, em diversos programas; d) no MEC, além dos recursos orçados para a expansão da rede federal, entre 2008-2010, estão programados R$ 900 milhões para o Brasil Profissionalizado; e) as empresas investem diretamente em centros de treinamento e, recentemente, nas suas universidades corporativas, investem-se centenas de milhões em treinamentos; f) nos Estados e Municípios, também há recursos expressivos orçados para a educação profissional; g) o Programa Nacional de Inclusão de Jovens: Educação, Qualificação e Ação Comunitária (PROJOVEM), apelidado de PAC da Juventude, tem previsto R$ 5,4 bilhões para 2008-2010; e h) mesmo assim, existem milhões de jovens e trabalhadores que pagam mensalidade em escolas e cursos para qualificar-se, além de escolas sindicais, organizações não governamentais (ONGs), movimentos sociais e escolas comunitárias que estão atuando e mobilizando recursos próprios ou conveniados.

CONTRADIÇÕES: PROGRAMAS EM VEZ DE POLÍTICA

> Se nós ainda não estamos na liquidação brutal da forma escolar como tal, nós assistimos seguramente a uma mutação da instituição escolar que se pode associar a três tendências: uma desinstitucionalização, uma desvalorização e uma desintegração. (Laval, 2004, XVIII)[7]

O historiador Luiz Antonio Cunha caracterizou a política educacional brasileira como "política do Zig-Zag", onde trocando governo, Ministro da Educação ou mesmo Secretários de Educação é suficiente para que novas propostas sejam implementadas em detrimento das que estavam sendo praticadas. Ou seja, temos no Brasil políticas de governo e não de Estado, restringindo-se ao exercício do poder e não ações para curto, médio e longo prazos. Nossas elites dirigentes nunca conseguiram pensar o Brasil nem a educação para o futuro. Essa realidade demonstra que, ou falta projeto ou o projeto é não tê-lo.

A comprovação é a fragmentação das iniciativas governamentais em inúmeros Programas e Projetos que pautam, na última década, a educação profissional: Plano Nacional de Qualificação do Trabalhador (PLANFOR) (1995-1998/1999-2002): Serviço Civil Voluntário (FHC) e Juventude Cidadã (Lula); PROEP: Programa de Expansão da Educação Profissional; Programa Nacional de Educação na Reforma Agrária (PRONERA); Programa Nacional de Qualificação (PNQ) (2003-2007); Programa Nacional de Estímulo ao Primeiro Programa (PNPE); Programa Nacional de Integração da Educação Básica na Modalidade Educação de Jovens e Adultos (PROEJA); PROJOVEM: (MP 238/05) – Ligado Secretária Geral da Presidência da República: (Consórcios Sociais da Juventude; Empreendedorismo Juvenil, Soldado Cidadão); Escola de Fábrica (MEC) entre outros.

Essa fragmentação na formulação e implementação de ações se torna ainda mais evidente quando examinamos a alocação dos recursos da educação profissional e a estruturação pulverizada do financiamento nos ministérios, nos diversos órgãos do governo central e dos demais entes federados. A desarticulação e fragmentação dos programas induz a sobreposições na oferta e um modelo de financiamento fragmentado, sem critérios comuns de custo-aluno e, portanto, mais elevado.

A ausência de uma política pública de Estado, seja para a educação básica, seja para a educação profissional, é um dado histórico real. Portanto, construir, com toda a sociedade, uma proposta de *política pública de educação profissional e tecnológica*, embasada numa concepção de mundo, homem e sociedade como sujeitos e não como objetos do mercado capitalista e voltada para um projeto de nação soberana e independente é desafio que não pode ser postergado. Para tanto, faz-se necessário sustentar uma proposta de educação profissional como uma política pública, integrada no Sistema Nacional de Educação em articulação com a educação básica e a educação superior.

Essa política pública, além de reafirmar a educação como bem público, condição de desenvolvimento humano, econômico e social, necessita comprometer-se com a redução das desigualdades sociais e regionais, vincular-se a um projeto de nação, de desenvolvimento sustentável, incorporando a educação fundamental e média como direito e contribuindo com uma escola pública de qualidade social.

Urge conceber ainda a educação profissional, na perspectiva estratégica de política, como fator de inclusão social, de desenvolvimento econômico, de geração de trabalho e renda, dentre outras dimensões de natureza pedagógica, social e epistemológica. Neste último campo, o epistemológico, trata-se de construção do conhecimento como trabalho não meramente técnico, mas científico e cultural. Na social, a estratégia política realça as relações conflituosas que são responsáveis pela produção e apropriação dos conhecimentos. Na dimensão pedagógica, objetiva formar e educar cidadãos e profissionais com autonomia ética, política, intelectual e tecnológica.

Um conjunto de estratégias é fundamental para a consecução da política pública de educação profissional, entre as quais destacamos: integração da educação profissional com o mundo do trabalho; articulação com a educação básica; integração com outras políticas públicas, especialmente a política de EJA (Educação de Jovens e Adultos) e de Juventude; valorização dos profissionais da educação; respeito ao saber e cultura dos educandos e compromisso com a organização e emancipação dos trabalhadores.

Em virtude dessas considerações, a *unificação*[8] da educação profissional e das ações de qualificação profissional é necessária. Nossa trajetória histórica e nossa cultura estatal desenvolveram um modelo e uma lógica *imediatista, fragmentária, pulverizada, privada e onerosa à sociedade e aos cofres públicos*. Imediatista, porque pensa somente a curto prazo, sem alterar as condições de escolarização da força produtiva; fragmentária, porque temos várias redes, sistemas e programas desarticulados, concorrentes e sobrepostos; pulverizada, porque está em todos os espaços e se move conforme a mobilidade social e a lógica do mercado; privada, porque serve mais aos interesses particulares de empresas, grupos ou mesmo categorias, sem pensar no conjunto da população; e onerosa, porque se gasta muito e se resolve pouco, ou seja, a cada ano se reinveste em processos já atingidos em anos anteriores, ou mesmo em projetos cujos resultados têm ficado muito aquém do esperado.

Pensa-se que, a exemplo de vários processos de unificação desenvolvidos nas últimas décadas, mas, de modo especial, a unificação das ações e políticas sociais recentemente propostas pelo atual governo federal, seja de se pensar a ideia de *unificar todas as fontes, fundos, programas, ações e políticas de educação e qualificação profissional* sob uma única estratégia e política nacional. Essa política estaria dirigida a todos os segmentos, canalizando os recursos para um grande fundo, gerido pelo governo, empresários e trabalhadores, mediante um planejamento e um processo de priorização de investimentos que atendam as necessidades emergenciais, criando as condições para um salto de qualidade na educação e escolarização do conjunto da população economicamente ativa.

Unificar não significa canalizar a oferta para uma única responsabilidade e nem para um único órgão; trata-se de construir um processo coletivo em que todos possam efetivamente contribuir e deliberar sobre as prioridades dos diversos segmentos e caberá ao poder público coordenar e regular a oferta. Todos os atores deverão contribuir na operacionalização e materialização da política de educação e qualificação profissional, porém, de forma *unificada, organizada, planejada, otimizada, articulada, transparente, democrática e pluralista no método e na concepção*.

Concomitantemente a uma discussão de unificação, é necessário que seja realizada uma avaliação, em âmbito nacional, por universidades e entidades, da efetividade dos programas e das políticas de qualificação básica e/ou formação inicial a partir de cursos rápidos e de curta duração. Como nação, devemos nos perguntar se as estratégias de qualificação desenvolvidas pelo Sistema S, pelo PLANFOR, pelo PNQ, pelas Escolas e Centros Tecnológicos e por todas as instituições formadoras estão conseguindo complementar a educação básica ou se apenas constituem-se programas emergenciais, governamentais e de eficácia passageira.

Avaliar a efetividade do conjunto dos programas de todos os governos e verificar os seus impactos na qualidade da educação, nos níveis de escolaridade, na qualidade e competência da força de trabalho e repensar prioridades é função de uma gestão responsável pelo presente, mas, fundamentalmente, comprometida com uma qualidade e perspectiva que viabiliza o futuro dessa nação. Esse processo de avaliação precisa envolver todos os segmentos, redes, protagonistas e especialistas para, mediante critérios científicos, educacionais e sociais, revelar se as estratégias até então adotadas estão alterando nossa estrutura educacional ou se estão apenas capacitando e treinando nossos trabalhadores para demandas pontuais.

SISTEMA S: COMPROMISSO COM A EDUCAÇÃO PÚBLICA

O Sistema S, formado pelo Serviço Nacional de Aprendizagem Industrial (SENAI); Serviço Nacional de Aprendizagem Comercial (SENAC), Serviço Social da Indústria (SESI), Serviço Social do Comércio (SESC), Serviço Social de Transporte (SEST), Serviço Nacional de Aprendizagem Transporte (SENAT); Serviço Nacional de Aprendizagem Agrícola (SENAR), Serviço Brasileiro de Apoio a Micro e Pequenas Empresas (SEBRAE) e Serviço Nacional de Aprendizagem do Cooperativismo (SESCOOP), é o maior sistema brasileiro de atuação no campo da educação profissional em seus diversos níveis: qualificação básica, educação técnica e tecnológica.

Em seus 60 anos de estruturação, com recursos constantes e permanentes, construiu uma infraestrutura humana e tecnológica de alta qualidade em todo o território nacional. Sua relevância e qualidade são inquestionáveis; sua contribuição na qualificação profissional e suas ações na área social contribuíram com o desenvolvimento de nossa nação e muito ainda deve ser feito pela educação básica em prol dos trabalhadores deste país.

A literatura brasileira sobre a relação trabalho-educação-qualificação tem demonstrado que uma educação profissional de qualidade, responsável e sustentável, requer uma base de educação geral e de formação humana integral. Torna-se difícil complementar com a profissionalização o que está fragilizada: a educação básica. A maioria dos trabalhadores brasileiros não possui o ensino fundamental completo, apenas 40% dos jovens estão cursando o ensino médio, e o trabalhador brasileiro possui uma das menores taxas de escolaridade do mundo: 7,3 anos[9] em média.

Se continuarmos promovendo apenas cursos de qualificação de nível básico ou inicial, treinamentos e capacitações, não alteraremos essa realidade. Cabe, portanto, aos poderes públicos, da esfera federal, estadual, municipal, em conjunto com as demais redes e agências, dentre as quais o Sistema S, desenvolverem uma intensa política nacional de universalização da educação básica, de natureza pública e gratuita ao conjunto dos jovens e trabalhadores que desejarem e necessitarem, na perspectiva de formação da autonomia intelectual, política e ética.

O Sistema S precisa rever seu planejamento estratégico na perspectiva de "Unidades de Negócios", em que promove a expansão para o nível do ensino superior e para a pós-graduação de caráter privado e elitizado, para uma outra prioridade e perspectiva de compromisso com a escola pública de nível básico (educação básica), republicana, laica, de qualidade social e tecnicamente competente. A participação do Sistema S em torno de uma estratégia de universalização da educação básica e ampliação da educação profissional de nível técnico é o mínimo que o mesmo pode retribuir à sociedade brasileira que contribuiu por mais de 60 anos com recursos do conjunto da sociedade (públicos) que, mediante uma gestão privada, constituíram um patrimônio cultural, tecnológico e humano que o país não pode prescindir.

Portanto, alguns compromissos desse sistema devem apontar para: reserva de, no mínimo, 30% das vagas gratuitas para a escola pública; participação em políticas públicas de promoção da educação, de trabalho e de ciência e tecnologia; publicidade, transparência e gestão democrática dos recursos compulsórios e, também, participação de parcela dos recursos para um fundo da EPT.

CONSIDERAÇÕES FINAIS

A partir da I Conferência da ETP e das prioridades estabelecidas pelo governo Lula, o Ministério da Educação focou em 2008 sua política de educação profissional em três grandes objetivos: expansão da rede federal, criação dos Institutos Federais Superiores de Tecnologia (IFETS) e tentativa de mudanças no Sistema S.

A proposta de expansão da rede federal, por meio de criação de novas escolas, especialmente as unidades vinculadas atuais, escolas e CEFETS, é uma ação que se propõe a duplicar a atual rede passando de 185 escolas para 354 unidades (até 2010), constituindo-se em campus dos 38 IFETS.

O Ministério da Educação (MEC) criou 38 Institutos Federais de Educação, Ciência e Tecnologia, pela Lei nº 11.892/2008. Os institutos estarão presentes em todos os estados, oferecendo ensino médio integrado, cursos superiores de tecnologia, bacharelado em engenharias e licenciaturas. Os institutos também terão forte inserção na área de pesquisa e extensão, estimulando o desenvolvimento de soluções técnicas e tecnológicas e estendendo seus benefícios à comunidade.

Outra característica é que metade das vagas será destinada à oferta de cursos técnicos de nível médio, em especial de currículo integrado. Na educação superior, haverá destaque para os cursos de engenharias e de licenciaturas em ciências da natureza (física, química, matemática e biologia), com reserva de 20% das vagas. Ainda serão incentivadas as licenciaturas de conteúdos específicos da educação profissional e tecnológica, como a formação de professores de mecânica, eletricidade e informática.

Os Institutos Federais terão autonomia, nos limites de sua área de atuação territorial, para criar e extinguir cursos, bem como para registrar diplomas dos cursos por ele oferecidos, mediante autorização do seu Conselho Superior. Ainda exercerão o papel de instituições acreditadoras e certificadoras de competências profissionais. Cada Instituto Federal é organizado em estrutura com vários *campi*, com proposta orçamentária anual identificada para cada *campus* e reitoria. "Estamos oferecendo ao país um novo modelo de instituição de educação profissional e tecnológica, aproveitando o potencial da rede existente. Os institutos responderão de forma mais ágil e eficaz às demandas crescentes por formação de recursos humanos, difusão de conhecimentos científicos e suporte aos arranjos produtivos locais", diz Eliezer Pacheco, Secretário de Educação Profissional do MEC. Os institutos integram o Plano de Desenvolvimento da Educação (PDE).

Entretanto, outro aspecto pouco estudado diz respeito às iniciativas dos Estados no oferecimento de EPT. O censo da educação profissional (Censo 2008) demonstra que a expansão da EPT, mesmo que tenha sido a maior dos últimos tempos, em torno de 14%, não foi alavancada pela rede federal, mas pelos Estados. Tal fato reforça a necessidade de dar visibilidade às ações dos Estados nesse tema.

Melhorar a qualidade da formação profissional dos trabalhadores e jovens brasileiros é o objetivo da mudança do Sistema S proposta pelo Ministro da Educação, Fernando Haddad. Tal proposta resultou em protocolos com as Confederações Empresariais (indústria e comércio). O sistema arrecada hoje mais de R$ 8 bilhões anuais. Dados do MEC indicam que, utilizando R$ 3,2 bilhões dessa quantia, daria para qualificar 800 mil trabalhadores por ano, em cursos técnico--profissionais de 800 horas. As mudanças iniciais almejavam cinco questões: *Gratuidade* – Os recursos do Sistema S são públicos, arrecadados por contribuição compulsória de 2,5% sobre a folha de pagamento das empresas e, portanto, devem financiar a gratuidade; *Desempenho* – O Sistema S remunera cada unidade estadual com um valor fixo, independente do número de matrículas gratuitas e da qualidade dos cursos que oferece. A proposta prevê a repartição dos recursos dentro do sistema, levando em conta duas variáveis: quantidade e qualidade; *Escolaridade* – o projeto do governo federal propõe que o trabalhador que usufruir de curso profissional gratuito invista, em contrapartida, na sua escolaridade, seja fazendo o ensino fundamental, médio regular ou a educação de jovens e adultos. Os cursos técnicos, acompanhados de ampliação da escolaridade, reduzem a necessidade de uma qualificação posterior; Carga horária – hoje, muitos cursos gratuitos oferecidos pelo Sistema S são rápidos, com cargas que variam de 20 a 60 horas. A proposta do governo federal é que os cursos sejam de 800 horas, divididas em módulos de 200 horas, de forma a oferecer ao trabalhador um aperfeiçoamento contínuo na mesma área profissional. A ideia do projeto é aumentar os cursos de certificação técnica de nível médio, associando formação geral e formação específica; *Itinerário formativo* – ao fazer o curso por módulos de 200 horas, o governo federal propõe que o trabalhador se aperfeiçoe na área escolhida. Isso cria duas alternativas: o trabalhador passa a investir numa profissão e o sistema pode se programar para atender às demandas geradas do primeiro curso onde o trabalhador se inscreveu.

Ainda não se pode avaliar os impactos que essas medidas gerarão na oferta e formação de técnicos para o país. Assim como o PROEP do governo FHC, os IFETS do governo Lula, enquanto programas centrados em expansão de unidades e obras, permitem que sejamos céticos, pelo menos a curto prazo, quanto a esses institutos ampliarem e beneficiarem a formação de jovens e trabalhadores para o Brasil.

Da mesma forma, o acordo com o Sistema S, previsto para ser integralizado em 2014, não altera a estrutura e oferta nem de financiamento público e gratuito da aprendizagem. Obras e planos que não se efetivam num determinado tempo social e político não transformam a realidade que se propõem. A educação brasileira acumulou muitos exemplos de iniciativa que não passaram de boas intenções e nenhuma efetividade.

NOTAS

1 A I Conferência Nacional de Educação Profissional e Tecnológica foi realizada em Brasília, no mês de novembro de 2006.

2 O financiamento do ensino passou a ter identidade própria a partir dos trabalhos de Schultz (*The economic value of education,* Theodore W. Schultz), Becker e Benson (*A economia da educação pública*) nos anos de 1960, a partir de uma perspectiva liberal abordando os problemas da educação em termos financeiros e econômicos.

3 As agências financeiras internacionais, como BIRD, BID e UNESCO, passaram a ter destacados papéis na formulação da agenda de estudos e das políticas de financiamento nas últimas décadas. Tanto os estudos como as políticas acordadas nos empréstimos estavam voltadas para a denominada "recuperação de custos" ou cobrança de anuidades e para medidas similares, como a privatização dos serviços educacionais.

4 Ver CÊA, Georgia Sobreira dos Santos. *A Qualificação Profissional Entre Fios Invisíveis: uma análise crítica do Plano Nacional de Qualificação do Trabalhador* – PLANFOR. PUCSP, Tese de Doutorado, 2003, 288 p.
SOUZA, Antonia de Abreu. *Financiamento da educação profissional brasileira: mudanças pós-1990.* Programa de Pós-Graduação em Educação da Faced/UFCE, Fortaleza, 2004.

5 Sobre ainda o tema da dualidade estrutural, Kuenzer afirma que a mesma "tem suas raízes na forma de organização da sociedade, que expressa as relações entre capital e trabalho; pretender resolvê-la na escola, a partir de uma nova concepção, ou é ingenuidade ou é má-fé" (2002, p. 35).

6 A Educação Profissional (EP), concebida como parte da educação básica têm previsão de recursos, porém, toda a política do governo FHC e, de alguma forma ainda hoje, a EPT é coordenada de forma separada da educação básica, principalmente do ensino médio. Mesmo que legalmente a EP esteja contemplada dentro da educação básica, de fato está à margem dessa e de seu financiamento.

7 Laval, Christian, no livro *A escola não é uma empresa: o neoliberalismo em ataque ao ensino público*, editado pela editora Planta, aborda com enorme propriedade o "envolvimento da escola no novo capitalismo, a introdução das lógicas de mercado no campo educativo, as novas formas e poder gerencial dentro da escola".

8 Com processos de unificação, queremos indicar a importância de processos intersetoriais e intergovernamentais para uma consecução de política de educação profissional nacional, na qual todos os entes federados e as redes e instituições de EPT possam interagir entre si e em parcerias.

9 Conforme estudo do Instituto de Pesquisa Econômica Aplicada (IPEA) com base na Pesquisa Nacional de Amostra por Domicílio (PNAD) 2007, população de 15 anos ou mais tem média de 7,3 anos de escolaridade. Ver também Instituto Brasileiro de Geografia e Estatística (IBGE) 2008.

REFERÊNCIAS

ARELARO, L.; GIL, J. *FUNDEB*: Dilemas e Perspectivas - Política de Fundos na Educação: duas posições. Brasília, editora independente, 2005.

CASTRO, J. A.; SADECK, F. Financiamento do Gasto em Educação das três esferas de governo em 200. Brasília, 2003 (IPEA, textos para discussão nº 955).

DIAS SOBRINHO, J. *Universidade e Avaliação: entre a ética e o mercado*. Florianópolis: Insular, 2002.

ENGUITA, M. F. *Educar em tempos incertos*. P. Alegre, Artmed, 2004.

GRABOWSKI, G., RIBEIRO, J.; SILVA, D. *Formulação de políticas de financiamento da educação profissional no Brasil*. Brasília, PROEP/SEMTEC/MEC, 2003.

KUENZER, A. Z. (Org). Ensino médio: construindo uma proposta para os que vivem do trabalho. São Paulo, Cortez, 2002.

RAMOS, M., FRIGOTTO, G.; CIAVATTA, M. "A política de Educação Profissional no governo Lula: um percurso histórico controvertido". *Educação & Sociedade*, Campinas, v. 26, n. 92, p. 1087-1113, 2005.

RIBEIRO, M. "Trabalho-Educação numa perspectiva de classe: apontamentos à educação dos trabalhadores brasileiros". *Revista Trabalho e Educação*. Belo Horizonte: FAE/NETE/UFMG, jul-dez. 2005 – vol.14, nº2, p. 102-126.

TEIXEIRA, A. Educação não é privilégio. Rio de Janeiro, 6 edição, Editora UFRJ, 1999.

Técnica e tecnologia
aspectos conceituais e implicações educacionais

18

Elisa Maria Quartiero, Geovana Mendonça Lunardi e Lucídio Bianchetti

Pensar não é sair da caverna nem substituir a incerteza das sombras pelos contornos nítidos das próprias coisas, a claridade vacilante de uma chama pela luz do verdadeiro Sol. É entrar no Labirinto, mais exatamente fazer ser e aparecer um Labirinto ao passo que se poderia ter ficado estendido entre as flores, voltado para o céu.
É perder-se em galerias que só existem porque as cavamos incansavelmente, girar no fundo de um beco cujo acesso se fechou atrás dos nossos passos – até que essa rotação, inexplicavelmente, abra, na parede, fendas por onde se pode passar.
Com toda certeza, o mito queria significar algo de importante, quando fazia do Labirinto a obra de Dédalo, um homem.

(Cornelius Castoriadis, 1922-1997)

Dispor-se a falar da técnica e da tecnologia em perspectiva histórica e conceitual implica assumir um posicionamento que dê relevo à produção da existência de homens e mulheres através da história. A construção de artefatos, desde os mais primitivos e rudimentares aos mais atuais e sofisticados, foi e continua sendo mediações decisivas nas relações dos homens e mulheres entre si e destes com a natureza, mediações essas eivadas de interesses que – falando de uma perspectiva polarizada – ora contribuem para a melhoria das condições de vida de todos, ora colocam essas vidas em risco. Nessa perspectiva, saber e poder estão profundamente imbricados na criação de tecnologias e técnicas e nos benefícios e riscos que representam a sua apropriação e utilização.

Neste capítulo discutimos como se dá essa construção histórico-social. Os homens e mulheres, em um tempo e espaço determinados, fazem a sua história, isto é, constroem a sua existência atendendo suas necessidades básicas. E, assim fazendo, humanizam-se, assumem sua essência: seres que produzem e que, ao produzirem, transformam a natureza dada em uma segunda natureza. Para entendermos esse processo é necessário, em um primeiro momento, desconstruir os conceitos de técnica e de tecnologia para que possamos reconstruir o entendimento sobre o que é esta "era tecnológica" que estamos vivendo.

Em um segundo momento, buscamos analisar a forma como os conceitos de técnica e tecnologia adentram o campo educacional. Analisamos como esses conceitos têm sido utilizados nas instituições escolares por meio de discursos que estão presentes nos textos dos documentos que definem/propõem políticas curriculares para o sistema de ensino brasileiro. Para tanto, tomamos como objeto de análise a presença e o conceito de tecnologia em dois documentos que propõem orientações curriculares para o ensino médio e para a educação profissional: Diretrizes Curriculares Nacionais para o Ensino Médio (1998) e as Diretrizes Curriculares Nacionais para a Educação Profissional de Nível Técnico (2000).[1]

Com relação às políticas curriculares, cabe destacar que entendemos que são constituídas em um complexo campo de lutas, em diferentes instâncias e por diferentes sujeitos. As prescrições curriculares, em especial os documentos analisados, não representam um texto homogêneo ou articulado aos interesses de um único grupo de profissionais, pensadores e responsáveis pela implementação das políticas educacionais. Trata-se de um documento produzido no embate entre diferentes perspectivas e, portanto, representa as tensões existentes no campo da educação no momento de sua elaboração e processo de implementação.

Essas políticas constituem-se também na arena do espaço escolar. Nesse sentido, é importante ressaltar a forma como foi sendo realizada a apropriação histórica dos conceitos de tecnologia e de técnica no âmbito escolar. Para entendermos essa apropriação partimos de dois pressupostos: a forte vinculação da instituição escolar aos diferentes modos de produção construídos pelos homens e mulheres[2] no percurso de estabelecer/criar uma "segunda natureza". O segundo pressuposto liga-se à ideia de que cada vez que a educação, e, em especial, a educação profissional, preserva a norma que valoriza a contínua mudança tecnológica, reitera os discursos que supervalorizam a atual "era tecnológica", e, assim fazendo, fortalece a lógica pragmática e utilitarista e a suposta neutralidade da tecnologia.

Consideramos que é necessário reconceitualizar a tecnologia presente na educação a partir da constatação de que a educação escolar é tecnológica, isto é, a expressão de determinadas tecnologias que envolvem: formas simbólicas inventadas (linguagem, representações icônicas, saberes escolares), tecnologias organizacionais (gestão, arquitetura escolar, disciplina) e tecnologias instrumentais (quadro-verde, giz, televisão, vídeo, computador).[3] Esse conceito serve de parâmetro para as nossas análises neste trabalho. As inovações educativas[4] – mudanças curriculares, novos processos de ensino e aprendizagem, de produtos, materiais, ideias, novos personagens e atores – impõem a necessidade de rever as competências e as concepções vigentes na escola. Nesse sentido, a invenção de aparelhos, instrumentos e tecnologias da cultura permite e exige novas formas de experiência que requerem novos tipos de habilidades e competências (Olson citado por Sancho, 1998, p. 28).

TECNOLOGIA: EPISTEMOLOGIA DAS TÉCNICAS?

Originária do grego, em sua etimologia, a palavra tecnologia relaciona-se à "ciência que trata da técnica, conjunto de conhecimentos, especialmente princípios científicos, que se aplicam a um determinado ramo de atividade" (Ferreira, 2004). Na busca de entendermos a origem dessa definição, constatamos que a palavra tecnologia é composta por *techné* (arte, destreza) e *logos* (fala, palavra), significando o fio condutor que abre o discurso sobre o sentido e a finalidade das artes, assim como a aplicação de uma série de regras por meio das quais se chega a conseguir algo. É de Heródoto o primeiro conceito de *techné* no sentido de "um saber fazer de forma eficaz" (Sancho, 1998).

A Filosofia inicia entendendo o homem como um tipo de animal que trabalha constantemente para transformar a natureza, e esse fato fundamental vai moldar as distinções básicas que prevalecerão ao longo da tradição da Filosofia Ocidental (Feenberg, 2003). A primeira dessas distinções, como explicita esse autor, está naquilo que os gregos denominaram de *physis* (natureza) e *poiesis* (criação). Os gregos entendiam a natureza como um ser que se cria a si mesmo, mas, ressaltavam, que havia coisas no mundo que dependiam de que alguém as criasse, para isso, então, existia a p*oiesis,* atividade prática criativa da qual os seres humanos se ocupam quando produzem os artefatos, aqui entendidos como os produtos da arte, do artesanato e da convenção social.

Os filósofos gregos, entre eles Platão, consideravam que, por meio da atividade humana assentada na razão, seria possível transformar, pela *techné*, a realidade natural (*physis*), dada, em uma realidade artificial, construída (*poiesis*). Platão vai fundamentar sua teorização a partir da divisão da natureza entre existência e essência, da mesma maneira como acontece com os artefatos, o que vai tornar-se a base para a ontologia grega. Feenberg (2003, p. 2) assinala que, nessa concepção, não há uma "descontinuidade radical entre a fabricação técnica e a autoprodução natural porque ambos partem da mesma estrutura", pois o conceito de *techné* inclui um propósito e um significado para os artefatos. Ou seja, "a essência das coisas naturais inclui um propósito da mesma forma como acontece com a essência dos artefatos. O mundo é assim um lugar cheio de significados e intenções". O conhecimento que os humanos têm do mundo e sua ação nele "não são arbitrários, mas são, de algum modo, a realização do que se esconde na natureza".

Vieira Pinto (2005, p. 37), no alentado estudo que realiza sobre o conceito de tecnologia entre as décadas de 1950 e 1980, enfatiza o fato do homem ser um ser "destinado a viver necessariamente na natureza". Ressalta, no entanto, que o entendimento de natureza, em cada fase histórica, corresponde a uma realidade diferente: "se no início era o mundo espontaneamente constituído, agora que o civilizado consegue cercar-se de produtos fabricados pela arte e pela ciência, serão estes que formarão para ele a 'nova natureza'". Dito de outra forma,

> à medida que vão sendo compreendidos os processo naturais e descobertas as forças que os movimentam, com a consequente possibilidade de utilização delas pelo homem, para produzir artefatos capazes de satisfazer novas necessidades, e essa fabricação se multiplica constantemente, o mundo deixa de ser simplesmente o ambiente rústico espontâneo e se converte no ambiente urbano, na casa povoada de produtos de arte de aparelhos que põem as forças naturais a serviço do homem. (Vieira Pinto, 2005, p. 37)

Aristóteles, ao discutir essa mesma questão, vai estabelecer a superioridade da *techné* em relação à experiência, mas a sua inferioridade em relação ao raciocínio no sentido de pensamento puro, mesmo ao considerar que a técnica requer, também, regras. No entanto, adverte, a *techné* não é um simples fazer, é um fazer com *logos* (raciocínio), isto é, a técnica é um hábito criador acompanhado de razão verdadeira, cujo princípio se encontra no criador e não no que é criado. Nesse sentido, para Aristóteles, há um domínio em que o fazer humano é criador: "Ou a *techné* em geral imita a *physis*, ou efetua o que a natureza está na impossibilidade de realizar" (1976, p. 14).

Essa posição de Aristóteles ao refletir sobre o sentido da técnica é permeada por duas matrizes de pensamento opostas: o realismo, quando tenta entender as leis que regem a organização da natureza, e o idealismo, o entendimento da realidade a partir de um pensamento abstrato, ligado às ideias. Na condição de ser coetâneo ao seu tempo, ele organiza suas explicações científicas a partir de um afastamento total do fazer, responsabilidade esta atribuída àqueles desprovidos de liberdade, os escravos. Vasquez, no seu livro *A filosofia da práxis* (1977, p. 20), trata dessa questão ao afirmar:

> Tanto para Platão como para Aristóteles, o homem só se realiza verdadeiramente na vida teórica. Portanto, a negação das relações entre teoria e prática material [...] provém, no pensamento grego, de uma concepção do homem como ser racional ou teórico por excelência.

Segundo esse autor, essa concepção faz parte da

> ideologia dominante e corresponde às condições sociais da cidade antiga, na qual a impotência, por um lado, do modo de produção escravista e, por outro, a suficiência da mão de obra servil para satisfazer as necessidades práticas, fazem com que se ignore o valor do trabalho humano.

Aristóteles, como Platão, admite a legitimidade da ação política, e só dela, mas sem renunciar em momento algum à primazia da teoria. Poderíamos dizer que *techné* e *logos* são unidos, mas no plano do abstrato, das ideias, pois é a teoria que se impõe à prática, visto não necessitar de forma alguma dela. Nesse sentido, percebemos nas construções filosóficas de Aristóteles o paradoxo de tentar ser realista sem se envolver com a tecnologia, restringindo-se ao campo das ideias. Paradoxo esse que vai levá-lo a justificar a existência da escravidão de alguns (não)homens em função da (ainda)não existência de "escravos" mecânicos, evidenciado no seguinte excerto retirado do seu livro *Política I*:

> Se cada instrumento fosse capaz, a uma simples injunção, ou mesmo por pressentir o que se vai pedir a ele, de executar o trabalho que lhe é próprio, como se conta das estátuas de Dédalo ou dos tripés de Hefestos, os quais, diz o poeta, iam por seus próprios pés à assembléia dos deuses, se, da mesma maneira, as navetas tecessem sozinhas e os plectros beliscassem sozinhos as cítaras, então, nem os chefes dos artesãos precisariam de operários nem os senhores, de escravos.

Em sua obra *A política*, Aristóteles também explicita esse aspecto: "aquele que pode antever, pela inteligência, as coisas, é senhor e mestre por natureza; e aquele que com a força do corpo é capaz de executá-las é por natureza escravo" (1999, p. 144).

A *techné*, nesse período, compreende não apenas as matérias-primas, as ferramentas, as máquinas e os produtos, como também o produtor, um sujeito altamente qualificado do qual se origina todo o resto (Lion, 1997). Esse conceito de tecnologia atravessa toda a Idade Média, mantendo-se praticamente inalterado até o início da modernidade.

É com a constituição do pensamento moderno, tendo o filósofo e cientista inglês Francis Bacon (1561-1626), com sua obra *Novum Organum* como parâmetro, que o conceito atual de tecnologia – "ciência que trata da técnica" – ganha sua efetividade. Nesse livro, Bacon retoma a obra de Aristóteles, o *Organum*, submete-a a uma assepsia do seu caráter metafísico, ressaltando o lado realista do filósofo, e estabelecendo a primazia do experimento e da indução como forma de desenvolver o pensamento científico. Na sua versão moderna do *Organum* aristotélico, Bacon revela toda a sua crença na ciência e tecnologia ao equiparar o saber ao poder.[5] No *Novum Organum*, explicitando sua posição sobre o papel da tecnologia, afirma:

> Nem a mão nua nem o intelecto, deixados a si mesmos, logram muito. Todos os feitos se cumprem com instrumentos e recursos auxiliares, de que dependem, em igual medida, tanto o intelecto quanto as mãos. Assim como os instrumentos mecânicos regulam e ampliam o movimento das mãos[6], os da mente aguçam o intelecto e o precavêm. (1979, p. 11)

Em outra de suas obras, *New Atlantis* (1627), dessa vez contrapondo-se à utópica Atlântida platônica, Bacon descreve a sua utopia de sociedade ressaltando a importância dos cientistas para o seu pleno desenvolvimento. A principal ideia dessa obra, publicada postumamente, é de que a harmonia e o bem-estar dos homens repousam no controle científico alcançado sobre a natureza e a consequente facilitação da vida em geral. Uma sociedade justa, tanto em termos sociais como econômicos, é resultado do domínio cada vez maior da técnica e da ciência.

Na perspectiva baconiana, a tecnologia é alçada à condição de causa última do desenvolvimento e bem-estar da humanidade. Há uma união entre técnica e ciência, considerada indissolúvel e indispensável, que abre um novo espaço de conhecimento, "o da tecnologia como uma técnica que emprega conhecimentos científicos e que, por sua vez, fundamenta a ciência quando lhe dá uma aplicação prática". Nesse sentido, "a ciência tem a ver com o que é, a tecnologia com o que há de ser" (Bacon, 1979, p. 30). Sob a influência da indústria, que vai consolidando-se como forma de produção privilegiada, o conceito grego de técnica, centrado no produtor, passa para o objeto. "Para a mentalidade moderna, o julgamento definitivo do valor de uma técnica é operativo: baseia-se na eficiência, habilidade e custo" (Bookchin, 1993 citado por Lion, 1997, p. 25). Têm-se aí explicitados de forma bastante clara os princípios do pragmatismo utilitarista.

Segundo Feenberg (2003, p. 8), essa é "a visão padrão moderna segundo a qual a tecnologia é simplesmente uma ferramenta ou instrumento da espécie humana com os quais nós satisfazemos nossas necessidades". E conclui: "Essa visão corresponde à fé liberal no progresso que foi uma característica proeminente da tendência dominante no pensamento Ocidental até recentemente".

Horkheimer e Adorno, ao discutirem a subordinação da ciência a fins pragmáticos, no seu livro *Dialética do Iluminismo*, assinalam que Bacon é o próprio profeta do Iluminismo ao instituir que o conhecimento sobre a natureza e os seres humanos é realizado por meio de uma racionalidade científica e técnica. Nesse sentido, os autores alertam: "A estéril felicidade de conhecer é lasciva tanto para Bacon quanto para Lutero. O que importa não é a satisfação do que os homens chamam de verdade, senão a operação, o procedimento eficaz" (1971, p. 89).

O conceito de técnica refere-se mais especificamente aos instrumentos e cabe então à tecnologia englobar um conceito mais geral, amplo, abrangendo meios, processos e ideias, além de ferramentas e máquinas, isto é, refere-se tanto aos meios como às atividades pelas quais os homens e as mulheres modificam ou manipulam seu ambiente.

No entanto, constatamos que a tecnologia também é percebida e reduzida ao instrumental, distinta do cenário de produção dessa ferramenta, assim como do seu produtor. Como analisa Castoriadis (1987, p. 235):

à ideia grega do homem, *zoon logon echon* – ser vivo que possui o *logos*, o falar-pensar – os modernos justapuseram e opuseram mesmo a ideia do *homo faber*, o homem definido pela fabricação de instrumentos, por conseguinte, a posse de ferramentas".

Os conceitos de tecnologia e de técnica no momento histórico atual são encarados como sinônimos. Ancorados nessa definição dois pressupostos ganham espaço: a) o imperativo tecnológico; e b) o progresso tecnológico. O imperativo tecnológico aqui é entendido como o "estado no qual a sociedade se submete humildemente a cada nova exigência da tecnologia e utiliza sem questionar todo novo produto, seja portador ou não de uma melhora real" (Revilla et al., 1993, p. 32).

Esse é um aspecto bastante polêmico quando se discute tecnologia: a posição teórica que credita à tecnologia o *status* de fator único e determinante das transformações sociais. Em outras palavras, à tecnologia é atribuído o caráter de variável independente. Encontramos diversos autores contemporâneos partidários dessa posição (Gates, 1995; Negroponte, 1995; Drucker, 1993), assim como outros (Chesneaux, 1996; Bianchetti, 2008; Harvey, 1993; Dreifuss, 1996), que rejeitam essa análise do papel da tecnologia na vida das pessoas, apontando que a criação e difusão social da tecnologia dependem muito mais de questões políticas do que propriamente tecnológicas. Vieira Pinto (2005, p. 41) discute esse aspecto a partir do conceito de "era tecnológica" que, segundo ele, encobre, ao lado de um sentido razoável e sério, outro, tipicamente ideológico, graças ao qual "os interessados procuram embriagar a consciência das massas, fazendo-as crer que têm a felicidade de viver nos melhores tempos desfrutados pela humanidade". Segundo o autor, essa mistificação é possível pela "conversão da obra técnica em valor moral", onde uma sociedade capaz de "criar as estupendas máquinas e aparelhos atualmente existentes, desconhecidos e jamais sonhados pelos homens de outrora, não pode deixar de ser certamente melhor do que qualquer outra precedente". A ciência e a técnica aparecem como "uma benemerência pelo valor moral que outorgam aos seus cultores". Nesse sentido, ironiza Vieira Pinto, "o laboratório de pesquisa, anexo à gigantesca fábrica, tem o mesmo significado ético da capelinha outrora obrigatoriamente erigida ao lado dos nossos engenhos rurais" (2005, p. 42).

Quanto ao progresso tecnológico, poderíamos considerar a visão histórica que descreve "a sequência progressiva de invenções, a sucessão de artefatos cada vez mais perfeitos" (Lion, 1997, p. 26), que gera a crença de que a fabricação e a utilização de ferramentas são determinantes do progresso. Evidencia-se uma visão determinista do progresso técnico, que permeou os primeiros estudos e pesquisas da sociologia do trabalho, onde o progresso técnico é transformado em motor da história.

Esses pressupostos serão adotados por diversos teóricos e rejeitados por outro grande número de pensadores, gerando discussões e pontos de vista diversos em torno do que se convencionou chamar determinismo tecnológico. Queremos afirmar que nos filiamos à postura explicitada por inúmeros autores que negam à tecnologia o *status* de fator único e determinante das transformações atuais. Entendemos os aspectos tecnológicos não como autônomos, determinados por leis próprias ou transformados em variáveis independentes. Dentre esses autores, destacamos Chesneux (1996), quando afirma que as inovações tecnológicas, embora sendo agentes poderosos de transformação, são criadas e estão sendo implementadas, porque a "sociedade as chamou", bem como Lévy (1993 e 1996), ao explicitar que "nada está decidido a *priori*" ou ainda "a técnica põe e o homem dispõe". Poderíamos afirmar que as transformações tecnológicas – e com elas as organizacionais, gerenciais, sociais, enfim –, quer na sua concepção e no seu desenvolvimento, quer na sua implementação, constituem-se num magistério ímpar para nos auxiliar a compreender a dinâmica de como a humanidade se move, de como um conjunto de países ou blocos, uma classe, tornam-se hegemônicos, modelando, como dizem Marx e Engels no *Manifesto*, o mundo segundo sua imagem.

Os deterministas tecnológicos, por exemplo, analisa Feenberg (2003), geralmente argumentam que a tecnologia emprega o avanço do conhecimento do mundo natural para servir às características universais de natureza humana, tais como as necessidades e faculdades básicas. Nesse sentido, cada descoberta se endereça a algum aspecto de nossa natureza, preenche uma necessidade básica ou estende/amplia nossas faculdades. A comida e o abrigo, por exemplo, são necessidades desse tipo e motivam alguns avanços. As tecnologias como o automóvel estenderiam nossos pés e os computadores ampliariam nossa inteligência. Esse autor alerta ainda que essa argumentação está servindo de base para o discurso de que é a espécie humana que deve adaptar-se à tecnologia e não esta àquela, tendo em vista que é uma expressão significativa de nossa humanidade. Entre os teóricos críticos, dos quais Feenberg faz parte, a tecnologia não é vista como ferramenta, mas como "estruturas para estilos de vida" (2003, p. 10). Para ele, as escolhas estão abertas e situadas em um nível mais alto do que o instrumental. Nesse sentido, utiliza como exemplo a legislação sobre posse de armas:

> não podemos concordar com o instrumentalista quando afirma que as 'armas não matam as pessoas, senão, as pessoas matam as pessoas'. Abastecer pessoas com armas cria um mundo social bastante diferente do mundo no qual as pessoas não têm armas.

E enfatiza: "Podemos escolher em qual mundo desejamos viver, por meio de qual legislação, tornando a posse de armas legal ou ilegal". Dentro dessas considerações, pergunta-se ainda o autor: "A tecnologia é neutra de valor, como a assumida pela Ilustração, ou está carregada de valor como os gregos o acreditaram e como ainda são assim consideradas por alguns filósofos da tecnologia? (Feenberg, 2003, p. 11).

Sancho (1998), ao analisar as condições sob as quais determinadas sociedades "escolhem" determinadas tecnologias, alerta que dentro de uma sociedade regida pelo imperativo tecnológico, parece lógico supor que "uma sociedade que optou, explícita ou implicitamente, pela comodidade que a tecnologia lhe proporciona não tem escolha a não ser segui-la" (p.30). Contudo, afirma a autora, "a tecnologia não é um destino, mas uma cena de luta, quando escolhemos as nossas tecnologias nos tornamos o que somos, o que, por sua vez, configura o nosso futuro" (p. 34). Isto é, depois de incluída a tecnologia na sociedade, determinando um modo dessa se organizar, viver, pensar-se, enfim, é muito difícil abrir mão dessa forma de vida, que se torna uma tecnologia social.[7] O que leva Castells (1999) a radicalizar quando afirma que a tecnologia é sociedade.

Entrando nessa discussão, Vieira Pinto (2005, p. 221) procura distinguir os diferentes sentidos e conteúdos da tecnologia e, sem negar seu conceito polissêmico, a elege como a epistemologia da técnica ao entender que

> se a técnica configura um dado da realidade objetiva, um produto da percepção humana que retorna ao mundo em forma de ação, materializado em instrumentos e máquinas,

e entregue à transmissão cultural, compreende-se tenha obrigatoriamente de haver a ciência que o abrange e explora, dando em resultado um conjunto de formulações teóricas, recheadas de complexo e rico conteúdo epistemológico. Tal ciência deve ser chamada "tecnologia".

Esse debate é aprofundado por Sancho, que ao fazer uma reflexão sobre essas questões na educação, afirma:

> Nós, aqueles que nos dedicamos às tarefas educacionais, precisamos ter uma visão mais ampla e contextualizada do que significa e envolve o longo caminho do ser humano em seu empenho por adaptar o meio às suas necessidades e todo o "saber fazer" elaborado e transmitido neste empenho. Mas também é importante esclarecer que o caminho não é único, que há diferentes opções e a sociedade ocidental escolheu uma delas e que qualquer opção acarreta ambivalência, incerteza, diferentes tipos de custos e, nas sociedades consideradas avançadas tecnologicamente, perplexidade e impotência. (1998, p. 24).

Apoiados na citação dessa autora, bem como em algum dos autores referenciados, refletimos, no próximo item, sobre o caráter tecnológico do trabalho educativo e como o conceito de tecnologia adentra o espaço escolar e é apresentado nos documentos curriculares governamentais para o ensino médio e a educação profissional de nível técnico.

O CONCEITO DE TECNOLOGIA NO CONTEXTO EDUCACIONAL: A ANÁLISE DOS DOCUMENTOS CURRICULARES OFICIAIS

As considerações sobre o conceito de tecnologia e seu desdobramento no de técnica são necessárias para buscarmos entender como esse conceito vai constituir-se dentro do espaço educacional e organizar formas de trabalho e propostas curriculares.

É importante, dentro desse propósito, estabelecer algumas particularidades da educação escolar, isto é, aquela educação que ocorre institucionalmente, de forma organizada, dentro de um espaço específico, a escola, tendo como tarefa a transmissão e reestruturação dos conhecimentos, habilidades e técnicas desenvolvidas historicamente, assim como dos valores considerados mais dignos de serem expostos e assimilados.

Vamos constatar, percorrendo a história da educação, que, nos seus diferentes momentos, a tecnologia fez parte do fazer pedagógico. À medida que o processo de escolarização vai atingindo um contingente cada vez maior de pessoas e criando a necessidade de tornar-se institucionalizada, na tentativa de abarcar o universo de crianças que cada vez mais vão se integrando a essa forma de transmissão e apropriação da cultura produzida, a presença da tecnologia nos processos de ensino e aprendizagem vai se tornando cada vez mais marcante.

A definição desse espaço chamado escola, a sua arquitetura, a sua divisão em salas de aula, em anos de escolaridade, em um determinado currículo, remetem a escolhas tecnológicas. Podemos dizer, portanto, que o trabalho escolar é um trabalho permeado pela tecnologia, ou se quisermos, pela técnica. Mas essas tecnologias não estão ligadas exclusivamente aos instrumentos, são por essência tecnologias sociais, pois expressam uma determinada cultura. Ao optarmos por usar uma ou outra tecnologia, realizamos escolhas e estas são históricas e culturais. Como analisa Sancho (1998), "a tecnologia não é um simples meio, mas transformou-se em um ambiente e em uma forma de vida: é este o seu impacto substantivo" (p. 34).

A ação técnica de propor currículos, as modificações nos instrumentos escolares, as mudanças físicas, estruturais e organizacionais da escola, vão consolidando-se como formas de garantir, a partir de mecanismos diferenciados, o controle e a visibilidade das ações desenvolvidas pela escola.

É dentro dessa discussão que queremos pensar o conceito de tecnologia no contexto educacional. Se, como vimos anteriormente, o conceito de tecnologia vai cada vez mais colando-se aos instrumentos, ao produto, ao adentrar o espaço da educação não é diferente: falar de tecnologia para/no espaço escolar é falar de equipamentos que tanto podem ser um quadro-verde, como um livro, um retroprojetor, um laboratório de ciências e, nesses últimos anos, um computador. E, ao mesmo tempo, é falar de um currículo que enfatiza a importância de uma educação escolar adequada às mudanças tecnológicas atuais. A escola tem ajudado a construir um sujeito social que faz, predominantemente, um uso indiscriminado e acrítico dos meios tecnológicos ao seu dispor, incorporando a perspectiva de avanço, neutralidade e necessidade da atual "era tecnológica".

Nesse cenário, advoga-se a inserção de artefatos tecnológicos no ambiente escolar visando a tornar mais eficiente o trabalho realizado na educação. A utilização de tecnologias no espaço educacional, principalmente a partir da década de 1960, é enaltecida entre os teóricos da área e os educadores, pois desponta como a grande promessa de tornar a escola mais produtiva e eficaz, dar ao ensino uma base mais científica e tornar mais igualitário o acesso à educação. O entusiasmo com a tecnologia disponível naquela década foi tão grande, principalmente a televisão e o rádio, que alguns teóricos cogitaram a possibilidade de substituir a figura do professor por equipamentos e meios de comunicação. Frente ao imaginado potencial dessas tecnologias, outros mais empolgados chegaram a afirmar a prescindibilidade dos docentes.

Inúmeros autores apontam para as potencialidades educacionais da tecnologia para o aumento da produtividade e, no limite, para a própria substituição do professor. Os norte-americanos Parker e Dunnm, em 1972, por exemplo, constatam que, no Reino Unido, a televisão é utilizada para suprir serviços não oferecidos pelas universidades tradicionais, realizados na modalidade a distância. Do ponto de vista desses autores,

> este conceito poderia ser aqui aplicado e estendido de forma a incluir *todos os níveis de educação*. Assim, qualquer pessoa poderia inscrever-se em qualquer curso que desejasse, sem que houvesse a necessidade de espaços para salas de aula ou tempo de professores[8] (1977, p. 31) (grifos nossos)

Para esses e outros autores, todos os problemas da educação se resumem à escolha da tecnologia mais adequada, minimizando o papel representado pelo professor no processo de aprendizagem. A máquina, para eles, poderia assumir o papel desempenhado pelo professor, como acentua Harriott em artigo escrito em 1982:

> Há uma possibilidade bastante acentuada de que antes do final deste século os estudantes venham a receber toda a sua instrução através de computadores, sem, absolutamente, nenhum contato com professores vivos. (citado por Chaves, 1988, p. 19)

Segundo outros autores, dentro dessa mesma linha de pensamento, o ensino poderia ser realizado pelo computador com ganhos de produtividade e qualidade, pressuposto defendido por Sinclair em 1980 ao declarar não só o fim da figura do professor, mas da própria escola:

> chegará o dia em que computadores ensinarão melhor que seres humanos, porque computadores podem ser bem mais pacientes do que seres humanos e bastante ajustados às diferenças individuais. O computador substituirá não só a Enciclopédia Britânica, mas também a escola. (idem)

No entanto, o envolvimento de professores e alunos nos processos educativos postos em ação no espaço da sala de aula são muito mais complexos do que pensaram ou desejavam os proponentes das primeiras propostas de introdução de tecnologia na educação. Constatam que a atitude do professor frente às propostas tecnológicas implementadas era definitiva para o sucesso destas, podendo tanto aceitá-las como ignorá-las, rechaçá-las ou desvirtuá-las nos seus objetivos básicos.

O papel do professor no processo de implementação de novas tecnologias provou ser fundamental, tanto que, aos poucos, vai se transformando o discurso e a postura dos teóricos da área de tecnologia educacional que passam agora a enfatizar a necessidade de capacitação e atualização dos professores, reconhecendo a sua importância no sucesso de projetos de inovação educacional.

Mais recentemente, tem-se discutido a necessidade de incorporação pela escola do avanço técnico disponível, ou dito de outro modo, a adequação ou o atraso da escola frente às atuais mudanças tecnológicas. Na maioria das vezes, a escola é taxada de obsoleta, seja na forma, seja no conteúdo, frente às necessidades de formação humana que a tecnologia estaria a demandar. Essa construção e constatação é precedida por uma concepção que atribui à tecnologia o caráter de sujeito e motor da história social dos homens e mulheres.

Há uma aposta, entre os proponentes das políticas públicas para a educação, que o descompasso da escola entre o seu papel social de manutenção e reprodução cultural e o de englobar as mudanças tecnológicas presentes na sociedade poderia ser resolvido por meio de propostas curriculares – advindas de órgãos oficiais – que recontextualizariam os discursos e os textos curriculares, adequando-os às novas demandas sociais. Nesse sentido, consideramos importante a análise do currículo prescrito nos documentos oficiais, entendendo-o como um texto produzido em um conflito de diversos textos, para aprofundar a discussão acerca das relações entre tecnologia e educação. Para tanto, utilizamos como base os documentos: "Diretrizes Curriculares Nacionais para o Ensino Médio" e "Diretrizes Curriculares Nacionais Gerais para a Educação Profissional de Nível Tecnológico".

Nossa análise aponta que todas as questões destacadas anteriormente parecem compor a teia reguladora dos discursos oficiais: constatamos que esses documentos curriculares têm uma oscilação entre discursos críticos e de adaptação à tecnologia. Essa oscilação revela que mesmo o discurso pedagógico mais inovador estará sempre sendo recontextualizado a partir dos elementos reguladores que permeiam a sua produção e reprodução. Identificamos que, nas Diretrizes Curriculares Nacionais para o Ensino Médio, destaca-se a importância da tecnologia na formação dos alunos, configurada na criação de um *locus* específico para tratar da temática a partir da divisão das áreas de conhecimento a serem trabalhadas nesse nível de ensino: Linguagens, Códigos e suas Tecnologias; Ciências da Natureza, Matemática e suas Tecnologias; Ciências Humanas e suas Tecnologias.

Ao explicitarem a opção por essa forma de organização, os autores do documento ressaltam a importância de integrar "os campos ou atividades de aplicação, isto é, os processos tecnológicos próprios de cada área de conhecimento", pois a tecnologia tem um papel especial "na educação geral, não mais apenas na profissional, e em especial no nível do ensino médio". Nesse sentido, a tecnologia é concebida como "o tema por excelência que permite contextualizar os conhecimentos de todas as áreas e disciplinas no mundo do trabalho" (Brasil, 1998, p. 93). Ressaltam a necessidade de desenvolver o conceito de "alfabetização científico-tecnológica" nesse nível de ensino, entendido no documento como "a familiarização com o manuseio e com a nomenclatura das tecnologias de uso universalizado, como, por exemplo, os cartões magnéticos". No entanto, advertem que a inclusão da tecnologia no currículo "responde a objetivos mais ambiciosos". Integrada às Ciências da Natureza, o estudo da tecnologia torna-se imperioso, pois

> uma compreensão contemporânea do universo físico, da vida planetária e da vida humana não pode prescindir do entendimento dos instrumentos pelos quais o ser humano maneja e investiga o mundo natural. Com isso se dá continuidade à compreensão do significado da tecnologia enquanto produto, num sentido amplo" (idem).

Prosseguindo na leitura do documento, encontramos a ressalva que "a tecnologia na educação contemporânea do jovem deverá ser contemplada também como processo". Dito de outra forma:

> não se trata apenas de apreciar ou dar significado ao uso da tecnologia, mas de conectar os inúmeros conhecimentos com suas aplicações tecnológicas, recurso que só pode ser bem explorado em cada nucleação de conteúdos, e que transcende a área das Ciências da Natureza.

Enfatizam a importância de avançar em relação ao "discurso sobre as tecnologias", segundo os proponentes do documento, "de utilidade duvidosa", pois o que se pretende em termos de formação é que os alunos identifiquem

> nas matemáticas, nas ciências naturais, nas ciências humanas, na comunicação e nas artes, os elementos de tecnologia que lhes são essenciais e desenvolvê-los como conteúdos vivos, como objetivos da educação e, ao mesmo tempo, meio para tanto.

A presença da tecnologia no ensino médio, portanto, remeteria diretamente "às atividades relacionadas à aplicação dos conhecimentos e habilidades constituídos ao longo da educação básica, dando expressão concreta à preparação básica para o trabalho prevista na LDB" (Brasil, 1998, p.93).

É interessante observar as oscilações presentes no documento com relação ao conceito e a utilização da tecnologia. Apesar da tentativa de entender a tecnologia como um processo, uma construção social, o conceito utilizado a restringe a um meio e, nesse sentido, emerge com força a compreensão de tecnologia como produto, ferramenta, instrumento, dissociada do seu produtor. A tarefa da escola é auxiliar o sujeito no manejo desse mundo técnico, no qual está imerso. No entanto, poderia ser diferente? Discutimos, na primeira seção deste capítulo, como o conceito de tecnologia vai aos poucos se distanciando de quem produz para ser personificado no seu produto final e todas as consequências que essa visão trouxe para o entendimento de um conceito que nos faz creditar à criação dos artefatos tecnológicos disponíveis em nossa sociedade a alguém não humano: torna-se cada vez mais difícil atribuir origem humana – inteligência humana objetivada – à tecnologia que permeia nossa sociedade. Estamos diante da materialização da expressão *deux ex machina*.

Tal (in)compreensão ajuda a produção de práticas sociais que incorporam a ideia de adaptação à técnica, bem como a sua fetichização, afastando a discussão do elemento humano ao qual essa tecnologia está articulada. Sob esse aspecto, Feenberg (2005, p. 1) destaca a necessidade atual de estarmos reafirmando que a tecnologia "é um fenômeno de dois lados: de um, o operador; de outro, o objeto, onde ambos, operador e objeto, são seres humanos".

Para ajudar a entender como esse processo materializa-se, Moreira (1998) observa que, em torno da tecnologia passa-se a visualizar a constituição do que alguns autores têm conceituado como cultura técnica: "a unidade da máquina e do pensamento forma a cultura técnica, cuja definição é o conjunto dos valores por meio dos quais o homem se autocria como ser humano". Esse fato dificulta a compreensão das pessoas sobre a tecnologia no cotidiano, pois, "ao contrário do que acontece no dia a dia de uma fábrica ou de uma fazenda, não é na forma do objeto em si que a técnica aparece, mas na da cultura". E, segundo ele, a razão é simples: "a cultura é a vida, uma síntese global de tudo o que é significado para o homem" (p. 34).

Essa tradição atinge a educação como um todo e, segundo Marilena Chauí,

> entre outros efeitos de nossa confusão estabelecida entre ciência e tecnologia, aceitamos no Brasil, políticas educacionais que profissionalizam os jovens no segundo grau – portanto, antes que tenham podido ter acesso às ciências propriamente ditas – e que destinam poucos recursos públicos às áreas de pesquisa nas universidades, portanto, mantendo os cientistas na mera condição de reprodutores de ciências produzidas em outros países e sociedades. (Chauí, 1995, p. 285)

No decorrer do texto das Diretrizes constatamos que existe a tentativa de romper com o caráter instrumental do conceito de tecnologia, evidente na explicitação dos objetivos das áreas de conhecimento, como neste exemplo: "entender os princípios das tecnologias da comunicação e da informação, associá-las aos conhecimentos científicos, às linguagens que lhes dão suporte e aos problemas que se propõem solucionar" (Brasil, 1998, p. 98). Observamos, no entanto, que tal ruptura não acontece. Ao avançar na análise do documento, evidenciamos dois aspectos: a) a visão utilitarista da tecnologia – evidente no seguinte objetivo: "aplicar as tecnologias da comunicação e da informação na escola, no trabalho e em outros contextos relevantes para sua vida" –; e b) a referência constante à era tecnológica atual assinalada pela ênfase nas tecnologias de informação e de comunicação – uma supervalorização das mudanças tecnológicas atuais. Conforme aponta Bernstein (1995), a partir da sua análise do discurso pedagógico: há um processo que transforma um discurso de competência em um discurso de ordem. Ou seja, parece que estamos diante de um discurso regulador que estrutura o discurso instrucional.

Essa dimensão apresenta-se ampliada no texto da regulamentação da educação profissional. Identificamos, nas Diretrizes Curriculares para a Educação Profissional, um discurso que procura avançar na discussão sobre a tecnologia na sociedade contemporânea ao restituir à tecnologia o seu caráter social e denunciar o presentismo da análise que projeta a ideia de que vivemos em uma "era tecnológica" como nenhuma outra anterior, como podemos verificar nessa citação:

> A impressão errônea de que a tecnologia irrompeu súbita e recentemente como fenômeno novo na História, deriva provavelmente da velocidade com que a microeletrônica, a mecatrônica e a telemática, por exemplo, se desenvolveram nas últimas décadas. Uma

velocidade que gerou perspectivas extraordinárias, mas que, também, trouxe consigo problemas graves a serem enfrentados, como aqueles mencionados anteriormente relativos à produção, ao trabalho, à economia e à qualidade de vida das pessoas. (Brasil, 2000, p. 2)

Além disso, os proponentes do documento levantam a importância dos integrantes do Estado e, dentro dele, os das agências formadoras, refletirem sobre a utilização das tecnologias:

> além de atenuar e prevenir os efeitos danosos e perversos da tecnologia, garantindo e potencializando o seu lado positivo, os Poderes Públicos precisam adotar consistentemente políticas de desenvolvimento científico e tecnológico. (idem, p. 3)

No entanto, no momento de expor o projeto formativo pretendido, novamente recai-se sobre a necessidade de adaptação à técnica e, nesse caso em especial, ao mercado de trabalho. É como se ficasse no ar o dilema sobre o qual se debruçou Aristóteles (1999, p. 45), há tantos séculos: que conhecimento tem o maior valor, aquele que conduz ao útil e necessário, ao supérfluo ou aquele que permite alcançar a virtude?[9]

Mais do que orientar as práticas pedagógicas, os currículos prescritos por meio de documentos oficiais ajudam a criar consensos a partir da difusão e incorporação de termos, expressões e concepções que passam a fazer parte do cotidiano escolar.

CONSIDERAÇÕES FINAIS

Os desafios resultantes das tentativas da burguesia de estender seus domínios, seja por meio das navegações, seja pela exploração da terra, da utilização das forças dos ventos, das águas, pela liberação da energia – de qualquer tipo, incluindo a atômica – enfim, pela interferência e tentativas de colocar a natureza a serviço dos homens, fez com que a ciência e a tecnologia se tornassem complementares e potencializassem o poder dos homens sobre a natureza. Porém, como o conhecimento torna-se peça-chave para a ampliação do poder, também significou impor o domínio de uns sobre os outros, entre as classes sociais e os países. É nessa perspectiva que se utilizou à exaustão a frase segundo a qual a ciência não é neutra ou que a neutralidade científica é um mito.

O elemento-chave para compreender os diferentes processos de produção da existência humana através dos tempos é o trabalho. Pelo trabalho humano a ciência avança, ao levantar hipóteses, confirmá-las ou refutá-las. As novas criações são aplicadas em busca de soluções que garantam o alcance dos objetivos, seja para o conjunto da humanidade ou para a classe que detém o saber e o poder. Mas, dialeticamente, as soluções encontradas desafiam, suscitam novos problemas que levam a novas pesquisas e assim o desenvolvimento humano vai sendo construído.

Da produção artesanal, passando pela manufatura, até chegar à maquinofatura, a humanidade foi passando por um gradativo processo de divisão do trabalho, cujo momento alto é o predomínio do paradigma taylorista-fordista, onde a ciência, o pensamento, a atividade criadora passam a ser exclusividade do profissional que atua no escritório. Ao trabalhador do chão de fábrica fica a responsabilidade de aplicar, de executar rigorosamente as determinações emanadas de outra instância. Noutra época e lugar, reimplanta-se a divisão entre o *homo sapiens* e o *homo faber*. As consequências da inserção maciça de tecnologias nos processos de trabalho foram/são analisadas pelos teóricos do modo de produção capitalista, desde Adam Smith até os seus mais destacados apologetas nos dias atuais. Por outro lado, os problemas que essa inserção provoca nos trabalhadores, em termos de alienação do processo e dos produtos do trabalho, também mereceram muitas análises, críticas e iniciativas.

Ao assumirmos que o trabalho humano desempenha um papel tão importante, é necessário ter presente que a ciência e a tecnologia resultam da ação humana, mas principalmente como são inseridas no processo de trabalho, seja para aliviar o peso de um trabalho que guarda relação com o sentido etimológico da própria palavra – instrumento de tortura –, seja pela extinção de postos de trabalho, o que proporciona um cenário em que um contingente enorme de homens e mulheres fica à margem do mundo do trabalho e dos benefícios auferidos por quem faz parte do conjunto dos trabalhadores.

Percebe-se, assim, a necessidade de retomar e radicalizar o aprofundamento e a discussão dos aspectos e autores apontados no texto, principalmente no que diz respeito à compreensão do que é a tecnologia e de que forma ela pode e deve ser construída, disseminada, por quem deve ser apropriada e para que fins deve ser aplicada. Isso, para além das questões epistemológicas, metodológicas e legais, remete àquelas de ordem ético-políticas. Afinal, a produção coletiva não pode e não deve continuar sendo apropriada privadamente, para o benefício de uma classe ou por parte de poucos.

O dilema está colocado; as possibilidades estão postas; o contencioso está instaurado. Não há mais explicação e muito menos justificativas neste momento da história da humanidade para que, conforme palavras de Sousa Santos (1996), tantas possibilidades técnicas sejam freadas, bloqueadas por impossibilidades políticas. Um retorno à "Casa de Salomão", espaço por excelência na utópica *Nova Atlântida* de Bacon, na qual o cientista e o filósofo estavam reunidos na mesma pessoa e tinha como preocupação a radicalização do bem comum, seria, quem sabe, um bom ponto de partida, como proposta de chegada deste texto.

NOTAS

1 A escolha deve-se ao fato de serem, há praticamente uma década, os documentos orientadores das ações educativas do ensino médio e da educação profissional no país.

2 Para aprofundar, ver a discussão de Bianchetti, L. e Palangana, I. C (2000) sobre a relação histórica entre escola e sistema produtivo.

3 Esse conceito de tecnologia na educação está presente nas análises de, entre outros, Sancho (1998), Hernandez (2000), Litwin (1997) e Ferrés (1998).

4 Aqui entendidas como "uma série de mecanismos e processos que são o reflexo mais ou menos deliberado e sistemático por meio do qual se pretende introduzir e promover certas mudanças nas práticas educativas vigentes, reflexo de dinâmicas explícitas que pretendem alterar ideias, concepções e metas, conteúdo e práticas escolares, em alguma direção renovadora em relação à existente" (Gonzalez e Escudero, 1987, p. 45).

5 Ou conforme está explicitado no Aforismo II: "Ciência e poder do homem coincidem".

6 Aquilo que em Bacon era previsão, em Marx, menos de três séculos depois será constatação: "O número de ferramentas com que opera simultaneamente a máquina-ferramenta emancipa-se, desde o início, da barreira orgânica que a ferramenta manual de um trabalhador não podia ultrapassar [...] a força humana é um instrumento muito imperfeito para produzir um movimento uniforme e contínuo [...] Para realizar o trabalho de uma máquina a vapor, seriam necessários 66 trabalhadores, ao preço total de 15 xilins por hora, e para

fazer o trabalho de um cavalo, 32 homens, ao preço total de 8 xilins por hora" (Marx, 1987, p. 427 e 429)

7   O próprio Marx (1987) alertava que a humanidade jamais abdica do estágio de desenvolvimento alcançado. Nessa mesma linha, ele endereçou sua crítica aos luddítas que consideravam as máquinas os instrumentos "responsáveis" pela exploração capitalista. Ou, conforme suas próprias palavras: "Era mister tempo e experiência para o trabalhador aprender a distinguir a maquinaria de sua aplicação capitalista e atacar não os meios materiais de produção, mas a forma social em que são explorados" (1987, p. 490)

8   Essa proposta de Parker e Dunn, voltada a uma problemática da década de 1970 nos EUA e tendo como suporte uma visão economicista, reveste-se de uma impressionante atualidade no Brasil de hoje se tivermos presente o teor dos discursos e iniciativas propostas para a área educacional. Dentre essas, pode-se destacar o uso de programas televisivos, como é o caso do Telecurso 2000, criados para a educação de jovens e adultos, de forma supletiva, que são incorporados à rede de ensino regular em virtude de falta de professores em algumas disciplinas. Ou seja, o aluno do sistema regular e presencial de ensino assiste aulas pela televisão, pois faltam políticas de formação e profissionalização do professor em diversos Estados brasileiros, notadamente no Norte e Nordeste do país.

9   Discussão presente na obra *A Política* – Livro I e II. Vale ressaltar que essa questão proposta por Aristóteles serve de epígrafe para um dos tópicos do documento Diretrizes Curriculares Nacionais para o Ensino Médio.

REFERÊNCIAS

ADORNO, T.; HORKEIMER, M. *Dialética do Esclarecimento*: fragmentos filosóficos. Rio de Janeiro: Zahar, 1985.

ARISTÓTELES. *A Política*. Livro I. In: Os Pensadores. São Paulo: Nova Cultural, 1999.

BACON, F. *Novum Organum ou Verdadeiras indicações acerca da natureza;* Nova Atlântida. 2 ed., São Paulo: Abril Cultural, 1979. (Os Pensadores).

BERNSTEIN, B. *A estruturação do discurso pedagógico*. Petrópolis: Vozes, 1995.

BIANCHETTI, L. *Da chave de fenda ao laptop.* Tecnologia digital e novas qualificações: desafios à educação. 2 ed., Florianópolis: Editora da UFSC, 2008.

BIANCHETTI, L.; PALANGANA, I. C. Sobre a relação histórica entre escola e sistema produtivo: desafios qualificacionais. *Boletim Técnico do SENAC*, Rio de Janeiro, v. 26, n. 2, p. 40-51, 2000.

BRASIL, Ministério da Educação. *Diretrizes Curriculares Nacionais para o Ensino Médio.* Brasília: MEC, 1998.

BRASIL, Ministério da Educação. *Diretrizes Curriculares Nacionais para a Educação Profissional de Nível Técnico.* Brasília, MEC, 2000.

CASTELLS, M. *A sociedade em rede.* São Paulo: Paz e Terra, 1999. Vol. I, II e III.

CASTORIADIS, C. *As encruzilhadas do labirinto I.* Rio de Janeiro: Paz e Terra, 1987.

CHAUÍ, M. *Convite a Filosofia.* São Paulo: Ática, 1995.

CHAVES, E.; SETZER, V. *O uso de computadores em escolas.* Fundamentos e críticas. São Paulo: Scipione, 1988.

CHESNEAUX, J. *Modernidade-mundo.* 2. ed., Petrópolis: Vozes, 1996.

DREIFUSS, R. *Época das perplexidades.* 3 ed., Petrópolis: Vozes, 2006.

DRUCKER, P. *Sociedade pós-capitalista.* São Paulo: Pioneira, 1993.

FEENBERG, A. *O que é Filosofia da Tecnologia?* Conferência, University of Komaba/Japão, junho de 2003. Tradução de Agustín Apaza, revisão de Newton Ramos-de-Oliveira, mimeog.

FERREIRA, A. B. de H. *Novo dicionário Aurélio da Língua Portuguesa.* 3 ed., São Paulo: Objetivo, 2004.

FERRÉS, J. Pedagogia dos meios audiovisuais e pedagogia com os meios audiovisuais. In: SANCHO, J. (Org.). *Para uma tecnologia educacional.* Porto Alegre: Artmed, 1998.

GATES. B. *A estrada do futuro.* São Paulo: Companhia das Letras, 1995.

GONZALEZ, M.T.; ESCUDERO, J. M. *Innovación educativa*: teorias y processo de desarrollo. Barcelona: Humánitas, 1987.

HAMILTON, D. Sobre as origens dos termos classe e curriculum. In: *Teoria e Educação*: Dossiê História da Educação. Porto Alegre: Pannonica,1992.

HARVEY, D. *Condição pós-moderna*. São Paulo: Loyola, 1993.

HERNÁNDEZ, F. et al. *Aprendendo com as inovações nas escolas*. Porto Alegre: ArtMed, 2000.

ADORNO, T.; HORKEIMER, M. *Dialética do esclarecimento*. Rio de Janeiro: Jorge Zahar, 1985.

LEVY, P. *As tecnologias da inteligência*. O futuro do pensamento na era da informática. Rio de Janeiro: Editora 34, 1993.

_____. *O que é virtual?* Rio de Janeiro: Editora 34, 1996.

LION, C. G. Mitos e realidades na tecnologia educacional. In: LITWIN, E. (Org.). *Tecnologia educacional*. Política, histórias e propostas. Porto Alegre: Artmed, 1997.

LITWIN, E. (Org.). *Tecnologia educacional*. Política, histórias e propostas. Porto Alegre: Artes Médicas, 1997.

MARX, K. *O capital*. Crítica da economia política. 11 ed. São Paulo: Difel, 1987. l. I, v. I.

MOREIRA, R. A Técnica, o Homem e a Terceira Revolução Industrial. In: KUPSTAS, M. (Org.) *Ciência e Tecnologia em debate*. São Paulo, Moderna, 1998.

NEGROPONTE, N. *A vida digital*. São Paulo: Companhia das Letras, 1995.

PARKER, E. B.; DUNN, D. Tecnologia da informação: suas potencialidades sociais. *Tecnologia Educacional*. Rio de Janeiro, a. VI, n. 16, 1977.

REVILLA, A. et al. *Tecnologia en acción*. Barcelona: RAP, 1993.

SANCHO, J. A tecnologia: um modo de transformar o mundo carregado de ambivalência. In ____ (Org.). *Para uma tecnologia educacional*. Porto Alegre: Artmed, 1998.

SANTO, B. de S. Por uma pedagogia do conflito. In: SILVA, H. t al. (Orgs.). *Novos mapas culturais. Novas perspectivas educacionais*. Porto Alegre: Sulina, 1996.

VAZQUEZ, A. S. *Filosofia da praxis*. 3 ed., Rio de Janeiro: Paz e Terra, 1977.

VIEIRA PINTO, A. *O conceito de Tecnologia*. Rio de Janeiro: Contraponto, 2005. 2 v.

Dualismo *versus* congruência

diálogo entre o novo método brasileiro para a formação profissional e o modelo didático ESC (Experiencial, Científico e Construtivista)

19

Olgamir Francisco de Carvalho e Gilberto Lacerda

A cada ano, tendo em vista o processo de reestruturação produtiva e o impacto da emergência de novas tecnologias materiais e intelectuais, milhares de trabalhadores são excluídos do mercado formal de trabalho. Nesse processo, postos de trabalho são sistematicamente extintos e a formação para o trabalho não consegue evoluir rápido o suficiente para atender a novos requisitos de qualificação. Uma tal discussão pode evoluir em duas vias distintas e complementares. Por um lado, a questão da formação inicial do trabalhador que, sem o ciclo de ensino básico, permanece à margem do sistema de emprego. Por outro lado, a questão da formação profissional, eternamente encapsulada na dicotomia entre a formação geral, de natureza propedêutica, e a formação específica, de natureza técnica. Essa segunda via, abordada neste capítulo, conduz-nos, inicialmente, a considerar o atual contorno da sociedade tecnológica e o surgimento de um novo modo de produção de conhecimentos que, por força das circunstâncias, afeta consideravelmente o surgimento de um novo modo de formação profissional, permeado por novos modelos capazes de ultrapassar o tradicional debate que separa a formação integral da formação técnica. Desse modo, este capítulo tomará como objeto de discussão a proposta de reforma da educação profissional no Brasil e o modelo didático ESC, buscando, no diálogo entre os dois modelos, uma síntese superadora da atual visão dicotômica ainda dominante na educação profissional.

REESTRUTURAÇÃO PRODUTIVA E NOVO MODO DE PRODUÇÃO DE CONHECIMENTOS

Já é bastante evidente que um novo modo de produção de conhecimentos científicos e tecnológicos está emergindo nas últimas décadas, gerando transformações sociais igualmente irrefutáveis (Gibbons et al., 1994). No contexto dessas transformações, Maciel (1977, 2001) salienta que inúmeras mudanças de ritmo e de intensidade na dinâmica do progresso científico e tecnológico atual proporcionaram não apenas um incremento quantitativo ao conhecimento acumulado na primeira metade do século XX, mas, sobretudo, uma mudança qualitativa nas formas de produzir e de pensar. Tais mudanças ultrapassaram a questão da inovação tecnológica e envolveram novas formas de organização da produção e do trabalho.

Nessa perspectiva, e no que diz respeito à formação profissional, diversos autores têm denunciado o descompasso das instituições de ensino para ajustarem-se ao novo modo de produção do conhecimento e para corresponderem às novas demandas sociais relacionadas à citada mudança qualitativa no processo produtivo. De fato, é bastante claro que, de modo geral, e, sobretudo, nos países periféricos, a atual dinâmica de funcionamento da escola profissionalizante, seja em que nível for, não fornece o lastro necessário para a emergência e a consolidação de um novo sistema produtivo, de um novo modo de produção do conhecimento. Gibbons e colaboradores (1994) delineiam os contornos desse novo modo de produção do conhecimento, enfatizando que a sociedade está gradativamente migrando de uma dinâmica homogênea para uma dinâmica heterogênea em termos de desenvolvimento científico e tecnológico. Segundo os autores, a explosão de conhecimentos nas duas últimas décadas tem como base um processo de produção compartilhada em que diferentes atores estão envolvidos e que se articula em torno de três vetores principais:

1. a massificação da formação para o trabalho que acaba destinando um significativo excedente de técnicos e tecnólogos para outros setores;
2. a globalização e seu movimento de eliminação de fronteiras;
3. a emergência e o impacto das novas tecnologias de comunicação e informação.

O novo modo de produção do conhecimento (M2), em oposição ao modo de produção tradicional (M1), é pautado pelo aumento da produção, pela agregação de alto valor comercial ao conhecimento produzido, pela heterogeneidade institucional, pela aplicabilidade, pela contextualização, pela transdisciplinaridade, pela instrumentação e pela reflexibilidade. Esses oito princípios do M2, detalhados mais adiante, dão forma a um contexto novo em que a produção do conhecimento é cada vez mais um processo socialmente distribuído, que tende a assumir um caráter universal e a demandar uma formação técnico-profissional ampla, que associa a apreensão de conhecimentos teóricos, de natureza mais geral, com a apreensão de conhecimentos técnicos, de natureza mais específica.

O processo de reestruturação produtiva, na ótica considerada, desenvolve-se, portanto, entremeado com os oito princípios do M2 mencionados no parágrafo anterior. Primeiramente, percebe-se um *aumento substancial na produção de conhecimentos,* cuja causa principal está justamente na distribuição crescente de informações relacionadas com ciência e tecnologia, fomentando sistemas de produção e desencadeando processos de inovação em todas as áreas do conhecimento, em escala mundial. Não se trata, evidentemente, de um fenômeno isolado, mas da consequência do aumento de investimentos em ciência e tecnologia e do incremento das novas tecnologias de comunicação e informação. A sociedade em rede, discutida por Castells (2000), estaria, dessa forma, desenhando contornos de um mundo interconectado, mais complexo, mas muito menor, onde informação científico-tecnológica é cada vez mais rapidamente traduzida sob a forma de produção científica e tecnológica.

Para reforçar essa ideia, Gibbons e colaboradores (1994) citam, entre outros dados, que, em 1970, os cinco países mais industrializados do Ocidente investiram cerca de 125 bilhões de dólares em pesquisa e em desenvolvimento. Em 1989, com o fluxo de informações mais intenso, o investimento foi dobrado para cerca de 250 bilhões de dólares, o que leva a pressupor uma nova duplicação de investimentos no momento atual, em que a internet vetoriza ao infinito as possibilidades de cruzamento de informações e de contatos entre pesquisadores, meios universitários e industriais, comunidades científicas e comunidades tecnológicas. Com relação às publicações científicas, os autores mencionam que, em 1960, foram publicados 332 mil livros especializados em todo o mundo. Em 1970, a quantidade de publicações aumentou para 521 mil livros. Uma década mais tarde, as publicações científicas alcançaram a ordem de 715 mil volumes. Já em 1990, foram 842 mil publicações. Hobsbawn (1995) também chama a atenção para tal fenômeno, enfatizando que se trata, sem dúvida, da emergência de um novo momento da história da humanidade em que a Ciência e a Tecnologia estarão mais presentes em nosso cotidiano imediato, afetando o trabalho e a formação para o trabalho.

Outro princípio indicativo da emergência do M2 está na *agregação de um alto valor comercial à produção científica e tecnológica*, fenômeno que desperta um interesse cada vez maior pela atividade de pesquisa por parte de instituições tradicionalmente consumidoras de ciência e tecnologia. Nesse processo de reestruturação produtiva que conduz à M2, todo o resultado do empreendimento científico e tecnológico está intrinsecamente situtuado dentro de uma escala de produção-venda-consumo. Dessa forma, a ciência e a tecnologia tornam-se indubitavelmente comerciais em seu *ethos*, orientação e organização, a elas podendo ser agregados altos valores financeiros. No entanto, é importante argumentar que, ao lado do aumento da importância comercial, há também um substantivo aumento do valor social da ciência e da tecnologia, visto que é cada vez mais comum que o sistema de formação profissional, em todos os níveis de ensino, volte-se para atender a demandas sociais, que não têm necessariamente implicação comercial, produzindo conhecimentos socialmente contextualizados e valorizados, conforme salienta Sobral (2000), ao apontar novas tendências no desenvolvimento científico e tecnológico.

A *heterogeneidade* é outro princípio do M2 que tem por base a livre circulação de ideias e de produtos e sua rápida absorção pelos diferentes níveis do processo de produção do conhecimento. Segundo tal princípio, o sistema de produção de ciência e tecnologia está cada vez mais complexo, alcança espaços antes insondados e se apropria naturalmente de conhecimentos de outras áreas. E isso ocorre na perspectiva do desenvolvimento de conhecimentos criativos e inovadores que, uma vez tornados hegemônicos, ou adquirindo *momentum* como diria Hughes (1987), desenvolvem alto valor mercadológico, seja como processo, seja como produto. O aumento na complexidade do sistema de produção de ciência e tecnologia parece estar também intimamente relacionado com a associação de diferentes instâncias sociais em prol do desenvolvimento científico e tecnológico, gerando modelos como o da Tripla Hélice, proposto por Etzkowitz e Leydersdoff (1998).

A instauração e a consolidação do M2 depende também de uma crescente *inserção da produção científica e tecnológica em um contexto real*, vinculado a necessidades sociais bem delimitadas. Nessa perspectiva, o M2 preconiza que a pesquisa em ciência e tecnologia deve ser voltada para a resolução de problemas concretos e reais da humanidade, o que também é, diga-se de passagem, uma garantia de *marketability*, tanto no sentido da possibilidade de comercialização da produção científica e tecnológica quanto no de sua *aplicabilidade* concreta na sociedade.

Avançando na discussão do modelo gibonniano para explicar os novos rumos da sociedade em termos de reestruturação produtiva, é importante considerar que, para o autor, todo o sistema de produção deve ser mediado por um diálogo entre o passado e o presente, da obra com seu contexto. Trata-se do princípio da *reflexibilidade*, que é um outro fator que tem relações intrínsecas com a aplicabilidade e com a pertinência dos conhecimentos, uma vez que se supõe que o conhecimento produzido, para corresponder adequadamente a necessidades sociais, precisa estar inserido em projetos da sociedade, considerada em termos sociais e culturais. Por exemplo, certos conhecimentos construídos sem esses "lastros" podem tornar-se absolutamente inúteis se os meios sociais não possuírem as infraestruturas sociais e culturais que eles implicam e demandam. A formação profissional torna-se inútil se ela não reflete as necessidades do mercado ao mesmo tempo em que procura conhecer e privilegiar as necessidades do indivíduo.

Por outro lado, a *responsabilidade social* dos produtores de ciência e tecnologia é um princípio de base do M2, visto que as necessidades sociais que perpassam a produção de conhecimentos não deve distanciar-se da consideração das causas e consequências do desenvolvimento irrefletido e inútil. Tendo a sociedade como foco, como inspiração e como objeto de trabalho, a ciência e a tecnologia ganham em credibilidade social, o que também é um importante critério para angariar financiamento e para garantir comercialização. Qualquer que seja o raciocínio, o M2 postula que todo conhecimento produzido pelo homem deve ser percebido como produto socialmente condicionado e contextualizado, como fator de manutenção, de transformação e de desenvolvimento das sociedades, como instrumento de superação de problemas concretos impostos pelo meio social e de geração de problemas novos, exigindo a produção de mais conhecimento.

Considerando o exposto, parece ser evidente que a evolução científica e tecnológica, no M2, é bastante dependente da inter-relação de conhecimentos oriundos de diferentes áreas, da interação de atores com perspectivas epistemológicas diferentes e da conjunção de saberes ecléticos. A *transdisciplinaridade* é, assim, um princípio fundamental para a instauração de qualquer dinâmica de inovação científica e tecnológica e um importante vetor para tornar o conhecimento mais pertinente e útil em uma vasta gama de áreas.

Finalmente, os autores abordam o princípio da *instrumentação*, baseado na interação crescente entre a ciência e a tecnologia, de modo que os recursos tecnológicos servem de base, de ponto de partida e de mecanismos proporcionadores do desenvolvimento de mais ciência e de mais tecnologia. Segundo eles, ciência e tecnologia estão de tal forma imbricados no contexto do M2 que um campo não avança sem o suporte do outro.

Esse conjunto de princípios indica, como caminho incontornável para garantir a coerência da formação profissionalizante na sociedade emergente, a adoção de modelos didáticos que assegurem o desenvolvimento de saberes técnico-científicos funcionais, capazes de instrumentalizar o indivíduo não apenas para situar-se no mercado de trabalho e adaptar-se às suas constantes mudanças, mas também para se comprazer na detenção de conhecimentos que aumentam sua dimensão humana e potencializam suas capacidades de interferir no meio em que vive (Lacerda Santos, 2000). Uma tal preocupação inscreve-se em um contexto no qual o ritmo das mudanças tecnológicas exige dos atores da formação profissional a adoção de abordagens novas visando a abolição da fronteira entre a teoria dos manuais escolares e a prática da profissão em meios de trabalho. Com efeito, e vários autores o têm denunciado, a manutenção dessa fronteira entre a teoria e a prática apresenta consequências graves com relação aos impactos causados na atuação futura dos técnicos e tecnólogos (Gonciar, 1990). Com relação a essa questão, Lévy-Leblond (1984) já observava que as práticas e as teorias têm se tornado cada vez mais estéreis, justamente porque se distanciam cada vez mais umas das outras. Tais considerações sugerem que a aprendizagem de uma profissão de natureza técnica não pode ser dissociada de seus fundamentos teóricos e de uma formação mais ampla, sob pena de tornar-se simples veículo de conhecimentos inertes. Dessa forma, a formação tecnocientífica rompe com o ensino técnico tradicional à medida que preconiza a formação de um técnico capaz de reconhecer-se como técnico (ser competente), de implicar-se pessoalmente no exercício de sua profissão (ser motivado), de fazer valer sua visão do mundo pelo estabelecimento de uma dinâmica de interação com seu meio ambiente imediato e com seus pares (ser reconhecido socialmente), de investir continuamente seus conhecimentos na resolução de novos problemas (ser criativo), de contribuir conscientemente à otimização de seu ambiente de trabalho (ser implicado) e de desenvolver integralmente suas potencialidades (ser realizado como indivíduo).

Nessa perspectiva, e considerando a emergência do M2, pode-se concluir que o ensino profissionalizante deveria ser necessariamente associado a um processo de comunicação e de aquisição de saberes úteis, relacionados com a intervenção do indivíduo no mundo dos objetos técnicos e com a compreensão do mundo em que vive. Tais considerações implicam na percepção do aluno não somente de um ponto de vista longitudinal, relacionado com o que ele vai tornar-se mais tarde ou ao domínio futuro de uma profissão, mas também de um ponto de vista transversal, isto é, associado às suas necessidades presentes e ao que ele é. Assim, a adequação do profissional de nível técnico ou tecnológico ao novo modo de produção de conhecimentos passa necessariamente pela adoção de um novo modo de formação, profundamente ancorado na construção e na apreensão de conhecimentos funcionais, cujas características são apontadas por Lacerda Santos (1995): transferível, significativo, associado a finalidades, a necessidades e a utilizações práticas relacionadas com aplicações concretas, multidisciplinar, instigador de criatividade, social e individualmente válido, relacionado com a valorização da pessoa, com a afetividade e com a liberdade individual.

Apesar de tais avanços teóricos e da compreensão de tal evolução para um novo modo de formação profissional, no Brasil ainda predominam elementos fortemente ligados a modos tradicionais de formação profissional (F1), como discutiremos a seguir.

A FORMAÇÃO PROFISSIONAL NO CONTEXTO BRASILEIRO

Um dos dilemas a ser enfrentado pelo Brasil, nesse início de século, diz respeito à necessidade de qualificação do trabalhador frente ao surgimento do novo modo de produção científico e tecnológico e o questionamento da capacidade do sistema de ensino e de formação de fazer frente a essa demanda. Esse dilema se torna mais contundente quando trazemos à luz a trajetória da educação no Brasil e os dados que traduzem a realidade brasileira atual, evidenciando que essa trajetória nos legou um passivo significativo de exclusão escolar, o que nos coloca desafios maiores que em outras realidades do mundo, inclusive da América Latina, quanto ao baixo grau de escolaridade do trabalhador brasileiro.

Carvalho (2003), ao resgatar a trajetória da educação brasileira, afirma que o trabalhador tem sido e ainda é excluído duplamente desse processo, tanto no que se refere à participação na formulação e implementação das políticas públicas de educação profissional, quanto dos benefícios que essas políticas ensejam. Para a autora, a concepção de educação profissional e a estrutura educacional dela derivada têm sido organizadas, ao longo da história da educação, sob as determinações da conjuntura econômica e política, buscando responder, prioritariamente, às expectativas do mercado de trabalho, da política econômica e a interesses de grupos e, secundariamente, às necessidades da clientela destinada a essa parcela do processo formativo.

> A evidência mais concreta dessa subsunção da educação profissional ao mercado é o dualismo que caracterizou essa modalidade do sistema educativo, desde os seus primórdios até hoje, e que institucionalizou uma educação destinada aos dirigentes e outra aos trabalhadores. A história da educação nos dá conta que essa concepção de educação dicotomizada conferiu à educação profissional o papel de qualificação de mão de obra, diretamente atrelada a uma tarefa ou ocupação no mercado de trabalho. (Carvalho, 2003, p. 79)

Essa realidade evidencia difíceis condições para o trabalhador brasileiro enfrentar os desafios de uma economia globalizada, onde a adoção de novas tecnologias e formas organizacionais são altamente excludentes. No interior desse fenômeno de globalização da economia, é preciso indagar, de que maneira se determinam as políticas públicas para a educação profissional no Brasil?

A proposta de educação profissional para o Brasil, vigente até medos de 2004, o Decreto Lei nº 2.208/97, estabelecia a organização independente da educação profissional, podendo ser integrada ou articulada ao ensino regular, sendo sua oferta concomitante ou sequencial a este. Estabelecia, ainda, que a educação profissional de nível básico, constituía-se em uma modalidade de educação não formal, destinada à qualificação e requalificação para o exercício de ocupações requeridas pelo mercado.

Observa-se, inicialmente, que a reforma se apresentou sob a forma de um decreto, o que sinalizou que o Executivo brasileiro se encontrava refratário à participação e estava impondo a reforma por meio de um mecanismo que buscou evitar as críticas que surgiram em grande quantidade quando um projeto de lei foi enviado, à época, à Câmara dos Deputados e depois retirado, para a emissão do referido decreto.

Embora se apresentasse, à época, como alternativa capaz de romper com a dicotomia estrutural, a reforma separa, em sistemas independentes, o ensino médio da educação profissional, acabando por manter o dualismo de Sistemas. Saviani (1988, p. 94) nos ajuda a elucidar a questão:

> Como se vê, o cerne da política educacional relativa à educação profissional é a separação entre o ensino médio e o ensino técnico. Isso significa voltar atrás no tempo, não apenas em relação à Lei nº 5.692 de 1971, mas em relação a LDB de 1961, já que está permitindo a equivalência e o trânsito entre eles, quebrando, assim, a "dualidade de sistemas", próprio das reformas Capanema da década de 40, na vigência do Estado Novo: Ora, é a essa dualidade que retorna agora o Decreto nº 2.208/97.

É necessário explicitar que, no Brasil, a educação profissional sempre foi ofertada como uma modalidade do ensino médio, constituindo uma rede de educação técnica federal e estadual. O seu deslocamento para o pós-médio, se, de um lado, colocava a educação básica como um pré-requisito, o que poderia ser desejável, por outro lado, constituiu-se em mais uma forma de exclusão, pelo evidente descompromisso do Estado com o financiamento da educação pública para além do ensino fundamental, o que impedia, na prática, que os jovens e adultos tivessem acesso à educação média.

Sem dúvida que, no Brasil, o ensino médio sempre teve como principal referência as exigências para o exame de ingresso à educação superior e nem poderia ser diferente, em um sistema educacional excludente, onde poucos são os que conseguem vencer a barreira da escola obrigatória. Nesse contexto, os que chegam ao ensino médio estão, em sua maioria, predestinados aos estudos superiores para terminar sua formação profissional.

Entretanto, constata Carvalho, é visível o crescimento da demanda da sociedade brasileira, em geral e dos trabalhadores, em particular, para ascender a esse patamar do sistema de ensino, tanto pela valorização da educação em relação ao conjunto dos direitos da cidadania, quanto como estratégia de melhoria de vida e de inserção no mercado de trabalho. Tal demanda situa-se assim, por um lado, entre os jovens concluintes do ensino fundamental, que buscam o melhor padrão de vida e emprego. Os dados demonstram estar havendo um crescimento contínuo, embora lento, desse segmento, mas que a maioria, embora no sistema educacional, ainda são vítimas da repetência e do atraso escolar do ensino fundamental. Por outro lado, essa demanda está também localizada entre jovens e adultos já inseridos no mercado de trabalho e que buscam melhores condições para enfrentar um contexto produtivo em acelerada transformação, com escassas oportunidades de trabalho e crescente competitividade pelos postos existentes. (2003, p. 123)

Um outro aspecto a ser destacado na proposta, é a questão da redução dos custos, levando ao esvaziamento das funções do Estado, transferindo-as diretamente para o mercado. Essa redução seria atingida pelas várias estratégias: pela oferta de cursos rápidos demandados pelo mercado de trabalho; pela racionalização dos recursos existentes nas escolas de educação tecnológica da rede federal, consideradas muito caras e cuja clientela, em vez de atuar na área da profissão técnica, tem se voltado, prioritariamente, para o acesso ao curso superior e, finalmente, com o repasse de recursos públicos para empresas privadas, para que estas assumam, em lugar do Estado, a educação dos trabalhadores, o que, em última instância, levará ao fomento à iniciativa privada propriamente dita.

Deve ser destacado ainda, com relação à proposta, o fato da organização profissional estar organizada independentemente da educação regular, consolidando uma concepção de formação profissional descolada da necessidade dos conhecimentos básicos necessários ao desempenho crítico e criativo da atividade produtiva e, portanto, convertendo a educação profissional em mero treinamento para o trabalho.

Finalmente, deve-se evidenciar também que a reforma preconizava um currículo voltado para a geração de competências, de acordo com cada área profissional, definida em diretrizes específicas. Essas diretrizes, segundo a Resolução CEB/CNE nº 04/99, assumem um caráter de "conjunto articulado de princípios, critérios, definição de competências gerais do técnico por área profissional e procedimentos a serem observados pelos sistemas de ensino e pelas escolas na organização e no planejamento dos cursos de nível técnico", constituindo-se em Referenciais Curriculares Nacionais para a Educação Profissional. O deslocamento do foco da educação profissional dos conteúdos para as competências é percebido na reforma como uma mudança no paradigma pedagógico, capaz de responder às exigências que o novo perfil de laboralidade ou trabalhabilidade vem assumindo.

Os novos conceitos adotados parecem reduzir os desafios do mundo do trabalho atual, a questão do mercado de trabalho e, mais especificamente ainda, do emprego. Nesse sentido, o conceito de competência tende a se centrar na noção de posto de trabalho e, portanto, colocar como função da educação profissional apenas atender às demandas do mercado de trabalho.

Os riscos da redução nesse conceito, entre outros, é o de reproduzir aquelas tendências históricas mencionadas, convertendo a educação profissional em mero treinamento para o posto de trabalho, este sim, um paradigma superado pelas novas exigências tecnológicas e produtivas. Atualiza-se, assim, a antiga concepção da educação profissional, como uma alternativa de educação para os menos favorecidos, atrelada aos interesses do mercado de trabalho e descompromissada com o conhecimento teórico e prático dos trabalhadores.

Nas palavras de Kuenzer:

> A atual proposta de ensino profissional é tão anacrônica e confusa que não serve sequer ao capital, que tem mais clareza do que o próprio MEC sobre as demandas de formação de um trabalhador de novo tipo, numa perspectiva menos retrógrada de superação do taylorismo. (1998, p. 95)

Entretanto, queremos destacar que o novo ordenamento legal, a partir do Decreto nº 5.154/2004 busca, sobretudo, superar essa visão ainda predominante da educação profissional, propondo desenvolver uma educação integrada e tecnológica de qualidade, de acordo com a realidade de cada comunidade, instituição, segmento ou educando, buscando consolidar uma base unitária para o ensino médio.

Um diálogo entre essa proposta e o modelo didático ESC poderá trazer elementos férteis para se avançar na discussão, pois ele nos permite sair da encruzilhada histórica em que a educação profissional se encontra, mostrando que, embora as diferenças sociais e de classe existam, não precisam e não devem reproduzir esse modelo na sua organização. Ao contrário, pode-se e deve-se estruturar um modelo que rompa com essa visão reprodutivista da educação em busca de um modelo que valorize o sujeito da aprendizagem.

O modelo ESC desloca o eixo da discussão do ensino profissional do foco no mercado para o foco do atendimento das necessidades de aprendizagem. Ele busca a congruência entre o saber prático e o saber teórico, evidenciando a possibilidade de aproximação entre eles, ou seja, como os objetos funcionam (prática) e como os objetos são (teórico) fazem parte de um mesmo processo, situando a diferença entre eles, como estilos de aprendizagem ou formas diferentes de aprender. No caso do ensino profissional, é a prática que articula esses elementos, buscando o conhecimento prático por meio do conhecimento teórico e vice-versa.

Esse novo ordenamento legal que revogou o anterior veio também, como se pode perceber, sob a forma de um decreto, o que sinaliza para uma tradição autoritária do Executivo brasileiro, na elaboração de políticas públicas, entretanto, dessa feita, houve um chamado à participação da comunidade científica e veio em nome de uma urgência de uma concepção que resgatasse a formação humana em sua totalidade, integrando ciência e cultura, humanismo e tecnologia, visando uma formação integral do ser.

Apesar da forma como foi estabelecido, o decreto foi saudado pela comunidade científica que se dedica ao tema e que participou de sua elaboração como um avanço na direção de uma nova concepção que leve em consideração as necessidades de formação colocadas pela sociedade contemporânea. Segundo Ramos (2005, p. 17),

> Uma concepção de Ensino Médio integrado ao Ensino Técnico-Profissional cujo foco seja a formação profissional que atenda aos requisitos das mudanças do setor produtivo e de um trabalhador com capacidade de lutar por sua emancipação, deve superar a formação profissional como adestramento e adaptação ao mercado de trabalho, superar o conflito histórico existente em torno deste nível de ensino: formar para a cidadania ou para o trabalho produtivo e assim superar o dilema de um currículo voltado para as humanidades ou para a ciência e tecnologia.

Como se pode depreender da proposta, há, no momento, a possibilidade concreta de superação das mazelas do dualismo característico da educação profissional no Brasil. Por enquanto, trata-se apenas de uma promessa, a implementação da proposta que ora se inicia nos dirá se ela será capaz de responder ao desafio que a sociedade atual coloca, de uma concepção de ensino médio, que leve em consideração, segundo Kuenzer, (2003, p. 50) a necessidade de formação de um trabalhador de novo tipo, ao mesmo tempo capaz de ser político e produtivo, atuando intelectualmente e pensando praticamente, um trabalhador crítico, criativo e autônomo intelectual e eticamente capaz de acompanhar mudanças e educar-se permanentemente.

A instituição do novo decreto altera a interpretação para o parágrafo 2º do artigo 36 e para os artigos 39 a 41 da Lei de Diretrizes e Bases da Educação Nacional, que tratam da educação profissional. O artigo 1º do referido Decreto mantém a terminologia técnica para o nível médio e usa o termo tecnológica para a graduação e pós-graduação, sinalizando a articulação do técnico com o ensino médio e o art. 4º dá autonomia às instituições de ensino para desenvolver a articulação entre o ensino médio e o técnico, desde que sejam observadas as diretrizes curriculares nacionais, o projeto de cada instituição e as normas complementares de cada sistema. Em seu art. 5º, o decreto estabelece que os cursos seguirão as diretrizes estabelecidas pelo Conselho Nacional de Educação.

De acordo com Kuenzer (2005), a denominação do currículo integrado é uma tentativa de ruptura com a dicotomia entre trabalho manual e científico e dualidade estrutural por meio de práticas interdisciplinares e constituídas coletivamente de inserção social e construção da cidadania.

Entretanto, há aqueles que não acreditam que a aprovação do decreto seja suficiente para promover uma mudança significativa em todo o processo educacional.

Lopes (2008, p. 12) afirma: [...] Não acredito em mudanças das organizações curriculares por decreto; para mudá-las, penso ser necessário conhecê-las e entender as razões de sua existência." Mas é o próprio autor (2008, p. 87) que ensina:

> Pensar em formas de integração implica mudar territórios formados, a identidade dos atores sociais envolvidos, suas práticas, além de modificar o atendimento às demandas sociais da escolarização – diplomas, concursos, expectativas dos pais, do mundo produtivo, da sociedade como um todo – e as relações de poder próprias da escola.

Com a possibilidade do currículo integrado e para assegurar a sua adequada implementação, é preciso deixar claro em que direção ele caminha. Alguns autores nos ajudam nesse desafio.

Para Sotero (2005, p. 128), a integração curricular tem a função de

> superar a divisão, revisar falsas polarizações e oposições como propostas de ações didáticas

integradas, é desafio inserido no âmbito dos processos pedagógicos, da organização dos conteúdos, das instituições escolares, da ótica dos educandos, dos educadores e dos gestores.

Esse desafio não é novo. Santomé (1998, p. 112) aponta a adequação da definição de currículo integrado afirmando que ela

> pode resolver a dicotomia e/ou debate colocado na hora de optar por uma denominação do currículo que por sua vez integre os argumentos que justificam a globalização e os que procedem da análise e defesa de maiores parcelas de interdisciplinaridade no conhecimento e da mundialização das inter-relações sociais, econômicas e políticas.

Libâneo (2001) acrescenta que um currículo dessa natureza busca a integração entre conhecimento e experiência, facilitando, assim, uma compreensão reflexiva e crítica da realidade, além de ressaltar, ao lado dos conteúdos culturais, os domínios de acesso aos conhecimentos, possibilitando uma aprendizagem pautada na transformação destes.

Conclui Lopes (2006, p. 142)

> [...] Não é de hoje que o currículo integrado é defendido como forma de organização do conhecimento escolar capaz de garantir a melhoria do processo de ensino-aprendizagem e/ou estabelecimento de relações menos assimétricas entre os saberes e os sujeitos no currículo.

Esses argumentos, entre outros, instiga-nos novas questões, dentre elas, como realizar a integração curricular sem desconsiderar as especificidades metodológicas da educação profissional?

Para além da crença na interdisciplinaridade como forma de assegurar a integração e independentemente das dificultadas que essa empreitada certamente porta ao tentar romper com a prática fragmentada, disciplinar, como realizá-la? Pensamos que a discussão sobre o modelo didático ESC (significado) poderá lançar novas luzes ao debate.

O MODELO DIDÁTICO ESC

Conduzir o aluno rumo a uma concepção funcional de sua área de formação profissional, facilitar a apropriação de saberes socialmente pertinentes e válidos para que eles os tornem igualmente pertinentes e válidos no plano individual, estimular a harmonização de todas as categorias de saberes do aluno, incluindo aqueles pouco comunicáveis, conduzi-los à competência profissional reconhecida pela autonomia manifestada e pela integração no mercado de trabalho.

Centrado na relação entre a teoria e a prática, cuja congruência é seu principal foco, o modelo didático ESC (Experiencial-Científico-Construtivista) é um instrumento de intervenção pedagógica concebido para facilitar a aquisição de conhecimentos funcionais a partir da adoção de uma pedagogia tecno-científica baseada na congruência de conhecimentos teóricos e práticos. O modelo didático ESC situa o aluno em um processo de aprendizagem caracterizado por três dimensões: experiencial, científica e construtivista.

A dimensão experiencial do modelo didático ESC é proveniente dos trabalhos de Kolb sobre a aprendizagem pela experiência (Kolb, 1984). Inspirado pela corrente que colocava em evidência os méritos da experiência como suporte à formação, o autor em questão avançou a ideia de que a aprendizagem experiencial – o trabalho refletido que tira lições da experiência – articula-se em torno das quatro dimensões estruturais do processo de aprendizagem experiencial propostos por Kolb: a experiência concreta, a observação refletida, a conceituação abstrata e a experimentação ativa.

Por meio de sua dimensão científica, o modelo didático ESC tem os mesmos objetivos que os procedimentos de validação de conhecimentos científicos. Primeiramente, o modelo procura situar o aluno em uma dinâmica de validação teórica de seus saberes, para que o aluno seja capaz de explicitar e de justificar o que ele pensa e o que ele faz em uma determinada situação profissional, com ajuda de conceitos, de princípios, de fatos e regras empíricas, sem que seja necessário recorrer continuamente a argumentos de autoridade ou de fatalismo como "é assim porque é assim". Em segundo lugar, o modelo ESC visa a produzir, aos olhos do aluno, uma validação prática de seus saberes profissionais, por meio de interações concretas com seu ambiente de estudo e de trabalho, realizada em uma dinâmica de questionamento consciente, crítico e voluntário, a fim de que ele possa identificar, delimitar e controlar os efeitos de suas próprias intervenções. Finalmente, o modelo pretende guiar o aluno na direção de uma aproximação entre, de um lado, suas concepções, explicações e justificativas com relação a situações profissionais e, de outro lado, às conclusões que ele formula de suas intervenções práticas no contexto de situações semelhantes. Essa tripla ação (validação teórica, validação prática e congruência) procura produzir no aluno uma dupla validação de seus saberes profissionais. De um lado, uma validação individual para que ele seja capaz de atribuir, para ele próprio e por ele próprio, um grau de verdade e de certeza a seus conhecimentos e saberes profissionais. De outro lado, para que o aluno possa medir até que ponto o que ele sabe, assim como o que ele faz, está de acordo com saberes e práticas de outros profissionais, é reconhecido socialmente, pelos pares.

Já a dimensão construtivista está relacionada com a consideração dos conhecimentos anteriores dos alunos, sejam eles formais ou informais, e seu investimento efetivo na construção, na aquisição de novos conhecimentos.

CONCLUSÃO (SUPERAÇÃO DO DUALISMO E BUSCA DA CONGRUÊNCIA)

No Brasil, como pudemos perceber, o dualismo e não a congruência entre esses elementos tem se constituído na marca do modelo de educação profissional e este é determinado, sobretudo, por uma visão ideológica do lugar social ocupado pelo trabalhador na sociedade de classes. Com isso, destinou-se ao ensino profissional aqueles socialmente identificados como desfavorecidos e não àqueles cujo conjunto de aptidões e interesses requeiram uma aprendizagem de tipo diferenciado, mas de igual qualidade e prestígio.

O que pudemos observar das análises anteriores é que tanto as empresas quanto os postos de trabalho relacionados às transformações tecnológicas estão vinculadas à intensidade de conhecimento que utilizam, demandando mudanças significativas em termos de formação profissional. Sem uma formação, ao mesmo tempo, de caráter geral (teórico) e específico (prático), reproduziremos modelos dicotômicos, onde a inteligência se concentra na cúpula, submetendo os demais às tarefas que requerem o trabalho manual.

Como sabemos, este é o desafio a ser superado: romper com modelos e soluções pré-fabricadas, compartimentadas, em busca de um modelo que estimule a criatividade, a curiosidade, a capacidade de abstração e o pensamento sistêmico... Tal é o que sugere este diálogo, que julgamos pertinente.

REFERÊNCIAS

BRASIL: Lei nº 9394/96 (Lei de Diretrizes e Bases da Educação Nacional)- Brasília-DF. Diário Oficial da União nº 248 de 23/12/96.

_____: Decreto nº 5.154 de 23 de julho de 2004. Regulamenta o § 2º do art. 36 e os arts. 39 a 41 da Lei nº 9.394, de 20 de dezembro de 1996, que estabelece as diretrizes da educação nacional, e dá outras providências. In: *Educação Profissional e Tecnológica: Legislação Básica*. Brasília: MEC, 2005a, p. 5-7.

CARVALHO, O. F. *Educação e Formação Profissional. Trabalho e tempo livre*. Brasília : PLANO, 2003.

CASTELLS, M. (2000). A Sociedade em Rede. Rio de Janeiro: Paz e Terra.

ETZKOWITZ, H. e LEYDERSDOFF, L. (1988). The Future Location of Research: A Triple Helix of University-Industry-Government Relations. EASST Review 15, p. 20-25.

FRIGOTTO, G. ; CIAVATTA, M. ; RAMOS, M. *A política de educação profissional no governo Lula : um percurso histórico controvertido*. Educ. Soc. V26 n. 92. Campinas, out. 2005.

GAGNON, R. (1992). Considérations sur les déterminants d'une didactique des disciplines techniques. *Relatório de Pesquisa*. Universidade Laval, Departamento de Didática.

GIBBONS, M., LIMOGES, C., NOWOTNY, H., SCHWARTZMAN, S., SCOTT, P. e TROW, M. (1994). The New Production of Knowledge: *The Dynamics of Science and Research in the Contemporary Societies*. Londres: Sage.

GONCIAR, M. (1990). Le besoin d'un processus de formation technique et professionnelle intégral. In *Actes du simpósio "Intégration de la micro-informatique à la formation technique et professionnelle"*, volume 2 (p. 25-39). Bordeaux: Agence de Coopération Culturelle et Technique.

HOBSBAWN, E. (1995). *A Era dos Extremos*. São Paulo: Companhia das Letras.

HUGHES, T. P. (1987). *The Evolution of Large Technological Systems*. In Knorr-Cetina, K. D. The *Social Construction of Technological Systems*. Boston: Massachusetts Institute of Technology, p. 51-82.

KUENZER, A. (org) *Ensino Médio: construindo uma proposta para os que vivem do trabalho*. São Paulo: Cortez, 2005.

LACERDA SANTOS, G. (1995). Développement d'un savoir fonctionnel à l'aide d'un environnement de formation technique assistée par ordinateur intégrant une approche didactique adaptée. *Tese de Doutorado em Educação*. Universidade Laval (Canadá), Faculdade de Ciências da Educação.

LACERDA SANTOS, G. (1998). Ciência, Tecnologia e Sociedade. *ADVIR, revista da Associação dos Docentes da Universidade do Estado do Rio de Janeiro*, edição especial sobre Ciência e Tecnologia, p. 37.47.

LACERDA SANTOS, G. (2000). A Formação Científica e Tecnológica no Âmbito do Novo Modo de Produção do Conhecimento. *Tese de doutorado em Sociologia*. Universidade de Brasília, Departamento de Sociologia.

LACERDA SANTOS, G. (2000a). Formação para o Trabalho e Alfabetização Informática. Linhas *Críticas, revista da Faculdade de Educação da Universidade de Brasília*, vol. 6, nº 11, p. 23-31, Brasília (DF).

LACERDA SANTOS, G. (2000b). Formação Profissional na Sociedade Tecnológica. Educação & Trabalho, *revista do Núcleo de Estudos sobre Trabalho e Educação da Universidade Federal de Minas Gerais*, nº 6, Belo Horizonte (MG).

LÉVY-LEBLOND, J.-M. (1984). L'esprit de sel. Paris: Fayard.

LIBÂNEO, J.C. *Adeus professor, adeus professor? Novas exigências educacionais e profissão docente*. São Paulo: Cortez, 2001.

LOPES, A.R.C. Integração e disciplinas nas políticas de currículo. In: LOPES, A. R. C., ALVES, M. P. C. (orgs) *Cultura e política de currículo*. Araraquara, SP:Junqueira e Marin, 2006.

MACIEL, M. L. (1997). Inovação e Conhecimento. In: SOBRAL, F., MACIEL, M.; TRIGUEIRO, M. A Alavanca de Arquimedes – Ciência e Tecnologia na Virada do Século. Brasília: Brasiliense, 18 de junho.

TORRES SANTOMÉ, J. *Globalização e Interdisciplinaridade: o currículo integrado*. Porto Alegre: Artmed, 1998.